Hebräisch-griechische Grammatik Zum Gebrauch Für Das Neuen Testament...

Philipp Heinrich Haab, Friedrich Gottlieb Süskind

Hebräisch=griechische

Grammatik

zum Gebrauch

für

das Neue Testament

von

M. Philipp Heinrich Haab,

Stadtpfarrer in Schweigern, Königl. Würtemberg.
Oberamts Brackenheim.

———

Nebst einer Vorrede

von

Herrn D. F. G. von Süskind,

Director der Königl. Würtemb. Oberstudiendirection,
Prälat und Ober=Consistorialrath.

Fr. Lücke

———

Tübingen,

bei Christian Friedrich Osiander.

1815.

Tübingen, gedruckt bei Hopfer de l'Orme.

Vorerinnerung.

Daß das Griechische des neuen Testaments sich vom Reingriechischen der Profanscribenten sichtbar unterscheide, ist außer Zweifel. Aber bei einer auch nur flüchtigen Vergleichung desselben mit dem Griechischen der alexandrinischen Uebersetzung des alten Testaments und der Apokryphen ist die Uebereinstimmung auffallend, und wer kennt nicht die Schreibart der alexandrinischen Juden im Durchschnitt als hebraizirend, wenn sich gleich die Uebersetzung einiger Bücher, z. B. der Bücher Mosis und besonders der Sprüche Salomons durch griechische Sprachkenntniß vor den Uebersetzern der andern Bücher des A. T. auszeichnen? Dennoch auch in diesen überall Hebraismen genug! — Es kann aber als erwiesen vorausgesetzt wer-

)(2

den [1]), daß die griechische, freilich nicht die attisch-griechische, Sprache neben der hebräischen, oder vielmehr dem aramäischen Dialekt, bei den Juden in Palästina längst vor Jesu, selbst bei dem andern Geschlecht (vgl. 2 Makk. 7, 26. ff. und das unten angeführte Programm, 2r Thl. S. 8. 9.) üblich war; es war ferner vor und zu den Zeiten Jesu herrschende Gewohnheit der Juden, das alte Testament in der Alexandrinischen Uebersetzung zu lesen, mit welcher sie so vertraut waren, daß die Apostel manche Stelle des A. T. nicht nur ganz aus dem Gedächtniß anführen [2]), und nicht selten

Anm. 1. S. Herrn D. Paulus Oster-Programm Jena, 1803. „verosimilia de Judaeis Palaestinensibus, Jesu etiam atque Apostolis non aramaea dialecto sola, sed graeca quoque aramaizante locutis" Part. I.

Anm. 2. S. Koppe Excurs. I. bei seiner Erklärung des Briefs an die Römer „Loca V. T. quomodo citaverit Paulus? num ex Cod. hebr. an „ex versione graeca Alexandrina? num memo-„riter an librum evolvendo?" wo mit unverwerflichen Gründen behauptet wird, daß der Apostel das alte Testament im Durchschnitt, besonders die Stellen aus dem Pentateuchus, aus unserer Alexandrinischen Uebersetzung citirt habe, öfters aus dem Gedächtniß, wie wir aus Lu-

da, wo es ihnen nicht darum zu thun ist, einen
Beweis aus dem A. T. zu geben, sondern blos
ihre Gedanken lieber mit den bekannten Worten
der hebräischen Schriftsteller als mit ihren eigenen
auszudrücken (vgl. Ebr. 1, 6. und Storr Com=
mentar t.); — sondern auch öfters nicht nach
dem hebräischen Text, sondern aus den LXX.,
auch da, wo der Sinn des Griechischen vom he=
bräischen Original abweicht 3), anführen, und
also voraussetzen, daß der Leser mit dieser griechi=
schen Uebersetzung vertrauter sey, als mit dem
hebräischen Original (vgl. Hezels Bibel mit er=
klärenden Anmerkungen bei Röm. 9, 28.); — die
Herkunft der Verfasser des N. T. von gemeinen
Juden, ihre Erziehung unter Juden, bei denen
sie nicht mit Dichtern, Rednern und Geschicht=
schreibern der Griechen bekannt wurden; ihre an

---

thers Uebersetzung, öfters aber, nachdem er die
Uebersetzung erst selbst, die er gerade vor sich lie=
gen hatte, zu Hülfe genommen; zwar gebe es
auch Fälle, wo er eine andere griechische Ueber=
setzung, als wir haben, oder auch die unsrige zu
Rathe gezogen, die aber bei ihm eine andere Les=
art hatte.

Anm. 3. S. das angeführte Programm, 2r Thl.
S. 16. f.

Christen, meistens ehmalige Glaubensgenossen ge-
richteten Schriften ꝛc. ꝛc.; dies Alles läßt im Allgemeinen nichts anders erwarten, als daß sie sich
einer unter beiden Theilen gewohnten Sprache
bedient haben werden.

Es ist hier nicht meine Absicht, alle und jede
Gründe für das hebraizirende Griechische des
neuen Testaments anzugeben, und gegen die Meinung einiger Weniger, die noch in die Fußstapfen
eines Erasmus Schmid treten, zu vertheidi-
gen, da dies bereits von ältern und neuern Inter-
preten geschehen ist [4]). Diese Grammatik soll

Anm. 4. Vergl. unter andern Ernesti instit. in-
terpr. N. T. P. I. p. 41—47. und P. II. p. 160
—164. auch Michaelis Einl. in die Schriften
des neuen Bundes, 3te Ausg. 1r Thl. §. 18. 23.
S. 150—153. 2ter Thl. S. 920. 997. 1153. 1184.
1346. ff. und Döderlein Religions-Unterricht,
1ir Thl. S. 35. f. „es ist die griechische Sprache,
„aber nicht, wie sie in der Schule des Demosthe-
„nes gesprochen, — sondern die Sprache eines
„Ungelehrten, welcher in der Kunst, sich schön
„auszudrücken, ganz Laie ist; öftere Wiederho-
„lungen, Mangel an Ordnung und Zusammen-
„hang; kunstlose Uebergänge von einer Materie
„zur andern; Erzählungen ohne Schmuck, Er-
„mahnungen ohne Ziererein, Belehrungen ohne

selbst statt aller Beweise, seyn; sie soll per indu-
ctionem die genaueste Uebereinstimmung der
Schreibart des N. T. mit der der Alexandriner
und der Apokryphen darthun; sie soll beweisen,
daß nicht nur viele griechische Stellen des N. T.
in keine Sprache leichter als in die hebräische zu
übersetzen seyen, sondern auch ihre natürlichste Erklärung aus den Grundsätzen der hebräischen

„Gelehrsamkeit in Erläuterungen, Vergleichun-
„gen, Sophistereien und Figuren; ganz die
„Sprache des Mannes, der gesunden Verstand,
„ein biederes Herz und mehr Eifer zu nützen, als
„Kunst und Wunsch zu gefallen besitzt; endlich
„offenbar die Sprache eines Juden, der sei-
„ne Sprachkenntniß nicht blos aus Dichtern und
„Rednern und Geschichtschreibern der Griechen
„geschöpft hat, sondern aus der Lectüre seiner
„Nationalurkunden in griechischer Spra-
„che, und durch die Uebertragung der Bedeutung
„hebräischer Worte und Formeln auf griechische
„Worte, die eigene Sprache, die im N. T. ist,
„formte. Immer schimmern die hebräischen
„Farben durch, nur daß sie in dem Evangelium
„und in den Briefen Johannis und Jakobi stärker
„sind: in den Briefen Pauli (s. Michaelis am
„angeführten Ort S. 153.) und in den Erzählun-
„gen des Lukas aber durch die Coalition mit dem
„besser griechischen Ausdruck matter werden.“

Grammatik bekommen. Der sel. Hr. D. Storr, mein ehmaliger Lehrer, dessen Asche ich mit so Vielen noch verehre, hat an seinen Observ. ad analogiam et syntax. hebr. pertinent. ein schätzbares und classisches Werk hinterlassen, das man, so wie seine exegetischen Schriften alle, nicht lesen kann, ohne sich davon zu überzeugen, daß auch Er dafür gehalten, der Geist der neutestamentlichen Sprache sey derselbe, der in den Schriften des alten Testaments und ihrer griechischen Uebersetzung von den Alexandrinern herrscht: eine unverkennbare Uebereinstimmung in Worten, Redensarten, Wortfügungen, Periodenbau, Ordnung, Ellipsen, Pleonasmen, Bildern, Tropen 2c. der Hebräer, welche die Alexandriner und beinahe alle Verfasser der Apokryphen oft buchstäblich nachgeahmt, und auf ihre griechischen Ausdrücke übergetragen haben. Wenn solche auffallende Aehnlichkeit mit Worten, Ausdrücken, Wendungen 2c. der Profanschriftsteller wäre, wie Aehnlichkeit und Gleichheit in Worten, Phrasen, ganzen Stellen mit den Alexandrinern und Apokryphen ist; denn möchte man mit Recht sagen können: die Schreibart des N. T. ist nicht hebraizirend. Nur drei Citate aus drei verschiedenen griechischen Dichtern in den Reden Pauli (Apostg.

17, 28. 1 Cor. 11, 33. Tit. 1, 12.), die er als
ein aus dem berühmten Tarsus gebürtiger Jude
wohl gekannt haben mochte; dagegen aber so viele
Citate und Stellen aus den Alexandrinern, und
selbst in seinen bessern und sorgfältiger verfaßten
griechischen Reden zu Athen so viele Hebraismen,
daß es weit natürlicher scheint, die Redensarten
Pauli aus dem Hebräisch = Griechischen der Alexandriner, als aus Dichtern, Historikern und Philo-
sophen der Profan = Griechen zu erläutern. Daher auch Bauer in seiner Philol. Thucydideo-
Paulina, wo er eine so sorgfältige Parallele zwischen Thucydides und Paulus zieht, der hebraizirenden Schreibart des Apostels dennoch Gerechtigkeit wiederfahren läßt, und hin und wieder
nicht nur Hebraismen zugiebt (s. p. 45. 74. f.
85. 97. 139. 149. 207. 212. 213. 268. 2c.),
sondern sogar behauptet, daß manche Redensart
umsonst bei Thucydides zu suchen, indem sie me-
rus hebraismus sey (vgl. S. 87. 125. 213. 2c.),
mancher gar nicht zu gedenken, die in der angeführten Schrift mit Stillschweigen übergangen ist.
Ja bei den meisten Beispielen von Uebereinstimmung der Paulinischen Schreibart mit der des
Thucydides und anderer ist es unwidersprechlich,
daß eben so gut sich Beispiele aus irgend einem

Buche der hebräisch-griechischen Uebersetzung des
A. T. auffinden laſſen, die jenen an die Seite
geſtellt werden dürfen. Kurz: die Grundſätze der
hebräiſchen Grammatik können durchaus Baſis einer Grammatik des Griechiſchen des alten und
neuen Teſtaments ſeyn.

Ich habe daher bei Ausarbeitung dieſer he-
bräiſch-griechiſchen Grammatik oben genannte
Storr'ſche Obſervationen aufs genaueſte zu Grunde gelegt, und ſogar dieſelbe Ordnung der Ab-
ſchnitte und Kapitel beibehalten. Um der Sache
noch mehr Vollſtändigkeit zu geben, ſo hielt ich
mich für verbunden, die ſo ſehr geſchätzte hebräiſche Grammatik von Herrn Prof. Wekherlin,
2r Thl. 1805. in Verbindung damit zu ſetzen,
und meinen aufgeſtellten hebräiſchen Sprachgrund-
ſätzen durch die am Rande bemerkte Seitenzahlen
beider Schriften Autorität zu geben. Für jede
angegebene grammatikaliſche Regel hielte ichs für
das zweckmäßigſte, zuerſt Beweiſe aus den 70.
und den Apokryphen (und zwar zuerſt aus ſolchen
Stellen der 70., in welchen der bei dieſen vorkommende Hebraismus in der nemlichen Stelle
auch im hebräiſchen Text ſich findet, dann aber
auch manchmal Stellen, in welchen der Hebraismus nur im Griechiſchen vorkommt,) vorzulegen,

und dann erst Stellen aus dem neuen Testament, bei welchen eben diese Regel anzuwenden ist, auch die beweisendsten zuerst, anzuführen.

In der Wahl der Stellen des A. T. habe ich zwar haupsächlich auf die von Storr angeführten Beispiele Rücksicht genommen; wo es aber zu meinem Zwecke nöthig schien, vermehrte ich ihre Anzahl, oder setzte ich andere an ihre Stelle. Aus den Apokryphen sammelte ich, was ich bei Durchlesung dieser Schriften tauglich fand. Was die Beispiele aus dem N. T. betrifft, so machte ich mir es zu einer besondern Angelegenheit, die exegetischen Schriften des sel. Storr, der auch in seinen Observ. ad analog. etc. manche Belege aus dem N. T. gegeben, zu benützen, jedoch, um alle Weitläuftigkeit zu vermeiden, die Schrift, aus der sie genommen, nicht jedesmal namentlich anzuführen.

Die Tropologie, welche ich vorangeschickt, gehört zwar nicht durchaus zum Eigenthümlichen der hebräischen, oder hebräisch = griechischen Grammatik, insofern diese von der rein = griechischen unterschieden wird; da aber eben auf diesen Tropen so manche Regel der hebräisch = griechischen Grammatik beruht, und es eben nun einmal auch Tropologie der Hebräer ist, so gut wie eines Thu-

cydides (f. Bauer S. 224. ff.): fo wird diese
rhetorische Abhandlung als Vorbereitung auf manches Folgende angesehen werden können.

Man wird zwar auch manches in das Lexi-
con Gehörige, besonders in den Noten, die ich
zu Ende jedes Paragraphen angehängt habe, finden; es schien mir aber zu meinem Zwecke unent-
behrlich, weil die Uebereinstimmung der Bedeutung einzelner griechischen mit der der entsprechenden hebräischen Worte, neues Gewicht der Be-
hauptung giebt, daß die grammatischen Grundsätze der hebräischen Sprache und die in der griechischen der Alexandriner, der Apokryphen und
des neuen Testaments im Ganzen dieselben seyen.

Vorrede.

Die gegenwärtige Schrift, welche ich nach dem Wunsche des würdigen und gelehrten Herrn Verfassers mit einer kurzen Vorrede begleite, hat zum Zweck, die Grundsätze und Regeln der hebräischen Sprachlehre in bestimmter Anwendung auf den hebräisch=griechischen Dialekt, zum Behuf der Interpretation des neuen Testaments, in einer möglichst vollständigen und systematischen Uebersicht vorzutragen. Der Herr Verfasser hat bei dieser Arbeit die Observationes ad analogiam et syntaxin hebraicam pertinentes des sel. Hrn. D. Storr im eigentlichsten Sinne zum Grunde gelegt, und ganz dieselbe Ordnung und Folge der Materien und Abschnitte beybehalten. Jeder Kenner wird dies billigen. Das Storr'sche Werk ist von Allen, welchen ein competentes Urtheil darüber zukommt, längst als classisch anerkannt, und wird nie aufhören, als solches anerkannt zu werden. Mit Vergnügen bemerkt man, daß es auch von den neuesten trefflichsten Philologen, wie von Rosenmüller in den scholiis in V. T. und von Gese=

nius in seinem hebräischen Wörterbuch
häufig gebraucht und darauf verwiesen wird. Es
ist eine systematische, mit dem Geiste ächtphiloso-
phischer Sprachforschung geschriebene, concentrirte
Darstellung der wichtigsten, theils dem Verfasser
eigenen, theils in den Schriften anderer vorzügli-
cher Philologen älterer und neuerer Zeit enthalte-
nen grammatischen Bemerkungen über die hebräische Sprache, — eine Schrift, welche von jedem
künftigen Theologen sorgfältig studirt und fortbau-
rend gebraucht zu werden verdient; um so mehr,
da sie manche andere, zum Theil an Ausdehnung
weit größere Werke, bei gründlichem Studium
ohne Nachtheil entbehrlich macht. Es versteht sich
von selbst, daß sie, indem sie die Grundsätze der
hebräischen Sprachlehre vorträgt, eben damit
zugleich auch eine sehr wichtige Grundlage für eine
hebräisch-griechische Sprachlehre, und für den
Ausleger des neuen Testaments, insofern die Sprache desselben hebraizirt, ein sehr schätzbares Hülfs-
mittel ist; wie dann auch der seel. Storr selbst
in seinen exegetischen Schriften über das N. T.
sie immer vorausgesetzt, und darauf verwiesen hat.
Demungeachtet vermißten Viele, welche den großen
Werth der Storr'schen Observationen erkannten,
und dieselben gebrauchten, namentlich auch ich, besonders während meines ehemaligen akademischen

theologischen Lehramts, eine eigene Schrift, welche Observationes ad analogiam et syntaxin *hebraeo graecam* enthielte, die hebräisch = grammatischen Grundsätze und Bemerkungen in bestimmter Anwendung auf die hebraizirende Sprache des N. T. darlegte, begründete, erläuterte, und dazu geeignet wäre, sowohl bei exegetischen Vorlesungen über das N. T. als bei dem eigenen Studium desselben gebraucht zu werden. Wenn gleich bei Erläuterung der hebraizirenden Redensarten, Constructionen ꝛc. des N. T. der hebräische Sprachgebrauch das eigentliche Fundament ist, auf welches der Ausleger bauen muß; so ist doch die Anwendung des lezteren auf die ersteren nicht überall so ganz leicht und von selbst klar: Manches im N. T. ist hebraizirend, ohne ganz wörtlich dem Hebräischen zu correspondiren; manches im Wesentlichen Hebraizirende erhält eine eigene Form und Modifikation durch das Eigene der griechischen Sprache; auf alle Fälle werden die grammatischen Bemerkungen, welche dem Ausleger des N. T., insofern dieses hebraizirt, gegenwärtig seyn müssen, unfehlbar an Klarheit, Zuverläßigkeit und ausgedehnterer Brauchbarkeit ungemein gewinnen, wenn sie in den hebraizirenden griechischen Uebersetzungen und Apokryphen des A. T. und in dem N. T. selbst nach=

gewiesen, und durch Beispiele aus diesen ins Licht gesetzt und bestätigt werden. Dies hat nun der Herr Verfasser in der gegenwärtigen Schrift mit einem Fleiß, mit einer Beurtheilungsgabe, mit einer Genauigkeit, und mit einer feinen und umfassenden Sprachkenntniß geleistet, welche seiner Arbeit den Beifall aller Freunde einer gründlichen Exegese des N. T. verschaffen muß. Sie kann, da sie in deutscher Sprache, und weniger gedrängt, als die Storr'schen Observationes, geschrieben ist, sogar dazu dienen, das Studium dieser zu erleichtern. Sie verdient daher, neben diesen als ein sehr schätzbares Handbuch Jedem, dem es um gründliche Bibelexegese, — dieses Fundament aller ächten Theologie — zu thun ist, besonders allen studirenden Theologen, zum anhaltenden Gebrauch empfohlen zu werden. Möge sie besonders in unserem Vaterlande dazu mitwirken, den Geist des gründlichen Bibelstudiums, der — Dank sey es der Vorsehung! — unter uns noch nicht erloschen ist, ferner zu erhalten, und zu verbreiten!

Stuttgart d. 11. Jan. 1815.

D. F. G. Süskind,
Director der K. Würtemberg. Oberstudiendirection, Prälat und Oberconsistorialrath.

Ju=

Inhalt.

Rheto=

Rhetorischer Theil der Grammatik.

Tropologie.

I. Von der Metapher.

§. I.

Metapher heißt man es, wenn die eigent= Storr liche Bedeutung eines Wortes auf eine andere S. 4. f. übergeht, weil man unter beiden Dingen, die durch dasselbe Wort bezeichnet werden, eine Aehnlich= keit findet.

So werden z. B. die Benennungen, die ei= gentlich von den äußerlichen körperlichen Sinnen des Menschen gebraucht werden, auch auf den innern Sinn, auf die Wahrnehmungen und Verrichtungen der Seele angewandt. Εἰδέναι, ὁρᾶν bezeichnet wie das hebr. רָאָה auch die Erkenntniß, die Gedanken, die Unterscheidungskraft und die Urtheile der Seele, z. B. Matth. 13, 13. 14. ἴδητε, vergl. Esai. 6, 9. wo jedoch im hebr. יָדַע steht, das die LXX. so wie 3 Mos. 23, 43. mit εἰδέναι übersezen. — Matth. K. 26, 70. ἐκ οἶδα, ich verstehe nicht, was du sagst, vgl. Mark. K. 14, 68. wo zur Erklärung, oder vielmehr (s. unten zu Storr Observ. S. 436.) um des Nachdruks wil=

I

len, ein gleichbedeutendes Zeitwort damit verbunden wird, ὅδε ἐπίσαμαι, ich begreife durchaus nicht, was du willst. — Mark. 12, 15. εἰδως vgl. κατανοησας in der Parallelstelle Luk. 20, 23. — Eben deßwegen wird auch das körperliche Organ des Sehens, ὀφθαλμος, vom innern Sinn gebraucht, Pf. 119, 18. 1 Mof. 3, 5. Apoftg. 26, 18. Eph. 1, 18. ὀφθαλμοι καρδιας, διανοιας. — Auch τυφλος wird metaphorisch von dem gesagt, der keine Einsicht von etwas hat, etwas gar nicht versteht, der εσκοτισμενος τη διανοια Eph. K. 4, 18. oder τη καρδια Röm. 1, 31. ist. So kömmt τυφλος vor Matth. 23, 26. 2 Petr. 1, 9. Röm. 2, 19. ein Leiter der Blinden, d. h. ein Lehrer der Unwissenden, παιδευτης ἀφρονων, διδασκων ἑτερον (v. 20. 21.) [1]). Joh. 9, 39-41. vgl. Efai. 43, 8. wo τυφλος (עִוֵּר) von einem der fehende Augen hat, gesagt und also offenbar auf die innere Blindheit gesehen wird, und Efai. 56, 10. werden עִוְרִים, ἐκτετυφλωνται (vgl. Weish. 2, 21.) durch לֹא יָדְעוּ ἐκ ἐγνωσαν erklärt. S. auch Efai. 29, 18. und Matth. 13, 15.

Γευομαι (טעם) schmeken, erkennen, unterscheiden. Spr. Sal. 31, 18. sie merkt, ἐγευσατο, wie einträglich ihr Gewerb sei. Sir. 33, 19. wie die Zunge das Wildpret schmekt (γευεται), d. h. unterscheidet, so schmekt, unterscheidet der Verständige die Lügen. — Ebr. 6, 4. wer den erfreulichen Inhalt der Lehre kennen gelernt hat (γευσαμενος); 1 Petr. 2, 3. Ebenso αἰσθανομαι, αἰσθησις, αἰσθητηριον, Job 23, 5. wo es dem hebr. בִּין entspricht, ich verstünde es, was er mir sagte. Man vergl. auch Spr. 3, 20. αἰσθησις hebr. דַּעַת; K. 12, 1. steht ἀφρων dem αἰσθησις entgegen. Br. Jer.

v. 41. 49. „wie sollte man nicht daraus abneh=
men (αισθεσθαι, vgl. γνωσεον ετι v. 23. 52. 56.),
daß sie keine Götter seyen?“ Weish. 11, 13. —
Phil. 1, 9. ist αισθησις mit επιγνωσις verbunden;
Luk. 9, 45. sie konntens nicht begreifen (αισθαν=
ται vgl. ἠγνοειν το ῥημα Mark. 9, 32.); Ebr. 5,
14. drücken αισθητηρια γεγυμνασμενα so wie ακοαι [2])
v. 11. einen geübten Verstand aus, um das
Gute und Schlechte unterscheiden zu können.

Κεφαλη (ראש) wird metaphorisch gebraucht,
insofern das Haupt des Leibes auch sein Anfang
(αρχη [3]), sein Aeußerstes (ακρον), und der
vorzüglichste, den ganzen Leib leitende und
regierende Theil desselben ist. Daher heißt κεφα=
λη nicht nur der, der andere regiert, ihr Haupt,
Herr, Oberhaupt [4]) ist, Richt. 11, 11. Psf. 18,
43. 1 Cor. 11, 3. Eph. 1, 22. 5, 23., sondern
auch das Aeußerste (oben oder unten), die Spi=
ße, die Ecke einer Sache, z. B. die höchste Spi=
ße eines Thurms, 1 Mos. 11, 4. die Spitzen der
Berge, 1 Mos. 8, 5. Richt. 9, 25. (vgl. 2 Mos.
34, 2. LXX. ακρον ορους); Grundstein [5]) eines
Gebäudes, Matth. 21, 42. κεφαλη γωνιας, Psf.
118, 22. Symmachus: ακρογωνιαιος (1 Petr.
2, 6.).

λαμβανειν, παραλαμβανειν (לקח) mit den Hän=
den nehmen, empfangen, greifen, wird auch vom
Unterricht, den der Geist des Menschen empfängt,
gebraucht, und heißt dann lernen. S. Schleuß=
ner unter παραλαμβανειν, nr. 3. wozu ich noch
setze, daß, was Col. 2, 6. παρελαβετε heißt, in
der Parallelstelle Eph. 4, 20. durch εμαθετε aus=
gedrückt wird.

διψαν und πειναν, von jedem ſtarken, innigen Verlangen auch nach Geiſtesgütern und Glückſeligkeit. Eſai. 55, 1. 2. Pſ. 42, 1. Sir. 23, 21. wer mich (die Weisheit) iſt, d. h. die Frucht, die Wohlthaten der Weisheit genießt (v. 18.), mir gehorſam iſt (v. 21.), der wird immer hungern, und wer mich trinkt, immer nach mir dürſten (πειναϭϭι, διψηϭϭι), d. h. ſein Verlangen nach mir wird immer zunehmen, ſo wie es Joh. 6, 35. heißt: wer zu mir kommt ⁶), der wird nicht mehr hungern, ȣ μη πειναϭη, d. h. deſſen Verlangen wird ganz befriedigt werden. Vgl. auch Sir. 51, 24. — Matth. K. 5, 6. wohl denen, die ein ernſtliches Verlangen nach rechtſchaffenem Weſen haben, ſie werden ſich ihre Wünſche vollkommen gewährt ſehen.

Φαγειν, καταφαγειν, κατεϑιειν (בלע, אכל, רעה), Ezech. 34, 2. 3. Mich. 3, 2. 3. Matth. 23, 14. ihr bringt die Wittwen um ihr Vermögen. — Gal. 5, 15. Offenb. 20, 9. vgl. 1 Kön. 18, 38.

ποιμαινειν, weiden, eine Heerde, und daher leiten, regieren, auch ein Volk, die Chriſtengemeinde gleichſam wie eine Heerde, Matth. 2, 6. Offenb. 7, 17. Apoſtg. 20, 28. Man vgl. beſonders Ezech. 34, 23. 24., wo der, welcher vorher ποιμαινων (רעה) genannt wird, αρχων (נשיא) heißt, und 2 Sam. 5, 2., wo nicht nur auf die ehmalige Lebensart Davids, als eines Hirten, angeſpielt wird, ſchon mit den Ausdrücken: ὁ ἐξαγω και εἰσαγων, ſondern wo auch die tropiſche Redensart ποιμανεις τον λαον μȣ, durch die eigentliche: ἐϭη ἐις ἡγȣμενον ἐπι τον λαον μȣ erklärt wird.

Sonst giebt es noch eine Menge Wörter, deren metaphorische Bedeutung im N. T. ganz gewöhnlich ist, und auf dem hebräisch-griechischen Sprachgebrauch der 70 beruht. Man erinnere sich nur an ἐνδύειν, ἐκδύειν, ἐκχέω, ὕψος, βάθος, φῶς, φωτίζειν, ὁδός und die sich darauf beziehende Zeitwörter [7]), auch θύρα, καθαρος, καρπος und viele andere, worüber Schleusner nachzusehen.

Uebrigens kann ich Fischers schöne Prolus. VIII. de vitiis Lexicorum N. T. 1778. nicht unbemerkt lassen, da sie die Absichten der Schriftsteller beim Gebrauch der metaphor. Redensarten, auch dann, wenn die Sprache zur Benennung einer Sache ein eigenes Wort hat (p. V. und Storr Observ. p. 5. 6.), umständlich aus einander setzt.

Anmerkungen zu §. I.

Anm. 1. Es wird sehr oft, auch nach der Hebräer Art, ebendasselbe mit eigentlichen und uneigentlichen Worten ausgedrückt, s. oben Mark. 14, 68. Matth. 23, 17. 19. μωροι και τυφλοι und Götz in seiner Erklärung des Matthäus aus dem Hebräischen und Hebräisch-Griechischen bei Matth. 7, 6. vgl. Esai. 1, 5. 6. mit v. 7. 8. Mehrere Beispiele s. unten an mehreren Orten.

Anm. 2. Wie שמע, also auch ἀκύειν wird auch vom Verstehen dessen gebraucht, was man hört, 1 Cor. 4, 2. Esai. 36, 11. und 1 Kön. 3, 9. לב שמע καρδιαν ἀκύειν και διακρινειν.

Anm. 3. Eben deßwegen hat selbst ἀρχη alle uneigentliche Bedeutungen von ראש, s. Schleusner Lex. und Biel Thesaur. T. 1. p. 228. f.

Anm. 4. Daher übersetzen LXX das hebr. ראש wirklich mit ἀρχων, 4 Mos. 1, 4. 7, 2. ἡγεμονες 1 Sam

15, 17., wo es mit βασιλευς parallel steht, und ἀρ-χηγος 2 Mos. 6, 14.

Anm. 5. Insofern das Unterste einer Sache, z. B. eines Gebäudes, als Fundament betrachtet, das Wichtigste (præcipuum) daran ist, worauf das übrige beruht: so könnte man dasselbe Subjekt, das κε-φαλη τε σωματος Eph. 1. heißt, gar wohl auch in einer andern Hinsicht κεφαλην γωνιας oder λιθον ἀκρογωνιαιον nennen.

Anm. 6. Vergl. Sir. 4, 15., wo ὑπακεων της σο-φιας mit ὁ προσελθων αὐτη abwechselt, wie Joh. 6, 35. ὁ πιστευων εἰς ἐμε mit ὁ ἐισερχομενος προς με.

Anm. 7. Oft werden auch solche Zeitwörter ge-braucht, die sich mehr für die Sache selbst, als für den metaphorischen Ausdruck schicken, z. B. statt πε-ριπατειν oder πορευεσθαι ἐν ταις ὁδοις findet man den Aus-druck ὁδες κυριε φυλασσειν, welches verbum sonst (1 Mos. 26, 5. 2 Mos. 12, 17. Spr. Sal. 6, 20. Gal. 6, 13.) zu ἐντολη, δικαιωματα, νομος ꝛc. gesetzt wird; vgl. auch συντηρειν ὁδες Sir. 6, 26. Im Gegentheil wird auch das metaphorische Wort περιπατειν zu den eigentli-chen Hauptwörtern νομος, προσταγμα ꝛc. gesetzt, 3 Mos. 18, 3. 4. 1 Kön. 8, 61. 1 Makk. 6, 23. 59. Mark. 7, 5. Luk. 1, 6.

II. Von der Synekdoche.

§. 2.

Storr S. 7. ff. Eine Synekdoche nennt man denjenigen Tropus, wenn ein Wort statt seiner eigentlichen Bedeutung eine andere bekommt, weil gewisse Dinge in irgend einer innern Verbindung und Verwandtschaft mit einander stehen, wie z. B. das Ganze und seine Theile, die Gattung und die Arten, die dazu gehören, die Art und die In-dividuen, die in dieser Art begriffen sind, die Ma-

terie oder der Stoff und das, was daraus besteht
oder verfertigt wird.

1) Ein Wort, welches das Ganze
ausdrückt, ist oft blos von einem Theil
desselben zu verstehen. Z. B. Mensch
für dessen Leib, 1 Mos. 23, 19. Sir. 10, 11.
40, 1. Luk. 16, 22. 1 Cor. 15, 4. — Das ganze Alte Testament wird sonst gewöhnlich durch:
ὁ νομος και ὁι προφηται και Μωυσης bezeichnet (Matth.
11, 13. Apostg. 26, 22. 23.); aber Matth. 5,
17—20. kann derselbe Ausdruck nicht anders als
von einem gewissen Theil des A. T. verstanden
werden, nemlich von dem, der die εντολας begreift, die vom Menschen beobachtet oder übertreten werden können. Eben so Matth. 7, 12.
u. 22, 40.

2) Das Ganze wird gemeynt, wenn
das Wort blos einen Theil vom Ganzen anzeigt. Z. B. Theile, Glieder und
Werkzeuge des Menschen werden für den ganzen
Menschen gesetzt, 2 Sam. 1, 16. Ps. 7, 16.
Apostg. 18, 6. euer Blut ist über eurem Haupte, d. h. über euch selbst (ἐφ' ὑμας Matth. 27,
25. vgl. 3 Mos. 20, 9. דמיו בו LXX. ενοχος
εσαι); daher wechselt Ezech. 33, 5. 4. επι της κε
φαλης αυτε und επ' αυτε ¹); und 2 Kön. 2, 5. 9,
επαν της κεφαλης σε und απο σε mit einander ab.
— Job 29, 11. Matth. 13, 16. Ohr, Aug ²)
für: der hört, der sieht. — S. auch Sir. 2, 12.
wehe den χερσι παρειμεναις. — Ferner steht προσ
ωπον für die Person selbst, 2 Sam. 17, 11. vgl.
2 Mos. 33, 14. פני αυτος (εγω) und v. 15. פיך
αυτος συ; 2 Cor. 1, 11. 1 Thess. 2, 17. vgl. Röm.

1, 11. — Auch die Füße Apostg. 5, 9. 2. 4, 37.
— Ueberhaupt ist hier und bei den meisten der
vorigen Stellen zu bemerken, daß zur Bezeichnung
einer handelnden Person gemeiniglich diejenigen
Glieder genennt werden, welche bei der Handlung
hauptsächlich gebraucht werden. S. auch Esai.
52, 7. Röm. 10, 15. — Und da der Ausdruck
„unter die Füße legen" metaphorisch von Unter-
werfung gebraucht wird, so hat also die synekdochische Redensart ὑπο τας ποδας τινος ὑποταξαι τι
1 Cor. 15, 25. 26. (Ps. 8. und 110.) vgl. v. 27.
ἀυτῳ auch ihre besondere Absicht [3]).

Auch χθες, gestern, steht Ebr. 13, 8. Apostg.
7, 28. für eine Reihe der vergangenen, so wie
ἀυριον der nachfolgenden Zeiten. Joh. 22, 27.
ἀυριον (מחר) so viel als überhaupt μετα ταυτα
(LXX. 2 Mos. 13, 14.). — Eine bestimmte Zahl für eine unbestimmte Menge,
z. B. ἑπτα, Ruth 4, 15. welche mehr Liebe an
dir erwiesen hat, als sieben (viele) Söhne;
Jer. 15, 9. und 1 Sam. 2, 5. wo ἑπτα ἑτεκεν
mit ἡ πολλη ἐν τεκνοις parallel ist; ἑπτακις 5 Mos.
28, 7. Spr. Sal. 26, 25. für: mehrmal,
oder: einmal über das andere. 1 Mos. 33, 3.
3 Mos. 4, 6. Vgl. auch Sir. 32, 11. Luk. 17,
4. 11, 26. Offenb. 1, 4. (Storr Apol. der Off.
Joh. S. 312. f. Anm. 30.) — Luk. 20, 10—12.
ist die angegebene Zahl „drey" nicht so genau zu
nehmen, wie wenn es bestimmt nur drey auf einander folgende Propheten gewesen wären; denn
in den Parallelstellen Matth. 21, 34—36. und
Mark. 12, 2—5. heißt es ausdrücklich, daß es
πολλοι ἀλλοι gewesen seyen. — Eben so auch ἁπαξ

καὶ δίς, Phil. 4, 16. einmal oder zweimal, d. h.
ettlichemal, wenn gleich nicht zu oft (vgl. Tit.
3, 6.). Es ist das hebr. פעם ושתים Neh. 13,
20. S. auch 1 Makk. 3, 30. Deßwegen heißt
auch der Ausdruck: ὲ μιαν ὁδε δυο 2 Kön. 6, 10.
soviel als: öfters (anders scheint καὶ ἁπαξ καὶ δίς
1 Theff. 2, 18. zu übersetzen zu seyn:), nicht nur
einmal, sondern zweimal, im eigentlichen Sinn
des Wortes δίς.

Anmerkungen zu §. 2.

Anm. 1. Eben so geben die griechischen Uebersetzer auch manchmal den Hebraismus, z. B. Est. 9, 25.
על־ראשו, ἐις ἀυτον, und Dan. 4, 7.
Theodot. ἐθεωρων, ich sahe, hingegen K. 7, 1. 15. αἱ
ὁρασεις της κεφαλης ἀυτα.

Anm. 2. Spr. Sal. 23, 6. setzen die 70 wirklich
das Ganze für רע עין ἀνηρ βασκανος. Eben so scheinen sie geglaubt zu haben, das אזנים Pf. 40, 6.
müsse für den ganzen Leib gesetzt seyn, und übersetzen
deßwegen σωμα.

Anm. 3. Ueber diesen synekdochischen Gebrauch
von πόδες und überhaupt von andern Gliedern des
menschlichen Leibes s. besonders *Ernesti* prolus. de
vestigiis linguæ hebr. in lingua græca 1753. p. VI.,
wo er unter andern sagt: Hebræorum mos est, ho-
mines exprimere per partes corporis, quarum qua-
liscunque sit conjunctio cum ea re, quæ iis tribui-
tur: idque cum faciunt, nihil de istis partibus cogitant, sed totam personam animo contuentur, si-
cut qui latine aliquem appellant *carissimum ca-
put aut pectus*, nihil de istis partibus admodum
cogitant, sed de toto homine vel maxime animo
ejus &c. — Uebrigens wird nicht nur προσωπον, z. B.
Apostg. 13, 24. Sir. 26, 5. vgl. Linde Uebersetzung
und *Schleusner* Spicil. I. post *Biel*. p. 97., sondern

auch andere synekdochisch gebrauchte Benennungen von
Theilen des Leibes, öfters auch da gebraucht, wo sich
eigentlich an gar keine Synekdoche denken läßt. S.
unten beim Pleonasmus.

§. 3.

Storr
S. 8. 3) Worte, welche eine Sache, die
nur nach und nach entsteht, oder die
noch eine Zeitlang fortdauert, als ganz
vollendet und auf einmal entstanden
oder geschehen darstellen, sind oft nur
von einem Theil des ganzen Werks
oder Zustandes, z. B. nur von seinem
Anfang, oder von seiner Fortsetzung,
Fortdauer zu verstehen.

So heißt βασιλευειν 2 Sam. 2, 10. 2 Chron.
20, 31. Jer. 52, 1. anfangen zu regieren; —
ἐξελιπε το ὑδωρ 1 Mos. 8, 13., es fieng an,
trocken zu werden, vgl. v. 14. — דברך 2 Mos.
4, 10. LXX. ἡρξω λαλειν. — γινωσκειν 2 Mos.
18, 11. 16, 6. jezt erst vollkommen einsehen. —
πιστευειν 2 Mos. 14, 31. ein ferneres festeres Glauben, — 1 Mos. 35, 15. ἐκαλεσε το ὀνομα ꝛc. Jakob hieß den Orth Bethel, d. h. er bestätigte
nur den Namen dieses Ortes, den er ihm vormals schon beigelegt hatte. — leben, für fortle-
ben, ferner leben lassen, 4 Mos. 4, 19. Jos. 6,
17. — ἐγνω 1 Mos. 4, 25. denuo gravidam
fecit, hebr. וידע עוד. — 1 Makk. 11, 23.
ἐκελευσε περιπαθησθαι, er befahl, die Burg zu bela-
gern, d. h. er ließ die Belagerung, die schon angefangen war (v. 20. ff.), fortsetzen.

Luk. 5, 6. f. das Netz zerriß, die Schiffe sunten, ist vom Anfang des Zerreissens in einigen Stellen des Netzes und vom Anfang des Sinkens, vom Sinkenwollen zu verstehen. — Offenb. I, I. ἃ δεῖ γενεσθαι, die Erfolge werden bald geschehen, d. h. die vorhergesagte Reihe von Erfolgen, deren Erfüllung bis ans Ende der Welt fortdauern soll, wird bald anfangen. — Apostg. 10, 34. ἔγνων, nun sehe ich erst ganz vollständig und lebhaft ein 2c. Joh. 2, 11. 11, 15. 20, 31. 1 Joh. 5, 13. drückt das πιςευειν eine größere Befestigung im bisherigen Glauben, ein ferneres Glauben der Jünger an Jesum aus; hingegen Röm. 13, 11. ἐπιςευσαμεν, da wir zu glauben angefangen, das Christenthum angenommen hatten.

4) Dagegen werden auch oft Worte, die nur einen Theil, z. B. den Anfang einer Sache, eines Zustandes, einer Rede anzeigen, für das Ganze gesetzt, z. B. 1 Mos. 2, 3. ἠρξατο ποιησαι, für ἐποιησε (עשה). Apostg. 11, 15. ἀρξαθαι λαλειν, für λαλειν, vgl. K. 10, 44.; Luk. 21, 28. vgl. v. 31.; Apostg. 1, 1. Mark. 5, 17. 6, 1. 10, 32. vgl. mit Matth. 8, 34. K. 13, 54. Luk. 18, 31.

§. 4.

5) Die *species* steht für das *individuum*, z. B. Φως für Sonne, wie אור, welches Job 37, 21. Φως und K. 31, 26. ἡλιος übersetzt wird. — Joh. 11, 10. Φως, vgl. v. 9. Φως τε κοσμε τετε, und Offenb. 22, 5. Φως ἡλιε. Storr S. 9.

6) Die *species* steht für das *genus*, oder die niedrigere Gattung für die höhere, z. B.

υιοι für Nachkommen überhaupt, Matth. 1, 1. 3,
9. 1 Petr. 3, 6. und in unzähligen andern Stellen des alten und neuen Testaments. — αρτος für
Nahrungsmittel, Matth. 6, 11. Mark. 6, 36.
vgl. βρωματα und επισιτισμος in den Parallelstellen
Matth. 14, 15. und Luk. 9, 12. — θανατος,
Unglück, Elend, Verderben, das mit der Sünde verbunden ist, 5 Mos. 30, 15. 19. wo θανατος
durch das allgemeinere Wort κακον, καταρα, so
wie ζωη durch αγαθον und ευλογια erklärt wird.
Röm. 8, 6. „Das Ziel, zu welchem das Fleisch
hinführt (Φρονημα, s. 2 Makk. 13, 9.), ist Unglück, Elend; Röm. 7, 10. „dasselbe Gesetz,
das mein Leben, d. h. mein Glück befördern sollte (vgl. die sehr ähnliche Stelle Baruch 4, 1.),
bereitete mir Tod, d. h. Unglück, Elend; Jak.
1, 15. vgl. 1 Mos. 2, 17. — So ist auch der
Ausdruck δευτερος θανατος Offenb. 2, 11. 20, 4.
21, 8. zu versehen. Da die Offenbarung hauptsächlich für die Zeiten der Verfolgung bestimmt ist,
so ist der Sinn dieser Stelle: wer dem Tod durch
Verleugnung der Wahrheit entfliehen will, auf
den wartet ein anderer, viel schrecklicherer Tod;
wer den Märtyrer-Tod nicht scheut, ist vor jenem
zweiten Tod, vor dem Verderben in der
Hölle (vgl. απολεσαι Matth. 10, 28.) gesichert. —
Man vergleiche noch die Stellen mit αποθνησκειν
und νεκρος Ezech. 3, 19. 18, 26. 5 Mos. 24, 16.
Str. 25, 24. Joh. 8, 21. 24. Eph. 2, 1.

Endlich heißt, vermöge der nemlichen Synekdoche, λαλειν, λεγειν, αντιλεγειν auch: eine Erklärung überhaupt von sich geben, sie
geschehe durch Worte oder durch Werke, Mal.

1, 7. 2 Sam. 19, 6. (hebr. V. 7.), ἀναγγελειν, daß er seine Diener für nichts halte. Dies ge= schah durch seine unmäßige Traurigkeit um Abso= lom, der ihn haßte; Pred. Sal. 10, 3. der Thor sagt (אמר λογιεται), d. h. er zeigts in der That Jedermann, daß er ein Thor sey. Oder auch schriftlich, Luk. 1, 63. ἐγραψε λεγων (vergl. כתב־אמר Dan. 7, 1. 2.); 1 Petr. 1, 21. [1]) daher ἀντιλογια und ἀντιλεγειν Ebr. 12, 3. Luk. 2, 34. und Joh. 19, 12. Widersetzlichkeit über= haupt bedeutet. Hieher gehört auch ἀρνεισθαι Tit. 1, 16. Jud. v. 4.

7) Die Gattung (*genus*) steht für die Storr S. 10. Art (*species*), oder: die höhere Gattung steht für die niedrigere. Z. B. σαρξ, das nach einer Synecd. nr. 2. ein thierisches, lebendes Wesen überhaupt bedeutet (f. *Schleusn.* Lex. nr. 2. vgl. auch Sir. 40, 8. 44, 18.), bezeichnet oft bloß den Menschen, Pf. 56, 5. σαρξ (בשר) vgl. v. 12. ἀνθρωπος (אדם [2]); Pf. 65, 3. 145, 21. Dan. 2, 11. 1 Mof. 6, 12. Judith 2, 3.; Joh. 1, 14. der Logos ist Fleisch, d. i. Mensch worden; K. 17, 2. (vgl. Drak. v. 2.); Matth. 24, 22. Gal. 2, 16. Röm. 3, 20. kein Mensch (ἀνθρωπος v. 28.) kann für gerecht erklärt werden. — αἱμα für Mensch, Pf. 94, 21. Sufann. v. 62. Matth. 27, 4. — ζωντες, Menschen, Pf. 143, 2. Röm. 14, 9. — διδναι, παραδιδναι für: in den Tod [3]) hingeben, sterben, sterben lassen, Efai. 38, 13. 2 Makk. 1, 17. wo der Zusammenhang mit v. 13 —16. das παρεδωκεν nicht anders als von dem ge= waltsamen Tod der Feinde erklären läßt; Joh. 3, 16. Röm. 4, 25. 8, 32. Gal. 1, 4. — ποιειν

statt ποιειν εργον, arbeiten, Feld=Hand=Ar=
beit verrichten, Ruth 2, 19. πε εποιησας; εποιησα.
Spr. Sal. 31, 13. Matth. 20, 12. — αμαρτα-
νειν, αμαρτια, bedeutet eine besondere Art von Sün=
de, die Sünde des Abfalls von Gott.
4 Mos. 14, 19. 9. Ebr. 3, 13. 17. (vgl. v. 12.
αποςηναι απο θευ, 4 Mos. 14, 9.) Ebr. 10, 26.
12, 4. — Eben so bedeutet auch ανομια 2 Theff.
2, 7. die αποςασιαν v. 3. oder den Abfall von der
christlichen (v. 14.) Religion, gerade wie ανομοι
die Abtrünnige von der mosaischen Religion,
1 Makk. 2, 44. vgl. v. 15. und αμαρτωλοι v. 44.
— 2 Petr. 2, 14. ist αμαρτια die Sünde des
Ehebruchs, so wie αμαρτωλος Luk. 7, 37. für
eine Weibsperson steht, welche dem Laster der
Hurerei gefröhnt hatte, und αναμαρτητος Joh. 8,
7. für den, welcher die Sünde des Ehebruchs (v.
3. 4.) nicht begangen hat.

Hieher gehören auch diejenige Redensarten,
in welchen die Errichtung eines Werks für des=
sen Erweiterung und Verbesserung und
der Zustand einer Sache für ihre Wiederher=
stellung gesetzt wird. So steht οικοδομειν oft da,
wo ein schon erbauter Ort bloß erweitert, befestigt
oder verschönert wird, z. B. 2 Chron. 11, 5. 6.
Dan. 4, 27. Jer. 31, 38. 1 Makk. 1, 35. Matth.
23, 29. ihr bauet die Grabmale ehmaliger Pro=
pheten (1 Makk. 13, 27—30.), d. h. ihr bauet
sie weiter aus, ihr verzieret sie. Metaphorisch
heißt es alsdenn den äußerlichen oder innern Wohl=
stand verbessern, z. B. Spr. Sal. 14, 1. weise
Weiber befördern den Wohlstand des Hauses, und
Sir. 10, 3. 1 Theff. 5, 11. alles, was zur Beß=

ferung (οἰκοδομην) anderer dient; 1 Cor. 10, 23.
vgl. συμφερει [4]) im erſten Glied; Eph. 4, 12. 16.
„zum Nutzen der Kirche Chriſti.“ Hier iſt οἰκο-
δομη, was v. 15. die αὐξησις (2 Makk. 5, 16.);
2 Cor. 10, 8. ſteht das disjunctum καθαιρεσις dabei.

8) Die Materie wird für die Sache Storr
geſetzt, welche aus dieſer Materie be- S. II.
ſteht oder verfertigt iſt. χρυσιον, ἀργυ- Meth.
ριον ꝛc. für Dinge aus Silber und Gold gemacht, S. 12.
Pſ. 115, 4. 1 Chron. 29, 2. und Luk. 9, 3. Jak.
5, 3. Apoſtg. 3, 6. Sir. 40, 25. für Geld überhaupt. — Mark. 1, 6. τριχας vgl. ἐνδυμα ἀπο τρι-
χων Matth. 3, 4. — Offenb. 18, 12. παν ξυλον θυινον, allerlei Gefäße von Citronenbaumholz,
ſtatt παν σκευος, welches im nemlichen Vers vorkommt, ἐκ ξυλᾰ θυινᾰ.

Anmerkungen zu §. 4.

Anm. 1. Vielleicht kann das ἐλαλησαν 2 Petr. 1,
21. beſſer durch eine Syned. generis pro specie ſoviel
heiſſen, als: προφητευειν, wie wirklich LXX. das hebr.
התנבא 1 Kön. 22, 8. durch λαλειν überſetzen. S.
Herrn Dr. Flatts Magaz. IV. St. S. 222.

Anm. 2. S. Job 10, 4., wo בשר nicht nur mit
אנוש abwechſelt, ſondern jenes auch von den LXX.
durch βροτος, ſo wie dieſes durch ἀνθρωπος überſetzt
wird.

Anm. 3. εἰς θανατον wird zuweilen hinzugeſetzt,
wie Eſai. 53, 12. Matth. 26, 2. Mark. 13, 12. 2 Cor.
4, 11.

Anm. 4. Wenn nicht in beiden Gliedern dieſes
Verſes eine Tavtologie ſeyn ſoll, ſo geht συμφερει auf
den Nutzen des Handelnden ſelbſt, und οἰκοδομειν iſt

auf den der Andern zu beziehen. Uebrigens werden
beide Zeitwörter v. 33. und K. 14, 4. ganz gleichbe=
deutend gebraucht.

§. 5.

Storr
S. 11. f.
 Durch die synekdochische Redensart giebt der
Schriftsteller seinem Vortrag oft mehr Nachdruck.
Wenn z. B. der Theil für das Ganze gesetzt wird,
so fällt das Prädikat, auf welches man den Leser
aufmerksam machen möchte, desto leichter in die
Augen. Wenn Paulus Gal. 1, 16. (vgl. auch
Matth. 16, 17.) sagt, er habe sich nicht an Fleisch
und Blut, σαρξ και αιμα, gehalten, da er von
Gott eine Offenbarung bekommen: so will er da=
mit die Idee von Schwachheit und Unver=
mögen eines Menschen, ihm da, wo Gott
Belehrung giebt, Rath und Aufschluß zu erthei=
len, ausdrücken, welches er beym Gebrauch des
Wortes ανθρωπος zunächst nicht bezweckt hätte.
Vgl. auch Ps. 56, 4. — Der Ausdruck Luk. 3,
8. „fanget nicht an zu sagen, zu denken"
will so sehr vor jenen Gedanken warnen, daß sie
auch nicht einmal das Mindeste, nicht einmal den
Anfang von Gedanken in sich aufkommen lassen
sollten.

 Wenn endlich das genus für die species ge=
setzt wird, so hat es öfters die Absicht, daß man
desto gewisser jedes zur species Gehörige darun=
ter verstehe. Z. B. damit man durchaus nicht
zweifeln solle, daß die Ausbreitung des Evange=
lium bei irgend einem Menschen oder einer Na=
tion eine Ausnahme machen werde, so bekommen
die Apostel den Befehl Mark. 16, 15., sie sollen
es

es πασῃ κτισει (τη ὑπ᾽ ἐνανον Col. I, 23.) verkündigen. — Gal. 3, 22. die Schrift erklärt Alles
(παντα, Röm. 3, 20. πασα σαρξ) für Sünder,
damit ja keines zur Menschengattung Gehörige sich für sünd- und straffrei halten möchte. Indem Paulus παντA sagt, also mehr, als er eigentlich verstanden seyn will, so hoft er doch wenigstens, daß man ihm seinen Satz von παντΕΣ
(Röm. II, 32.) ohne Unterschied und Ausnahme
gelten lassen werde.

III. Von der Metonymie.

§. 6.

Metonymie heißt der Tropus, wenn ein Storr
Wort statt seiner eigentlichen Bedeutung eine an-S. 13. f.
dere annimmt, die ihm wegen der äußerlich
statthabenden Verbindung unter den Dingen, die
es ausdrückt, wohl gegeben werden kann.

A) Die Ursache wird für die Wir-Beth.
kung gesetzt, z. B. der Verfasser einesS. 11.
Buchs steht für das Buch selbst, das er verfaßt
hat, Luk. 16, 29. Moses und die Propheten,
statt: ihre Schriften; Luk. 24, 27. Joh. 5, 46.
vgl. mit v. 47. Apostg. 15, 21.

Vater, Stammvater für dessen Nachkommen, z. B. Abraham für dessen Nachkommenschaft, 1 Mos. 17, 2. 6. 28, 3. wo σε, und
1 Mos. 17, 20. αὐτον für το σπερμα σε (1 Mos. 22,
17.) steht; Ebr. 6, 14.

σπερμα für das, was daraus erzeugt ist. 1 Sam.
2, 20. Job 39, 12. Röm. 1, 3. 11, 1. ich bin vom
Saamen, d. h. von den Nachkommen (γενος

2

Phil. 3, 5. vergl. 1 Makk. 5, 2. und LXX. Jer.
39, 32. 3 Mos. 21, 17. vgl. mit v. 21. σπερματος)
Abrahams. — Unter σπερμα, זרע, sind freilich
meistens mehrere Nachkommen zu verstehen, daher es die 70. auch Neh. 9, 2. durch υιοι übersetzen, und Joh. 8, 33. vgl. mit v. 39. wechseln
σπερμα und τεκνα ab, und Job 21, 8. σπορος und
τεκνα, und K. 5, 25. σπερμα und τεκνα, so wie
auch Weish. 3, 16. Da aber σπερμα doch auch von
einem Einzigen Nachkommen gebraucht wird,
1 Mos. 4, 25. 5 Mos. 25, 5. (בן), 1 Sam. 1,
11. und Sus. v. 56. wo Daniel den einen lügen-
haften Richter anredet: du σπερμα χανααν, και ου
ιουδα, auch Ebr. 11, 11.: so konnte Paulus wohl
Gal. 3, 16. was bedeutendes darin finden, daß
Gott bei jener Weissagung 1 Mos. 22, 17. sich
des Singularis, und nicht des Pluralis (זרעים
oder בנים) bedient habe, und also nicht auf Abrahams ganze Nachkommenschaft, von welcher die
Wohlthaten für alle Völker abhängen sollten, sondern auf einen Einzigen; ος εςι χριςος, hindeuten wollte.

πνευμα τυ ςοματος αυτυ 2 Theff. 2, 8. Odem
des Mundes Gottes für: Gottes Befehl[1]),
so wie Es. 11, 4. ο λογος τυ ςοματος und το πνευμα δια χειλεων mit einander abwechseln, welche
Stelle um so merkwürdiger ist, da sie mit 2 Theff.
2. auch in Absicht auf ανελει ασεβη übereinstimmt.
Auch Pf. 33, 6. entsprechen einander ο λογος τυ
κυριυ und πνευμα τυ ςοματος αυτυ. — Job 4, 9.
übersetzen LXX. das hebr. נשמה wirklich mit
προςταγμα.

Eine ähnliche Metonymie ists, wenn das an-

tecedens für *das consequens* gesetzt wird. Z.
B.

1) ἔργον, πονος, (פֹּעַל) steht für das durch
Arbeit Erworbene, Pf. 105, 44. Sir. 14,
15. 28, 15. oder für die Frucht; den Gewinn,
Lohn (μισθος vgl. LXX. 3 Mof. 19, 3. Job 7, 2.
hebr. פֹּעַל); Offenb. 14, 13. daher heißt auch ἐργαζεσθαι (ποιειν ἐργον, ἐργαζεσθαι ἐργον), sich einen
Lohn seiner Arbeit verschaffen, durch seine Handlungen Belohnungen verdienen (vgl. 2 Joh. v. 8.,
wo ἐργαζεσθαι mit μισθον παραλαμβανειν synonym ist).

δικαιοσυνη Pf. 112, 9. 2 Cor. 9, 9. eures
Wohlthuns Frucht, γεννηματα v. 10. Belohnung
währt unaufhörlich fort.

ἁμαρτια, παραβασις und ähnliche Worte bedeuten auch Strafe der Sünde, Zach. 14, 19. Zeph.
3, 15. 4 Mof. 14, 33. Offenb. 18, 4. wo ἁμαρτιαι eben das sind, was πληγαι, Ebr. 9, 15. Er-
lösung von den, während des ersten Bundes ver-
schuldeten, Strafen (παραβασεων, v. 26. ἁμαρτιας).
Eben so das so oft vorkommende ἀφεσις ἁμαρτιων,
z. B. Matth. 26, 28. Röm. 4, 7. und αἱρειν
ἁμαρτιας κοσμε Joh. 1, 29. das Gott geweihete
Lamm, welches die Strafen der Sünden der Welt
auf sich nimmt; 1 Joh. 3, 5. und Ef. 53, 11.
vgl. mit v. 4.

Durch eine neue Metonymie (f. weiter unten)
wird dann ἁμαρτια auch für das stellvertre-
tende Objekt der Strafe, für das Opfer,
das für die Sünde gebracht wird [2]), gebraucht,
z. B. Hof. 4, 8. 3 Mof. 4, 21. 5, 9. 2 Cor. 5,
21. Ebr. 9, 28. wo ὀφθησεται χωρις ἁμαρτιας heißt:
er wird erscheinen, ohne ein Sündopfer zu seyn,

weil dies offenbar dem v. 26. entgegengesetzt ist, „er ist, damit die Strafen der Sünden aufgehoben werden könnten, mit einem Opfer, das er selbst wär (θυσιας αυτɤ, s. unten), sichtbar geworden.“

2) Etwas seyn, hat die Bedeutung: dafür erkannt, gehalten, behandelt werden. Z. B. 1 Kön. 1, 21. εσομεθα ἁμαρτωλοι, wir werden für Verbrecher angesehen werden (v. 4.); 1 Mos. 44, 32. ἡμαρτηκως εσομαι, ich will als einer, der gesündigt hat, angesehen werden; Job 9, 29. ειμι ἀσεβης, ich will als schuldig behandelt werden; K. 4, 17. 9, 2. ἐςαι δικαιος, erfunden werden; 4 Mos. 32, 22. ἐσεσθε ἀθωοι, für rechtschaffene Leute angesehen werden; Jer. 7, 11. ἐςαι αφρων, יהיה נבל, am Ende erscheint der als Thor, der sich Reichthum erwirbt mit Unrecht, und der ihn in seiner Lebenshälfte verläßt; 2 Sam. 7, 22. μεγαλυναι, groß erscheinen; Weish. 9, 6. dünkt sich (ἠ̃) ein Erdensohn vollkommen, so ist er nichts, wenn deine Weisheit fehlt. — 1 Cor. 3, 18. wer sich unter euch dünkt weise zu seyn, der lasse sich lieber von der Welt für einfältig halten (μωρος γενεσθω; 1 Cor. 9, 2. ειμι ἀποςολος, ich werde für einen wahren Apostel erkannt; Röm. 2, 25. γεγοςε, vgl. λογισθησεται v. 26. „du wirst deiner Beschneidung ungeachtet, wie ein Unbeschnittener angesehen;“ Röm. 5, 19. sie werden als Sünder angesehen und behandelt, κατεσαθησαν, das soviel ist, als ἐγενοντο (vgl. Jak. 3, 6. 4, 4.); 2 Cor. 4, 7. daß es desto einleuchtender werde, daß die große Wirkungen Gott zuzuschreiben seyen (ἠ̃ τɤ Θεɤ); 2 Cor. 5, 15. ἀπεθανον, sie müssen als

gestorben angesehen werden; Ebr. 3, 12. Morus und Storr: sehet zu, daß nicht etwa jemand unter euch durch den Abfall vom wahren Gott sein böses, ungläubiges Herz zeige (ἔσαι), ne cui *esse intelligatur* animus pravus; 1 Cor. 8, 5. ob man gleich Götter vorgiebt (εἰσι, esse putantur) —, so wird doch von uns (ἡμιν) nur Ein Gott anerkannt (man ergänze: ἔσι); 1 Cor. 15, 28. wenn Christus — es wird dahin gebracht haben, daß Gott als der höchste Regierer von allen erkannt werde (ἦ); — Luk. 16, 15. (το ὑψηλον für οἱ ὑψηλοι), die sich selbst für die vorzüglichsten unter den Menschen halten; οἱ δικαιῦντες ἑαυτὸς ἐνώπιον τῶν ἀνϑρώπων, vgl. Job 11, 2. wo LXX. das יצדק übersetzen: οἴεται εἶναι δίκαιος. — Luk. 10, 36. von welchen unter diesen dreyen glaubst du, daß er sich für den Nächsten des Unglücklichen gehalten habe (γεγονέναι)? vgl. die Frage v. 29., wen hab ich für meinen Nächsten zu halten? — Matth. 9, 12. 13. ἰσχύοντες — δίκαιοι, diejenige, die gesund — tugendhaft zu seyn sich einbilden, δοκῦντες ἑαυτοις εἶναι, eben so, wie σοφοι, Matth. 11, 26. eingebildete Weise (חכמים בעיניהם) Spr. Sal. 3, 7., Φρονιμος παρα σεαυτῳ, oder: δοκῦντες εἶναι σοφοι, 1 Cor. 3, 18. und Spr. Sal. 26, 5., wo die LXX. das יהיה בעיניו übersetzen: Φαινηται σοφος παρ᾽ ἑαυτῳ. — 1 Cor. 1, 18. die Predigt (λογος, vergl. κηρυγμα v. 21. und K. 2, 4.) vom Gekreuzigten kommt jenem albern oder einfältig vor, ἔσι, uns aber als eine Gotteskraft. So ist auch 1 Cor. 1, 21. μωρια τῦ κηρυγματος nicht eine thörichte, sondern eine von der Welt für thöricht gehaltene Lehre, so wie auch die ἀφροσυνη 2 Cor. 11, 1.; — 1 Cor. 1, 25. το μωρον, το ἀθενες, die anscheinende Thorheit, Schwachheit Gottes. — Auch ἑυρεθηναι (welches für ἑιναι steht, Matth. 1, 18. und Mal. 2, 6., wo נמצא mit היה abwechselt), bedeutet 2 Cor. 11, 12. zu seyn scheinen, dafür angesehen werden wollen. — Jak. 4, 9. ταλαιπωρησατε, haltet, erkennet euch für elend, lernet euer großes Elend einsehen.

3) ὀργη, für Strafe, Pf. 79, 6. Sir. 7, 18. vgl. *Schleusn.* Spicil. I. unter ὀργη, cogita certissime tibi imminere *poenam*; K. 26, 8. ein trunkenes Weib ist eine große Strafe, oder (per synecd. speciei pro genere) ein großes Uebel, Plage. — Luk. 21, 23. ὀργη μεγαλη, vgl. ἐκδικησις v. 22. — Col. 3, 6. Eph. 2, 3. τεκνα ὀργης, Röm. 2, 5. 12, 19. δος τοπον τη ὀργη, laß die höchste Strafe (so wie χαρις die Gnade κατ᾽ ἐξοχην, oder die höchste Gnade bedeutet, f. unten beym Superlativ), d. h. die Strafe Gottes, das Ihrige thun [3]).

Anmerkungen zu §. 6.

Anm. 1. Man kann freilich auch übersetzen: durch den Odem seines Mundes, d. h. durch bloßes Anblasen, durch bloßen Hauch wird er ihn zerstören (um die Größe Gottes jenem Trotzen gegen die höchste Gottheit v. 4. entgegenzusetzen). Dann mag allerdings die ähnliche Stelle Weish. 11, 21. verglichen werden, welche Haffe fo übersetzt: auch ohne dies warst du vermögend, sie mit Einem Hauche (ἐν πνευματι), verfolgt durch deine Rache, sie zu zernichten ꝛc.

Anm. 2. Man findet auch θυσια (2 Makk. 12, 43.), oder: προσφορα περι ἁμαρτιας (Ebr. 10, 18.); allein sehr oft und meistens steht περι ἁμαρτιας elliptisch, und hat dann die Bedeutung, wie ἁμαρτια allein, Sünd- oder Sühn-Opfer, z. B. 3 Mos. 4, 3. 5, 11. 14, 22. Pf. 40, 7., in welchen Stellen die LXX. jenes חטאת durch περι ἁμαρτιας übersetzen. Baruch 1, 10. Röm. 8, 3. Ebr. 10, 6. 8.

Anm. 3. So kommt τοπον διδοναι τινι in der Bedeutung: einem überlassen, daß er das Seine thun kann, oder: einen Andern bei sich was gelten lassen, Sir. 38, 12. 19. 17. ppf.

§. 7.

B) Die Wirkung wird für die Ursache gesetzt. Storr S. 15.

γραφη, für ihren Urheber, Gal. 3, 8. der Urheber der heil. Schrift, welcher vorhersah (προϊδουσα ἡ γραφη), nemlich Gott, der im folgenden statt des Pronomens nach hebräischem Sprachgebrauch genennt wird. — Röm. 9, 17. 10, 11. — Φωνη, Offenb. 1, 12. 4, 1. die erste Stimme sagte, d. h. der, den ich Anfangs (K. 1, 10. f.), wie wenn eine Trompete zu mir spräche, gehört, diese sagte. Daher auch λεγων im Maskulinum. — ὁ λογος Joh. 1, 1. vgl. Offenb. 19, 13. der Sprecher (interpres) Gottes. Als Gesandter Gottes wird auch ein Engel Weish. 18, 15. λογος θεου genannt. — θανατος für das, was den Tod bringen, oder tödtlich werden kann, 2 Kön. 4, 40. θανατος εν τω λεβητι (vgl. das θανατηφορον 4 Mos. 18, 22.); 2 Cor. 11, 23. Todesgefahren; K. 1, 10. daher auch θανατουμεθα Röm. 8, 36. wir sind in täglicher Todesgefahr, und θανατος Röm. 7, 13. für: ὁ κατεργαζεται θανατον. — ζωη, 5 Mos. 32, 47. salutifera sunt; Joh. 12, 50. Quelle des ewigen Lebens; Col. 3, 4. Joh. 11, 25. vgl.

mit ἀιτιος σωτηριας ἀιωνιu Ebr. 5, 19., oder: ζωην
διδωμι Joh. 10, 28. — ζωη oder βιος, Nahrungs=
mittel, Vermögen, Spr. Sal. 27, 27. Esr. 7,
26. ζημια βιu, Strafe an Geld, vgl. mit 3 Esr.
8, 24. ἀργυρικη ζημια; Sir. 29, 22. wo βιος pa=
rallel ist mit ἐδεσματα; Luk. 15, 12. er theilte sein
Gut unter sie; K. 8, 43. sie hatte ihr ganzes
Vermögen, ihre ganze Habseligkeit (βιον, vgl.
Mark. 6, 26. τα παρ᾽ ἑαυτης παντα) an Arznei
verschwendet. — Mark. 9, 25. Luk. 11, 14.
πνευμα κωφον και ἀλαλον, ein Geist, der einen von
ihm Besessenen (δαιμονιζομενον Matth. 12, 22.)
stumm machte. — Röm. 10, 4. τελος νομu, der
dem Gesetz ein Ende gemacht hat. — Röm. 5,
12. die ἁμαρτια, die ohne das mosaische Gesetz da
war, aber ohne Gesetz nicht so geachtet wurde,
d. h. die Quelle, die Ursache der Sünde,
eben so K. 7, 7. zweimal: wenn die sündliche Lei=
denschaften durch das mosaische Gesetz rege gemacht
werden (v. 5.), scheint also nicht das Gesetz Ur=
sache der Sünde (ἁμαρτια) zu seyn? — aber die
Ursache der Sünde hätte ich ohne Gesetz nicht so
kennen gelernt. — 1 Cor. 10, 16. κοινωνια τe ἁι=
ματος — σωματος, dieser Wein giebt mein Blut,
dieses Brod verschaft meinen Leib; K. 11, 29.
κριμα, das, was ihm Strafe bringt. — Eph.
2, 14. er ist unser Friede, d. h. Friedens=
stifter, wie Esai. 49, 8. 42, 6., wo Cyrus δια=
θηκη ἐθνων heißt: Bündnißstifter unter den Völ=
kern. — 1 Petr. 3, 21. die Taufe ist nicht ἀπο=
θεσις ῥυπu, wäscht nicht den Leib ab; ἐπερωτημα
ἐις θεον, Ursache des zuversichtlichen Zutrauens zu
Gott. — Jud. v. 4. ἀσελγεια, Anlaß, Schein=
grund, Vorwand der Wollust.

Man vgl. noch folgende Stellen aus Sirach: K. 1, 11. Verehrung Gottes ist Ehre und Ruhm, d. h. bringt, vgl. δωσει, v. 12. — K. 4, 21. es giebt eine Schamhaftigkeit, welche Ehre und Gunst ist, d. h. Ehre und Gunst verschaft, επαγυσα χαριν im andern Glied. — K. 5, 13. die Zunge ist Veranlassung zu des Menschen Unglück. — K. 13, 13. nimm dich möglichst in Acht vor vertrautem Umgang mit Mächtigern (v. 9.), denn du wandelst μετα της πτωσεως σε, vgl. *Schleusner* Spicil. II. p. 158. „commercium habes cum eo, qui auctor erit et caussa infortunii tui." S. noch K. 25, 13. 27, 15. 34, 29.

§. 8.

Eben so wird auch das *Consequens* für das *Antecedens* gesetzt.

1) πιπτειν, für: getödtet werden, 2 Sam. 3, 38. Jer. 49, 26. und durch eine Metapher für: überwunden werden, Esai. 14, 12. 15. Luk. 10, 18. ich sahe den Satan vom Himmel fallen (πεσαντα), für das anteced. εκβληθεντα (Joh. 12, 31. Offenb. 12, 10. f.), d. h. durch eine Metapher: um seine Macht kommen, überwunden werden (κεκριται, Joh. 16, 11.).

διδοναι, für: bestimmen, versprechen, 1 Mos. 35, 12., wo διδοναι (נתן) das einemal versprechen, das anderemal geben heißt, gerade wie Joh. 17, 22. — Matth. 24, 24. und Mark. 13, 22. redet Jesus von blos versprochenen (δωσυσι), aber nicht geleisteten (wie διδοναι, Apostg. 2, 19. 5 Mos. 6, 22. vorkommt) Wunderdingen,

eben so wie 5 Mof. 13, 1., wo, vgl. mit v. 2., δ૪ αι σημειον soviel ist, als: λαλειν σημειον. —
2 Tim. 1, 9. bestimmte, zugedachte Gnade, vgl. *Schleusn.* Spicil. II. p. 42. beneficium, quod Deus inde ab antiquissimis temporibus *promiserat* hominibus per prophetas.

2) κληθηναι, soviel, als: ἐιναι, Esai. 4, 3. 56, 7. κληθησεται, vergl. ἐςι, Luk. 19, 46. und Esai. 49, 6., wo die LXX. היות durch κληθηναι übersetzen. — Matth. 5, 19. 1 Joh. 3, 1. vgl. mit Joh. 1, 12. Hieher gehört auch Apostg. 8, 39. ἑυρεθη ἐις Ἀζωτον (s. unten zu Storr S.), vgl. ἑυρεθηναι, 1 Chron. 29, 17. 2 Chron. 29, 29. K. 30, 21. 25. K. 3., 1.

Weth.
S. 116. 3) **Etwas thun, gethan haben, thun werden,** steht für den bloßen **Willen, Versuch, Vorhaben, Bemühen, Verlangen es zu thun.** Z. B. 1 Mof. 37, 21. ἐξαλετο, er wollte [2]) ihn erretten (vgl. v. 22.); K. 12, 19. ἐλαβον, ich wollte mir sie zum Weibe nehmen, *Dathe:* in matrimonium ducere *decrevi;* 1 Mof. 3, 22. γεγονε, היה, er hat werden wollen; Neh. 5, 8. πωλειτε, ihr wollet eure Brüder verkaufen. — Eben so die futura, 1 Mof. 24, 58. 2 Mof. 4, 13. 16, 23. 1 Sam. 21, 9. — Sir. 12, 17. ὡς βοηθων, wie wenn er helfen wollte.

2 Cor. 13, 1. schon dreimal [3]) hab ich mir vorgenommen, zu euch zu kommen (ἐρχομαι, vgl. K. 12, 14. ἐτοιμως ἐχω ἐλθειν). — 1 Cor. 10, 33. 1 Thess. 2, 4. Gal. 1, 10. ἀρεσκω, für: ζητω ἀρεσκειν, so wie πειθω v. 10. und ἐπορθ૪ν v. 13. für: ἐζητ૪ν πορθειν (Apostg. 9, 21.). —

Gal. 5, 4. δικαιϑε. — Jak. 4, 2. φονευετε. ihr
drohet ihnen den Tod; vgl. Pf. 62, 4. — 2 Tim.
4, 3. κινϑομενοι, für: ζητευτες κινϑεϑαι. — Mark.
15, 23. ἐκ ἐλαβεν, er wollte es nicht nehmen,
f. Matth. 27, 34. ἐκ ἠϑελε πιειν. — Matth. 10,
39. wer fein Leben zu erhalten sucht (ὁ ἑυρων 4),
statt: ὁ ϑελων ἑυρειν, oder: ϑελων σωζειν, Mark.
8, 35.). — Ebr. 11, 27. κατελιπεν, er wollte
Aegypten verlaffen, f. Storr Commentar bei
dieser Stelle. — 2 Petr. 3, 12. σπευδοντας, die
ihr die Zukunft Christi beschleunigen wollet (σπευδειν, transitive, wie Esai. 16, 5. S. unten).

4) **Thun, geschehen, werden, für:**
thun, geschehen, werden, können. Z.
B. 1 Mos. 16, 10. 32, 12. kann nicht gezählt
werden; 2 Mos. 33, 23. ἐκ ὀφϑησεται σοι, soviel,
als: ὁ δυνηση 5) ἰδειν, לא תוכל לראות v. 20.
Eben so die futura in 2 Kön. 5, 12. λεσομαι, und
Richt. 16, 10. 13. δεϑηση. 2 Chron. 1, 12. κρι-
νει, vgl. die Parallelstelle 1 Kön. 3, 19. δυιησεται
κρινειν, יוכל לשפט. — Sir. 15, 15. συντηρη-
σεις, du kannst halten; K. 16, 4. durch einen
Klugen kann eine Stadt glücklich werden; K. 27,
17. du kannst ihm nicht mehr folgen. K. 30, 19.
nutzt dem Götzen das Brandopfer? Er kann es
weder essen noch riechen. K. 38, 32. f. mehrere
futura. Weish. 13, 9. wie bald hätten sie ihn
finden **können**, ἑυρον. — Br. Jer. v. 12. sie
können vor Rost nicht verwahrt werden, v. 15.
kann sich nicht retten, v. 27. sie können sich nicht
aufrichten, vgl. v. 34., wo δυναμαι wirklich ausgedrückt ist.

Matth. 7, 4. wie kannst du sagen? ἐρεις, vgl.

(margin) Weth. S. 117. Storr S. 15.

Luk. 6, 42. δυνασαι λεγειν. Eben so πως ερειτε,
Jer. 8, 8. — Matth. 7, 16. συλλεγουσι, v. 22.
es könnten einst viele zu mir sagen, vgl. Joh.
22, 24. heute oder morgen könnten eure Kinder
zu den unsern sagen, hebr. יאמרו, und v. 25.
ואמרנו, so könnten wir antworten, LXX. zwar
in der dritten Person, doch ερουσι, so wie Luther:
so könnten sie sagen. — Matth. 12, 25. ου σταθη-
σεται, und Mark. 3, 24. ου δυναται σταθηναι. —
Mark. 14, 58. vgl. mit Matth. 26, 61. — Röm.
1, 21. weil sie also Gott erkennen konnten,
γνοντες. — 1 Cor. 15, 15. f. wenn die Todten
nicht auferstehen können, wenn die Auferstehung
der Todten eine unmögliche Sache ist; Luk. 20,
37. εγειρονται. — 2 Cor. 8, 9. und Phil. 2, 6.
ων und υπαρχων, ungeachtet er hätte seyn können.
— Phil. 3, 4. ungeachtet ich mir auch auf solch
einen fleischlichen Vorzug was einbilden könnte
(εχων); wähnt Einer, sich etwas darauf einbilden
zu können (πεπαιθεναι), so könnte ichs noch mehr.
— Jak. 2, 1. könnet ihr Glauben an unsern verherrlichten Jesum haben? K. 3, 7. δαμαζεται, für:
δαμαζεσθαι δυναται, v. 8.

Storr
S. 16.
Weth.
S. 117. 5) Da Können im Griechischen [6]) und Hebräischen oft soviel sagt, als: erlaubt seyn, was
thun dürfen, ein Recht zu etwas haben: so steht
also die Handlung auch öfters für das
Recht oder die Erlaubniß zu dieser
Handlung. Z. B. Spr. Sal. 20, 9. τις καυ-
χησεται, wer wird das Recht haben, sich zu rühmen? 1 Mos. 20, 9. ο ουδεις ποιησει, was Niemand thun darf; 1 Mos. 20, 13. f. du wirst nicht
tödten, für: du darfst nicht tödten. 3 Mos. 11,

B. s. ihr dürft essen, nicht essen. Ruth 2, 2. πορευθω και συναξω, laß mich gehen und sammeln! 1 Mos. 47, 4. es sey uns erlaubt, zu wohnen, και οικησομεν. 4 Mos. 20, 17, 21, 22. 5 Mos. 2, 27. Richt. 12, 5. es sey uns erlaubt, durch das Land zu ziehen. Sir. 29, 24. wo man fremd ist, darf man (s. unten bei Storr) seinen Mund nicht aufthun, εκ ανοιξει; 1 Makk. 8, 30. das soll jeder Theil thun können, ποιησονται, d. h. Fug, Macht, Recht dazu haben.

1 Cor. 2, 15. der Gottes Geist hat, und also wissen und beurtheilen kann, was göttliche Dinge sind, darf von Niemand, der den Geist nicht hat, beurtheilt werden, ανακρινεται. — K. 4, 4. Er allein hat das Recht, mich zu beurtheilen und zu richten. — Ebr. 5, 4. Niemand darf sich diese Würde selbst anmaßen, λαμβανει. — K. 7, 19. wir dürfen zu Gott nahen. — K. 13, 6. wir sind berechtigt, die Worte Ps. 118, 6. uns ohne Anstand zuzueignen. — K. 8, 4. die laut des Gesetzes Opfer bringen dürfen. — Kap. 7, 13. aus welchem Stamme Niemand jemals Priesterdienst thun durfte, προσεσχηκε. — K. 9, 6. — Mark. 10, 43. so darfs nicht bei euch seyn, εσαι. — Röm. 9, 20. kommt auch einem Werk das Recht zu, zu sprechen? — Kap. 14, 2. Einer glaubt, er dürfe alles essen (Φαγειν), vgl. Judith 12, 2. ich darf nicht davon essen, ε Φαγομαι, 1 Mos. 3, 2. Φαγκμεθα.

6) Das, was geschieht, ist oft zu verstehen, daß es geschehen soll, daß die Nothwendigkeit oder die Pflicht es erfordere. Z. B. Ezech. 34, 2. die Hirten sol

Storr S. 17. Weth. S. 115.

len die Heerde weiden, βοσκσαι. Mal. 1, 6. er soll ehren. 3 Mos. 4, 13. was sie nicht thun sollten, ποιηθησεται, תעשׁינה, vergl. dasselbe hebr. verbum v. 3. und K. 5, 17., wo es von den LXX. ὦν ὁ δεῖ [7]) ποιειν! übersetzt wird. — Richt. 13, 14. Sir. 14, 15. καταληψεις, du mußt überlassen.

Luk. 3, 10. 12. 14. was sollen wir thun? Matth. 19, 16. was soll ich thun, soviel als in der ähnlichen Stelle Apostg. 16, 30. τι με δεῖ ποιειν; Matth. 18, 21. wie oft soll ich ihm verzeihen? Mark. 12, 30. du sollst lieben, ἀγαπησεις (5 Mos. 6, 5.). — Luk. 22, 49. sollen wir schlagen? vgl. 1 Sam. 30, 8. καταδιωξω, soll ich ihnen nachjagen? — 1 Cor. 11, 22. soll ich euch loben? — Jak. 5, 7. Ein Ackersmann erlangt (ἐδεχεται, vgl. Sir. 6, 33.) doch die gewünschte Frucht, ungeachtet er in Rücksicht derselben darauf warten muß (μακροθυμων, vgl. μακροθυμειν, Sir. 32, 18. Matth. 18, 29. Luk. 18, 7. er wartet, in Rücksicht auf die Frommen). — Offenb. 3, 10: ist ὑπαγει, kraft des Parallelismus, soviel, als: δεῖ αὐτον ὑπαγειν. — 1 Cor. 6, 4. wenn ihr Richter (κριτηρια, s. im folg. §.) über weltliche Streitigkeiten haben müßt, ἐχητε. — Jak. 4, 15. λεγειν, statt daß ihr sagen solltet. — Apostg. 21, 21. sie sollen ihre Kinder nicht beschneiden. — 2 Cor. 2, 7. ihr müßt ihm nun verzeihen. — Mark. 3, 21. er muß von Sinnen kommen, ἐξεσι. — Ebr. 8, 11. es wird keiner den andern zur Verehrung des Herrn anzuweisen nöthig haben, διδαξωσιν.

Anmerkungen zu §. 8.

Anm. 1. Daß es blos versprochene und nicht geleistete Wunder waren, erhellt aus *Joseph*. de bello Jud. L. 2. C. 13. §. 4. 5. Ant. L. 20. C. 8. §. 5. 6., wo es heißt, daß die falsche Messiasse ihren Anhängern die falsche Hoffnung gemacht haben, daß Gott ihnen zu Gefallen Wunder thun würde.

Anm. 2. LXX. übersetzen 2 Mos. 8, 32. לא שלח ἐκ ἠθέλησεν ἐξαποστειλαι.

Anm. 3. Daß das τρίτον 2 Cor. 12, 14. nicht zu ἐλθεῖν, sondern zu ἑτοίμως ἔχω gehöre, s. *Storr* notit. histor. in Cor. p. 98. not. 183.

Anm. 4. Vgl. Jer. 38, 2. 39, 18. LXX. καὶ ἔσαι ἡ ψυχὴ αὐτᾶ εἰς εὕρημα (לשלל), er wird das Leben erhalten, er kann es für eine Beute achten.

Anm. 5. Mit δύναμαι übersetzen wirklich die LXX. zuweilen das hebr. præteritum oder futurum, z. B. Job 7, 20. hab ich gesündigt, was kann ich dir damit thun, schaden? τί δυνήσομαι πρᾶξαι, אפעל. — Esai. 36, 19. ἐδύναιτο ῥύσαδαι, הצילו. — Jer. 2, 13. ὃ δυνήσεται συνέχειν. Hingegen 1 Sam. 4, 15. übersetzen sie das hebr. לא יוכל לראות mit ἐκ ἐπιβλέπει.

Anm. 6. In dieser Bedeutung kommt δύναμαι 2 Sam. 17, 17. ἐκ ἠδύνατο (יוכלו) ὀφθῆναι, sie durften sich nicht sehen lassen; 3 Chr. 4, 11. keiner darf weggehen. Apostg. 4, 20. δυνάμεθα, wir dürfen das nicht verschweigen. K. 25, 11. Niemand hat das Recht, mich ihnen aus Gefälligkeit Preis zu geben. Jak. 4, 12. der freisprechen und verdammen kann, das Recht dazu hat; eben so δυνατός ἐστι Röm. 14, 4.

Anm. 7. Vgl. auch Spr. Sol. 22, 29. siehst du einen geschickten Mann in seinem Geschäfte, der sollte von Königen in ihre Dienste genommen werden, und nicht vor den Unedeln stehen, unedler Leute Sklave seyn; יתיצב, LXX. δεῖ παρίσταναι.

§. 9.

C) Das *Subject* und die verschiedene äußerliche Verhältnisse und Bestimmung desselben, z. B. sein äußerlicher Zustand, seine Beschaffenheit, der Ort, wo es ist, die Zeit, zu welcher die Sache geschieht oder geschehen ist ꝛc., werden ebenfalls durch eine Metonymie häufig für einander gesetzt.

Storr
S. 17.
Weish.
S. 11.

1) Der äußerliche Zustand einer Sache wird für die Sache selbst gesetzt. Z. B. αιχμαλωσια, Esr. 5, 5. 2 Chron. 28, 5. 11. 1 Makk. 9, 70. 72. Offenb. 13, 20. die Gefangene; πολλα ετη, bejahrte, Job 32, 7. γερεσια, 2 Mos. 12, 21. 5 Mos. 5, 23. wo im hebr. das Concretum ¹) זקנים ist; 2 Makk. 1, 10. Apg. 5, 21. — θεραπεια, Matth. 24, 45. 1 Mos. 45, 16. für: עבדים. — βασιλεια, 1 Makk. 6, 47. für: βασιλευς, vgl. v. 40. — αδελφοτης, 1 Petr. 5, 9. für: αδελφοι; ιερατευμα, 1 Petr. 2, 5. für: ιερεις. — δοξα, welches große Ehren- und Amtsstellen (2 Makk. 4, 15. τιμας), wie die eines Hohenpriesters, K. 14, 7. eines Königes, Dan. 11, 20. bezeichnet, wird 2 Petr. 2, 10. von den hohen obrigkeitlichen Personen selbst, vgl. die ηγεμονες und βασιλευς. 1 Petr. 2, 14. so wie das lateinische magistratus, gebraucht. Eben so κυριοτης, εξουσιαι, αρχαι, δυναμεις, gerade wie unser deutsches: Herrschaft, Regierung, Majestät, Hoheit. — 1 Cor. 12, 28. αντιληψεις, κυβερνησεις, Helfer, Regierer der Gemeinden. — διασπορα.

Storr
S. 18.

2) Der Ort wird für die Sache gesetzt, die sich gewöhnlich in diesem Orte befindet, und auch umgekehrt. Z. B. ουρανος,

ερανος, für Gott ſelbſt. Matth. 21, 25. Luk.
20, 4. 15, 18. Auch die ſo häufigen Redensarten, βασιλεια ερανων, haben keine andere Bedeutung, als: βασ. θευ, Matth. 19, 24. vgl. v. 23.
Mark. 10, 23—25. [2]) — Luk. 9, 28. haben
beide dativi εν ερανω und εν υψιςοις (vergl. υψος
Sir. 51, 19.) einerlei Bedeutung; und ſtehen für
θεω. — 1 Makk. 3, 60., was Gott will; K.
3, 19. vgl. v. 18. und K. 4, 10. zum Himmel
rufen, ob er (Gott) ſich nicht über uns erbarmen
möchte, wo noch v. 11. zu vergleichen iſt.

οικια, οικος, für die Bewohner des Hauſes,
für die Familienglieder, 1 Moſ. 4 18, 19. 2 Sam.
19, 18. Spr. Sal. 31, 15. Joh. 4, 53. Apoſtg.
11, 14. oder für Vermögen, Habſeligkeiten,
Matth. 23, 14. für υπαρχοντα (vgl. בתים 1 Moſ.
45, 18. LXX. υπαρχοντα). Umgekehrt ſteht auch
προς εαυτον απερχεθαι 4 Moſ. 24, 25. für: nach
Hauſe gehen; Weish. 8, 18. εις εμαυτον; Joh.
20, 10. προς εαυτυς, ſie kehrten wieder nach Hauſe.

γη, πολις, für die Einwohner, 2 Sam. 10,
14. συρια, vergl. mit der Parallelſtelle 1 Chron.
19, 15. συροι, daher überſetzen LXX. Joſ. 23,
14. כל־הארץ παντες οι επι της γης. Matth. 3,
5. vergl. mit Mark. 1, 5. — Umgekehrt: die
Einwohner eines Landes, einer Stadt,
für das Land, die Stadt ſelbſt, 4 Moſ.
20, 18. 20. δι εμυ, durch unſer Land, vergl. v.
17. δια της γης σε. Röm. 15, 28. δι υμων, durch
eure Stadt; 2 Cor. 1, 16.

ποτηριον, Pſ. 23, 5. Matth. 20, 22. 10, 42.
für das im Becher Enthaltene; 1 Cor. 11, 26. f.
und Mark. 14, 24. Matth. 26, 28. bezieht ſich

3

τετο auf das vorhergehende ποτηρι (πιετε ἐξ ἀυτε) und wird für Wein geſetzt. — ἀλαβαςρον, Mark. 14, 3. ſie goß es (man ergänze ἀυτο, ſ. unten Ellipſis), nemlich das ἀλαβαςρον, oder (vermöge einer obigen Synekdoche) das Gefäß von Alabaſter, d. h. das Salböl, das darinn enthalten war, über ihn aus. Eben ſo φιαλα, Offenb. 18, 1—4. 8. 10. 12. 17.

ληνος Offenb. 14, 20. bedeutet zu Anfang des Verſes [3]) (ſo wie auch K. 19, 15. Klagl. 1, 15.) den Behälter, der da, wo die Trauben in der Kelter gepreßt werden, untergeſtellt und eingegraben wurde (Spr. Sal. 3, 10. Matth. 21, 33.), und dann erſt metonymiſch das, was in der Kelter enthalten iſt oder gepreßt wird, nemlich die Trauben, die hineingeworfen wurden v. 19. Eben dieſer metonymiſche Gebrauch von ληνος kommt auch Neh. 13, 15. vor, wo von wirklichen Trauben, die gepreßt wurden, die Rede iſt. Auch ſteht Job 39, 12. ἀλων für das, was man auf der Tenne aufhebt, daher LXX. 5 Moſ. 15, 14. σιτος überſetzen. — κριτηρια, Plätze, wo der Richter ſaß, Gerichtsſtätten (Suſ. v. 49. vgl. v. 50. Jak. 2, 6.) ſtehen 1 Cor. 6, 4. für die Richter ſelbſt. — Eben ſo heißt προσευχη Apoſtg. 16, 13. 16. der Ort, wo ſie zuſammen kamen und beteten [4]).

Anmerkungen zu §. 9.

Anm. 1. Hingegen überſetzen LXX. das abstractum בלות Jer. 24, 5. mit dem Concretum ἀποικισθεντες.

Anm. 2. Hieher gehört auch ἄνωθεν, Joh. 3, 3.

vgl. v. 6. ἐκ πνευματος, und K. 1, 13. ἐκ θεκ. S. auch Joh. 19, 11. vgl. mit K. 3, 27.

Anm. 3. ληνος v. 19. bedeutet wirklich Kelter oder Keltergebäude, und ληνος am Ende des 20sten v. entweder Kelter oder das untergestellte Gefäß.

Anm. 4. Philo heißt die Synagogen προσευχας, weil man darinn die heil. Bücher las und betete.

§. 10.

3) Die bezeichnete Sache wird für das Zeichen derselben gesetzt. Z. B. Ezech. 5, 5. αυτη ἡ ιερυσαλημ, diese Haare sind ein Zeichen des Schicksals (v. 12.) Jerusalems; 5 Mos. 22, 17. ταυτα τα παρθενια, *Dathe:* hæc sunt signa virginitatis, vgl. Hezel. Apostg. 7, 8. Er gab ihm διαθηκην περιτομης, ein Zeichen des Bundes, welches die Beschneidung war (s. unten von der Apposition), vergl. 1 Mos. 17, 10. διαθηκη mit v. 11. σημειον διαθηκης. — 1 Cor. 11, 25. Luk. 22, 10. dieser Wein (ποτηριον, s. §. 9.) ist ἡ καινη διαθηκη, das Zeichen des neuen Bundes, der durch mein Blut gestiftet wird, oder: das Symbol der neuen, durch mein Blut bestätigten, Verfassung. Mark. 14, 24. τυτο (το ποτηριον) ἐςι το αιμα μυ, dieser Wein ist das Symbol meines Blutes, durch das die neue Verfassung bestätiget wird. — 1 Cor. 1, 10. ἐξυσια, ein Symbol der Anerkennung dieser Herrschaft des Mannes über sie; sie muß sich bedecken, um nach Brauch und Sitte dadurch ihre Unterwürfigkeit anzuzeigen. — Matth. 5, 31. ἀποσασιον, ein Zeichen der Scheidung, βιβλιον ἀποσασιυ (ספר כריתת, K. 19, 7. Mark. 10, 4. 5 Mos.

Storr S. 18.

3 ²

24, 1. 3.). — Das Verbum Substantivum
fehlt bei diesem Tropus gewöhnlich; mit εἰμι siehe
Gal. 4, 24. αὑται εἰσιν αἱ δυο διαθηκαι, dies ist ein
Zeichen des doppelten Bundes; Offenb. K. 17, 9.
f. 12. 15.

Storr
S. 18. 4) Das Zeichen steht für die dadurch
bezeichnete Sache. Z. B. ῥαβδος, Stab,
eines Hirten, und durch eine Metapher von einem
Hirten (3Mos. 27, 32.) auf einen Regenten übergetragen (Mich. 7, 14.), Scepter, (LXX.
Zach. 10, 11. σκηπτρον) wird für Regierung
Pſ. 125, 3. Zach. 10, 11. gesetzt. Eben so Ebr.
1, 8. Offenb. 2, 7. 12, 5. 19, 15. (Pſ. 2, 9.) —
1 Kön. 19, 19. Elia legte dem Elisa seinen Mantel um, d. h. er erklärte ihn zu dem, was er selbst
war, zum Propheten. — γελως Job 8, 21. Jak.
4, 9. für Freude. — κινειν την κεφαλην, den
Kopf nicken, ein Zeichen des schadenfrohen Spot-
tes, daher steht es für: einen höhnisch verlachen,
Pſ. 44, 14. vgl. v. 13. und 2 Kön. 19, 21., wo
es mit ἐξυθενειν und μυκτηριζειν in Parallelismus
steht. S. auch Sir. 12, 18. 13, 7. Matth. 27,
39. — ἀποστρεφεσθαι τι, sich von etwas wegwen-
den, ist entweder ein Zeichen von: jemand hülflos
lassen, 1 Kön. 8, 57., wo es mit ἐγκαταλειπειν verbunden ist; Matth. 5, 42. oder: etwas nicht achten, verschmähen, Hoſ. 8, 3. kein Gehör geben,
sich ungehorsam beweisen, gegen eine Lehre. Ebr.
12, 15. vgl. mit Jer. 15, 6. — βαςασαι τα ὑπο-
δηματα, Matth. 3, 11. für: sein geringster Diener seyn. — κλεις, Schlüssel, Zeichen einer Gewalt für die Gewalt selbst, Matth. 16, 19. ich
will dir die Direktion der christlichen Kirche, mei-

nes Hauſes, geben; Offenb. 3, 7. ὁ ἔχων κλειν τῦ δαυιδ, der die Schlüſſel Davids, d. h. wie David, nicht wie ein königlicher Diener, der blos über den Pallaſt des Königs zu ſprechen hatte (Eſai. 22, 22.), ſondern wie David, d. h. der die Regierung, die königliche *), unumſchränkte Gewalt über Gottes Reich bekommen, und den Chriſten zu Philadelphia die Aufnahme in ſein Reich geben (θυραν ἀνοιγειν v. 8.), und andern, unwürdigen Juden verweigern κλειειν v. 7.) konnte. Hieher gehört auch: τα ονοματα für die ονομαθεντες, Offenb. 3, 4. daher auch οἱ darauf folgt.

*) Anmerkung zu §. 10.

S. Luk. 1, 32. ſ. θρονος δαυιδ, Matth. 21, 9. vgl. mit Luk. 19, 38.

§. II.

5) Eine Sache, die zu einer gewiſ- ^{Storr} ſen Zeit geſchieht, ſteht für die Zeit ^{S. 18.} ſelbſt, z. B. πασχα, Paſſahlamm für das Feſt ſelbſt, 2 Kön. 23, 21. ſ. 3 Eſr. 7, 14. vgl. mit v. 10., wo ἑορτη των ἀζυμων und πασχα gleichbedeutend geſetzt werden. Eben ſo Matth. 26, 2. — Φυλακη, Zeit der Nachtwache, 2 Moſ. 14, 24. Richt. 7, 19. Luk. 12, 38. — ἡ ἐσχατη σαλπιγξ, 1 Cor. 15, 52. für: Zeit der lezten Poſaune, vgl. ἐν ταις ἡμεραις Φωνης, Offenb. 10, 7. 11, 15 — 18. — Eben ſo θερισμος (קציר), für: die Zeit, in welcher die Früchte eingeſammelt werden.

6) Eine Sache, die auf ein gewiſſes ^{Storr} Objekt ihre Beziehung hat, und ohne ^{S. 19.} dieſes Objekt eigentlich gar nicht ge-

dacht werden kann, steht für dieses Objekt selbst; eine Handlung für den Gegenstand derselben. Z. B. ἐλπις für das,
was man hofft, Pf. 71, 5. Job 6, 8. Sir. 31,
14. — Col. 1, 5. die euch im Himmel aufbewahrte Hoffnung, d. h. die aufbewahrte Seligkeit (Ebr. 6, 18. 12, 2.); Gal. 5, 5. ἐλπις δικαιοσυνης, was Rechtschaffenheit zu hoffen hat;
Röm. 4, 18. kommt es in gedoppeltem Sinn vor:
gegen alle Hoffnung (παρ᾽ ἐλπιδα), wo nach Na-
turgesetzen keine Veranlassung zum Hoffen mehr
war, glaubte er doch das, was Gott ihm zu
hoffen gab, ἐπ ἐλπιδι. Eben so Röm. 8, 24.,
wo ἐλπις das erstemal soviel ist, als: το απεκδεχε-
σθαι v. 23., gleich darauf aber den Gegenstand
der Hoffnung (ὁ ἐλπιζει τις) bezeichnet. — πιςις,
z. B. Jud. v. 3. (vgl. παραδοθεισῃ) die Lehre, die
geglaubt werden soll. — ἡ ἀγαπη, Hohel. Sal.
2, 7. für: ὁν ἠγαπησεν ἡ ψυχη μȣ (K. 3, 1.),
oder für: ἠγαπημενος, wie אהבה Hof. 9, 10.
übersetzt wird [1]); Jer. 2, 33. ζητησαι ἀγαπησιν,
Liebhaber zu suchen. — ἡ πρασις (ממכר),
3 Mos. 25, 28. das er verkauft hat. — δοσις,
Spr. Sal. 21, 14. Gegebenes, Gabe. — ἐπαγγελια, Verheißung, für: das Verheißene, Apg.
1, 4. Luk. 24, 49. Ebr. 10, 36. — σπλαγχνα,
der Affekt des Erbarmens (Spr. Sal. 12, 10.
Eph. 4, 32.) und Liebe (Dan. 1, 9. 2 Cor. 7,
15.) bezeichnet Philem. v. 7. den Gegenstand,
auf den das Erbarmen oder die Liebe gerichtet ist
(εἰς ὁν τα σπλαγχνα ἐςι, 2 Cor. 7, 15.), also entweder die Armen unter den Christen (ἁγιων), oder
die delicias der Christen, die den Christen haupt-

ſächlich am Herzen lagen, vgl. v. 20. Erquicke meine Geliebten (τα σπλαγχνα) um Chriſti willen. Eben ſo Phil. 1, 18. — χαρις, für: Wohltha- ten, Collekte an die Armen, 1 Cor. 16, 7. — Φοβος, für: Gegenſtand der Furcht, Pſ. 31, 12. Sir. 23, 19. Röm. 13, 3. die Obrigkeiten ſind kein Gegenſtand der Furcht bei guten Handlungen. — καταρα, Gal. 3, 13. für: επικαταρατος. — η κτισις, 1 Petr. 2, 13. creatio[2]) (magistratus), für: res creata, die obrigkeitliche Perſon ſelbſt. — ρημα, λογος (דבר), für: den Gegenſtand deſ- ſelben, für: jedes Ding überhaupt, wovon die Rede ſeyn kann, 1 Moſ. 18, 14. Luk. 1, 37. Eſr. 10, 14. ρημα, vgl. πραγμα 3 Eſr. 9, 13. 5 Moſ. 24, 5. 1 Makk. 5, 37. (1 Moſ. 39, 7.); Luk. 2, 15.; Joh. 6, 63. die Dinge, wovon ich rede. Auch λογȣ, Luk. 1, 2. oder: λογων v. 4. iſt eben ſoviel, als: πραγματων v. 1. (vgl. LXX. 1 Moſ. 19, 22. 3 Moſ. 5, 2. 5 Moſ. 24, 5.). S. auch Matth. 19, 11. Mark. 1, 45. und Luk. 4, 36. τις ὁ λογος ȣτος, vgl. mit Mark. 1, 27. τι εςι τȣτο[3]); — διασπορα, Zerſtreuung, für: Zer- ſtreute, Joh. 7, 35. die unter die Griechen zer- ſtreuten Juden (Tob. 13, 3.). 2 Makk. 1, 27. Pſ. 147, 2., wo LXX. διασπορας τȣ ισραηλ, und Symm. τȣς εξωσμενȣς überſetzen. — περιτομη, Röm. 3, 20. 4, 12. Phil. 3, 3. die Beſchnit- tene, die Juden, denen Röm. 15, 8. die εθνη entgegengeſetzt werden. Eben ſo κατατομη, Phil. 3, 2. die Eingeſchnittene, die nach jener Sit- te des Götzendienſts (1 Kön. 18, 28.), ihren Göt- tern zu gefallen, Einſchnitte in ihre Leiber mach- ten; ſie ſeyen alſo, ſagt Paulus, ſie, die ſo zum

Judenthum rathen, seyen mehr κατατομη, Abgötter, als περιτομη, Juden zu nennen.

Anmerkungen zu §. 11.

Anm. 1. So übersetzen LXX. רצון Spr. Sal. 14, 35. δεκτος; ברכה, 1 Mos. 12, 2. ευλογημενος; קללה, 5 Mos. 21, 23. κεκατηραμενος; פליטה, Entfliehung, Neh. 1, 6. οἱ σωζοντες, Richt. 21, 17. διασωζομενος; פחד, Spr. Sal. 1, 26. das Gefürchtete, ὁλεθρος, ἀπωλεια.

Anm. 2. Dieser Latinismus, der in römischen Provinzen, wo diese Christen wohnten, im Umgang mit Römern wohl angenommen werden konnte, wird nach hebräischem Sprachgebrauch metonymisch genommen. Aehnliche römische Redensarten, ins Griechische übergetragen, findet man Luk. 12, 58. δος εργασιαν; R. 14, 18. f. ἐχε με παρητημενον. S. Michaelis Einl. 1r Thl. §. 25.

Anm. 3. So übersetzen LXX. את־הדבר הזה 1 Mos. 20, 10. τυτο.

§. 12.

Das Bisherige beweist hinlänglich, daß das abstractum durch den Tropus der Metonymie für das concretum [1]) gesetzt werde. Aber nicht selten geschieht dies auch durch die Synekdoche, indem auf das innere Verhältniß, auf den innern Zustand der Dinge Rücksicht genommen wird, wenn z. B. Spr. Sal. 14, 26. von der φοβος κυριυ gesagt wird, sie habe eine sichere Zuflucht, so ist eigentlich der φοβυμενος [2]) (vgl. τα τεκνα ἀυτυ im andern Satz) gemeynt. Sir. 13, 20. ταπεινοτης, der Demüthige, vgl. das concretum πτωχος im folg. Glied. — 1 Cor. 13, 4.

ff. Röm. 13, 10. ἀγάπη, für den mit Liebe Be-
gabten, Liebenden, Menschenfreund. Diese
Eigenschaft als ein Theil des innern Zustandes eines Menschen wird für das ganze Subjekt gesetzt,
in welchem sich diese Eigenschaft befindet. — Gal.
5, 5. was der Rechtschaffene (δικαιοσυνη, vgl.
2 Petr. 3, 13.) zu erwarten hat. — Jak. 2, 13.
die Barmherzigkeit, ἔλεος, d. h. ὁ ποιησας ἔλεος,
kann im Gericht freudig seyn; v. 17. der Glaube ohne Werke (der Glauben zu haben meynt,
v. 14.) ist sich selbst (dem Glaubenden) unnütz,
verschaft sich selbst so wenig einen Nutzen, als ein
von Liebe zwar Redender, aber in der That nichts
Leistender einem Dürftigen nützt.

Anmerkungen zu §. 12.

Anm. 1. Der Gebrauch des Abstracti hat auch
bei den hebraizirenden Griechen oft mehr Emphasis,
als wenn das Concretum gesetzt würde. Das Abstractum läßt den Leser die Ursache leichter errathen,
warum ein gewisses Prädikat einem Subjekt zugeschrieben wird, oder in welchem Grade es ihm zukommt, und leitet seine ganze Aufmerksamkeit sogleich
auf das Hauptattribut, ohne es mit andern zu verwechseln. Sir. 13, 20. ist dem Stolzen nicht eigentlich der ταπεινος als Concretum, das ein Inbegriff aller seiner übrigen Eigenschaften ist, verhaßt, sondern
nur die ταπεινοτης an ihm, insofern er die ταπεινοτητα
hat. Das Abstractum sondert also alle übrigen Eigenschaften vom Subjekt ab, und stellt nur die einzige, dem Stolzen verhaßte, vor die Augen. — —
Wenn es 1 Joh. 4, 16. heißt: Gott ist ἀγάπη, so sagt
dies weit mehr, als das Concretum ἀγαπων, es zeigt
den höchsten Grad der Liebe in Gott an, es
macht Liebe zur ganzen Essenz Gottes. Oder: 1 Cor.
13. Röm. 13. giebt das Abstractum ἀγάπη zugleich
den Grund an, warum andere von ihm Duldung,

Nachſicht ꝛc. zu erwarten haben, was ihm Antrieb zu dieſem Verhalten gegen den Nächſten gebe.

Anm. 2. Mit dem Concretum überſeten wirklich die 70., z. B. 2 Chron. 24, 7. מרשעת, Laſterhaftigkeit, ἄνομος; Spr. Sal. 14, 1. אולת, ἡ ἄφρων; K. 15, 18. ארך־אפים (im andern Glied איש חמה) μακροθυμος; Job 5, 16. עולתה ἡ ἄδικος.

§. 13.

Da man in verſchiedener Rückſicht von Einer Handlung nähere oder entferntere Urſache ſeyn oder Antheil daran haben kann, der Befehlende wie der, der den Befehl zu einer Handlung ausführt; der Handelnde wie der, der dieſe Handlung erzählt, oder ſie veranlaßt, zuläßt, nicht hindert: ſo gehört auch noch folgendes zu den metonymen Redensarten:

Storr S. 23. f. Weſh. S. 88.

1) Was auf Eines Befehl, Veranſtaltung, geſchieht, oder Einer durch Andere thun läßt, das wird ihm ſelbſt zugeſchrieben. Das Conſequens, nemlich: die befohlene Handlung, wird für das Antecedens, den Befehl, geſetzt. Z. B. 2 Sam. 12, 9. ἐπάταξας (הכית) τον ὑριαν, du haſt des Urias Tod veranſtaltet. — 2 Chron. 14, 33. περιειλεν, er ließ wegſchaffen, vergl. die Parallelſtelle 2 Kön. 23, 4. ἐνετειλατο [1]) τε ἐξαγαγειν (ויצו־להוציא), — Dan. 3, 1. ἐποιησε — καὶ ἐτησε, er ließ eine goldene Bildſäule machen und aufſtellen; 1 Moſ. 40, 22. ἐκρεμασε, Baruch 1, 8. ἐποιησε, 2 Makk. 4, 38. er ließ ihm den Purpur abnehmen, ſeinen Mantel zerreiſſen, und

nachdem er ihn in der ganzen Stadt hatte herum-
führen laſſen, den Meuchelmörder umbringen.

Matth. 14, 3. er hatte ihn greifen, binden
(Mark. 15, 1.) und ins Gefängniß ſetzen laſſen,
κρατη:ας, ἐδησεν, ἐθετο, vgl. Mark. 6, 17. ἀπο-
ς ιλας ²) ἐκρατησε. — Matth. 20, 32. er ließ
ihm rufen, ἐφωνησε, vgl. Mark. 10, 49. ειπε ³)
(vgl. LXX. 2 Chron. 22, 9.) φωνηθηναι. — Joh.
3, 22. 4, 1. er ließ taufen (v. 2.). — Joh. 19,
1. er ließ ihn geiſſeln; v. 19. er ließ ſchreiben.
— Apoſtg. 26, 23. und Eph. 2, 17. die Lehre
unter Juden und Heiden predigen laſſen. —
Ebr. 11, 28. er veranſtaltete (für: ἐκελευσε
ποιειδαι, wie Mark. 15, 45. vgl. mit Matth. 27,
58.) das Paſſahfeſt. — Offenb. 2, 10. der Teufel wird einige ins Gefängniß werfen, d. h. auf
Anſtiften des Teufels werden es die daſigen Juden
dahin bringen ꝛc.

2) Was der Abgeſandte im Namen ^{Storr}
deß, der ihn ſendet, thut, ankündiget, ^{S. 24.}
deklarirt, das wird dem Abgeſandten
ſelbſt zugeſchrieben. Oder: die Handlung wird für die Anzeige, Bekanntmachung derſelben geſetzt, das Objekt
für die Rede vom Objekt. So ſteht z. B.
βελη αγγελων θεs Eſai. 44, 26. für: Rathſchluß
Gottes, den ſeine Boten bekannt gemacht; Ezech.
43, 3. ich mußte kommen, die Stadt zu zerſtören,
d. h. ihre Zerſtörung ſymboliſch anzudeuten K. 9.
und 10. — Ezech. 32, 18. ſtoße das Volk in
Aegypten hinab unter die Erde, d. h. verkün-
dige ihnen ihren Untergang. — 1 Moſ. 27, 37.
vgl. v. 28. — Sir. 49, 7. (Jer. 1, 10. vgl. v. 9.)

Jeremias war in Mutterleib zum Propheten aus-
erkohren, daß er ausrotten, zerbrechen, zerstören 2c., d. h. daß er alles dies ankündigen solle.

Ebr. 7, 8. hier (in jener Vorschrift 4 Mos.
18, 21. ff.) bekommen Menschen den Zehnten,
von deren Tod die Rede ist (ἀποθνησκοντες),
nicht wie von Melchisedek, von dem nur gemeldet
wird, daß er lebe. — Ebr. 10, 5. εἰσερχομενος κ.
τ. λ. wenn er, Christus, als in die Welt
kommend, vorgestellt wird, nemlich im
40 Pf. — Gal. 3, 22. die heil. Schriften der Juden, d. h. ihre Verfasser haben alle Menschen der
Strafe übergeben (συνεκλεισαν, vgl. Koppe), d.
h. sie bezeugen, daß alle Menschen unter der
Strafe, d. h. strafwürdig seyen. — Röm. 4, 9.
μακαρισμος, Seligpreisung, welcher David er-
wähnt, v. 6. — Röm. 10, 6. ist die δικαιοσυνη
wegen v. 5. 16. die Bekanntmachung der δικαιοσυνη, die Lehre von der Begnadigung, λογος
δικαιοσυνης Ebr. 5, 13. — ἐυαγγελιον Mark. 1,
1. Röm. 1, 1. 2 Cor. 2, 12. 8, 18. Gal. 2, 7.
Phil. 4, 15. soviel, als: ἐυαγγελισασθαι, Ver-
kündigung der evangelischen Lehren. — Matth.
9, 16. dem Menschensohn steht es zu, Sünden zu
vergeben, d. h. Vergebung der Sünden anzu-
kündigen, soviel, als: ἐιπειν· ἀφεωνται σοι ἁ-
μαρτιαι, v. 5. 2. — Joh. 20, 23. wenn ihr Vergebung der Sünden ankündiget, vgl. 3 Mos. 4,
20. 26. 31. 35. und im 5ten Kap. öfters: der
Priester deckt (כפר) die Sünden zu, d. h. er
erklärt im Namen Jehova, sie soll zugedeckt
seyn. — Offenb. 11, 2. ἐκβαλε ἐξω, erkläre den
Vorhof dafür, daß er ἐκβληθησεται, soviel, als:

ἐρημωθήσεται, bei den 70. und Theob. Dan. 8, 11:
השׁלך׃

Anmerkungen zu §. 13.

Anm. 1. 1 Chron. 22, 9. übersetzen LXX. יבקשׁ
ἵνα τὰ ζητήσαι, und 2 Mos. 18, 6. ויאמר ἀνήγγειλα
Μωυσῆ λέγοντες.

Anm. 2. So wie die Hebräer und mit ihnen die
LXX. öfters den Befehl, daß etwas geschehen soll,
durch das Verbum שׁלח ausdrücken, z. B. Dan. 3, 2.
ἀπέστειλε συναγαγεῖν; 1 Mos. 41, 14. ἀποστείλας ἐκάλεσεν, er
ließ rufen; 1 Kön. 2, 25. ἐξαπέστειλε — ἀνεῖλε (Matth.
2, 16.); 1 Makk. 13, 25. ἔπεμψε καὶ ἔλαβε, er ließ ho-
len; 3 Chr. 3, 14. I Makk. 3, 27. 7, 19. — Matth. 27,
19. ἀπέστειλε λέγουσα, sie ließ ihm sagen (Judith 12, 6).
Matth. 14, 10. Mark. 6, 17. Apostg. 7, 14. Offenb.
1, 2. er hat seinen Knecht Johannes — über dem,
was er sahe, durch seinen Engel belehren lassen,
ἀποστείλας ἐσήμανεν, welches leztere soviel ist, als: διαρ-
ρεῖν, K. 22, 6. vgl. 2 Mos. 18, 20.

Anm. 3. Auch die Hebräer drücken sich manchmal so ohne Metonymie aus, z. B. Dan. 2, 2.
ויאמר־לקרא 3 Mos. 14, 40.

§. 14.

Storr
S. 24. f.
nr. III.

3) Wer durch seine Handlung Gelegenheit und Anlaß zu einem Erfolg
gab, dem wird dieser Erfolg selbst zugeschrieben, auch wenn dieser oft blos
ein zufälliger und kein beabsichteter Erfolg ist. In diesem Fall wird das consequens
für das antecedens gesetzt. Z. B. 1 Kön. 18,
9. du übergiebst mich dem Ahab, daß er mich
tödte, d. h. du forderst was von mir (v. 8.),

das dem Ahab leicht Veranlassung geben könnte, mich zu tödten. — 2 Mos. 5, 22. ἐκάκωσας τον λαον, du giebst durch deinen Befehl, das Volk zu befreien, Anlaß, daß es nur um so härter gedrückt wird (v. 23.). — 4 Mos. 31, 16. die Midianiti=schen Weiber haben auf das Wort Bileams κατα το ρημα Βαλααμ, auf den (segenvollen) Aus=spruch, den Bileam über die Israeliten that (K. 23. v. 24.), die Israeliten abgewendet, sich am Herrn zu versündigen, d. h. Bileams Ausspruch war ihnen entfernte Gelegenheit dazu, die Israe=liten zur Hurerei und Abgötterei zu verleiten, um sie dadurch verhaßt zu machen und sie des Schu=ßes ihres Gottes zu berauben. — Ps. 76, 11. Menschengrimm preiset dich, d. h. giebt, indem deine Macht sich ihnen widersetzt, Anlaß, dich dafür zu preisen. — 5 Mos. 22, 8. ε ποιησεις Φο=νον, damit du zu keinem Todesfall Veranlassung gebest. —

Apostg. 1, 18. ἐκτησατο, Judas hat von dem ungerechten Lohn einen Acker gekauft, d. h. dies sein Geld gab Veranlassung, daß die Priester ei=nen Acker kauften (Matth. 27, 6. 7.). — Luk. 16, 9. δεξωνται υμας εις — damit sie Werkzeuge der göttlichen Vergeltung, eurer Aufnahme in den Himmel für euch werden (ut receptioni vestræ occasionem præbeant). — Röm. 14, 15. μη απολλυε αυτον, werde du ihm nicht Anlaß zur Sün=de und dadurch zu Sündenstrafe. — Eph. 2, 15. την εχθραν, so wie ειρηνη v. 14., das Veran=lassung zur Feindschaft gab. — Jak. 2, 7. βλασφημουσι, sie haben durch ihre Handlungen (v. 6.) Gelegenheit zur Lästerung des Namens Got=

tes gegeben (Röm. 2, 24. 1 Petr. 3, 16.) —
Jak. 5, 10. er wird manche Sünde bedecken, d.
h. er wird dadurch, daß er ihn wieder auf den
rechten Weg gebracht hat, veranlassen, daß Gott
ihm viele Sünden vergiebt (καλυπτειν), Neh. 4, 5.

Eben so ist auch oft εις zu erklären, z. B. Joh.
9, 39. εις κριμα *), meine Ankunft hat den zufäl-
ligen traurigen Erfolg, daß, ungeachtet wirklich
Blinde durch mich sehend werden, dennoch Se-
hende mit guten Augen nicht sehen, die Erkennt-
nisse, die sie sonst haben (v. 34.) nicht anwenden
wollen (v. 41). Vgl. auch εις πτωσιν Luk. 2, 34.
und ηλθον βαλειν μαχαιραν Matth. 10, 34. — Nicht
weniger das sogenannte ινα εκβατικον, 3 Mos. 20,
3. ινα μιανη — και βεβηλωση (למען טמא־ולהלל)
daß er dem Molech seine Kinder opfert, und auf
diese Art mein Heiligthum verunreinigt und
meinen Namen entheiligt hat (*Dathe:* atque
hoc facto polluit — et profanavit). — In
gleichem Sinn auch προς το, das dem למען entspricht, Jer. 27, 10. 15. sie weissagen euch falsch,
auf daß sie euch fern aus eurem Lande bringen,
oder: so daß sie euch rc. — Joh. 11, 20. —

Joh. 12, 38. sie glaubten nicht an ihn, damit die Worte des Propheten an ihnen erfüllt würden, ινα πληρωθη, d. h. so daß also an ihnen rc.
vgl. 3 Esr. 1, 57. εις αναπληρωσιν. — Röm. 11,
31. ινα και αυτοι ελεηθωσι, und so wird für diese
euer Gehorsam Veranlassung und Aufmunterung
werden, zum Glauben zu gelangen. — Joh. 9, 2.
bezeichnet ινα ebenfalls nicht die Absicht, sondern
den Erfolg der Sünde. — Matth. 13, 15.
μηποτε, Joh. 12, 40. ινα μη und Matth. 23, 35.

ὅπως, mit dem Erfolg, daß ꝛc. 2 Theff. 2,
12. ἵνα κριθῶσι, vgl. Koppe.

Auch bei Imperativen, wo eine Handlung
von jemand gefordert wird, welche eigentlich Sa=
che eines andern ist, wird das consequens mit
dem antecedens verwechselt, z. B. Spr. Sal.
23, 25. εὐφραίνεσθω, χαιρετω, deine Eltern sollen
Freude über dich haben, d. h. verhalte dich so,
daß deine Eltern sich deiner freuen können. — Tit.
2, 15. wird von Titus, und 1 Tim. 4, 12. von
Timotheus gefordert, daß Niemand sie verachten
soll, da doch nur das antecedens (ihr Betragen)
in ihrer Gewalt stund, also: verhaltet euch so,
daß euch Niemand ꝛc. — 1 Cor. 4, 30. σιγατω,
man lasse ihn zuvor seinen Vortrag endigen (weil
es nützlicher ist, daß einer nach dem andern rede
v. 14.). — 2 Theff. 2, 3. (1 Joh. 3, 7.) lasset
euch von Niemand auf keine Art verführen, vgl.
Spr. Sal. 1, 10. und Esai. 36, 14. 18. 2 Kön.
18, 29. μὴ ἀπατάτω ὑμᾶς Ἐζεκιας. — Phil. 4,
5. Matth. 23, 8. μὴ κληθητε, vgl. Sir. 5, 13.
μὴ κληθῃς ψιθυρος, regiere deine Zunge so, daß
man dich keinen Verleumder nenne. — Ebr. 13,
10. ἵνα ποιωσι, soviel, als: (s. unten zu Storr
S. 423.) ποιησατωσαν, sie sollen mit Freude
für eure Seelen sorgen, d. h. verhaltet euch so,
daß sie wegen eurer Folgsamkeit und Dankbarkeit
mit Vergnügen ihr Amt an euch verrichten, und
verhütet ja, daß sie es mit Seufzen thun müssen.

Storr
S. 25
nr. IV. 4) Auch die Zulassung einer frem=
den Handlung, die man nicht hindert
oder möglich macht, wird eine Hand=
lung des Zulassenden selbst genannt.
So

So ist z. B. das σκληρυνειν την καρδιαν Φαραω, das Gott selbst in mehreren Stellen (2 Mos 4, 21. 7, 3. 10, 1. 20. 27. vergl. auch Esai. 63, 17.) zugeschrieben wird, von einer von Gott zugelassenen und nicht gehinderten, in dem König selbst aber entstandenen (K. 8, 32. K. 9, 30. 34.) Fühllosigkeit zu verstehen. — 5 Mos. 2, 30. — 2 Sam. 24, 1. κυριος επεσεισε τον δαυιδ, der Herr ließ es geschehen und hinderte es nicht, daß ein Widersacher (vergl. 1 Chron. 21, 1. διαβολος επεσεισε) den David zu einer Volkszählung verleitete. — 1 Kön. 22, 23. εδωκε κυριος πνευμα ψευδες εν ςοματι αυτων, Gott hat es geschehen lassen, daß alle seine Propheten Unwahrheiten gesagt haben; 5 Mos. 29, 4. ου εδωκε κυριος καρδιαν υμιν ειδεναι; Jer. 4, 10. du hast das Volk betrügen lassen (ηπατησας) durch falsche Propheten. — 1 Sam. 16, 10. f. der Herr hat den Simei nicht gehindert, dem David zu fluchen. 1 Kön. 2, 6. du sollst ihn keines natürlichen Todes sterben lassen. — Ps. 105, 25. — Ezech. 20; 24. ff. — Sir. 4, 19. schlägt er einen Irrweg ein, so verläßt ihn die Weisheit, und übergiebt (παραδωσει) ihn dem Unglück, d. h. sie läßt ihn in Unglück gerathen, ohne es zu hindern. — Röm. 1, 24. 27. f. παρεδωκεν αυτες ο θεος εις ιc. Gott hats geschehen lassen (ειασε Apostg. 14, 15 f.), daß sie bei ihrer schlechtangewandten Gottes-Erkenntniß und bei ihren bösen Lüsten, durch eigene Schuld in jene Lebensart verfallen sind. — 2 Thess. 2, 11. Gott wird über sie kommen lassen (πεμψει; ויבא) scheinbaren und leicht verführenden Irrthum, ungeachtet Paulus unmittelbar vorher (v. 9. 10.) diese ενεργειαν dem Satan zuschreibt.

4

Also: Gott wird jene Verführer nicht hindern, ihre Irrthümer durch die täuschendsten Künste zu unterstützen und zu befördern, vgl. die obige Stelle 2 Sam. 24, 1. — Matth. 6, 13. μη ἐισενεγκης (הביא) ꝛc., laß es nicht zu, daß wir ꝛc., vergl. Pf. 141, 4. μη ἐκκλινης (אל־תט) την καρδιαν μυ ἐις λογυς πονηριας.

*) Anmerkung zu §. 14.

Κριμα heißt eigentlich das Strafurtheil des Richters, und dann durch eine Metonymie die Strafe, die auf dieß Urtheil folgt, und endlich durch eine Synecd. speciei pro genere jedes Uebel, auch wenn es nicht Strafe ist, wie Joh. 3, 19. 1 Petr. 4, 17.

§. 15.

Storr S. 31. f. nr. II.

Wenn eines Wortes eigentliche Bedeutung durch irgend einen Tropus in eine uneigentliche verwandelt wird, so nimmt sein *disjunctum* ebenfalls die entgegengesetzte uneigentliche Bedeutung an, eben weil es *disjunctum* von jenem ist.

1) Weil λαμβανειν, לקח, durch eine Metapher lernen heißt (s. oben §. 1.), so kann eben deßwegen sein disjunctum διδοναι, נכן, lehren bedeuten, und es bedeutet es wirklich 5 Mof. 18, 14. 1 Cor. 11, 23. 15, 3., wo es, so wie das Substantivum παραδοσις (2 Theff. 3, 6.) bei seinem disjunctum παραλαμβανειν vorkommt. — Matth. 10, 8. umsonst habt ihr gelernt, umsonst lehret auch, vgl. Weish. 7, 13. ἀδολως ἐμαθον, ἀφθονως μεταδιδωμι. — Joh. 17, 8. die Lehren, welche

du mich gelehrt hast, hab ich sie gelehrt. Das δεδωκας wird K. 15, 15. durch εγνωρισα (vgl. Spr. Sal. 9, 9., wo διδοναι, נתן im Parallelismus mit γνωριζειν τινα, הודע steht), und δεδωκας μοι durch ηκεσα παρα σε erklärt. S. auch εδιδαξε με Joh. 8, 28. vgl. v. 40. 26.

2) So wie θανατος Unglück, Elend, vermöge einer Synekdoche (s. oben) ausdrückt; so heißt sein disjunctum ζωη, Glück, Seligkeit. 3 Mos. 18, 5. 1 Sam. 10, 24. Joh. 5, 29. αναςασις ζωης (soviel, als: αναςασις εις ζωην, 2 Makk. 7, 14.) Auferstehung zum ewig seligen Leben. Vergl. ζωη und ζωη αιωνιος Matth. 19, 17. 16. Eben so auch ζωη Röm. 10, 5. Gal. 3, 12. Ebr. 10, 20., wo οδος ζωσα soviel ist, als: (vgl. Joh. 6, 51. mit v. 33.) οδος ζωην διδεσα, wir haben von diesem Eingang die erfreulichsten Folgen zu erwarten.

Eben so wird αναςασις vom beseligenden Wiederbeleben gebraucht Joh. 6, 39. f. 54. Phil. 3, 11. 1 Cor. 15, 21. ff. Ebr. 6, 2. αναςασις νεκρων, selige Todten-Auferstehung, wegen des Gegensatzes von ewigen Strafen in der lezten Stelle. S. auch 2 Makk. 7, 14. παλιν αναςηςεσθαι, zum seligen Leben wieder auferstehen, theils wegen des vorhergehenden ελπις, theils wegen des folgenden εις ζωην.

Endlich auch ζωοποιειν, Eph. 2, 5. Ertheilung eines straffreien und seligen Lebens (σωθηναι v. 6.); denn es ist das disjunctum von νεκρος v. 1. 5. (τεκνα οργης v. 3.), das die Strafwürdigkeit ausdrückt, s. oben §. 4.

4 2

§. 16.

Storr
S. 33. f.
nr. 2.

Es scheint oft weniger gesagt zu werden, als man eigentlich auszudrücken im Sinne hat, indem man das disjunctum von dem, was man anzeigen will, mit einer Negation setzt (*Fischer prolus.* XXV. de vitiis Lexicorum, p. VII. f.). Dies ist die sogenannte λιτοτης oder μειωσις. Z. B. Pf. 51, 17. ἐκ ἐξεθενωσει, für: ἐυδοκειν v. 16. — Zach. 8, 17. μη ἀγαπαν, verabscheuen. — Spr. Sal. 17, 21. ἐκ ἐυφραινεθαι, groß Herzenleid haben. — 5 Mos. 18, 14. ἐχ ἐτως ἐδωκε κυριος, der Herr hat dichs ganz anders gelehrt. — Job 13, 20. ich will frei vor dich treten. — Pf. 43, 1. ἐθνος ἐχ ὁσιον, ein grausames Volk. — Spr. Sal. 24, 23. ἐ καλος, höchst schlimm. — Spr. Sal. 20, 23. steht ἐ καλον mit βδελυγμα im Parallelismus. — Weish. 2, 1. ἐκ ὀρθως, ganz falsch. — Sir. 7, 8. ἐκ ἀθωος ἐση, du wirst schwer gestraft werden (2 Mos. 20, 7.); v. 13. sich an die Lüge gewöhnen, führt ins schrecklichste Unglück, ἐκ ἐις ἀγαθον; K. 41, 11. der schlechte Name. — 2 Makk. 14, 30. ἐκ ἀπο βελτιςε, eben nicht zum Besten, d. h. ihm zum größten Schaden, vgl. die folgende Verse.

Joh. 6, 37. ἐ μη ἐκβαλω, ich werde ihn recht sehr gerne annehmen. Ebr. 10, 38. ἐκ ἐυδοκει ꝛc. er mißfällt mir so, daß es zu seinem Verderben gereichen wird (ἀπωλεια v. 39.). Aehnlichkeit mit dieser Stelle hat Sir. 45, 19. Gott sahe es und hatte kein Gefallen daran (ἐκ ἐυδοκησε), d. h. das höchste Mißfallen, und seine Strafen rieben ihn auf. — Offenb. 2, 11. ἐ μη ἀδικιθη, er hat vom andern Tod nichts zu fürchten, d. h.

er wird vielmehr für sein Sterben mit Leben belohnt werden, vgl. ςεφανος ζωης v. 10. — I Petr. 2, 6. ὁ μη καταισχυνθη, soviel, als: τιμη ἐςαι αυτω v. 7. — Röm. 5, 5. — Col. 2, 23. alle jene Anstrengungen der Essener sind ὀκ ἐν τιμη τινι, ohne *) allen Nutzen. — Gal. 5, 8. ἀκ ἐκ τε καλυντος ὑμας, es ist ganz gegen Christi Gesinnung. v. 23. Das, wozu uns der Geist antreiben will, wird vom Gesetz nicht mißbilligt (κατα τοιυτων ἀκ ἐςι), d. h. das Gesetz verlangts sogar (Röm. 8, 4.). Matth. 7, 29. Eph. 4, 19. ἀχ ἐτως, ganz anders (Ps. 1, 4.). — I Cor. 11, 17. 22. ich kanns nicht loben, d. h. ich muß es aufs nachdrücklichste ahnden. — Ebr. 11, 16. ἀκ ἐπαισχυνεται, er würdigte sie der Ehre, sich ihren Gott nennen zu lassen. — Eph. 5, 11. ἀκαρπος, höchst schädlich (v. 5. f.). — Matth. 12, 36. ῥημα ἀργον, für: ἀεργον, höchst schädliche Reden (s. Storr Diss. II. über den Brief an die Colosser S. 32. und die oben angeführte Fischer'sche Prolusion). — Philem. v. 11. er war dir vormals ἀχρηςος, wahrlich nicht sehr nützlich, d. h. er brachte dir vielmehr Schaden durch seine Untreue (v. 18.), die ihn flüchtig gemacht (Paulus wollte durch diese μειωσις den Onesimus in etwas schonen, und ihn nicht ins häßlichste Licht stellen, um den Philemon desto eher zur Wiederaufnahme desselben zu bestimmen). — Ebr. 13, 17. ἀλυσιτελες, nichts weniger als gut, höchst schädlich.

*) Anmerkung z. §. 16.

Vergl. לא ב und בלא Esai. 45, 13. Jer. 22, 13. LXX. ὀ μετα, ἀκ ἐν mit Es. 55, 1. בלא LXX. ἀνευ

Der hebräisch-griechischen Grammatik

Erster Theil.

Von den einzelnen Redetheilen, ihrem Gebrauch und ihrer Bedeutung nach hebr.
Sprachgebrauch.

Erster Abschnitt.

Vom Nomen, Pronomen und Verbum.

Erstes Kapitel.

Vom Nomen.

§. 17.

I. Vom Numerus. (Storr S. 92. ff.)

Storr
S. 92.
Weth.
S. 15.
Der Singularis wird zuweilen durch
eine Synekdoche von der ganzen Gattung oder mehreren Individuen der
nemlichen Gattung gebraucht. Z. B.
1 Mos. 49, 6. ταυρον, Ochsen; Neh. 13, 16.
ιχθυν, Fische, für: ιχθυας, wie LXX. den hebr.
Singul. 2 Mos. 7, 18. 2¹. Ps. 105, 29. u. a. m.
übersetzen *). Ps. 78, 45. βατραχον; 2 Mos.

10, 19. ἀκρίδα·; Job 15, 10. πρεσβυτης, παλαιος, es giebt Alte unter uns; 5 Mof. 7, 1. τον χετταιον, γεργεσαιον ꝛc. Baruch 1, 15. 2, 1. (2 Sam. 19, 16.) ἀνθρωπω Ιεδα, den Leuten von Juda. — Diesen kollektiven Singularis haben die LXX. auch in solchen Stellen, wo im Hebräischen wirklich der Pluralis steht, z. B. Pf. 94, 6. προσηλυτον, hebr. יתומים; Spr. Sal. 10, 7. רשעים, ἀσεβης, und ist dem Singul. צדיק entgegengesetzt. 2 Sam. 7, 10. (1 Chron. 17, 9.) υιος ἀδικιας (בני), boshafte Feinde. Jos. 17, 9. wo πολεως zwar durch Provinz, Landschaft übersetzt werden kann (vgl. *Schleusner* Spicil. I. p. 93. und Luk. 8, 39. vgl. mit Mark. 5, 19.), weil aber im hebräischen Text ערי steht, so ist der Singularis der LXX. statt des Pluralis.

Jak. 5, 6. τον δικαιον, unschuldige Leute, vgl. τον δικαιον Weish. 2, 12. mit δικαιοι v. 3. — 1 Petr. 4, 18. vgl. mit v. 17. — Gal. 5, 10. ist der ταρασσων nicht von einem einzigen bestimmten Irrlehrer zu verstehen, wenn man v. 12. und K. 1, 7. (τινες εισιν οἱ ταρασσοντες) damit vergleicht. — 1 Cor. 6, 5. ἀναμεσον τε ἀδελφε ἀυτε, Streitigkeiten unter seinen Brüdern. — Matth. 18, 35. ἀδελφω und ἀυτων, so wie Weish. 3, 11. ὁ ἐξεθενων und ἀυτων. — Offenb. 11, 8. 9. το πτωμα, statt: τα πτωματα (v. 9.) ἀυτων, die Leichname der beiden Männer, so wie Richt. 7, 25. την κεφαλην (ראש), statt: τας κεφαλας, der beiden Männer Oreb und Seb.

*) **Anmerkung.**

Auch sonst übersetzen die LXX. den Singul. mit dem Plural, z. B. Job 4, 4. כושל ἀδυνατας; Job 5, 3. ich kenne Sünder, אויל, ἄφρονας; Spr. Sal. 3, 33. רשע, ἀσεβεις. Oder der Singularis wechselt in parallelen Sätzen mit dem Pluralis ab, z. B. Job 31, 3. ἄδικος und οἱ ποιεντες ἀνομιαν; K. 40, 12. Esai. 5, 23. Spr. Sal. 9, 7. f. κακοι, ἀσεβης, σοφος.

§. 18.

Storr S. 96. Der Pluralis wird auch gebraucht, wo bestimmt nur von zwey Dingen die Rede ist. 3 Mos. 5, 15. σικλοι, zween Seckel; Dan. 7, 25. Theod. und Alex. καιροι (עדנין); zwo Zeiten. Eben so Offenb. 12, 14. καιρες. Vgl. auch 2 Chron. 18, 2. διὰ τελες ἐτων, nach zwey Jahren, und die Parallelstelle 1 Kön. 22, 2., wo es ausdrücklich ἐν ἐνιαυτω τριτω heißt.

§. 19.

Storr S. 96. f. Ist es mehr um die Sache selbst zu thun, als sie ihrer Zahl nach zu bestimmen, so wird sie doch, wenn gleich nur die einfache Zahl gemeynt ist, unbestimmt ausgedrückt, und der Pluralis für den Singularis gesetzt. Z. B. 2 Chron. 28, 3. Ahab ließ sogar seine Kinder dem Moloch zu Ehren verbrennen, τα τεκνα; ob mehrere, oder nur Eines (s. die Parallelstelle 2 Kön. 16, 3. LXX. υιον ¹) im Singul.), dies will man hier nicht gerade sagen, sondern nur das Häßliche der Sache: Kinder zu opfern!

Matth. 2, 20. τεθνηκασι — οἱ ζητουντες, ungeachtet es nur Herodes allein war (v. 13.). Es war aber hier nicht darum zu thun, gerade die Anzahl der Feinde des Lebens Jesu zu bestimmen, sondern nur überhaupt zu sagen: die Gefahr sey jezt vorüber. Die Worte sind aus 2 Mos. 4, 19. genommen ²), wo die Mehrzahl ist, welche eben deswegen auch beibehalten wird. — Matth. 9, 8. τοις ανθρωποις, da doch nur Jesus darunter zu verstehen war, durch welchen aber Gott eigentlich dem ganzen Menschengeschlecht, wozu sie ihn zählten, Ehre erwiesen. — Matth. 27, 44. es schmäheten ihn auch Mörder, λησται, d. h. alles schmähte ihn, sogar Mörder, wenns auch gleich nur Einer war, vergl. Luk. 23, 39. εἱς των λησων ³). — 1 Cor. 15, 29. wenn Todte nicht auferstehen können (v. 16.), also auch Christus nicht auferstehen konnte (der aber wahrhaftig auferstanden ist v. 20 —28.), warum lassen wir uns denn um Todter willen (ὑπερ νεκρων, s. ὑπερ Joh. 11, 4. Röm. 15, 8. 2 Theff. 1, 4. 5. Apostg. 15, 26. 1 Makk. 2, 50.) taufen? Man will also blos sagen: wie ungereimt die Sache sey: um Todter willen, die nicht wieder zum Leben kommen können, in deren gewünschte Gemeinschaft man also nie treten kann, sich taufen zu lassen. Eben so Esai. 8, 19. befraget die Todtenbeschwörer! Nein, antwortet ihnen: sollte ein Volk nicht lieber seinen Gott, sollte es Todte für Lebendige (περι των ζωντων) befragen. Hier ist unter ζωντες wohl Niemand anders, als das einzige Subjekt „Gott" zu verstehen: wenn man Lebende fragen kann und soll, so hat man sich nicht zu den Todten zu wenden." — Joh.

4, 38. ἄλλοι, Andere haben gearbeitet; er meynt sich selbst. — 2 Cor. 11, 8. 9. ἄλλας ἐκκλησίας, da es nur die einzige freigebige Gemeinde zu Philippen war, vgl. Phil. 4, 15. ἰδεμία ἐκκλησία — ἐι μη ὑμεις μονοι. — Ebr. 9, 17. ein Vermächtniß erhält seine Kraft erst ἐπι νεκροις, nachdem Jemand gestorben ist; v. 23. bessere Opfer, ungeachtet nur Christi Opfer verstanden wird; es war aber vorher schon von θυσιαις die Rede, mit welchen Christi Opfer in Vergleichung gesetzt wird. Dem Apostel war es aber vor jezt nur um die viel bessere Qualität solcher Opfer zu thun, durch die das himmlische Heiligthum gereiniget werden müsse. Erst v. 25. und K. 10. redet er davon, daß es das einzige Opfer Jesu gewesen. — Ebr. 11, 35. ἐλαβον γυναικες τας νεκρας αυτων, vgl. die Geschichte jener Mutter 2 Kön. 4, 21. ff. und v. 37. ἐλαβεν υιον, — 1 Joh. 5, 9. vgl. mit Joh. 5, 34. 36. „wenn schon Menschen Zeugniß (sey es eines Täufers, der hier vorzüglich gemeint ist, oder Anderer) gilt, wie viel mehr muß Gottes Zeugniß bey uns gelten? — Jak. 5, 14. er lasse Vorsteher der Kirche rufen! τας πρεσβυτερας, ohne die Zahl zu bestimmen, woran nichts liege, ob mehrere, oder wenn es auch nur Einer seyn sollte.

Anmerkungen zu §. 19.

Anm. 1. Aehnlich sind die Stellen 2 Chron. 24, 25. und 1 Mos. 21, 7., wo die 70. den hebräischen Plural gleichfalls mit dem Singularis übersetzt haben. In der ersten Stelle: „darum, daß er Kinder des Priesters Jojada hat hinrichten lassen." Es ist hier nur von der Größe des Verbrechens des Königes Joas die Rede, welches darin bestand, daß er Kinder eines

Priesters, eines solchen, um ihn verdienten, Priesters
(v. 22.) tödten laſſen konnte; ob es nur Ein Sohn
geweſen (wie es auch wirklich nur Einer war v. 20.
22., und die griechiſche Ueberſetzung v. 25. hebr.
בְּנֵי) oder mehrere, das erhöhte die Größe des Ver=
brechens nicht. — In der andern Stelle I Moſ. 21, 7.
„wie ungewöhnlich auffallend, ſagte Sara, Kinder
(בנים) noch in einem ſolchen Alter ſäugen! wenn es
gleich nur Eines war, LXX. παιδιον.

Anm. 2. Die hebräiſchartige Phraſe, ζητειν την
ψυχην. kommt auch Röm. 11, 3. vor, wo auch Paulus
die Ellipſe λαβειν αυτην hat, die in der von ihm ange=
führten Stelle, I Kön. 19. 10. ſowohl im Hebräiſchen
als von den LXX. ausgedrückt iſt. Die volle Phraſis
ſteht auch Pſ. 40, 14.

Anm. 3. Ich rechne dieſe Stelle Matth. 27, 44.
um der nicht zu verkennenden Emphaſis willen: Mör=
der läſtern! Leute, die das Recht zu ſprechen nicht
mehr hatten, läſtern! — lieber zu den Beiſpielen vom
unbeſtimmten Pluralis, als zu derjenigen Art von
Pluralis, wo das Ganze ſynekdochiſch für einen Theil
geſetzt wird, wie in der von Storr angeführten Stelle Storr
Richt. 12, 7. בערו LXX. ἐν πολει, in einer der Städ= S. 97.*
te, oder Matth. 24, 26. ἐν τοις ταμειοις in einem der
Gemache, oder Matth. 21, 7. ἐπ᾽ αυτων, auf eines der
beiden Thiere, vgl. Mark. 11, 7. Luk. 19, 35. Joh. 12,
14. — oder Matth. 26, 8. οἱ μαθηται vgl. mit εἱς ἐκ των
μαθητων Joh. 12, 4. S. auch Mark. 7, 17. vergl. mit
Matth. 15, 15. Eben ſo ſind auch die Stellen ſynekdo=
chiſch zu nehmen, wo der Plural nicht nur für einen
Einzigen der Gattung, ſondern für Einige derſel=
ben geſetzt iſt, z. B. οἱ γραμματεις, Luk. 5, 21. Matth.
15, 1. für: τινες των γρ. Mark. 2, 6. 7. 1. und αυτας
Pſ. 78, 34.

§. 20.

So wie das Wort πολυς (S. Schleusn. Lex. Storr
nr. 3.) gleich dem hebr. רבה nicht nur eine Viel= S. 97. f.

Weih.
S. 16.
heit, sondern auch die Größe einer einzelnen Sache bezeichnet: so bedeutet auch die Mehrzahl zuweilen etwas Einzelnes, aber in seiner Art Großes, Vorzügliches, Einziges, einen hohen Grad (pluralis excellentiæ). Z. B. Pred. Sal. 10, 18. ὀκνηρίαι, große Faulheit; Jer. 3, 22. τα ἐλεη, חסדים große Güte; Esai. 32, 1. Fürsten, d. h. ein großer, löblicher Fürst, steht in parallelismus mit dem Singularis: König. Job 21, 32. קברת, ταφ8ς, prächtiges Grab; 2 Makk. 7, 20. ἐλπιδες, schöne, große Hoffnung; K. 4, 38. 40. 10, 35. θυμοι, ὀργαι; heftiger Zorn. Sir. 18, 5. τα ἐλεη θε8 heißt um so gewisser große Barmherzigkeit Gottes, weil nicht nur κρατος μεγαλωσυνης im andern Glied steht, sondern auch im ganzen Zusammenhang das Wesen Gottes im vollkommensten Grade beschrieben wird.

Joh. 9, 3. ἐργα θε8, ein auffallendes wichtiges Werk Gottes. — Jak. 4, 16. ἀλαζονειαι, große Prahlerei, wie ὑπερηφανιαι Judith 6, 19. — 1 Petr. 1, 14. αἱ δοξαι, große Herrlichkeit. — 1 Petr. 2, 9. τας ἀρετας, diese große Gnade, vgl. Esai. 63, 7. 2 Petr. 1, 3. und πολυ ἐλεος 1 Petr. 1, 3. — Ebr. 7, 6. der die große Verheissung, τας ἐπαγγελιας, bereits erhalten hatte, nemlich jene Verheissung, die Apostg. 7, 17. κατ᾽ ἐξοχην ἡ ἐπαγγελια heißt. — 2 Cor. 12, 1. 7. ἀποκαλυψεις, eine hohe Offenbarung. — Matth. 16, 3. Zeichen dieser (s. unten vom Artikel) wichtigen (messianischen) Zeit, των καιρων. Wegen τα ὁσια Apostg. 13, 34. Esai. 55, 3. s. Storr Diss. de not. regni cœl. not. 42. 43.

Zusatz.

Storr
S. 97.**

Wenn gleich hier eigentlich nur vom Pluralis des Nomens die Rede ist, so muß doch gelegentlich bemerkt werden, daß auch die *pronomina* und *verba* der ersten Person in der mehreren Zahl öfters für den Singularis stehen, um die Größe oder Majestät der Person damit anzuzeigen.

Im alten Testament findet man aus den neuern Zeiten mehrere solche Beispiele; besonders in den apokr. Schriften. Esr. 4, 18. προς ἡμας, zu mir (עלינא); 1 Makk. 15, 1 ff. spricht der König Antiochus in einem Schreiben an Simon von sich sowohl in der ersten Person des Singularis als auch des Pluralis v. 3. 9. Eben so wechselt 1 Makk. 10, 19. 26. ff. 34. 39. 40. 41. 52 ff. das pronomen und verbum im Singul. und Plur. ab. — 3 Esr. 8, 9. 10. ἐν τῃ ἡμετερα βασιλεια, vgl. mit Esr. 7, 13. ἐν τῃ βασιλαια μȣ. So konnte auch Eleasar 2 Makk. 6, 24. wegen der Ehrwürdigkeit, die ihm sein Alter (v. 23. 18.) samt seinem Amte gab, wohl von sich sagen: της ἡμετερας ἡλικιας ἀξιον ꝛc. — Ja auch in der Anrede an hohe Personen wird die zweyte Person des Pluralis für den Singularis gebraucht 1 Makk. 11, 30. 31.

Mit gleichem Recht konnte auch Christus als Gottes Sohn (Matth. 8, 17.) von sich in der Mehrzahl reden v. 15. und Joh. 3, 11. Eben so gut als Daniel, insofern er Prophet war, den Pluralis von sich gebraucht K. 2, 36. (ἐρȣμεν). konnte es auch Paulus als Apostel thun, Röm.

1, 5. v. 1.; Gal. 1, 8. 9. vgl. v. 1.; 1 Theſſ. 2, 18. Freilich mochte dieſes nicht immer im Andenken an ſeine apoſtoliſche Würde geſchehen ſeyn Col. 4, 3. f. vgl. mit Eph. 6, 19.; 2 Cor. 5, 12. f. 16.; Philem. v. 7. vgl. mit dem Singularis v. 4. 8. ff.; Ebr. 13, 18. vgl. v. 19.; Joh. 21, 24. vgl. v. 25. Oft iſt auch eine bloße κοινοποιïα die Urſache dieſes Pluralis (ſ. unten zu Storr S. 389. f.), oder ſpricht er als Verfaſſer ſeiner Schrift, wie es auch in andern Sprachen geſchieht, in der Mehrzahl von ſich, wie z. B. der Verfaſſer des zweyten Buchs der Makkabäer K. 2, 19. ff. 23. vgl. K. 6, 12—15. 37. f. und der Prolog des Buches Sirach.

§. 21.

II. Von der Appoſition, inſofern ſie mit der Appoſition der Hebräer übereinkommt, die öfters durch den ſogenannten Status constructus ausgedrückt wird.

Storr S.104.f. Weth. S.25.

Jer. 14, 17. θυγατηρ τ8 λα8, ſoviel, als: θυγατηρ (ἡ ἐς.ιν) ὁ λαος μ8. — Pſ. 38, 23. κυριε της σωτηριας μ8; vgl. Eſai. 17, 10. θεον (אלהי) τον σωτηρα σ8. — Ezech. 1, 1. 3. ποταμ8 (נהר) τ8 χοβαρ (vgl. LXX. 2 Kön. 23, 29.) ποταμον ἐυΦρατην. — Baruch 5, 2. διπλοïδα της παρα θε8 δικαιοσυνης, für: διπλοïδα ἡ ἐςιν ἡ δικ. — Sir. 15, 3. ἀρτον συνεσεως, ὑδωρ σοΦιας; K. 2, 5.

Matth. 5, 22. 18, 9. ἐις την γεενναν τ8 πυρος, er iſt ſchuldig der *) Gehenne, nemlich des (ewigen Matth. 18, 8.) Feuers. Dieſe Ueberſetzung wird um ſo wahrſcheinlicher, da Markus K. 9, 43. es durch eine andere Appoſition (ſ. unten zu Storr S. 361. *) ἐις την γεενναν ἐις το

πυρ ασβεςον ausdrückt. — Matth. 24, 30. το σημειον τȣ ύιȣ άνθρωπȣ, das Zeichen, welches des
Menschen Sohn ist, der nach vielen vorgegange-
nen Wundern (σημεια Luk. 21, 25.) an den Ge-
stirnen des Himmels, zulezt als das größte σημειον erscheinen wird. — Joh. 2, 21. der Tempel seines Leibes ist soviel, als: der Tempel, nemlich sein Leib (1 Cor. 3, 16.). — Joh. 11, 13.
sie meynten, Jesus rede von der κοιμησις τȣ ύπνȣ,
die im Schlafe Statt hat. — Apostg. 7, 8. s. oben
§. 10. — Röm. 7, 6. damit wir einem [2]) Neuen
(καινοτητι, abstr. für das concr. s. έτερȣ v. 4.),
nemlich dem Geiste (καινοτητι πνευματος), nicht
jenem alten Herrn (v. 1.), nemlich dem Gesetze (παλαιοτητι γραμματος, vgl. K. 2, 27.) dienen.
— Röm. 4, 11. σημειον περιτομης, Zeichen, das
in der Beschneidung bestund. — 2 Cor. 5, 1. unser irrdisches Haus, nemlich die Wohnung (unserer Seele), unser Leib, έπιγειος όικια τȣ σκη-
νȣς [3]). — 2 Cor. 5, 5. 1, 22. ist άρραβων τȣ πνευματος, das Unterpfand, welches der Geist ist, ός
έςι πνευμα, Eph. 1, 14. — Eph. 2, 2. Sünden,
in welchen ihr ehmals lebtet κατα τον άιωνα τȣ
κοσμȣ τȣτȣ [4]), wie (vgl. κατα Eph. 4, 24. mit
Col. 3, 10. und Röm. 15, 5. mit v. 3. 7.; 1 Petr.
1, 15. Ebr. 8, 9.) die Menschen überhaupt im
gegenwärtigen Zeitalter (άιων), oder wie die Menschen vom gemeinen Schlag auf dieser Erde (κοσμος) leben. — Eph. 2, 2. κατα τον άρχοντα της
έξȣσιας lebtet ihr, d. h. nach dem Willen jenes
Mächtigen, nemlich des Beherrschers der Finsterniß (s. Koppe) oder jenes Geistes ꝛc. — v. 14.
το μεσοτοιχον τȣ φραγμȣ, die Scheidewand oder

den Zaun. Das ungewöhnlichere Wort μεσοτοιχον wird durch das gewöhnlichere und bekanntere erklärt. — Phil. 4, 9. 1 Theſſ. 5, 23. Ebr. 13, 20. Röm. 15, 33. θεος της ειρηνης, Gott, welcher iſt ειρηνη, durch eine Metonymie, welcher Urheber unſerer Glückſeligkeit iſt. — Eph. 4, 9. εις τα κατωτερα μερη της γης, in die niedrigere Wohnplätze, nemlich auf die Erde, welche im Gegenſatz gegen den Himmel (υψος v. 8. nemlich τε ερανε v. 10. vgl. LXX. Eſai. 38, 14.) als niedrig (κατωτερα) beſchrieben wird, vgl. LXX. Job 11, 8. ſo wie Petrus Apoſtg. 2, 19. κατω zu γη im Gegenſatz zu ερανος ανω ſetzt, ungeachtet in der Stelle Joel 2, 30. (hebr. K. 3, 3.) blos שמים und ארץ ſteht. — Col. 1, 22. in einem σωματι, welcher noch σαρξ, noch nicht in jenem verherrlichten Zuſtand (v. 18.) war. — 1 Petr. 3, 4. der Menſch, inſofern er unſichtbar iſt, nemlich das Herz (της καρδιας), ſoll bekleidet ſeyn mit dem unvergänglichen Schmuck oder mit einer ſanften und ſtillen Geſinnung (τε πραεος και ησυχιε πνευματος). Vgl. Weish. 18, 4. το αφθαρτον νομε Φως, das unverlöſchbare Licht, nemlich das Geſetz Moſis. — Ebr. 10, 10. δια θυσιας τε σωματος Ιησε, durch das Opfer, welches der Leib Jeſu Chriſti iſt. — Ebr. 9, 26. δια της θυσιας αυτε, mit einem Opfer, welches Er ſelbſt war, wenn man anders nicht lieber überſetzen will: Opfer, welches er darbringen ſollte (Ebr. 8, 3. Sir. 45, 14. vgl. v. 16.) — Offenb. 15, 5. der Tempel, oder (im Geiſte des moſaiſchen Zeitalters, deſſen v. 2. 3. gedacht wird, zu reden) die Stiftshütte, ναος της σκηνης τε μαρτυριε. — Ebr. 10, 32. αθλησις παθηματων,

ματων, Kampf, der in den Leiden bestund. Nem=
lich der uneigentliche Ausdruck ἀθλησις wird durch
den genit. appos. παθηματων erklärt, welches über=
haupt so oft die Absicht dieses genitivi ist [5]),
wie noch aus folgenden Stellen erhellt: Ebr. 6, 1.
wird das tropische Wort θεμελιον durch die Geni=
tive μετανοιας, διδαχης, πιςεως erklärt, „ohne wie=
der von unten anzufangen, nemlich bei der Sin=
nesänderung ꝛc." — Eph. 6, 14—16. heißt das
heilbringende Evangelium ein θωραξ, Panzer
(Weish. 5, 18. und Bar. 5, 2.) (eine ετοιμασια,
Grundlage, Fundament, (Esr. 2, 68. 3, 3.),
ein θυρεος, Schild. Dasselbe Bild gebraucht der
Apostel auch 1 Thess. 5, 8., nur mit dem Unter=
schiede, daß in dieser Stelle, außer dem erklären=
den Appositions=Genitiv, auch die andere Art von
Apposition (s. unten zu Storr 361.) vorkommt.
— Eph. 4, 29. wird οικοδομη durch das eigentli=
che Wort χρεια, Nutzen, erklärt. — v. 16. δια
πασης ἀφης της επιχορηγειας; v. 3. συνδεσμος της
εἰρηνης; u. 14. ἀνεμος διδαχης, welche Metapher
Paulus wegen des vorangegangenen uneigentlichen
Wortes κλυδων um so gerner gebraucht. — 1 Cor.
5, 8. — Offenb. 17, 2. 18, 3. 14, 8. wird das
tropische Wort οἰνος, womit der Becher des Wei=
bes angefüllt war, durch den Genitiv πορνειας, so
wie K. 14, 10. K. 16, 19. durch θυμε und θυμε
της ὀργης, härteste Strafen Gottes, erklärt; vgl.
Sir. 15, 3. — Offenb. 2, 10. ςεφανος της ζωης.
Sir. 2, 5. Ofen des Leidens, weil vorher schon
vom Feuer im eigentlichen Verstand die Rede war.
— Col. 2, 13. ἀκροβυςια της σαρκος ἱκανα Vor=
haut, nemlich die Sündlichkeit. —

5

Anmerkungen zu §. 21.

Anm. 1. Die Präposition ἐν ist wegen der vorangegangenen Dative v. 21. hier ein Zeichen des Dativs (s. unten zu Storr S. 289. f.).

Anm. 2. ἐν (κατοχῇ) steht, wie sonst auch ἐν (Anm. 1.), für den bloßen Dativ, bei δουλεύειν, z. B. Sir. 3, 7. er wird seinen Eltern wie seinen Herren dienen, ὡς δεσπόταις δουλεύσει ἐν τοῖς γεννήσασιν αὐτόν; Sir. 19, 8. er erzählte es weder dem Freund, ἐν φίλῳ, noch dem Feind: Jos. 24. 27. Ps. 78, 32., wo LXX. das Hebr. ᴶ mit dem Dativ übersetzen. Röm. 1, 19. Matth. 17, 12. vgl. mit Mark. 9, 13. Apostg. 4, 12. 2 Cor. 8, 1. (s. unten S. 68.)

Anm. 3. Vgl. die Stelle Weish. 9, 15. „unsern Geist beschwert ein grober Leib, und eine irrdische Hütte (τὸ γεῶδες σκῆνος) schränkt der Seele Denkkraft ein.“

Anm. 4. αἰῶν ἔτος und κόσμος ἔτος sind beide synonym (1 Cor. 1, 20.), und werden metonymisch von den Menschen, die zu dem Zeitalter gehören, die auf der Erde leben, gebraucht.

Anm. 5. Oefters geschieht diese Erklärung auch durch andere Wörter, z. B. ᾁνεσις; Ebr. 13, 15. um die θυσίαν αἰνέσεως zu erklären, und es nicht mit einem jüdischen Lobopfer zu verwechseln, oder K. 10, 20.

Zweytes Kapitel.

Vom Pronomen. (Storr S. 106—128.)

§. 22.

I. Das nomen wird für das pronomen personale gesetzt.

Storr S. 106. f. Weth. S. 73. 1.) Stellen, wo das nomen für das *pronomen* der ersten Person gesetzt wird, z. B. 1 Mos. 4, 23. γυναῖκες λάμεχ, für: meine Wei-

ber. — 4 Mof. 27, 11. τω Μωυση, für: μοι —
Sam. 7, 20. 1 Chron. 17, 18. δαυιδ, für: εγω;
— 2 Mof. 14, 25. τες αιγυπτιες, für: ημας. —
Matth. 16, 13. υιον τε ανθρωπε, für: με, vgl.
με in der Parallelstelle Mart. 8, 27. Luk. 9. 18.
— Luk. 12, 8. wer mich ¹) bekennt vor den
Menschen, den wird des Menschen Sohn auch
bekennen, statt: ich, vergl. καγω Matth. 10, 32.
— Joh. 1, 52. Matth. 10, 23. Mark. 9, 41.

Oefters wird sogar auch das *pronomen* der
dritten Person αυτος mit eingemischt,
und auf das nomen gerichtet, ungeachtet dieses die
Stelle des Pronomens der ersten Person vertritt,
welche wirklich auch in Einem Sage mit abwechselt.
Z. B. 2 Sam. 3, 8., wo Abner durchaus von
sich in der ersten Person spricht, und dann v. 9.
τω αβεννηρ — αυτω — und endlich wieder ποιησω.
— Judith 16, 1. ff. bis zum fünften Vers spricht
Judith von sich in der ersten Person, und dann
v. 7. Ιεδιθ — εν καλει προσωπε αυτης v. 8. 9.
10. und endlich weiter in der ersten v. 11. ff. —
— Luk. 9, 26. wer sich mein und meiner
Worte schämt, deß wird sich des Menschen
sohn auch schämen, wenn er kommen wird in seiner Herrlichkeit und seines Vaters — ich sage
euch. — Joh. 6, 40. das ist der Wille deß, der
mich gesandt hat, daß wer den Sohn (mich v.
35—39. 12, 44. f.) siehet, und glaubet an ihn,
dieser das ewige Leben habe, und ich werde ihn
auferwecken. — Joh. 5, 19—24. λεγω — ο υιος
— αφ᾽ εαυτε — βλεπη — ο υιος — αυτω —
λεγω υμιν. — Joh. 6, 53. ich sage euch, wo
ihr nicht esset das Fleisch des Menschensohns

(ſtatt: μι την σαρκα v. 54. ff.) und trinket ſein Blut (ſtatt: μι το αιμα v. 54. ff.). — Joh. 17, I. 4.

2) Stellen, wo das Nomen ſtatt des Pronomens der dritten Perſon geſetzt wird. Z. B. 1 Moſ. 37, 29. εν τω λακκω, für: εν αυτω [2]). 2 Sam. 23, 15. τον δαυιδ, für: αυτον. 5 Moſ. 11, 12. 2 Chron. 23, 8. vom Anfang des Jahrs des Sabbaths bis zu Ende des Jahrs des Sabbaths. 3 Moſ. 8, 17. τω Μωυση. — I Kön. 18, 17. ὡς ειδεν Ἀχααβ — και ειπεν αχααβ. I Makk. 9, 73. 10, 2. 3. 3, 11. 12. Bar. 2, 11. — Matth. 12, 26. Mark. 3, 23. wenn der Satan den Satan, d. h. ἑαυτον (vergl. v. 26. und Luk. 11, 18.) austreibt. — Joh. 4, 1. als der Herr merkte, daß die Phariſäer gehört hätten, daß Jeſus mehr Schüler habe, als ꝛc. — Joh. 11, 22. Jak. 5, 11. Joh. 10, 41. ιωαννης; K. 8, 39. αβρααμ (1 Moſ. 16, 6.). Luk. 3, 19. ἡρωδης. Joh. 3, 17. 12, 47. κοσμος, zweimal, ſtatt: αυτος, vgl. 3 Moſ. 4, 4. τε μοσχε, τον μοσχον, für: αυτε und αυτον. — Röm. 7, 23. ich finde ein anders Geſetz in meinen Gliedern, das mich unter das Geſetz in meinen Gliedern, d. h. unter ſich, nemlich (ſ. oben von der Appoſition) unter die Sünde gleichſam gefangen nimmt. — Gal. 3, 15. pflegt doch kein Menſch ſein (ανθρωπε, ſtatt: ἑαυτε) einmal gegebenes Wort zu widerrufen oder dagegen zu handeln. Wenn ein ehrlicher Menſch Bedenken trägt, ſein Wort zu brechen, ſollen wir vom wahrhaftigen Gott (Jeſ v. 17.) glauben, daß er ſein, dem Abraham, und durch ihn allen Völkern ge-

gebenes Wort wieder durchs Gesetz vierhundert
Jahre hernach aufgegeben habe? Zutheuerst auch
ein Mensch hält Wort, und der ist doch nur ein
Mensch! Dieser Schluß wäre nicht so leicht in die
Augen gefallen, wenn der Apostel ἑαυτε gesetzt
hätte. — Eph. 4, 16. der ganze Leib gewinnt
am Wachsthum des Leibes, d. h. an seinem
Wachsthum; eben so χρισε v. 12. — Beispiele
von solchen Genitiven des Nomens findet man noch
3 Mos. 14, 15. 26. der Priester soll es in die
Hand des Priesters, d. h. αυτε (v. 16.), in seine
Hand gießen; 1 Kön. 2, 10. δαυιδ — ἐν πολει δαυιδ; K. 10, 13. ὁ βασιλευς σαλωμων — δια χειρος
βασιλεως σαλωμων. Hagg. 2, 7. alle Nationen will
ich in Bewegung setzen, daß sie zum Kleinob aller
Nationen (zu ihrem Kleinob) kommen.

Anmerkungen zu §. 22.

Anm. 1. ἐν ἐμοι steht für den Akkusativ με (Röm.
10, 9.), wie z. B. 1 Sam. 16, 9. f. ἐκλεγεσθαι ἐν τινι,
בחר mit ב für τι v. 8. und ἀγνοειν ἐν τινι 2 Petr. 2,
12. für ἀγνοειν τι, לא דעת mit ב Job 35, 15. daß
die LXX. mit dem Akkusativ übersetzen.

Anm. 2. Eben weil das Nomen die Stelle des
Pronomens vertritt, so setzen die LXX. öfters wirklich das Pronomen dafür, ungeachtet sie diesen Hebraismus zuweilen, ohne Veranlassung in ihrem hebräischen Text dazu zu haben, gebrauchen. 1 Kön.
6, 27. setzen LXX. für das wiederholte Nomen wirklich αυτων; Jer. 40, 3. αυτω; 4 Mos. 18, 14. lassen sie
das wiederholte Nomen ganz außen; Neh. 6, 10. αυτω;
Jer. 18, 4. ἐνωπιον αυτε. Hingegen haben sie den Hebraismus, wo im Hebräischen das Pronomen ist:
5 Mos. 27, 2. 3. du sollt große Steine (λιθαι) aufrichten, und ἐπι των λιθων τουτων (hebr. עליהן) schreiben;

2 Kön. 2, 8. er schlug ins Waſſer, und das Waſſer
theilte ſich; 3 Moſ. 4, 21. wird μοσχον wiederholt, wo
im Hebräiſchen אותו iſt, und Jer. 36, 4. laſſen die
70. das wiederholte ברוך weg, und ſchließen es in
das Verbum der dritten Perſon (ἔγραψε) ein.

§. 23.

Storr
S. 107,
Weth.
S. 74.

Wenn große und ehrwürdige Perſo-
nen von ſich reden, ſo gebrauchen ſie
gerne ſtatt des Pronomens der erſten
Perſon ihren oder ihrer Würde Namen, und eben ſo werden ſie auch von
Niedrigeren angeredet. Z. B. Eſth. 8, 8.
ἐπιταξαντος τȣ βασιλεως. 2 Sam. 3, 21. Abner
ſprach zu David: ich will das ganze Iſrael zu
meinem Herrn, dem König (zu dir) ſammeln,
daß ſie einen Bund mit ihm (μετ᾽ ἀυτȣ hebr. אתך)
machen, auf daß du König ſeyeſt. — 2 Sam. 14,
11. der König gedenke an den Herrn deinen
Gott (אלהיך LXX. θεον ἀυτȣ). — 2 Sam. 19,
19. f. Simei ſagte zu David: mein Herr rechne
(λογισασθω, dritte Perſon) mir die Miſſethat nicht
zu, und gedenke (μιηϡȣ᷉ς) nicht, daß dein Knecht
(ich) dich beleidigte; denn dein Knecht erkennt,
daß ich geſündiget habe, und ich bin deswegen
gekommen ꝛc. — Neh. 2, 5. gefällt es dem Könige, und dein Knecht findet Gnade vor dir,
(ſo bitte ich) daß du ihn (ἀυτον hebr. תשלחכי)
ſendeſt ꝛc. — Judith 2, 13. των ῥηματων τȣ κυριȣ
σȣ, für: ῥηματων μȣ, vgl. v. 6. ῥηματι τȣ σοματος
μȣ. Judith 11, 16. f. 12, 4., wo noch überdies
zu bemerken iſt, daß die Perſon, die ſich δȣλην
nennt, mitunter auch das Verbum und Pronomen

der erſten Perſon gebraucht; vgl. nach K. 5, 5. 7, 9. 11, 5. Weish. 9, 5. 1 Makk. 10, 40. ἐγω (Demetrius v. 25.) διδωμι — απο των λογων τε βασιλεως, für: με. — Luk. 1, 48. 2, 29. ſ. *)

Daher werden auch bei Gott, wenn er entweder redend eingeführt, oder angebetet, oder wenn von ihm geredet wird (dritte Perſon), anſtatt der Pronominum öfters göttliche Namen gebraucht. Z. B. Hoſ. 1, 7. ich, Jehova, werde ſie durch Jehova, ihren Gott, d. h. durch mich ſelbſt retten. — Zach. 10, 12. ich, der Herr, will ſie ſtark machen in dem Herrn, daß ſie in ſeinem Namen alles ausführen werden. — Amos 4, 11. ich, ſpricht der Herr, kehrte etliche Städte unter euch um, wie Gott Sodom und Gomorra umgekehrt. — 1 Joh. 4, 9. darin hat ſich die Liebe Gottes vorzüglich gegen uns bewieſen, daß Gott ſeinen Sohn ꝛc. — 1 Cor. 1, 21. weil die Welt in ihrer Weisheit Gott in Gottes Weisheit nicht erkannte, ſo fand es Gott für gut ꝛc. — 2 Tim. 1, 18. der Herr gebe ihm, daß er Barmherzigkeit bei dem Herrn finde. (1 Moſ. 19, 24. Suſ. v. 55.)

*) Anmerkung zu §. 23.
Wegen απολυεις Luk. 2, 29. ſ. Tob. 3, 6. und beſonders απολυσαι με απο της γης v. 13.

§. 24.

II. Vom griechiſchen Artikel.

Der griechiſche Artikel ahmt häufig den Gebrauch und die Bedeutungen des ה demonstrativi der Hebräer nach.

Storr S. 119. ff. Welth. S. 1. ꝛc.

1) So wie die ursprüngliche Bedeutung des ה ohne Zweifel *) ist: dieser ꝛc., so hat auch der griechische Artikel diese demonstrative Bedeutung. Z. B. 1 Mos. 19, 5. την νυκτα, הלילה, diese Nacht, vgl. v. 34. εν τη νυκτι ταυτη, הלילה. — 3 Mos. 27, 8. wenn er für diese Schätzung (τη τιμη) zu arm wäre. — 3 Esr. 6, 16. τον οικον, für: οικον τετον, vgl. Esr. 5, 12.

Apostg. 25, 22. τε ανθρωπε, vgl. ὁ ανθρωπος ἑτος K. 26, 32. — Apostg. 9, 2. η ὁδος, diese (K. 22, 4.) Religion. — Joh. 17, 15. von dieser Erde, aus dem Leben gehen heißen, vgl. auch v. 11. f. und K. 13, 1. εκ τε κοσμε τετε. — Joh. 18, 37. daß ich diese Wahrheit (τη αληθεια), daß ich nemlich König sey, bezeuge. — Col. 4, 16. Röm. 16, 22. dieser Brief, vgl. 3 Esr. 2, 16. diesen Brief, und v. 25. folgendes Geschriebene. — Ebr. 2, 14. diese Schüler. — K. 3, 3. je höher dieses Haus, das Gott Jesu anvertraut hat (die Christen), von seinem Urheber geschätzt wird. — K. 5, 4. diese Würde; v. 7. von dieser Furcht. — K. 12, 17. diesen Segen, nemlich den, der sich auf die v. 16. erwähnte Erstgeburt bezog; K. 13, 22. diese Ermahnungsschrift; K. 6, 4. dies himmlische Geschenk. — Matth. 6, 34. η ἡμερα (היום) dieser, der heutige Tag, die gegenwärtige Zeit. — Matth. 10, 17. vor diesen, solchen Menschen, vgl. האנשים 2 Mos. 5, 9. LXX. των ανθρωπων τετων. — Matth. 16, 3. die Zeichen dieser (των) ausgezeichneten, messianischen Zeit, vgl. καιρον τετον, Luk. 12, 56. — Matth. 13, 39. vgl. v. 40.

*) **Anmerkung.**

Es ist diese Bedeutung um so gewisser, als die
LXX. dies ה nicht selten wirklich mit dem Pronomen
ἔτος übersetzen, z. B. Esai. 37, 30. τοῦτον τὸν ἐνιαυτὸν,
הַשָּׁנָה; Jer. 28, 16. ἐν ἐνιαυτῷ τούτῳ; K. 33, 11. τῆς
γῆς ἐκείνης, הָאָרֶץ; 1 Mos. 19, 37. ἕως τῆς ἡμέρας ταύ-
της, הַיּוֹם. 1 Mos. 24, 50. 33, 17. 2 Mos. 12, 17.

§. 25.

2) **Der griechische Artikel bezeichnet**
und bestimmt denjenigen, an welchen
die Rede gerichtet wird, wo sonst der
Vokativ steht. Z. B. 1 Kön. 18, 26. ὁ βααλ;
Ezech. 37, 4. τὰ ὀστᾶ τὰ ξηρά; 2 Makk. 1, 24. s.
Judith 9, 12. ὁ θεός. — Mark. 5, 29. 9, 25.
ἔξελθε τὸ πνεῦμα; Mark. 15, 34. ὁ θεος με (Judith 9, 4. Pf. 22, 1. 1 Mos. 32, 9.) vgl. Matth.
27, 46. θεα. — Mark. 10, 47. ὁ υιος. — Joh.
20, 28. Eph. 6, 1. 4. 5. 9. Offenb. 6, 10. 18, 4.

Storr
S. 120.
Weth.
S. 10.

3) Das Pronomen ה wird aber auch
wie der deutsche bestimmende Artikel
der, die, das gebraucht, und der griechische Artikel folgt auch hierin größ-
tentheils den nemlichen Regeln des Hebräischen.

Storr
S. 121. f.
Weth.
S. 2.

α) Steht der Artikel vor einem allgemeinen [1])
Wort, das mehrere Dinge einer Gattung in sich
begreift, so bestimmt der Artikel, welches von jenen Dingen hier gemeint sey, nemlich das, welches der Context erfordert, und kann deswegen meistens durch jener ꝛc. übersetzt werden.
Z. B. 2 Sam. 12, 7. ὁ ἀνὴρ (הָאִישׁ) jener Mann,

von welchem im Vorhergehenden die Rede war. —
1 Mof. 1, 4. τὸ Φως, nemlich jenes v. 3. — 1 Kön.
17, 17. und v. 20. ἡ γυνη, jene v. 10. — Tob.
5, 2. f. τὸ ἀργυριον, vgl. K. 4, 21. — K. 6, 3. 6.
ὁ ἰχθυς, vgl. v. 2.

Luk. 7, 44. ἡ γυνη, jenes Weib, von welchem
v. 37. (es kam ein Weib, γυνη [2]) die Rede war.
— Matth. 8, 31. ἡ ἀγελη, jene Heerde v. 30.
— Apostg. 21, 5. τὰς ἡμερας, nemlich jene sieben
v. 4. — Ebr. 10, 25. τὴν ἡμεραν, jene Zeit,
vgl. v. 23. worauf ihr nach Gottes Verheissung
hoffet. — K. 12, 27. τὸ ἔτι ἅπαξ, nemlich jenes,
wovon v. 26. die Rede ist. — Offenb. 14, 18.
τὸ δρεπανον, vgl. v. 17.

Starr
S. 122.
pr. 2. β). Oder der Artikel bestimmt, daß nicht
jede andere Sache, sondern diejenige
gemeint sey, die zwar nicht aus dem
Zusammenhang, aber dem Leser sonst
woher bekannt seyn kann [3]). Z. B. Sir.
16, 7. Gott schonte nicht jener (τῶν) alten Hel-
den (Anspielung auf die von den Juden vielleicht
mit Fabeln vermischte und durchs Gerücht verbrei-
tete (v. 5. ἀκηκοε τὸ ὃς μὲ) Geschichte 1 Mof. 6,
4.). — Weish. 19, 17. wie jene vor jenes
Frommen (τε δικαιε, nemlich Lots 1 Mof. 19.)
Thür. — 1 Makk. 4, 30. das Heer jenes Star-
ken (τε δυνατε), der aus 1 Sam. 17, 49. 51.
(LXX. ὁ δυνατος) bekannt seyn konnte. — Weish.
17, 14.

Joh. 3, 14. versteht Jesus unter τον ὁφιν jene
aus 4 Mof. 21, 8. f. bekannte Schlange. — Matth.
16, 9. 10. habt ihr schon vergessen, wie ich mit
jenen (τε) fünf und sieben Broten (Joh. 6, 9.

Matth. 15, 34.) fünf und vier tausend Menschen speisete? — Ebr. 7, 1. der dem Abraham bei seiner Zurückkunft von dem über jene (των βασιλεων) aus 1 Mos. 14, 17. 1. 5. 9. bekannte (oder auch über gewisse Könige s. unten nr. 4.) Könige erhaltenen Siege entgegen gieng.

Eben deswegen bezeichnet auch der Artikel eine Storr Sache, die dies κατ᾽ ἐξοχην und im vorzüglichsten Verstand ist, so daß sie mit keiner andern, die zu der Gattung gehört, verwechselt werden kann. Z. B. 1 Sam. 16, 11, ὁ μικρος, הקטן, der Kleine, der Jüngste. — 2 Chron. 22, 1. τον υιον αυτε τον μικραν, wo im Hebräischen kein Artikel [4]) ist, soviel, als: μικρωτατος, womit LXX. 2 Chron. 21, 17. בניו קטן übersetzen [5]). — 1 Makk. 7, 26. των ἐνδοξων.

Der neutestamentliche Ausdruck ὁ υιος τε ἀνθρωπε, der allerdings ohne Artikel einen bloßen Menschen ausdrückt (Ebr. 2, 6. Joh. 5, 27. Mark. 3, 28. 1 Kön. 8, 39. Pred. Sal. 3, 18. Sir. 17, 30. 36, 23.), bezeichnet doch, von Christo gebraucht, mit vorgesetztem Artikel, einen ganz vorzüglichen Menschen Matth. 9, 6. Joh. 1, 52. Apostg. 7, 56. Mark. 8, 38. — Luk. 10, 14. ist ἡ κρισις (Matth. 12, 41.), und Ebr. 10, 25. ἡ ἡμερα, die κρισις und die ἡμερα κατ᾽ ἐξοχην, die im vorzüglichsten Verstand genommene Zeit des künftigen großen Gerichts, κρισις μεγαλης ἡμερας Jud. v. 6., oder, wie es Matth. 7, 22. 2 Tim. 1, 18. heißt: ἐκεινη ἡ ἡμερα, jener Tag, der sich vor allen auszeichnen wird, der überdies aus dem Vortrag Jesu und der Apostel ganz bekannt seyn konnte, vergl. Amos 9, 11. ἐκεινη ἡ ἡμερα, יום

Storr
S. 122. f.
Welb.
S. 4.

הוּא, jene ganz vorzüglich wichtige Messianische Zeit. — Luk. 4, 49. heißt der, welcher Propheten und Apostel zu den Juden senden wollte (Jesus Matth. 23, 34. f.), die σοφια des selbst, d. h. der größte Weise, den Gott gesandt. — Apg. 5, 24. ὁ ἱερευς, der Priester κατ᾽ ἐξοχην, oder der höchste Priester, ἀρχιερευς v. 21. 27., auch ἱερευς ohne Artikel (vergl. Anm. 4.), Ebr. 10, 11. 1 Makk. 15, 1. vgl. v. 2. 2 Mos. 35, 19. — ὁ λογος heißt Christi Lehre ohne Beisatz, Phil. 1, 14. Mark. 2, 2. 2 Tim. 4, 2. — τα ἁγια Ebr. 9, 8. 25. 10, 19. das Allerheiligste, das sonst ἁγια ἁγιων Ebr. 9, 3. 1 Kön. 8, 6, oder το ἁγιον των ἁγιων 2 Mos. 26. 33. f. oder τʒ ἁγιʒ το ἁγιον 3 Mos. 16. 33. heißt. — 2 Thess. 2, 3. ὁ ἀνθρωπος της ἁμαρτιας, v. 8. ὁ ἀνομος, der erzverruchte und höchstgottlose Mensch. — Offenb. 3, 17. ὁ ταλαιπωρος, höchst elend. Uebrigens vergleiche man noch, was unten bei dem Superlativ nr. 1. gesagt werden wird.

Anmerkungen zu §. 25.

Storr S.121.** Weth. S. 6. Anm. 1. Daher haben die Nomina Propria, welche schon an und für sich bestimmt genug sind, gewöhnlich keinen Artikel vor sich, wiewohl hierin nicht immer die genaueste Pünctlichkeit beobachtet wird. Z. B. 1 Thess. 1, 7. vgl. 2 Cor. 1, 16. und Röm. 15, 26. — Apostg. 10, 5. vgl. v. 8. — K. 18, 19. vgl. v. 21. — Joh. 1, 28. und 2 Kön. 2, 6. 7. Eben so auch bei den männlichen Namen Mark. 9, 2. vgl. Luk. 9, 28. Mark. 8, 29. 10. 28. vgl. Matth. 16, 16. und Luk. 18, 28. — 1 Makk. 11, 22. vgl. 12, 44.

Anm. 2. Ein ganz unbestimmter Ausdruck wird gemeiniglich durch Weglassung des Artikels angezeigt, z. B. 2 Sam. 6, 3. ein neuer Wagen; Mark. 12, 1. ein Weinberg; Joh. 18, 1. 19, 41. ein Garten.

Anm. 3. Zuweilen iſt die Anſpielung auf eine bekannte Geſchichte dem Leſer deutlich, auch wo dieſer Artikel nicht ſteht, z. B. Sir. 38, 5. kann man nicht, da von einem (jenem 2 Moſ. 15, 25.) Holze das Waſſer ſüße ward, die Kraft deſſelben erkennen. — Weiſh. 10, 3. ἄδικος, v. 10. 13. δίκαιος ſpielt auf Cains, Jakobs und Joſephs Geſchichte an. Uebrigens ſteht der Artikel bei δίκαιος v. 4. jener Fromme; v. 5. jener aus I Moſ. 22. bekannte Abraham.

Anm. 4. Dieſer Artikel wird auch ſonſt zuweilen weggelaſſen, Jer. 49, 15. μικρὸν δέδωκα σε ἐν ꝛc. ſ. unten beim Superlativ; Sir. 4, 14. ἁγίῳ, ſtatt: τῷ ἁγίῳ dem allerheiligſten Gott. — Matth. 5, 19. μέγας, für: μέγιστος wegen des Gegenſatzes ἐλάχιστος. — Matth. 20, 26. μέγας, vgl. v. 27. πρῶτος, und K. 22, 36. μεγάλη ἐντολή, vgl. die Parallelſtelle Mark. 12, 28. πρώτη πασῶν ἐντολή.

§. 26.

γ) Wenn mit einem allgemeinen Storr
S. 123. f.
Weth.
S. 3. Wort die ganze Claſſe, Gattung gemeynt iſt, ſo wird der Artikel bald geſetzt, bald weggelaſſen. Von ſo vielen Beiſpielen nur folgende: Matth. 5, 45. ἐπὶ πονηρὸς; 2 Petr. 3, 12. ἐπὶ δικαίους (צדיקים Pſ. 34, 15.); Apoſtg. 24, 15. δικαίων, hingegen Luk. 14, 14. τῶν δικαίων. — Weiſh. 5, 15. δίκαιοι, aber Matth. 13, 43. 49. οἱ δίκαιοι. Daher ſteht bei den LXX. Spr. Sal. 4, 18. 19. der Artikel vor δικαίων und ἀσεβῶν, wo im Hebräiſchen keiner iſt.

Eben dies geſchieht auch, wenn das Nomen im Singularis ſteht, und ſynekdochiſch für die ganze Gattung, für den Pluralis geſetzt wird, z. B. Matth. 4, 4. ἄνθρωπος, vergl. die Parallelſtelle 5 Moſ. 8, 3. ὁ ἄνθρωπος, האדם. — Röm. 4, 6. ὁ ἄνθρωπος und K. 3, 28. Gal. 2, 16. Jak.

2, 24. ohne Artikel, vgl. auch Weish. K. 2, 1.
23. Sir. 10, 11. und חאיש 1 Sam. 9, 9. (LXX.
ἕκαστος und 3 Mof. 19, 3. und אדם Spr. Sal.
24, 12.). — Joh. 8, 35. jeder Knecht (ὁ δυλος)
bleibt nicht, d. h. kein Knecht bleibt auf immer
im Haufe; dies ist nur das Vorrecht der Söhne
(ὁ υἱος), vgl. Gal. 4, 7. 1. — Matth. 19, 23.
πλυσιος, vgl. Luk. 18, 24.

Substantiva, welche ein in seiner Art Einziges ausdrücken, können mit dem Artikel
gesetzt werden, der dann die Sache als eine jedem
bekannte (§. 26.) Sache bezeichnet, aber auch, ohne Artikel, weil sie schon an und für sich bestimmt
genug ist. Z. B. ὡραιος und γη mit dem Artikel
Matth. 16, 2. f. Apostg. 1, 11. Pf. 73, 25. —
ohne Artikel Matth. 19, 21. 6, 10. vgl. 28, 18.
1 Mof. , 4. Sir. 1, 3. — ὁ ἡλιος Matth. 5,
45. Efai. 38, 8. ἡ σελην Offenb. 6, 12. aber ἡ-
λιος Sir. 17, 30. σελην Pf. 104, 19. Sir. 43,
7. vgl. v. 6. 1 Cor. 15, 41. οἱ ἀστερες Offenb.
6, 13. und ἀστερες Job 9, 7. 1 Cor. 15, 41.

Eben deswegen hat auch θεος und κυριος keinen
besondern Nachdruck, wenn sie einen Artikel haben (vgl. Sir. 1, 11. f. 25. 26. mit v. 14. 16.
20. Weish. 4, 17. 18.); und eben so wenig läßt
sich behaupten, daß in den Schriften Pauli κυριος
ohne Artikel sich immer auf Gott, mit dem Artikel aber auf Christum beziehe.

§. 27.

Storr
S.124.f.
nr. 4.
4) Gewöhnlich wird zwar der Artikel bei einem unbestimmten Substantiv weggelassen (§. 26.

Anm. 2.). Es giebt jedoch Beispiele, wo in solchem Fall das Zahlwort εἱς nach Art des hebr. אחד ¹) in der Bedeutung des unbestimmten Artikels oder des Pronomens τις gebraucht wird, 3 Mof. 13, 2. ἕνα τῶν υιων — 1 Kön. 20, 35. ανθρωπος εἱς ἐκ — 1 Mof. 21, 15. μια ελατη. 1 Kön. 20, 13. προφητης εἱς, 3 Mof. 4, 27. ψυχη μια. 3 Efr. 3, 5.6. 1 Makk. 7, 16. — Mark. 12,42. μια χηρα, eine Wittwe, vgl. τις Luk. 21, 2. — Matth. 21, 19. vgl. Mark. 11, 13. — Joh. 20, 7. er sahe es an irgend einem Ort (εἱς ἕνα τοπον, statt: ἐν τινι τοπῳ) liegen. Jak. 4, 13. ἐνιαυτον ἕνα.

Aber auch das Pronomen Demonstrativum ה hat dieselbe Bedeutung wie אחד oder זה (Storr S. 125.) ²), also eben so auch der griechische Artikel, z. B. 2 Chron. 18, 20. το πνευμα, ein Geist, vgl. die Parallelstelle 1 Kön. 22, 21. πνευμα ³), הרוח. — 2 Sam. 18, 17. εἱς τον βοθυνον τον μεγαν in eine große Grube. — 5 Mof. 22, 8. ἐαν πεσῃ ὁ πεσων (f. unten zu Storr S. 410.), wenn irgend jemand herabfiele. — 2 Chron. 25, 28. ἐπι των ἱππων, auf Pferden, vgl. 2 Kön. 14, 20. ἐφ᾽ ἱππων, im Hebr. in beiden Stellen ה. — 2 Chron. 28, 7. ὁ δυνατος, ein ephraimitischer Held (גבור). — 2 Sam. 17, 13. εἱς την πολιν, אל עיר, in eine Stadt. — 2 Kön. 4, 5. noch ein Gefäß. — Tob. 7, 7. eines (τȣ) rechtschaffenen Mannes Sohn. — Sir. 11, 5. einer (d. h. Manche, vgl. πολλοι im ersten Theil des Verses), von dem (von denen) mans nicht dachte, ὁ ανυπονοητος.

Matth. 13, 2. 3. ein Schiff, ein (ein gewiß

ſer) Säemann; Mark. 4, 21. Luk. 11, 33. vgl.
die Parallelstelle Luk. 8, 16. — Mark. 3, 12.
auf einen Berg; Joh. 6, 3. το ορος — Luk. 9,
28. vgl. mit Mark. 9, 2. — Joh. 10, 11. ὁ
ποιμην ὁ καλος. — Apoſtg. 11, 13. ein Engel,
vgl. mit K. 10, 3. 22; 17, 1. eine jüdiſche Sy=
nagoge. — 2 Cor. 11, 4. ὁ ερχομενος. — Gal.
3, 20. ὁ μεσιτης, ein Mittler findet nicht bei Ei=
ner Perſon allein (εἱς ſoviel, als: μονος, wie Joſ.
22, 20. und Mark. 2, 7. vgl. mit Luk. 5, 21.)
Statt. — 1 Theſſ. 4, 6. εν τω πραγματι, in ir=
gend einer Sache. — Ebr. 11, 28. ὁ ὁλοθρευων,
welches nicht als Beſtimmung einer gewiſſen
tödtenden Perſon angeſehen werden kann (2 Moſ.
12, 12. f. 23. 27. 29.), ſondern für unbeſtimmt
zu halten iſt: derjenige, der die Erſtgeborne töd=
tet, wer es auch immer ſeyn mag. So
bezeichnet המשחית (LXX. διαφθειρων ohne Ar=
tikel) 1 Sam. 13, 17. nichts weniger als eine ein=
zelne verheerende Perſon, ſondern der Sinn iſt:
man zog aus dem Lager der Philiſter in drei Di=
viſionen. — 1 Cor. 10, 10. iſt ἀπωλοντο ὑπο τε
ὁλοθρευτε von keinem beſonders bezeichneten Würs
ger, deſſen wenigſtens 4 Möſ. 14, 28. ff. (auch bei
den LXX.) mit keinem Wort gedacht wird, zu
verſtehen; ſondern Paulus ſetzt für das beſtimmte:
ὑπο των οφεων (1 Cor. 10, 9.) jezt (y. 10.) das
unbeſtimmte: ὑπο τε ὁλοθρευτε, „ſie wurden von
irgend einer zerſtörenden Urſache getödtet.“ —
1 Joh. 2, 22. wer iſt ein (ὁ) Lügner, wenns der
nicht iſt, der läugnet ꝛc., ein ſolcher iſt ein (ὁ) Ans
tichriſt, der Vater und Sohn leugnet (dergleichen
es mehrere giebt v. 18.). — Offenb. Joh. 12,

14.

14. wie eines großen Adlers Flügel, so
viel, als: πτερυγες αετων 2 Mof. 19, 4. — Eben
so auch wenn der Artikel im Pluralis steht, Matth.
21, 12. τας ⁴) περισερας, Tauben, vgl. Joh. 2,
14. — Matth. 21, 34. f. τας δελας, einige, gewiffe Knechte, vgl. v. 36. αλλας δελας. — Luk.
5, 21. einige (οι, vgl. τινες in der Parallelstelle
Mark. 2, 5.) Schriftgelehrten. — Matth. 15, 1.
vgl. Mark. 7, 1. — Joh. 19, 32. — Mark. 2,
23. τας σαχυας, vgl. Matth. 12, 1. σαχυας. —
Offenb. 8, 2. ich sahe (gewiffe) sieben Engel, τας
επτα; Kap. 10, 3. sieben Donner; Kap. 16, 19.
Städte fielen.

Anmerkungen zu §. 27.

Anm. 1. Ja sogar der Pluralis אלהים wird
unbestimmt gebraucht, 1 Mof. 27, 24. LXX. ἡμερας
τινας.

Anm. 2. Daher kommt es auch, daß selbst das
Pronomen εκεινος zuweilen diese Bedeutung hat, z. B.
Mark. 13, 24. εν εκειναις ταις ἡμεραις, dereinst, zu einer
gewiffen Zeit. — Matth. 3, 1. zu irgend einer Zeit,
nachher einmal, aliquando. — Matth. 12, 1. (denn
das, was K. 11, 2. ff. vorkommt, geschahe später, vgl.
Storr Zweck der Schriften Johannis S. 316.). —
S. auch Dathe bei 1 Mof. 38, 1. בעת ההיא, und
Amos 9, 11. Ezech. 38, 14. So ist auch Luk. 12, 45.
ὁ δελος εκεινος gewiß nicht der, von welchem v. 42. f.
die Rede ist, sondern überhaupt: ein Knecht. Eben
so wenig sind die εκεινοι παρασκευαζοντες Apostg. 10, 10.
jene εδοιμορευοντες v. 9., sondern der Sinn ist unbestimmt: indem ihm gewiffe Leute etwas zu Essen
zurecht machten, oder: indem man ihm etwas zurecht
machte.

Anm. 3. In der Stelle 1 Mof. 14, 3. übersetzen
die LXX. dies ה in הגבלים mit τιν ἀνασωθεντων.

6

Anm. 4. Der Pluralis des griechischen Artikels hat auch allein ohne ein Substantiv die Bedeutung: einige, gewisse, τινες, z. B. Matth. 26, 67. einige gaben ihm Backenstreiche. — Matth. 18, 17. einige zweifelten. — Joh. 19, 24. — Apostg. 17, 18. wo es, so wie 2 Makk. 3, 19., mit τινες abwechselt.

III. Das Pronomen Interrogativum τις, τι wird, wie das hebr. מי oder מה, für das Pronomen relativum gebraucht.

§. 28.

Storr
S. 128.
Weth.
S. 86.

1) Bei einer indirekten, von einem andern Satz regierten oder abhängenden Frage, 1 Mos. 43, 22. ἐκ οἴδαμεν, τίς ἐνεβαλε. — Richt. 7, 11. τί λαλησουσι. — Matth. 20, 22. ἐκ οἴδατε, τί αἰτεισθε. — Mark. 6, 36. 8, 2. τί φαγωσι ἐκ ἐχουσι, statt: ὁ φαγωσι, wie Luk. 11, 6. Mark. 14, 68. τι, vgl. ὁ in der Parallelstelle Luk. 22, 60.

2) Wenn eine wirkliche Apodosis darauf folgt, z. B. Ps. 34, 13. wer (τίς, מי) gern glücklich seyn möchte, der rc. Petrus, der I. Br. 3, 10. diese Stelle anführt, setzt dafür: ὁ θελων, d. h. ὅς [1]) θελει. — Esai. 50, 10. wer (τίς; מי) unter euch Jehova verehrt, der gebe dessen Diener, d. h. mir, Gehör. Der Anfang der zwoten Hälfte des Verses, der dem Anfang des ersten Theils entspricht, hat das Pronomen relativum אשר הלך. — 3 Mos. 14, 35. weß das Haus ist, der soll kommen, τινος αὐτη ἡ οἰκια, ἠξει. Hier ist im Hebräischen wirklich das Relativum אשר לו. — Esr. 1, 3. wer unter euch zu Gottes Volk gehört, mit dem sey sein Gott, oder: wenn jemand zu Gottes Volk gehört, mit

dem ſey ſein Gott. Oder: wenn jemand unter euch ꝛc., ſo ꝛc., daher haben die LXX. auch das καὶ, das Zeichen der Apodoſis, im Nachſatz, und in der Parallelſtelle 3 Eſr. 2, 5. heißt es: εἴ τις ἐςιν ἐν ὑμῖν ꝛc. — Matth. 7, 9. Luk. II, II. derjenige Vater, welcher (τις) von ſeinem Sohn am Brod gebeten wird, wird ihm gewiß (ſ. unten zu Storr S. 351.) keinen Stein dafür reichen, oder (wegen ἐὰν [2]) v. 12. und Matth. 7, 10.), welches einerlei iſt: wenn [3]) unter euch ein Sohn ſeinen Vater ꝛc. Eben ſo 1 Cor. 7, 18. derjenige, welcher (τις) als Beſchnittener zum Chriſtenthum berufen worden, erkünſtle ſich keine Vorhaut; wer (τις) aber unbeſchnitten Chriſt worden, der laſſe ſich nicht beſchneiden, oder: wenn einer ꝛc. — Matth. 12, 11. Luk. 14, 5. derjenige, deſſen (τινὸς) Vieh am Sabbath in eine Grube fällt, zieht es gewiß (ſ. unten zu Storr S. 351. auch wegen καὶ, das öfters bei einer Frage ſteht, und ſie ſogar verſtärkt) ungeſäumt heraus. — Luk. 11, 5—7. wer (τις) mitten in der Nacht zu einem Freund kommt, um Brod von ihm zu entlehnen, dem wird er nicht antworten: ſtöre mich nicht in meiner Ruhe! — Jak. 3, 13. wer (τις) weiſe und einſichtsvoll unter euch iſt, oder: iſt einer weiſe, der zeige ꝛc., vgl. Sir. 6, 34. wer weiſe iſt, zu dem halte dich; K. 34, 10. f. — Jak. 5, 13. f: wer unter euch leidet, der bete; wer aber gutes Muthes iſt, der danke Gott dafür.

Anmerkungen zu §. 28.

Anm. 1. Spr. Sal. 9, 4. überſetzen die LXX. das hebr. מִי פֶתִי wirklich mit dem Pronomen relat. ὅς ἐςιν ἄφρων.

6 *

Anm. 2. LXX. überſetzen wirklich 2 Moſ. 24, 14. das מי בעל דברים mit: ἐάν τινι συμβῇ κρίσις, wenn jemand eine Streitſache anzubringen hat, oder nach dem Hebräiſchen: wer eine Streitſache ꝛc., der trage ſie dieſen vor. Eben ſo 2 Moſ. 32, 33. wer מי אשר, wer derjenige iſt, der) an mir geſündigt hat, den werde ich aus meinem Buch tilgen, LXX. ἔι τις ἡμάρτηκεν, ἐξαλείψω αὐτὸν; v. 24. למי־זהב ἔι τινι ὑπάρχει χρυσία.

Anm. 3. Dieſe Ueberſetzung gilt auch in andern Frageſätzen ohne τις, z. B. Job 7, 20. חטאתי hab ich geſündiget, ſo ꝛc. LXX. εἰ ἥμαρτον — Sir. 1, 25. 7, 22. haſt du Vieh? κτήνη σοι ἔστιν; ſo beſorge es; iſt dirs nütz εἰ ἔστι σοι χρήσιμα), ſo behalte es. — Sir. 7, 23. 24. 21, I. 34, 12. 19, 10. 35, 1. — Röm. 13, 3. I Cor. 7, 21.

§. 29.

Das Pronomen der dritten Perſon hat ſehr oft, wie das hebräiſche, eine reciproke (eigentlich: reflexive, ſ. Welherlius hebräiſche Gramm. 2r Thl. S. 69. 84.) Bedeutung, z. B. I Moſ. 24, 2. τῷ παιδὶ αὐτῦ, עבדו, ſtatt: ἑαυτῦ. *) — 3 Moſ. 26, 40. τὰς ἁμαρτίας αὐτων, ſtatt: ἑαυτων; I Moſ. 19, 6. ὀπίσω αὐτῦ אחריו. — Sir. 1, 8. 10, 1. 16, 29. 30, I. ff. und in noch vielen Stellen dieſes Buches, auch im Buch Judith öfters, z. B. K. 2, 2. — Br. Jer. v. 27. ſie können nicht von ſich ſelbſt, durch eigene Kraft (δι᾽ αὐτων, ſtatt: δι᾽ ἑαυτων, vgl. δι᾽ ἑαυτῦ in demſelben Vers) aufſtehen. — 3 Eſr. 4, 11. — Luk. 14, 26. wer nicht ſeinen (αὐτῦ, ſtatt: ἑαυτῦ) Vater (vgl. Sir. 3, 4. 6.) weniger liebt, denn mich ꝛc. — Joh. 4, 47. er bat ihn, er möchte ihm ſeinen Sohn geſund machen. — Apoſtg. 15, 26. Röm. 14, 14.

nichts ist an und für sich selbst (δι᾽ αὐτε, statt: δι᾽ ἑαυτε) unrein. — Eph. I, 9. ἐν αὐτῷ. — Offenb. 9, 11.

*) Anmerkung.

Wenn gleich die LXX. öfters auch hierin sich ganz hebräisch ausdrücken, so fehlt es doch nicht an Beispielen (besonders fast durchgehends in den Sprüchen Salomons), wohin das hebräische Pronomen der dritten Person wirklich mit dem Reciproco oder Reflexivo übersetzen, z. B. 1 Mos. 3, 7. להם, sich, ἑαυτοις; Ezech. 34, 2. sich selbst, אותם ἑαυτες; 1 Mos. 38, 19. sie legte ihr Kleid von sich, מעליה, ἀφ᾽ ἑαυτης; 2 Mos. 5, 7.; Spr. Sal. 22, 9. των ἑαυτε ἀρτων, מלחמו.

Drittes Kapitel.

Vom Verbum. (Storr S. 128—231.)

I. Vom hebräisch-artigen Gebrauch der griechischen Participien.

§. 30.

Die griechischen Participien sind, wie die hebräischen (Storr S. 133. nr. 1.), wie Nomina anzusehen, die sich auf jede der drey Zeiten beziehen. Vorläufig ist also zu beweisen, daß auch die griechischen Nomina jede Zeit in sich schließen. Z. B. 2 Kön. 8, 4. Gehasi, der ehmalige (K. 5, 20. aber entlassene v. 27.) Bediente, παιδαριον. — Klagl. Jer. 5, 8. δαλοι, Knechte herrschen über uns, d. h. Chaldäer, die

Storr
S. 133.
Weth.
S. 134.

ehmals selbst Knechte waren. — 1 Mos. 29, 21. γυνη, die es erst werden soll, eben so 5 Mos. 22, 24. vgl. mit v. 23. Matth. 1, 20. — Matth. 10, 3. τελωνης, der vormalige Zöllner. — Joh. 9, 17. τυφλος, der ehedem (ποτε v. 13.) blind war. — Jak. 2, 25. Ebr. 11, 31. πορνη, die Buhlerin, die es ehmals (Joh. 2, 1.) war. — Eph. 6, 12. επυρανιος, mit den bösen, ehmals oder ihrem Ursprung nach himmlischen Geistern. — Luk. 9, 60. νεκρος, der sterben wird (vgl. θνητος Spr. Sal. 20, 24. der Sterbliche) und der gestorben ist.) — Röm. 6, 11. νεκρες τη αμαρτια, die um der Sünde willen gestorben sind (αποθανοντας v. 8. 10. — Röm. 8, 10. sterblich. — K. 16, 7. συναιχμαλωτοι, die vormals mit Paulo gefangen waren. —

§. 31.

Storr
S. 134.
Welh.
S. 126.
u. 134.

1) Participia, welche gewöhnlich von der gegenwärtigen Zeit gebraucht werden, beziehen sich, wie die hebräischen, sehr oft auf die vergangene [1]. Z. B. Jer. 22, 1. βασιλευων, הַמֹּלֵךְ, welcher regierte. Zach. 12, 1. der ausbreitete, gründete, schuf. Am. 9, 6. der bauete. 1 Sam. 11, 9. die angekommen waren. Klagl. Jer. 1, 8. δοξαζοντες, die sie vorher ehrten. Judith 8, 26. als er weidete. Weish. 19, 5. λειτεσαν.

Matth. 2, 7. Φαινομενε des erschienenen Sterns. — K. 14, 21. οι εθιοντες, die gegessen hatten, vgl. οι βεβρωκοτες Joh. 6, 13. — Joh. 1, 18. der eingeborne Sohn, der in (εις, statt: εν Richt.

r, 2. vgl. v. 4.; 2 Chron. 19, 4. vgl. 1 Chron. 13, 12.; 1 Kön. 22, 22. vgl. 2 Chron. 18, 21.; Judith 16, 23. Sir. 2, 4. Mark. 13, 16. vgl. Matth. 24, 18.) des Vaters Schoos (ἐν κολπῳ, soviel, als: μετ᾽ αὐτε, wie LXX. בחיק 1 Kön. 1, 2. übersetzen, vgl. auch συμβιωσις der Weish. 8, 3.) war, ὁ ὦν. — Joh. 3, 13. ὁ ὦν, der im Himmel war, vgl. K. 6, 62. ὅτε ἦν το προτερον. — Joh. 12, 17. 9, 25. der ich blind war, ὦν. — Eph. 4, 13. οἱ ποτε ὄντες. — Röm. 4, 4. ἐργαζομένῳ, dem, der das geleistet hat, was eine Belohnung verdient. — Eph. 4, 28. ὁ κλεπτων, wer gestohlen hat, statt: ὁ κλεψας, wie wie הגנב 2 Mos. 22, 7. LXX. — Gal. 6, 13. οἱ περιτεμνομενοι. — Jak. 5, 11. wir halten diejenige für glücklich (Weish. 2, 16.), welche erduldet haben. — Ebr. 9, 11. die Güter, die zur Zeit des alten Bundes (v. 1.) künftig waren, μελλοντων (K. 10, 1. Röm. 5, 14.). — Ebr. 2, 11. die Versöhnte. — 2 Joh. v. 7. ἐρχομενον, statt: ἐληλυθότα 1 Joh. 4, 2.

2) Auch auf die nähere oder entferntere Zukunft beziehen sich die Participia der gegenwärtigen Zeit. Z. B. Jon. 1, 3. πλοιον βαδιζον, Schiff, das eben abgehen wollte. — Pred. Sal. 2, 19. ἡμεραι ἐρχομεναι, הבאים. — Job 5, 22. ἀπο κακων ἐρχομενων, (hebr. יבוא). — 2 Mos. 16, 35. ἀπεμενη, Land, das bewohnt werden sollte; 3 Mos. 14, 11. 14. 17. der gereinigt werden soll. —

Matth. 26, 28. ἐκχυνομενον, das nun ehestens vergossen werden wird; eben so Luk. 22, 19. διδομενον, und 1 Cor. 11, 24. κλωμενον. — Ebr.

Storr S. 134. f. Weth. S. 134.

11, 21. ἀποθνησκων, der eben sterben wollte, מֵת,
vgl. 1 Mos. 48, 21., und das Präsens des Verbi finiti ἀποθνησκει 1 Makk. 1, 5. — Offenb.
Joh. 15, 1. sieben Engel, welche nun bald (vgl.
v. 7. ἐδωκε) sieben Schaalen und samt diesen sieben Strafübel (zur Vollziehung) bekommen
sollten, ἐχοντας (wegen ἐχειν, bekommen, s. Esth.
3, 11. Amos 6, 13. LXX. ἐχειν hebr. לקח und
Schleusn. Lex. unter ἐχω nr. 3. auch Matth. 5,
46. 6, 1. 19, 16.). — 2 Cor. 13, 2. ich sage es
euch hiermit aufs neue; daß (ὡς [2]) und nachher
ὁτι) ich, wenn ich nach meinem wiederholten festen
Vorsatz (v. 1.) das zweitemal und zwar nächstens bei euch seyn werde (παρων), wenn
ich gleich gegenwärtig noch entfernt von euch bin,
daß ich (ὁτι), sage ich, bei meinem zweiten Be-
such (ἐαν ἐλθω ἐις το παλιν) gegen diese und andere eurer Vergehungen gewiß nicht so schonend
mehr seyn werde [3]). — Joh. 16, 13. ἐρχομενα,
das Zukünftige. — Ebr. 10, 37. Joh. 11, 27.
Luk. 7, 19. Matth. 11, 3. ἐρχομενος, der da kommen soll. — Offenb. 1, 4. der da ist, und war,
und kommen wird, ἐρχομενος, s. K. 22, 20. —
1 Thess. 1, 10. — Apostg. 21, 16. ἀγοντες, die
führen wollten. — K. 15, 27. ἀπαγγελλοντας,
welche mündlich sagen werden. — Ebr. 12, 28.
da wir bekommen werden. — Offenb. 17, 8.
βλεποντων, wenn sie sehen werden. — 2 Petr. 3,
11. λυομενων, vgl. λυθησεται v. 10. (LXX. Ps.
22, 31. τεχθησομενος, כוֹלַד). — Jak. 3, 6. die
Zunge, die, wie ein Feuer, großen Schaden an-
gerichtet (Sir. 28, 12. ff. und Spr. Sal. 16, 27.
vgl. Döderlein), die so oft den ganzen Men-

schen entzündet hat, und am Ende als das Werk-
zeug so vieles Bösen von der Gehenne selbst in
Brand gerathen wird, Φλογιζομενη, vergl.
Luk. 16, 24. — Ebr. 11, 1. deß, was gehofft
werden soll. — 2 Petr. 2, 4. Gott hat die Engel, die gesündigt haben, mit Fesseln der Finsterniß (des Unglücks und Elends) ins Gefängniß
übergeben (παραδιδ. Matth. 4, 12. vgl. Luk. 3, 20.
Man sehe auch den Ausdruck nach Weish. 18, 4.
Φυλακισθηναι εν σκοτει und K. 17, 2. δεσμιοι σκοτυς), indem er sie dem Tartarus übergeben, daß
sie da zu ihrem weitern Gericht aufbehalten
werden sollten, τηρυμενυς (vergl. Spr. Sal.
16, 4. Judith 2, 10.); eben so κολαζομενυς v. 9. [4]).

Anmerkungen zu §. 31.

Anm. 1. LXX. übersetzen daher wirklich oft mit
dem Partic. der vergangenen Zeit, z. B. Jos. 5, 4. 5.
εξεληλυθοτων; 2 Mos. 21, 30. τεθνηκως, מֵת; 1 Mos. 14,
19. 22. קֹנֵה ὁς εκτισε.

Anm. 2. ὡς steht oft für ὁτι, z. B. Jud. v. 7.
vgl. v. 5. und 2 Makk. 4, 1.

Anm. 3. Nemlich εαν ελθω 2 Cor. 13, 2. sagt dasselbe, was παρων sagt, und Paulus wiederholt es
zwar mit andern, aber mit gleichbedeutenden Worten, weil der kleine Zwischensatz den Zusammenhang
in etwas unterbrochen hatte, s. unten von der Parenthese, Storr S. 397. f.

Anm. 4. Wenn die Participia, wie in den lezten
Stellen, die Bedeutung part. fut. passivi haben, so
geschieht es öfters durch jene Metonymie (s. oben §.
8.), z. B. Gal. 2, 11. κατεγνωσμενος, tadelnswürdig,
tadelhaft; Offenb. 21, 8. εβδελυγμενοι, verabscheuungs-
würdig. So heißt auch νεκρος, wie מֵת, nicht blos
der, der gestorben ist, (s. מֵת 2 Mos. 21, 34. 35. LXX.

τελευτηκως, τεθνηκως,) oder der sterben wird, sondern auch, der sterben soll, d. h. der die Todesstrafe verdient Eph. 2, 1. 5. strafwürdig, soviel, als: τεκνα οργης, v. 3. S. auch αποθνησκων 5 Mos. 17, 6. — Auch die Participia τα εδιομενα und τα μη εδιομενα 3 Mos. 11, 47. bedeuten: die gegessen und nicht gegessen werden durften (לֹא תֵאָכֵל), s. oben §. 8. nr. 5.

§. 32.

Storr S.135. So wie das Prädikat überhaupt, nach hebr. Sprachgebrauch, gewöhnlich unmittelbar zum Subjekt gesetzt wird, ohne das Verbum substantivum auszudrücken (Spr. Sal. 6, 23. 1 Mos. 40, 11. Sir. 1, 11. 18. Weish. 3, 4. 11. 12. 13. Judith 6, 2. Tob. 2, 13. Matth. 5, 3. ff. Apostg. 10, 15. vgl. v. 13. 2 Cor. 3, 11. vgl. v. 8. 7. Jak. 1, 12. auch wenn ειμι im Imperativ stehen sollte, Röm. 12, 9. ff. Ebr. 12, 16. Matth. 21, 9.); eben so ist es auch mit den Participien, wenn sie das Prädikat sind; in diesem Fall vertreten sie, je nachdem ihre Bedeutung ist (§. 32.), die Stelle des verbi finiti, bald im Präsens, bald im Präteritum, bald im Futurum.

Storr S.135. nr. 1. Weth S.123.f. 1) Das Präsens des *verbi finiti* ist durch ein Participium ausgedrückt [1]). Z. B. Klagl. Jer. 1, 11. καταστεναζοντες και ζητουντες; Dan. 2, 21. διδως, er giebt; 1 Mos. 49, 18. περιμενων (ειμι); Sir. 1, 18. αναθαλλων, sie keimt; K. 31, 17. 40, 23. 42, 19. Bar. 3, 3.

Röm. 5, 11. καυχωμενοι, für: καυχωμεθα (v. 3.). — 2 Cor. 5, 7. θαρρουντες, für: θαρρουμεν (v. 8.); K. 8, 20. στελλομενοι; K. 4, 3. ff.; Ebr. 6, 8. εκφερουσα; K. 7, 2. Offenb. 4, 8, 5. 6, 2. 5. εχον (εστι), soviel, als: εχει; Luk. 17, 7. εχων.

2) Das Präteritum des *verbi finiti* Storr S.136. nr.2. wird durch das Participium, das im Prädikat steht, angezeigt²). Z.B. 2 Kön. 11, 3. βασιλευσα, hebr. מולכת, welches in der Parallelstelle 2 Chron. 22, 12. ἐβασιλευσε übersetzt wird. — Neh. 12, 47. διδοντες, sie gaben; K. 4, 21. ποιουντες, wir arbeiteten; K. 6, 2. λογιζομενοι, sie gedachten. — 1 Sam. 3, 13. κακολογουντες (ἠσαν); K. 26, 12. sie schliefen. Sir. 51, 7. ἐμβλεπων, ich sahe; vorhergeht περιεσχον und ἠν. — Mark. 12, 5. δεροντες; K. 15, 34. ἀφεις και δος, für: ἀφηκε και ἐδωκε, vgl. das darauf folgende ἐνετειλατο. Röm. 7, 13. καταργαζομενη; K. 9, 22. wenn es nun aber Gott gefiel, θελων (ἠν, welches Luk. 23, 8. dabei steht). — Röm. 9, 10. κοιτην ἐχουσα. — 1 Cor. 12, 2. ἀπαγομενοι (ἠτε), für: ἀπηγεσθε; 2 Cor. 7, 5. θλιβομενοι; K. 8, 4. sie baten. — Ebr. 6, 17. er wollte. — 2 Petr. 1, 17. λαβων, für: ἐλαβε; K. 3, 5. die Erde wurde aus dem Wasser hervorgebracht und des Wassers ungeachtet (δια 2 Cor. 6, 8. Röm. 2, 27. 4, 11. 1 Tim. 2, 15.) erhalten, συνεστωσα (ἠν). — Offenb. Joh. 4, 1. ἀνεωγμενη und λεγων; K. 14, 1. ἑστως.

3) Das Futurum des *verbi finiti* wird durch Storr S.136. nr. 3. das Participium ausgedrückt³). Z.B. Br. Jer. v. 7. ἐκζητων (ἐσαι). — Röm. 9, 28. συντελων και συντεμνων (ἐσαι), er wirds ausführen, schnell und gewiß ausführen. — Ebr. 8, 10. διδους, für: δωσω, vgl. das Futurum ἐπιγραψω. LXX. haben in der vom Apostel angeführten Stelle Jer. 31, 33. διδους δωσω. — 2 Petr. 2, 1. ἐπαγοντες, sie werden ein schnelles Gericht über sich bringen.

Anmerkungen zu §. 32.

Anm. 1. Häufig übersetzen daher die LXX. dies Participium der Hebräer mit dem verbo finito im Präsens, z. B. 1 Mos. 15, 2. ἀπολύομαι. 2 Mos. 5, 16. λέγεται. K. 18, 17. ποιεῖς. K. 23, 20. ἀποστέλλω. — 5 Mos. 19, 7. ἐγὼ ἐντέλλομαι, 1 Chron. 29, 13. Neh. 9, 6. ζωοποιεῖς. Spr. Sal. 6, 13. — Pred. Sal. 1, 7. πορεύονται.

Anm. 2. Auch dies Participium übersetzen LXX. nicht selten mit dem Präterito. Z. B. 5 Mos. 4, 3. ἑωράκασι; Richt. 4, 5. ἐκάθητο, ישבת; Esr. 3, 14. ἔκλαιον, בכים; 2 Kön. 3, 20. ꝛc. ꝛc.

Anm. 3. Hier findet man bei den LXX. beinahe immer entweder das Futurum oder das Präsens, welches dann die Bedeutung des futuri hat. Z. B. 1 Mos. 17, 19. τέξεται, ילדת; Spr. Sal. 14, 25. ῥύεται, מציל; Hagg. 2, 6. σείσω; 3 Mos. 17, 5. σφάξει, die sie opfern wollen, durch eine Metonymie. 1 Mos. 6, 17. ἐπάγω, für: ἐπάξω.

§. 33.

Um jedoch die Zeit, auf welche sich das Participium beziehen soll, genau zu bestimmen, und aller Zweideutigkeit auszuweichen, so setzen die LXX. und die neutestamentlichen Schriftsteller, nach dem Beispiel der Hebräer, zu dem Participium noch das verbum substantivum finitum, dessen bestimmt angegebene vergangene oder zukünftige Zeit (denn für das Präsens haben die Hebräer keine eigene Form [1]) die Zeitbestimmung des Participiums ausser allen Zweifel setzt.

Storr S. 136. nr. IV. Weth. S. 135.

1) Des Verbum substantivum steht bei dem Participium des Prädikats in der vergangenen Zeit, z. B. 1 Sam. 2, 11. ἦν λειτουργῶν, היה

מְשָׁרֵת; Jer. 32, 30. ἦσαν ποιευντες, הָיוּ עֹשִׂים, für: ἐποιησαν, wie die LXX. 2 Chron. 24, 14. das וַיִּהְיוּ מְעִלִים mit ἤνεγκαν überſetzen. — Eſä. 4, 4. Neh. 6, 14. 19. Eſr. 3, 13. ἦν ἐπιγινωσκων, wo im Hebräiſchen das bloße Participium. — Weish. 17, 16. Judith 9, 1. 3 Eſr. 1, 51. 1 Makk. 3, 13. 12, 5, 53. 14, 8. 15, 2. 2 Makk. 10, 6.

Joh. 1, 9. das wahre Licht, welches alle Menſchen erleuchten ſollte, war in der Welt wirklich erſchienen, ἦν — ἐρχομενον [2]) (vgl. בָּא־וַיְהִי 2 Sam. 15, 32. ἦν ἐρχομενος), für: ἦλθε. — Joh. 1, 28. ἦν (oder: ἐγενετο Mark. 1, 4.) βαπτιζων; Luk. 1, 10. 22. 4, 31. — Mark. 1, 13. er wurde vom Satan verſucht. — Mark. 15, 43. ἦν προσδεχομενος, vergl. προσεδεχετο Luk. 23, 51. — Apoſtg. 12, 5. 6. 10, 30. (vgl. Neh. 1, 4.). — Phil. 2, 26. 2 Cor. 5, 19. Gott verſöhnte (ἦν καταλλασσων) die Welt durch (ἐν, ſoviel, als: δια v. 18.) Chriſtum mit ihm ſelber, und gab (και θεμενος, welches von ἦν, wie καταλλασσων, eben ſo abhängt, als v. 18. δοντος mit καταλλαξαντος verbunden iſt) uns ein (S. Kypke bei Apoſtg. 19, 21.) die Lehre von der Verſöhnung.

2) Das Verbum ſubſtantivum ſteht Storr S. 137. in der zukünftigen Zeit, und giebt dem *participio* im Prädikat die Bedeutung des *futuri* von ſeinem *verbo finito*. Z. B. 5 Moſ. 28, 29. ἐσῃ ἀδικεμενος. — 1 Moſ. 18, 18. γενομενος ἐσαι. — 1 Kön. 1, 2. ἐσαι θαλπεσα. — Mark. 13, 25. ἐσονται ἐκπιπτοντες, ſie werden herunter fallen, vgl. das darauf folgende Futurum σαλευθησονται und das πεσυνται in der Parallelſtelle Matth. 24, 29. — Luk. 1, 20. ἐσῃ σιωπων και μη

δυναμενος λαλησαι; K. 5, 10. ἔσῃ ζωγρων, du wirst
fangen.

Anmerkungen zu §. 33.

Anm. 1. Gewöhnt an diesen Hebraismus verbinden jedoch die LXX. in ihrer Uebersetzung mit manchem hebräischen Participium, das die Bedeutung des
præsentis hat, das Verbum substantivum im Präsens, auch in Stellen, wo im Hebräischen keine par-
ticipiale Redensart ist. Z. B. 2 Sam. 20, 17. ακ̔εων
ἐγω εἰμι, שֹׁמֵעַ; Pred. Salom. 4, 17. ἐκ εἰσιν εἰδοτες,
יֹדְעִים; K. 9, 5. ἐκ εἰσι γινωσκοντες ἀδεν; Esr. 6, 10.
K. 7, 15. 26. Esai. 27, 11. Sir. 32, 11. Jak. 1, 17. ἐπι
καταβαινον (K. 3, 15.).

Anm. 2. Das Participium ist oft durch mehrere
Zwischenworte vom verbo substantivo getrennt, wie
Joh. 1, 9. Jer. 32, 30. ἦσαν οἱ υἱοι Ἰσραηλ και οἱ υἱοι
Ἰεδα ποιουντες; 2 Chron. 5, 8. Luk. 21, 37. Mark. 1, 13.
2 Cor. 5, 19. Jak. 3, 5.

II. Vom Gebrauch der Temporum.

§. 34.

Storr
S. 158.
Weth.
S. 105.

Die Hebräer haben bekanntlich nur zwey Formen für die Tempora, nemlich das sogenannte
Präteritum und das sogenannte Futurum, und
drücken damit alle übrigen Zeitverhältnisse aus, für
welche die übrigen Sprachen eigene Formen und
Zusammensetzungen haben. Ungeachtet nun die
Griechen die andere Zeitbestimmungen besonders
auszudrücken wissen, wie die Lateiner und unsere
Muttersprache, so ahmen sie doch, an den hebräischen Sprachgebrauch nun einmal gewöhnt, auch
hierin die Hebräer nach.

Storr
S. 159.
II. 1.

1) Das *plusquamperfectum* wird häufig mit dem *praeterito* ausgedrückt, z. E.

Richt. 2, 15. ἐλάλησε — ὤμοσε; 2 Kön. 8, 12. ἐνετείλατο; K. 15, 34. ἐποίησε; Neh. 2, 9. ἀπέδειξε; 3. Mos. 9, 22. ποιήσας; Judith 10, 3. ἐστολίσατο; Tob. 12, 22. ὤφθη.

Matth. 26, 48. ἔδωκε, vergl. δέδωκε Mark. 14, 44. — Matth. 26, 57. κρατήσαντες; vgl. v. 50. die ihn zuvor schon gegriffen hatten, die führten ihn jezt ab. — Joh. 18, 12. συνέλαβον, sie hatten ihn nemlich schon gegriffen, ehe Petrus v. 12. mit dem Schwerdt darein schlug, vgl. Matth. 26, 50. 51. und Mark. 14, 46. — Matth. 27, 37. ἐπέθηκαν; denn die Ueberschrift war vor (Joh. 19, 19. vgl. v. 23. f.) der Kleidertheilung Jesu. — Mark. 3, 16. dem Simon hatte er schon früher (Joh. 1, 43.) den Namen Petrus gegeben, ἐπέθηκε. — Mark. 15, 11. ἀνέσεισαν. — Luk. 7, 37. eine Weibsperson, die ehedem eine Sünderin gewesen war. — Matth. 14, 3—12. — Joh. 12, 7. τετήρηκε, sie hatte die Salbe auf mein Begräbniß aufbewahrt (oder nach einer andern Lesart: ἵνα τηρήσῃ, sie wollte sie dahin aufbewahren, s. unten zu Storr S. 421. ff.), hat aber ihren Vorsatz nun geändert, und salbt mich noch bei lebendigem Leib. Auch v. 18. deuten die aoristi ὑπήντησε und ἤκουσε auf was früher Geschehenes. — Joh. 12, 44. da der ganze Abschnitt von v. 44—50. keinen Vortrag Jesu enthalten kann, den Jesus zu der Zeit, von welcher der Schriftsteller spricht, gehalten hat, weil Jesus nach jenem geendigten Gespräch (v. 36.) wirklich weggegangen war; so ist also v. 44—50. ein Theil des eigenen Urtheils, das der historische Schriftsteller v. 37. ff. über die unentschuldbare

Unwissenheit des Volks fällt, das wohl wissen konnte, wer Jesus sey; es ist also ἐκρὰξε καὶ εἶπε nach Storr, Morus und Rosenmüller als plusquamperfectum zu übersetzen. — Joh. 18, 24. Hannas hatte Jesum gebunden weiter geschickt, wie er zu ihm gekommen war (v. 12.). Eben so ἀνέπεμψε Luk. 23, 11. — Offenb. 22, 8. ἤκουσα καὶ ἔβλεψα, und die Participia ὁ λαλήσας Ebr. 1, 1. und ἀναστὰς Mark. 16, 9.

§. 35.

2) Die Bedeutung des Präsens haben bei den Hebräern theils die Participien, theils die Präterita, theils die Futura, und eben so auch bei den hebraizirenden Griechen.

α) Die Participien, s. oben.

β) Die Präterita, Richt. 16, 15. ἠγάπηκα σε, ich liebe dich, אהבתיך Ps. 40, 12. ἠδυνάσθην, יכלתי, ich kann nicht, für: ὀ δύναμαι (Spr. Sal. 30, 7. haben LXX. das Präteritum שלחתי mit dem Präsens αἰτοῦμαι übersetzt). —

Matth. 23, 23. ἀφήκατε, das in Verbindung mit dem Präsens ἀποδεκατοῦτε steht: ihr setzt die Pflichten von größerer Wichtigkeit aus den Augen, ihr seyds gewohnt, s. das Präsens παρέρχεσθε in der Parallelstelle Luk. 11, 42. Ihr habts von jeher gethan, und werdets in Zukunft thun, und thuts noch; ihr pfleget [1]) es zu thun. Vgl. was unten bei γ) vom futuro consuetudinis gesagt ist. — Joh. 11, 27. πιστεύεις; glaubst du? πεπίστευκα, ich glaube, d. h. ich hab es immer geglaubt, und glaube es noch. — Eben so die Aoriste, z. B. Spr. Sal. 22, 2. συνήντησαν (נפגשו) sie begeg-

Side notes:
Storr S. 159. II. 2.
Weth. S. 124.

Weth. S. 108.

begegnen einander, d. h. ſind einander von je=
her begegnet, und werden einander begegnen, und
begegnen einander noch, d. h. ſie pflegen ein=
ander zu begegnen. V. 3. ἐζημιώθησαν, vgl. im
andern Glied das Präſens bei den LXX. παιδεύε=
ται. — Weish. 9, 18. dann gehen die Erdbe=
wohner auf der rechten Bahn (διωρθώθησαν), und
Menschen lernen (ἐδιδάχθησαν), was dir wohl
gefällt, und werden glücklich (ἐσώθησαν) durch die
Weisheit. — Sir. 1, 16. μεθύσκει, v. 17. ἐμ=
πλήσει, v. 19. ἐξώμβρησε, ἀνύψωσε. — Matth.
13, 17. ἐν ᾧ εὐδόκησα, an welchem ich Wohlgefal=
len habe, immer gehabt habe (Joh. 17, 24.),
und noch habe, vgl. Hohel. Sal. 3, 1. 2. ὃν ἠγά=
πησεν ἡ ψυχή μȣ, geliebt habe, und noch liebe. —
Jud. v. 11. ſie handeln, ſie pflegen zu handeln,
wie Cain, ἐπορεύθησαν — und vom rechten Weg
abgeführt, wie Bileam (2 Petr. 2, 15.), laſſen
ſie ſich um des Gewinns willen hinreiſſen, ἐξεχύ=
θησαν ²), vgl. 2 Petr. 2, 15. μισθὸν ἀδικίας ἠγάπη=
σαν. — Col. 4, 10. ἐλάβετε v. 8. ἔπεμψα, Phi=
lem. v. 11. ἀνέπεμψα, v. 19. 21. 1 Petr. 5, 12.
ἔγραψα, Jud. v. 3. ἀνάγκην ἔσχον, Ebr. 13, 22. f.
ἐπέστειλα, ἀπολελυμένον. Alle dieſe Präterita oder
Aoriſte ſind in Hinſicht auf die Zeit des Em=
pfangs der Briefe geſetzt. Eben ſo ἀπέστειλα,
שלחתי, 2 Chron. 2, 13. ich ſchicke dir einen
einſichtsvollen Künſtler; 1 Kön. 15, 19. ἀπέσταλ=
κα, ich ſchicke dir Geſchenke, vgl. Baruch 1, 10.
ἀπεστείλαμεν ἀργύριον. 3 Esr. 2, 28. ἐπέταξα. 2 Makk.
1, 7. γεγράφηκαμεν; K. 2, 16. ἐγράψαμεν; K. 11,
32. πέπομφα.

Zusatz.

Wenn die Sache, von welcher gesagt wird, daß sie gewesen sey, noch fortdauert, und also Präsens und Präteritum der Bedeutung nach im Präsens eingeschlossen sind; so kann eben so gut das Präsens als das Präteritum gesetzt werden, und dann hat das Präsens so gut als das Präteritum die Bedeutung des Imperfektums, das den Hebräern ebenfalls fehlt. So heißt es Jer. 1, 5. ehe denn ich dich in Mutterleibe bereitete, kannte ich dich schon (ידעתיך), und kenne dich noch, daher LXX. ἐπισαμαι im Präsens über= setzen. — Pf. 90, 2. προ τε ὀρη γεννϑηναι, συ ἐι. — Joh. 8, 58. ἐιμι, statt: ἠν, ehe denn Abra= ham ward, bin oder: war ich. — 1 Joh. 3, 7. nur wer Frömmigkeit übt, ist rechtschaffen, wie es Jesus war und noch ist (ἐϛι, für: ἠν, vgl. K. 2, 6. καϑως ἐκεινος περιεπατησε). Eben so K. 2, 29. 4, 17. 3, 5. — Auch Joh. 1, 19. ἀυτη ἐϛιν (ἠν) ἡ μαρτυρια τε ἰωαννε, ὁτε 2c. — K. 15, 27. weil ihr von Anfang an bei mir wäret und noch seyd (ἐϛε).

Storr S. 159. nr. 2. Weth. S. 117. γ) Das Futurum wird für das Präsens ge= setzt, besonders wenn es ein sogenanntes futurum consuetudinis und continuitatis ist. Z. B. 1 Sam. 16, 7. ὀψεται. — Pf. 104, 11. ff. sie (die Brunnen) geben Trank 2c. ποτιεσι, προσ= δεξονται, κατασκηνωσει, δωσεσι 2c. Amos 3, 3. ff. Sprüchw. 11, 5. ff. sind im Hebräischen lauter sol= che Futura, die die LXX. meistens im Präsens übersetzen, περιπιπτει, ῥυεται, ἀναλισκονται (eben so das Präsens bei den LXX. Pf. 8, 5. und bei

Paulus Ebr. 2, 6.). — Pf. 73, 5. ff. kommt
das futur. consuet. oft vor, und wird deßwegen
von den 70. bald mit dem Präteritum, bald das
Präteritum der Hebräer mit dem Futurum über=
setzt. — Sir. 38, 8. der Apotheker macht (ποιήσει) ein Gemisch aus den Arzneien; vorher kommen
Präsentia und Präterita vor (denn das futurum
consuet. drückt das aus, was immer geschehen
ist, und täglich geschieht, und ferner geschehen
wird); v. 18. alternirt das Futurum mit dem
Präsens. — K. 28, 9. der Gottlose verwirrt
(ταραξει), Freunde, und stiftet (εμβαλλει) zwischen
Einträchtigen Spaltungen. — K. 4, 14. die der
Weisheit dienen, dienen (λειτυργησυσι) dem Al=
lerheiligsten, und die sie lieb haben, die liebt
(αγαπα) der Herr. Sir. 13, 15. — Br. Jer.
v. 34. δυνησονται.

Matth. 4, 4. ζησεται (יחיה 5 Mof. 8, 3.),
er lebt, er pflegt nicht blos vom Brode zu leben.
— Luk. 1, 37. αδυνατησει, vgl. יפלא 1 Mof. 18,
14. — Röm. 15, 18. ich unterstehe mich nicht,
etwas zu sagen. — Offenb. 7, 15. σκηνωσει, πει-
νασυσι 2c. vgl. das vorhergehende Präsens λατρευυ-
σι. — 2 Petr. 1, 12. υκ αμελησω, ich spare
keine Mühe, euch hieran zu erinnern. Dies wird
v. 12—15. noch weiter ausgeführt: „ihr wisset
zwar die Wahrheit, aber ich halte es für meine
Pflicht, so lang ich noch lebe (f. σκηνος und σωμα
2Cor. 5, 2. 4. vgl. v. 6. 8.), euch durch die Er=
innerung an die Wahrheit zu ermuntern. Ich weiß
nemlich, daß ich bald sterben werde, und euch al=
so nimmer viel ermuntern kann; aber eben um
deßwillen (v. 15.) pflege ich um so mehr für

7 ²

Erinnerungen zu sorgen (σπεδασω), die auch nach meinem Tod (ἔξοδον) 3) fortwähren."

Anmerkungen zu §. 35.

Anm. 1. Rosenmüller bei Joh. 1, 34. „more hebr. vox præteriti etiam *permanentem* actum significat.

Anm. 2. ἐκχυσαι wird von den LXX. Richt. 9, 44. 20, 37. vom Ueberfall der Feinde gebraucht, metaphorisch aber auch von dem Hinreissen und der Ueberwältigung von einer heftigen Begierde im Menschen, wie in unserer Stelle und Sir. 37, 29. „sey nicht unersättlich bei Leckerbissen (τρυφη, vergl. auch 2 Petr. 2, 13.), und fall nicht gierig hin auf leckere Speisen. (S. *Schleusner* Spicil. II. p. 59. ἐκχυσαι dicitur is, qui nimius est in aliqua re.)" Sirach hat zwar ἐπι vor ἐδεσματων, das in unserer Stelle Jud. v. 11. vor μισθε weggelassen ist, und statt dessen man ἕνεκα ergänzen kann, welches nicht selten (s. 2 Petr. 3, 9.) vor dem Genitiv wegbleibt.

Anm. 3. Eine ähnliche Phrase s. Apostg. 20, 29. und wegen ἔξοδος Weish. 3, 2. vgl. τεθναναι im nemlichen Vers, auch ἔξοδος τε πνευματος Sir. 38, 23. auch Weish. 7, 6. Tob. 14, 2.

Verwechslung der Temporum.

§. 36.

1) Das Präsens steht unter Präteritis, besonders in den historischen Büchern, in der Bedeutung der vergangenen Zeit. Z. B. im 1. Buch Sam. sehr häufig: K. 1, 18. ff. 3, 15. 6, 14. 7, 6. συνηχθησαν — ὑδρευονται — ἐξεχεαν — v. 7. ἀκεεσιν, ἠκεσαν. — K. 31, 3. βαρυνεται — εὑρισκεσι — ἐτραυματιθη, vergl. die Parallelstelle 1 Chron. 10, 3.

ἐβαρυνϑη — εὑρον. — 1 Sam. 31, 1. 2. vergl. 1 Chron. 10, 1. — 2 Kön. 25, 14. vgl. Jer. 52, 18. — Weish. 18, 9. 2. Sir. 47, 9.

Matth. 2, 13. f. Φαινεται — παρελαβε — ἀνεχωρησε. Kap. 3, 1. 4. Nirgends öfters, als im Markus, z. B. K. 1, 41. 43. 2, 12. 11, 1. 4. 14, 43. vgl. Matth. 26, 47. — Luk. 2, 4. 24, 12. — Joh. 1, 20. f. 5. in einem finstern Zeitalter leuchtete er, Φαινει; aber man wollte sich nicht erleuchten lassen, ὁ κατελαβον. — v. 15. K. 12, 21. f. — Apostg. 10, 10. 27. εἰσηλϑε και εὑρισκει. — Ebr. 12, 21. Paulus richtet sich nach der Alexandriner Uebersetzung (5 Mos. 9, 19.), ἐκφοβος εἰμι (יגרתי), welche das Präteritum παρωξυνϑη darauf folgen lassen. — Auch sehr oft in der Apokalypsis, z. B. K. 6, 8. 15. 9, 10. f. 15, 3. 16, 21.

2) Es giebt auch Stellen, wo das Futurum unter Präteritis steht, und die Bedeutung der leztern hat. Z. B. Sir. 16, 6. einen Haufen von Gottlosen verzehrte (ἐκκαυϑησεται) das Feuer, und über ein ungehorsames Volk entbrannte (ἐξεκαυϑη) die Rache; auch in den folgenden Versen kommen wieder Präterita. — Sir. 44, 1. ff. laßt uns berühmte Männer besingen, die Vorfahren unserer Nation! — sie herrschten (κυριευοντες) über ihre Königreiche — faßten (βουλευσονται) weise Rathschläge. — Pf. 18, 17. ῥυσεται, soviel, als: ἐξειλετο in der Parallelstelle 2 Sam. 22, 20. — Pf. 18, 20. ἀνταποδωσει, soviel, als: ἀνταπεδωκε μοι 2 Sam. 22, 21.

Storr S. 162. a) Weßh. S. 119.

LXX. übersetzen übrigens solche hebräische Fu-

tura meiſtens mit Präteritis, Pſ. 59, 4. Neh. 9,
27. 1 Moſ. 2, 6. 2 Kön. 13, 14. Pſ. 44, 3. 10
—15. — Im N. T. konnte ich bis jezt kein ſol=
ches Futurum finden.

Storr
S.163.f. 3) Das Präſens ſteht für die nächſt be=
vorſtehende oder entferntere Zukunft;
oft ſind auch Futura mit eingemiſcht.
Z. B. 1 Moſ. 6, 17. ὑπαγω (מביא) — τελευτησει (יגוע). — Joſ. 23, 14. ἀποτρεχω — γνωσε-
θε. — 2 Kön. 20, 1. συ ἀποθνησκεις (מת), και
ὀ ζησῃ (תחיה). — 2 Kön. 22, 20. προστιθημι —
συναχθησῃ — ὀφθησεται — ἐπαγω. — 2 Sam. 12,
11. ἐξεγειρω, ich werde erwecken, und nun folgen
lauter Futura. — Eſai. 11, 7. 37, 7. Amos 4,
2. ἡμεραι ἐρχονται — και ληψονται. Zach. 8, 7. 8.
12, 2. f. Jer. 20, 4. 5.

Matth. 7, 8. λαμβανει — εὑρισκει — ἀνοιγησε-
ται, vgl. die Parallelſtelle Luk. 11, 9., wo lauter
Futura ſind. — Matth. 23, 24. ἀποϛελω, ſoviel,
als: ἀποϛελω (Luk. 11, 49.), da es ſich auf lauter Futura bezieht. — Matth. 24, 40. f. ἐσονται
— παραλαμβανεται — ἀφιεται, vgl. Luk. 17, 34—
36. παραληφθησεται — ἀφεθησεται. — Matth. 26,
2. γινεται, in Beziehung auf μετα, nach zween
Tagen, vergl. 2 Moſ. 9, 18. ἐγω ὑω (ממטיר)
ταυτην ὡραν ἀυριον, morgen werde ich einen
ſtarken Regen fallen laſſen. — Matth. 20,
22. βαπτιζομαι, vgl. das vorhergehende μελλω πι-
νειν. — Matth. 28, 1. Nach Verlauf des Sab=
baths, da die Sonne am erſten Tag der Woche
eben aufgehen wollte, τῃ ἐπιφωσκɤσῃ ἑις μιαν
(ſtatt: της μιας, ſ. unten Anm. 1. zu §. 64.). —
Joh. 12, 26. ὁπɤ ἐιμι ἐγω, wo ich nächſtens

ſeyn werde. — Joh. 4, 21. ἔρχεται ὥρα, die
Zeit wird allernächſtens kommen (v. 23.), wo
man anbeten wird, προσκυνήσουσι. — K. 5, 25.
ἔρχεται ὥρα — ἀκούσονται — ἐκπορεύσονται. — 2 Cor.
5, 1. wir werden nach unſerm Tod, wenn wir
auferſtehen werden (K. 4, 14.), ein Haus (einen
Leib) von einer ganz andern Bauart haben, ἔχο-
μεν. — Röm. 1, 18. vgl. K. 2, 15. ff. — 1 Petr.
1, 8. ἀγαλλιώμενοι. — 2 Petr. 3, 12. λυθήσεται —
τήκεται; überhaupt bei Petrus öfters. — Offenb.
K. 11, 9. 10. βλέπουσι — χαίρουσι, verbunden mit
den Futuris ἀφήσουσι, εὐφρανθήσονται.

§. 38,

4) Das Präteritum ſteht für das Storr
Futurum, weil das, was bälder oder ſpäter- S.163.f.
hin geſchehen wird oder ſoll, für ſo gewiß ange- Weth.
nommen wird, daß ſich ſo wenig daran zweifeln S.108.
läßt, als an der Gewißheit deß, das bereits ſchon
geſchehen und vorüber iſt. Oft laſſen auch einge-
miſchte Futura oder Ausdrücke, die auf die Zukunft hindeuten, es leicht errathen, daß dies Präteritum für das Futurum anzunehmen. Z. B.
Eſai. 42, 1. נתתי LXX. ἔδωκα, für: δώσω [1]),
wie es auch wirklich Matthäus bei der Anführung
jener prophetiſchen Stelle Matth. 12, 18. mit dem
Futuro θήσω ausdrückt (wie auch ſonſten die LXX.
נתן mit τιθέναι überſetzen, z. B. 3 Moſ. 26, 19.
Pſ. 39, 5. 43, 15. und Ezech. 35, 9. vgl. mit
K. 26, 19.). — Eſai. 37, 24., wo עליתי (ſ.
auch die übrigen Präterita) ich will beſteigen,
von den LXX. mit ἀνέβην, aber in der Parallelſtelle 2 Kön. 19, 23. mit dem Futuro ἀναβήσομαι

gegeben wird, weil es erst nur Projekt der Assyrer war. — Ezech. 3, 8. ich will dein Angesicht hart machen, נתתי, δεδωκα, und im andern Glied: κατισχυσω σε. — Jer. 15, 3. ff. sind mehrere solche Präterita unter die Futura eingemischt.

Joh. 13, 31. Nun ist es an dem, daß ich verherrlicht werde, νυν εδοξαθη, soviel, als: εληλυθεν η ωρα τε δοξαθηναι, K. 17, 1.. — Joh. 15, 6. er wird weggeworfen werden, εβληθη εξω. — K. 15, 8. hat εδοξαθη ebenfalls wegen des Futuri γενησεθε die Bedeutung des Futuri. — K. 17, 10. δεδοξασμαι, ich werde durch sie verherrlicht werden. — K. 17, 12. ich war in der Welt, d. h. ich werde nun nächstens nicht mehr in der Welt seyn (v. 11.); daher auch v. 4. ich habe deinen Auftrag vollendet, ungeachtet sein Tod noch zur gänzlichen Vollendung gehörte, weil er ihn nächstens vollenden wollte. — Joh. 17, 24. Vater, ich will, daß wo ich bin (ειμι), d. h. nächstens seyn werde (s. nr. 3.), auch die bei mir seyen, die du mir gegeben hast, daß sie meine Herrlichkeit sehen und genießen, die du mir gegeben hast, d. h. nächstens geben wirst, im Begriff stehest, mir zu geben, weil du mich geliebt hast, ehe ꝛc. — K. 17, 22. die Herrlichkeit, die du im Begriff stehest, mir zu geben (δεδωκας, vergl. נתתי 1 Mos. 15, 18. LXX. δωσα), verspreche ich den Meinigen. — Apostg. 22, 15. können sich die Präterita εωρακας, ηκουσας, wegen der Parallelstelle K. 26, 16. (ων τε ειδες, ων τε οφθησομαι σοι, was ich dir noch in Zukunft zeigen werde) auch auf die zukünftige Zeit beziehen, wie απεςειλα Joh.

4, 38. — 2 Theſſ. 1, 10. beſtätigen wird ſich (ἐπισευϑη, für: πιστευϑησεται) ²) dann (ἐν τῃ ἡμερᾳ ἐκεινῃ), was ich auch ehedem hievon gelehrt habe, ſo daß Niemand mehr an der Wahrheit zweifeln wird. — Offenb. 10, 7. wann der Hall des ſiebenten Engels ertönen wird (ἐν ταις ἡμεραις — ὁταν μελλει σαλπιζειν), ſo (και ἀποδοτικον nach einer Zeitbeſtimmung, ſ. unten zu Storr S. 294.) wird vollends erfüllt werden ἐτελεϑη, für: τελεσϑησεται, ſ. auch ἐτελεϑη R. 15, 1.

Anmerkungen zu §. 38.

Anm. 1. Auch die LXX. überſetzen zuweilen dies Präteritum mit dem Futuro, z. B. Eſai. 14, 24. wie ich mirs vornahm, ſolls geſchehen, חיתה, Isai; im andern parallelen Glied das Futurum תקום, μενει Fut. — Eſai. 7, 14. הרה LXX. und Matthäus 1, 23. ἐν γαστρι ληψεται, ἑξει.

Anm. 2. Wegen der Bedeutung des Zeitworts πιστευομαι, vgl. 1 Tim. 3, 16. „er wurde bei der Welt beglaubiget,‟ und 1 Moſ. 42, 10. πιστευϑησονται τ. ρ. ὑ. ich will dann nimmer an der Wahrheit eurer Ausſage zweifeln.

§. 39.

Das Futurum ſteht auch in Verbindung mit Imperativis für den Imperativus ſelbſt, wiewohl es an und für ſich nicht die Bedeutung des Imperativs hat, ſondern ſie erſt durch eine Metonymie bekommt. Z. B. 4 Moſ. 8, 6. λαβε — και ἀΦαγνιεις. — R. 34, 2. ἐντειλαι και ἐρεις. — 1 Sam. 22, 5. πορευε και ἡξεις. — Ezech. 4, 1. 2. 3. 37, 16. λαβε — γραψον — ληψη — γραψεις — συναψεις. — 3 Eſr. 8,

Storr S. 163. c) Weth. S. 120.

23. ἀναδειξον, καὶ διδαξεις. — Matth. 7, 5. Luk. 6, 42. ἐκβαλε, διαβλεψεις.

Durch eine Metonymie geschieht es auch, wenn das Futurum für den Optativus gesetzt wird, indem nemlich das Consequens (das Futurum) für das Antecedens (Bitte, Wunsch, daß das geschehen möchte, wovon man sagt, daß es geschehen werde) steht. Z. B. Pf. 19, 15. Möchte dir doch die Rede meines Mundes gefallen! ἐσονται (יהיו), εἰς εὐδοκιαν, für den Optativ, womit die LXX. sonst das hebräische Futurum ausdrücken, z. B. 1 Mof. 34, 11. 2 Sam. 16, 4. Ruth 2, 13. אמצא εὑροιμι, Klagl. 1, 22. Pf. 35, 25. ff. — Matth. 16, 22. ὁ μη ἐσαι σοι, das widerfahre dir ja nicht! Aehnlich ist 2 Chron. 25, 7. ὁ πορευσεται (אל יבוא) μετα σε δυναμις Ἰσραηλ, laß doch das israelitische Heer ja nicht mit dir ziehen! — Röm. 16, 20. Gott trete den Satan unter eure Füße! συντριψει. — Phil. 3, 15. 4, 7.

III. Gebrauch und Bedeutung des Imperativs.

§. 40.

Storr S. 165. u. 167. Weth. S. 101. u. 103. Weil der hebräische Imperativus eigentlich und ursprünglich ein mit Emphasis ausgesprochener Infinitivus ist: so bekam auch der Infin. die Bedeutung des Imperativs. Z. B. 5 Mof. 1, 16. שמוע διακουετε; K. 5. 12. φυλαξαι; Jof. 1, 13. und Efai. 37, 10.; 4 Mof. 25, 17. (vgl. im zweiten Theil des Verses das Futurum והכיתם, das an Imperativi Statt steht); 1 Mof. 45, 19. LXX. λαβειν (hebr. קחו), auf welches der Imperativ παραγινεσθε folgt.

Auch im N. T. finden sich Beispiele von jenem
hebräischen Archaismus: Röm. 12, 15., wo χαιρειν und κλαιειν um so gewisser für den Imperativ
steht, da der Apostel vor und nachher Imperativos gesetzt hat. — Phil. 3, 16. „jedoch, wozu
wir einmal gelanget sind (in unserer bessern Erkenntniß), danach (τῳ αυτω geht auf ἐφ᾽ ὁ, und
der Dativ drückt die Richtschnur, Norm, κατα,
aus, Gal. 6, 16. 5, 25. und v. 16. vgl. Röm.
8, 4. auch 2 Makk. 6, 1. vgl. K. 11, 25.) sollen
wir dann auch wandeln, στοιχειν. — Col. 4, 9.
ihr müßt wissen, ἐιδεναι. — Offenb. 10, 9. δεναι,
für: δος. — Mark. 6, 9. υποδεδεμενος (ἐιναι),
die Schuhe, die ihr an den Füßen habt, behal-
tet an, und nehmet nicht zwey Röcke mit (ἐνδυ-
σεσθε). — Luk. 9, 3. ἐχειν, ihr sollt auf der
Reise keinen Stab, kein Geld, auch nicht zwey
Röcke haben. — Daß der Imperativus auch öfters mit dem Participio und dem Verbo substantivo (Spr. Sal. 3, 5. LXX. ἰσθι πεποιθως, hebr.
בֶּטַח; Esr. 6, 8. vgl. Luk. 19, 17. ἰσθι ἐχων),
welches nicht selten wegbleibt, ausgedrückt werde,
ist bekannt, und beruht auf §. 32. Man sehe z.
B. Ps. 35, 5. 6. ἐκθλιβων und καταδιωκων auf die
Imperativos γενηθητωσαν, γενηθητω. — Esai. 50,
10. hebr. שְׁמַע LXX. ὑπακυσατω. — Röm. 12,
9. ff. ἀποςυγοντες, κολλωμενοι, προηγυμενοι, ζεοντες.
— 1 Petr. 1, 14. 2, 18. 3, 1. 8. 9. 15. 16.;
Phil. 2, 3. Ebr. 13, 5. Eph. 5, 10. δοκιμαζοντες,
auf welches der Imperativ συγκοινωνειτε folgt.

§. 41.

Was nun die Bedeutung des Imperativos Storr
anbelangt, so wird durch ihn ausgedrückt, nicht S.168. nr. IV.

Wekh.
S.103.f. nur ein Befehl, eine Bitte, ein Wunsch
(Richt. 13, 8. ἐλθέτω; 4 Mof. 14, 17. ὑψωθήτω;
Dan. 4, 16. Theod. ἔα, Alex. ἐπελθοι; Sir. 33,
5. 8. 9. Matth. 6, 9. f. 2 Cor. 9, 10.), sondern
auch eine Erlaubniß, ein Zulassen, 2 Kön.
2, 17. ἀποςειλατε, vgl. v. 16. — 2 Sam. 18, 23.
Jer. 26, 14. Matth. 23, 32. πληρωσατε, machet
denn das Maas eurer Väter voll! ihr mögts thun,
auf eure Gefahr! — K. 26, 45. *Rosenm.* per
me jam vobis licet dormire et requiescere,
quantum libet. — Joh. 13, 27. was du vor hast,
das magst du bald thun! — 1 Cor. 7, 15. will
sich der nicht christliche Ehgatte trennen, so m a g
e r s t h u n, χωριζέθω, der christliche Ehgatte muß
diese Trennung geschehen lassen; auch v. 36. es
steht dem Vater völlig frei, in diesem Stück zu
thun (ποιειτω), was er für gut erkennt; er handelt
gar nicht unrecht, er lasse seine Kinder heirathen,
γαμειτωσαν. — 1 Cor. 11, 6. will sie sich nicht bedecken, so d ü r f t e sie sich auch das Haar b e f c h e e r e n
l a f f e n, κειραθω; K. 14, 38. ἀγνοειτω, er mag
unwissend bleiben, er sey es auf seine Gefahr! —
Offenb. 22, 11. ἀδικησατω — ῥηπαρευθητω, er thue
es auf seine Gefahr!

Storr
S. 169. f. Ein solcher z u l a f f e n d e r I m p e r a t i v drückt
deswegen in zwei verbundenen Sätzen öfters die
Bedingung aus, unter welcher etwas geschehen
solle, werde oder könne. Die Rede wird also
hypothetisch ausgedrückt. Z. B. Pf. 4, 4.
ὀργιζεθε και μη ἁμαρτανετε, zürnet immerhin, aber
sündiget nicht, d. h. w e n n ihr zürnet, so sündiget nicht. — Nah. 3, 14. f. ἐπισπασαι — και κα-
τακρατησον — ἐμβηθει — ἐκει καταφαγεται σε πυρ,

fülle nur deine Cisternen mit Wasser, um eine
lange Belagerung auszuhalten — mache Backstei-
ne aus Thon und Leimen, d. h. wenn du gleich dies
alles thun wirst, so wird es doch vergeblich seyn,
das Feuer wird dich doch verzehren. — Sir. 11,
34. wenn du einen Fremden in dein Haus nimmst
(ἐνοικησον), so wird er dir Unruhe machen, und
dein Eigenthum entwenden; — K. 30, 9. wenn
du mit deinem Kinde zärtelst (τιθηνησοι), so wird
es dir Kummer und Schmerzen machen (*Schleusner.* Spicil. II. p. 53. 174.); wenn du mit ihm
tändelst (συμπαιξον), so wird es dich betrüben;
v. 25. wenn du dem Knecht die Hände frei lässest
(ἀνες χειρας αὐτῳ), so wird er die Freiheit suchen. —
Matth. 12, 33. denket euch einmal (ποιησατε,
Kypke T. I. p. 65.), d. h. wenn ihr euch einen
Baum von guter (schlechter) Art denket, so werdet ihr auch seine Frucht gut (schlecht) denken müssen, και τον καρπον αὐτ8 καλον, σαπρον (ποιησετε,
oder: ποιησατε). — Joh. 2, 19. wenn ihr auch
gleich diesen Tempel, meinen Leib, zerstöret (λυ-
σατε), so will ich ihn doch nach drei Tagen wieder
aufrichten (s. Hrn. Dr. Flatts Magazin für
christl. Dogm. und Moral, 4s St. S. 198. f.).
— Joh. 15, 4. wenn ihr (s. das gleichfolgende
ἐαν) in Verbindung mit mir bleibet (vgl. v. 7.),
so werde auch ich in Verbindung mit euch bleiben.
— Mark. 11, 29. wenn ihr mir antwortet (ἀπο-
κριθητε μοι), so will ich auch sagen 2c., vgl. die
Parallelstelle Matth. 21, 24. ἐαν εἰπητε μοι, καγω ὑμιν ἐρω. — Eph. 4, 26. wenn ihr zürnet, so
sündiget nicht, oder: zürnet, aber (και, s. Storr
S. 169. *. und Joh. 6, 70. 7, 4. Röm. 1, 13.

2 Petr. 2, 7. vgl. mit ἄλλα v. 5. Sir. 10, 3. 19, 9. 41, 13. Bar. 2, 30.) sündiget nicht. Hierdurch wird aber der Zorn so wenig geboten, als Joh. 2, 19. die Juden zur Hinrichtung Jesu aufgefordert werden. — Jak. 4, 7. 8. 10. wenn ihr dem Teufel widerstehet (ἀντιστητε), so wird er fliehen müssen; wenn ihr zu Gott nahet (ἐγγισατε, d. h. ihn verehret, Esai. 29, 13. Zeph. 3, 2. Ebr. 11, 6. 10, 1. vgl. v. 2.), so wird er zu euch nahen, d. h. euch gnädig und zugethan seyn (s. Schleusn. Lex. unter ἐγγιζω nr. 5.). — Eph. 5, 14. wenn du dich aus dem Schlafe deiner Sorglosigkeit weckst (ἐγειραι), und aus deinem unseligen Zustand herausreissen lässest (ἀναστα), so wirst du durch Christum von Tag zu Tag besser und selig werden.

Manchmal werden aber zwei Imperativi durch καὶ verbunden, wo der zweyte mit dem Futuro *) zu übersetzen, und der Satz hypothetisch auszudrücken ist: z. B. 2 Kön. 5, 13. λουσαι καὶ καθαρισθητι, wasche dich, so wirst du rein werden; vgl. v. 10. καὶ καθαρισθηση. — Ps. 37, 27. ἐκκλινον ἀπο κακου, καὶ ποιησον ἀγαθον, καὶ κατασκηνου — so wirst du bleiben. — Sir. 28, 6—8. μνησθητι — καὶ παυσαι, so wirst du die Feindschaft aufheben; καὶ ἐμμενε 2c. so wirst du den Vorschriften Gottes folgen, vgl. mit K. 7, 36., wo auf den Imperativ μιμνησκε τα ἐσχατα σου das Futurum mit καὶ folgt, καὶ — ἐχ ἁμαρτησεις. — Sir. 35, 19. wenn du nichts ohne Bedacht thust, so reuet dichs nicht nach der That. — Bar. 2, 22. κλινατε — ἐργασασθε, — καὶ καθισατε, so werdet ihr im Lande bleiben. —

Tob. 7, 8. 1 Makk. 2, 51. 4, 33. 11, 50. δος δεξιαν — και παυσασωσαν, mache Frieden mit uns, so werden die Juden aufhören, Krieg mit uns zu führen. — 2 Makk. 7, 17. wenn du noch ein wenig warten willst, so wirst du sehen. —

Joh. 7, 52. ερευλησον και ιδε, wenn du nach=suchen wirst, so wirst du finden. — 1 Cor. 15, 34. erwachet, d. h. wenn ihr einmal gänzlich er=wachen werdet aus dem Schlummer der αγνωσιας θεε, dann, nur dann werdet ihr nicht sündigen. — Gal. 6, 2. wenn jeder des Andern Last (τα βαρη, nemlich die παραπτωματα v. 1.) liebreich tra=gen wird, nur dann (και ετως) werdet ihr dem Gesetz Christi (Joh. 13, 34.) vollkommen Genüge leisten, αναπληρασατε. — Gal. 5, 16. — 1 Petr. 3, 6. αγαθοποιεσαι (ἐστ Κ. 2, 18. 3, 1. s. oben S. 41. am Ende), και μη (Spr. Sal. 3, 25.) φοβεμεναι (ἐστε), verhaltet euch nur recht, so wer=det ihr euch vor ihren Drohungen nicht zu fürchten haben.

Zuweilen ist die Verbindungs=Partikel zwi=schen den zwei Imperativis weggelassen, z. B. 1 Tim. 6, 12. αγωνιζε — επιλαβε, so wirst du er=langen. In den zwey von Storr angeführten Beispielen, Spr. Sal. 20, 3. Ps. 37, 3. suppli=ren die LXX. das fehlende Vav.

Storr
S. 170.

*) Anmerkung zu S. 41.

LXX. übersetzen wirklich zuweilen den zweiten Im=perativ mit dem Futuro, z. B. 1 Mos. 42, 18. Amos 5, 4. και ζησεθε; Spr. Sal. 3, 3. s. και ευρησεις; Jer. 35, 15. οικησετε.

IV. Vom Activum und Passivum.

§. 42.

Storr
S. 193.*
Weth.
S. 90. 92. 1) Die Bedeutung des hebräischen Piel oder Hiphil ist nach dem Vorgang der Alexandriner auch im N. Test. bei manchem Verbo anzunehmen, so daß durch diesen Hebraismus die intransitive Bedeutung eines Zeitworts in eine aktive, transitive verwandelt wird. Z. B. ἀνατελλειν ἡλιον, Matth. 5, 45. aufgehen machen, für: ἀνατελλειν ποιειν *), eben so Esai. 61, 11. ἀνατελλ. δικαιοσυνην.

μαθητευειν, das meistens, auch bei den Profanscribenten in der intransitiven Bedeutung vorkommt (eines Jünger seyn, μαθητευειν τινι, wie auch Matth. 13, 52. 27, 57. vgl. Joh. 19, 38. ὡν μαθητης τȣ Ἰησȣ), wird Matth. 28, 19. transitiv gebraucht: machet zu Jüngern alle Völker, μαθητευετε ἐθνη (תלמדו), auch Apostg. 14, 21.

αὐξανειν τι, etwas wachsen machen, 3 Mos. 26, 9. 1 Cor. 3, 6. und τινα, einen groß machen Jos. 4, 14.

συμβιβαζειν, sonst: verbinden, Eph. 4, 16. und dann durch eine Metapher: Begriffe mit einander verbinden, Wahrheiten einsehen, und überhaupt: einsehen, verstehen, Apostg. 16, 10. und endlich transitiv: Einsicht lehren, Esai. 40, 14. 13. 1 Cor. 2, 16. lehren, 2 Mos. 4, 12. 15. Apostg. 9, 22.

ἀναθαλλειν, wieder grünen, wieder blühen, aber transitiv, Ezech. 17, 24. Sir. 1, 18. 11, 23. Phil. 4, 13. ἀνεθαλετε, „daß ihr eure Sorgfalt
für

für mich wieder erneuert, wieder aufleben gemacht."

σπευδειν, machen, daß etwas eilend komme, 2 Petr. 3, 12. die ihr die Ankunft jenes großen Tages früher herbeiwünschet (optatis, ut acceleret tempus, durch eine Meton.), wie σπευδειν, Esai. 16, 5. σπευδαζειν τινα, einen eilen machen, 1 Mof. 19, 15. und βραδυνειν, Esai. 46, 13.

πλεοναζειν und περισσευειν, 4 Mof. 26, 54. Pf. 60, 23. 71, 21. 1 Theff. 3, 12. 2 Cor. 9, 8. her= anwachsen laffen, groß machen, vermehren.

βασιλευειν τινα, einen zum König machen, 1 Sam. 15, 35. 8, 22. 12, 1. 2 Kön. 14, 21. 2 Chron. 26, 1.

ανακλινειν, Luk. 12, 37. zu Tische fißen laffen.

θριαμβευειν τινα, einen fiegen laffen, 2 Cor. 2, 14.

κοινωνειν, eigentlich: theilhaftig feyn, werden, Röm. 12, 13. aber Gal. 6, 6. active, für: μετα= διδοναι, mittheilen. Eben fo κοινωνια Mittheilung, Röm. 15, 26. 2 Cor. 9, 13. Ebr. 13, 16.

κατοικειν τινα, einen wohnen machen, laffen, 3 Mof. 23, 43. 1 Mof. 47, 6. 11.

εξελθειν τινα, einen herausführen, Tob. 8, 20.

εξομολογειδαι τινα, einen zum Geständniß brin= gen, 2 Makk. 7, 37.

αδενειν τινα, machen, daß andere wider die Vorschriften der Religion handeln, fündigen ma= chen (vgl. αδενης Röm. 5, 6. mit αμαρτωλος v. 8.).

ζωσα οδος, Ebr. 10, 20. דרך מחיה (wie ζων Joh. 6, 51. vgl. v. 33.), ein Leben und Se= ligkeit bringender, feligmachender Weg.

8

Eben so ist auch das Passivum ἐγνωσαι 1 Cor. 8, 3. anzusehen, wie ein hebräisches Passivum von Hiphil (Hophel): wer Gott liebt, der hat von Gott eine lebendige Erkenntniß empfangen, scire factus est, doctus est ab eo. So auch ἐπεγνω-σθην 1 Cor. 13, 12. „jezt erkenne ich die Sache nur stückweise, ἐν μερος, und dunkel, ἐν αἰνιγματι (4 Mos. 12, 8.); im andern Leben werde ichs vollkommen einsehen, wie ich ehmals (2 Cor. 12, 4. und ἠκουσα v. 4.) zwar auf kurze Zeit zur Erkenntniß gebracht worden bin; cognoscere factus sum.” — Gal. 4, 8. 9. vormals (τοτε, hebr. אז 2 Sam. 15, 34., wo אז dem עתה entgegenge-sezt ist, und Esai. 48, 5.); da ihr noch nicht zur Erkenntniß des wahren Gottes gekommen waret, dienet ihr den Göttern; jezt aber, da ihr kennet, oder vielmehr von Gott selbst zur Erkenntniß ge-bracht worden seyd, γνωθεντες ꝛc.

*) Anmerkung.

Diese Umschreibung des Hiphil ist bei den LXX. wirklich nicht ungewöhnlich, z. B. Job 5, 18. יכאיב ἀλγειν ποιει; K. 14, 3. תביא ἐποιησας εἰσελθειν; 5 Mos. 32, 39. אחיה ζην ποιησω; Esai. 29, 21. מחטיאי οἱ ποιουντες ἁμαρτειν, die andere zum Sündigen verlei-ten (2 Mos. 23, 33.); Jer. 28, 15. πεποιθεναι ἐποιησας (K. 39, 31. 2 Chron. 32, 15.); Bar. 2, 23. Auch im N. T. kommt ποιει μοιχασθαι Matth. 5, 32. vor.

§. 43.

Storr
S. 193. ff.
Weth.
S. 90. 92.
Diese transitive Bedeutung der Ver-borum wird durch die Metonymie noch weiter verändert. Z. B. 3 Mos. 13, 13.

15. 17. f. und v. 59. καθαριζειν, μιαινειν, für
rein, für unrein erklären; 2 Mos. 20, 7.
5 Mos. 5, 11. — Apostg. 10, 15. ἐκαθαρισε,
was Gott für rein erklärt. — 1 Kön. 8, 32. ἀνο-
μειν τινα, machen, daß man einen für ἀνομος hält,
einen für ἀνομον erklären. — δικαιεν τινα (rechtschaffen machen Pf. 73, 13.), Luk. 16, 15. οἱ δι-
καιυντες ἑαυτυς, welche machen, daß sie von den
Menschen für δικαιοι erklärt werden ¹). — Luk.
10, 29. sich für unschuldig erklären, sich entschuldigen; Sir. 13, 22. ἐδικαιωσαν αὐτον, sie entschuldigen, loben ihn; denn es wird das προσεπιτιμαν,
tadeln, entgegengesetzt. — 3 Esr. 8, 84. μη συνοι-
κησητε, lasset eure Töchter sich nicht mit jener
Töchtern heirathen, d. h. gebet es ihnen nicht
zu, vgl. Esr. 9, 12. μη δοτε αὐτοις τας θυγατε-
ρας. — Jer. 7, 3. 7. κατοικιω ὑμας, ich will euch
ferner wohnen lassen. — 1 Cor. 1, 20. ἐμω-
ρανε, hat nicht Gott diese weltliche Weisheit zur
Thorheit gemacht; d. h. erklärt als Thorheit, gezeigt, daß sie Thorheit sey, sie als Thorheit dargestellt? — Ebr. 8, 13. indem er sagt:
einen neuen Bund, erklärt er den ersten für
veraltet, πεπαλαιωκε. — K. 11, 7. durch diesen Glauben rechtfertigte er die Strafe der übrigen, κατεκρινε, er hat sie für gerecht erklärt, s.
auch Matth. 12, 41. und Weish. 4, 16. — Jak.
5, 11. μακαριζομεν, wir halten sie für glücklich. — 1 Petr. 3, 14. 15. fürchtet euch nicht vor
euren Feinden, sondern erweiset Gott die Ehre,
daß ihr ihn für mächtiger und furchtbarer
erkennet (ἁγιασατε ²), als die furchtbarsten Feinde. — Joh. 17, 17. ἁγιασον, mache, daß sie

8 ²

Storr
S.194.
nr. 2.

fortfahren, ἅγιοι zu ſeyn, d. h. erhalte ſie als ἅγιας, als die Deinige (v. 11.), abgeſondert (v. 15. S. Sir. 36, 9. 12. ἀφορισθεντας 3 Moſ. 20, 24. 26.) von der Welt und ihrem Beherrſcher.

Anmerkungen zu §. 43.

Anm. 1. Spr. Sal. 17, 15. überſetzen LXX. מצדיק δικαιον κρινειν τον ἀδικον (ſ. auch Sir. 23, 12.), und מרשיע ἀδικον κρινειν τον δικαιον, für gerecht, unſchuldig erklären, oder: losſprechen, von Strafe frey ſprechen, — für ſchuldig erklären, verurtheilen; Job 32, 2. δικαιον ἀποφαινειν.

Anm. 2. ἁγιαζειν heißt alſo hier: declarare Deum tanquam eum, qui non comparari potest cum aliis rebus (timendis), ſ. 5 Moſ. 32, 51. vgl. 4 Moſ. 20, 12.

§. 44.

Storr
S.201.
Meth.
S.89.

2) Durch Auslaſſung des Akkuſativs von ἑαυτος bekommt ein Verbum, das eigentlich eine tranſitive Bedeutung hat, eine intranſitive, weil es bei den Hebräern nicht ungewöhnlich iſt, daß ſie den Akkuſativ (alſo auch den vom Pronomen reciprocum), welchen die Verba activa regieren, und meiſtens bei ſich haben, zuweilen weglaſſen (ſ. Storr S. 200. und S. 216.). Z. B. Eſai. 45, 23. παν γονυ καμψη (ἑαυτο); Phil. 2, 10. — Sir. 4, 20. φυλασσειν (ἑαυτον) ἀπο. — Sir. 4, 18. ἐπαναγειν (ἑαυτον).

Marc. 4, 29. ὁταν παραδω ὁ καρπος (ἑαυτον), wenn ſich die Frucht dem Schnitter ergeben. — πληθυνω 2 Moſ. 1, 20. 1 Sam. 14, 19. Apoſtg.

6, 1. — Apostg. 19, 22. ἐπεσχε (ἑαυτον), er hielt sich auf; K. 24, 16. ἀσκω (ἑμαυτον), ich übe mich.

3) Die Passiva haben gar oft eine reciproke Bedeutung, wobei überdieß auch manchmal der Tropus der Metonymie anzuwenden ist. Auch hier liegt meistens eine Ellipsis des Pronominis reciproci zu Grunde. Z. B. ἐαν πραθη σοι, wenn er an dich verkauft wird (nemlich ἀφ᾽ ἑαυτȣ), d. h. wenn er sich dir verkauft. — Sir. 7, 5. μη δικαιȣ (ἀπα σεαυτȣ), lobe (vgl. K. 10, 32., wo δικαιȣν und δοξαζειν Synonyma sind) dich, erhebe deine Weisheit nicht in Gegenwart deines Herrn. — K. 18, 21. ταπεινωθητι.

Storr S. 226. ff.

Röm. 6, 17. dem Evangelium, dem ihr euch ergeben, unterworfen habt, παρεδοθητε, soviel, als: ᾧ (denn εἰς vor ὅν ist nota dativi, s. *Storr* Diss. II. in Coloss. Anm. 1. und in Philipp. K. 2, 22. Anm. m) παραϛησατε ἑαυτȣς *) εἰς ὑπακοην, oder: ἐδȣλωθητε. So auch die Passiva παρεδοθη, ἐλογιθη, Esai. 53, 12. er hat sich selbst hingegeben. — Ebr. 12, 9. ὑποταγησομεθα, wir wollen uns unterwerfen. — In folgenden Stellen ist eine Metonymie: Col. 2, 10. was wollt ihr euch noch (von den Irrlehrern) Vorschriften aufbürden lassen, τι δογματιζεθε. — Gal. 5, 2. περιτεμνεθαι, sich beschneiden lassen (Judith 14, 10.) — Ebr. 13, 9. sich hinreissen lassen. 1 Cor. 6, 13. ἐξȣσιαθησομαι, ich soll mich auch von solchen Dingen, die mir, an und für sich betrachtet, nicht unerlaubt sind, nicht beherrschen lassen. — Jer. 20, 7. ἠπατηθην, ich hab mich überreden lassen; Klagl. 3, 30. χορταθησε-

Storr S. 214. b)

ται, er läßt sich sättigen mit Schmach und Schande, d. h. er erträgt sie mit Geduld. — Sir. 18, 33. μη γινε πτωχος, laß dich nicht durch Schmausereien arm machen. — Jak. 2, 21. εδικαιωθη, hat sich nicht Abraham durch seine Handlung als rechtschaffen gezeigt, declaravit se probum. — Luk. 7, 35. Matth. 11, 19. die göttliche Weisheit hat gemacht, daß sie von ihren Verehrern für unschuldig gehalten wird, d. h. sie hat sich bei jedem Weisen durch ihre Handlungen (v. 33. f.) hinlänglich gerechtfertigt. — 1 Mos. 44, 16. τι δικαιωθωμεν; was sollen wir uns noch weiter als Unschuldige erklären; was wollen wir uns noch weiter entschuldigen? — Ezech. 38, 23. μεγαλυνθησομαι, ich will mich groß zeigen. — Esai. 10, 15. υψωθησεται. — 2 Sam. 22, 27. οσιωθηση, du zeigst dich rein; eben so das Participium κεκαθαρισμενος 3 Mos. 14, 4. der für rein zu erklären ist. — Sir. 31, 5. der Geldsüchtige wird sich nicht (durch seine Handlungen) als δικαιος zeigen, er wird nicht rechtschaffen handeln, vgl. Offenb. 22, 11., wo δικαιωθητω, wenn es anders die richtige Lesart ist, heißt: „er zeige sich ferner als δικαιον durch seine Handlungen,“ d. h. δικαιοσυνην ποιησατω. — Jak. 2, 22. ετελειωθη, der Glaube Abrahams ist durch sein Werk erst für vollendet erklärt, erkannt worden.

*) Anmerkung z. §. 44.

Das Passivum mit reciproker Bedeutung hat oft die Neben-Idee: etwas gerne, auf eigenen Antrieb, mit bestem Wissen und Willen thun, 2 Sam. 6, 22. נקלתי, ich will mich noch mehr herablaſſen, als ich diesmal gethan habe, ich will, meine königliche Würde vergeſſend, mich ganz gering machen, gerade wie ἑαυτὸς ſelbſt auch dieſe Nebenidee öfters hat, z. B. ταπεινᾶν ἑαυτὸν Phil. 2, 8. 2 Cor. 11, 7. und ταπεινε σεαυτον Sir. 3, 18. u. ſ. w.

Zweiter Abſchnitt.

Von ſolchen Redetheilen, welche die Hebräer nicht mit andern Sprachen gemein haben, die ſie aber doch auf verſchiedene Art auszudrücken und zu bezeichnen pflegen. Was auch hierin die griechiſche Sprache nachahmt.

(Storr S. 231—351, oder §. XL—XLIX.)

§. 45.

Es iſt bekannt, daß die Hebräer in ihrer wort= und formenarmen Sprache nur ganz wenige Formen von Adjektiven haben, alſo auch keine Formen für die Vergleichungsſtufen; auch fehlen ihnen die Caſus, oder beſondere Endungen der Nominum, um die verſchiedenen Verhältniſſe oder Beziehungen auf die übrigen Theile eines Satzes anzuzeigen. Ueberdies findet man bei ihnen auch keinen eigentlichen Conjunctiv, Optativ, oder Gerundia, ſo wenig als Adverbia. Da ſie nun zwar die Begriffe davon, aber die Formen und Zuſammenſetzungen nicht haben, wie die andere Sprachen: ſo bedienen ſie ſich allerlei Arten, jene Begriffe und Verhältniſſe dennoch auszudrücken. Ungeachtet nun die Griechen von dieſem Mangel in ihrer Sprache weit entfernt ſind, ſo richten ſie ſich

Weth. S. 18. f.

doch in den Schriften des alten und neuen Testa=
ments auch in diesen Redetheilen nach den Idiotis=
men der Hebräer.

— — —

Erstes Kapitel.

Verschiedene Arten, die Adjektive nach hebräischem
Sprachgebrauch auszudrücken. (Storr §. XL.)

§. 46.

Storr
S. 232.
Weth.
S. 50. ff.

Die Adjektiva mögen das Prädikat
selbst ausmachen, oder ein Theil vom
Prädikat oder Subjekt seyn, so werden
statt ihrer Substantiva gebraucht.

Beispiele, wenn das Adjektiv das Prä=
dikat selbst ist. — Pf. 119, 75. deine richter=
liche Aussprüche sind gerecht, δικαιοσυνη, צדק,
für *): δικαια. — Pf. 115, 4. αργυρον και χρυ=
σιον. Pf. 36, 3. die Worte ihres Mundes sind
ανομια και δολος, boshaftig und lügenhaft. — Sir.
27, 11. die Rede des Frommen ist immer weise,
σοφια. — Joh. 17, 17. dein Wort ist wahrhaftig,
αληθεια. — Eph. 5, 8. ihr waret ehmals σκοτος,
für: εσκοτισμενοι (K. 4, 18.), unwissend; jezt aber
Φως, d. h. πεφωτισμενοι. — 1 Joh. 5, 6. die Wun=
dergaben bezeugen, daß der Geist oder (πνευμα,
wie zuvor, metonymisch genommen) die Aussprü=
che des Geistes durch die Apostel wahrhaftig
sey, αληθεια, für: αληθες.

*) Anmerkung.

LXX. setzen öfters das Adjektivum dafür, z. B.
2 Chron. 23, 6. die Priester sind קדש, αγιοι; Pf. 19.

10. Gottes Vorschriften sind אֶמֶת, αληθεια; Pf. 62, 9.
הֶבֶל, ματαιος, כֹּזֵב ψευδεις; Pf. 86, 15. μακροθυμος
και πολυελεος και αληθινος.

§. 47.

Auch dann, wenn das Adjektiv ein Theil ^Storr
des Prädikats oder Subjekts ist, vertritt das ^S.232.
Substantiv die Stelle des Adjektivs, und wird auf
dreierlei Art zu demjenigen Substantiv gesetzt,
dessen Eigenschaft oder Beschaffenheit dadurch ausgedrückt werden soll. Es steht nemlich entweder
in Apposition dabei, oder wird es durch das verbindende και, oder durch eine Präposition mit
ihm verbunden.

I. Das Substantiv, welches anstatt eines Adjektivs steht, wird, wie im Hebräischen, zum andern Substantiv in Apposition gesetzt. (Wie
diese Apposition von den LXX, meistens übersetzt
werde, f. oben zu Storr S. 104.)

Hier giebt es nun, wie im Hebräischen, folgende Veränderungen:

1) Das die Stelle des Adjektivi vertretende ^Storr
Substantivum [1] wird in der gewöhnlichen Appo- ^S.232.a)
sition (ohne Status constructus oder Genitiv) zu
seinem Substantivum gesetzt, und zwar so, daß
jenes erstere dem andern nachfolgt. 1 Tim. 6,
19. ermahne die Reichen, daß sie sich auf die
Zukunft einen θησαυρον (welcher Akkusativus hier
ausgelassen, aber zu ergänzen ist, vergl. Matth.
6, 19. f. und unten §. 108.) θεμελιον καλον sammeln, d. h. einen gut gegründeten, dauer-
haften (keinen αδηλον) Schatz verschaffen sollen.
Sehr ähnlich ist die Stelle Sir. 1, 15. bei den

Menſchen ſchlug ſich die Weisheit eine (νοσσιαν) ϑεμελιον αιωνος auf, ενοσσευσε, d. h. eine ewig dauernde Wohnung (ſ. νοσσια Sir. 36, 26.) auf.

2) Das Nomen, das ſtatt des Adjek-tivi ſteht, wird ſeinem Subjekt im Ge-nitiv nachgeſetzt, weil in ſolchem Fall der He-bräer das an Adjektivs Statt ſtehende Subſtantiv als Nomen rectum behandelt. Z. B. 2 Sam. 22, 49. מאיש חמס απο ανδρος αδικηματος, für: ἀδι-κε [2]), vergl. die Parallelſtelle Pſ. 18, 48. — 2 Sam. 22, 18. ισχυος, vgl. δυνατος Pſ. 18, 18. — Pred. Sam. 12, 10. λογοι αληϑειας, wahre Lehren, λογοι ϑεληματος, erwünſchte Lehren. — Spr. Sal. 4, 9. ςεφανος χαριτων, ſchöne Krone. Neh. 4, 3. τειχος λιϑων, ſteinerne Mauer. — Sir. 1, 24. παραβολη επιςημης, weiſe Lehre; K. 6, 29. ςολη δοξης, prächtiger Schmuck; K. 23, 13. λογος ἁμαρτιας ſündliche Rede; K. 24, 16. 17. prächtige und reife Früchte; K. 43, 1. ςερεωμα κα-ϑαριοτητος, der reine Dunſtkreis. Weish. 5, 16. glänzend Königreich, prächtiges Diadem; v. 23. πνευμα δυναμεως, ſtarker Wind. — 1 Makk. 4, 43. λιϑοι τ8 μιασμ8, die profane Steine; Tob. 3, 4.

Matth. 21, 32. Johannes brachte (ἐρχεϑαι ἐν, ſ. unten zu Storr S. 452. *) und Hoſ. 5, 6. Röm. 15, 29.) euch die wahre Religion, ὁδος δικαιοσυνης, ſtatt: ὁδος δικαια, oder: ὁδος ἀληϑειας 2 Petr. 2, 2. und Pſ. 119, 30., wo ὁδος ἀληϑεια דרך אמונה im Gegenſatz zu ὁδος ἀδικιας, דרך שקר v. 29. ſteht. S. auch Tob. 1, 3. ὁδος ἀλη-ϑειας και δικαιοσυνης; Weish. 5, 6. — Matth. 24, 31. σαλπιγξ φωνης μεγαλης, laut tönende (ſ. Φωνη 2 Moſ. 19, 19.) Poſaune. — Luk. 4, 22. λογοι χαριτος, anmuthsvolle, einnehmende Reden; K. 16, 8. οικονομος ἀδικιας, der ungerechte Haushalter, ſo wie K. 18, 6. κριτης ἀδικιας; K. 16, 19. μαμμωνα ἀδικιας, ungerechter, mit Unrecht erworbener Reichthum, vgl. v. 11. ἀδικος, was nicht rechtlich mein iſt, ſo wie ἀληθινος, was rechtlich mein gehört (eben ſo ὑμετερος und ἀλλοτριος). Man vgl. auch Spr. Sal. 4, 17., wo יין חמס οινος παρανομος überſetzt wird, und לחם רשע σιτος ἀσεβειας, d. h. unrechtes, mit Unrecht erworbenes, Brod Wein durch Frevelthaten erworben. — Joh. 14, 17. πνευμα της ἀληθειας. — Apoſtg. 7, 2.; 1 Cor. 2, 8. θεος της δοξης, ſoviel, als: θεος ὁς ἐσιν ἡ δοξα, oder ἐνδοξος, der majeſtätvolle Herr (Pſ. 29, 3.). — 1 Petr. 4, 14. το της δοξης πνευμα, der herrlichſte Geiſt. — Pſ. 31, 15. θεος της ἀληθειας. — 1 Joh. 4, 6. πνευμα της ἀληθειας — και της πλανης. Apoſtg. 9, 15. σκευος ἐκλογης, ein auserwähltes Rüſtzeug, ein σκευος ὁ ἐσιν ἐκλογη, oder Objekt der ἐκλογη, ἐκλεκτον. — Röm. 1, 4. κατα πνευμα ἁγιωσυνης, wegen des majeſtätiſchen (ἁγιωσυνη Pſ. 96, 6. 145, 5.) Geiſtes. — K. 7, 5. παθηματα ἁμαρτιων, ſündliche Lüſte; — K. 8, 1. νομος τε πνευματος της ζωης, die Herrſchaft des beſeligenden Geiſtes, ſo wie Sir. 17, 11. νομος ζωης, das beglückende Geſetz, und K. 45, 6. νομος ζωης και ἐπιστμης, glücklich und weiſe machend, und Bar. 3, 9. ἐντολαι ζωης. — Röm. 8, 3. ἐν ὁμοιωματι σαρκος ἁμαρτιας, der ſündhaften Menſchheit ähnlich; v. 36. (Pſ. 44, 23.) προβατα σφαγης, Schaafe, welche ſind σφαγη, oder Gegenſtand der σφαγης, zum Schlachten beſtimmte Schaafe, oves mactandæ; vgl. Pſ. 44, 11. προβατα βροσεως, oves devorandæ. — 1 Cor. 10, 16. ποτηριον ευλογιας, wohlthätiger Kelch; K. 12, 8. λογος γνωσεως, kluger Vortrag. — Eph. 1, 13. πν. επαγγελιας, der verheiſſene Geiſt; K. 4, 22. trügliche Lüſte, vgl. Judith 9, 10. — K. 4, 24. umgeſchaffen zu (ε für das den Endzweck, die Abſicht anzeigende εις Col. 3, 10. oder επι Eph. 2, 10.) wahrer Tugend und Rechtſchaffenheit. — Phil. 4, 18. οσμη ευωδιας, für: ευωδη, ſ. 3 Moſ. 6, 21. 4 Moſ. 15, 24. — Col. 1, 13. υιος της αγαπης αυτε, ſein geliebter Sohn, für: ηγαπημενος Eph. 1, 6. vgl. νεοφυτον ηγαπημενον, eine Pflanze, woran er Luſt hatte, hebr. שעשע נטע. — Col. 2, 12. πιϛις ενεργειας θεε, für: ενεργεμενη υπα θεε Eph. 1, 19. — 2 Theſſ. 1, 9. αγγελοι δυναμεως, Ebr. 1, 3. ρημα δυναμεως, Pſ. 110, 2. ραβδος δυναμεως, mächtige Engel, kräftiges Wort ꝛc., vgl. υιοι δυναμεως 1 Kön. 1, 52. mit υιοι δυνατοι 2 Sam. 2, 7. — Ebr. 2, 14. der κρατος τε θανατε hat eine Tod und Unglück bringende Gewalt, der mörderiſche Tyrann. — K. 12, 15. ριζα πικριας, daß nicht eine etwa zum Treiben kommende (αιων φυεσα 5 Moſ. 29, 17.) bittere (d. h. durch eine Synekdoche: giftige) Wurzel eine Perſon von unglaubiger Geſinnung 5 Moſ. 29, 17. auch 1 Makk. 1, 11., wo Antiochus eine ριζα αμαρτωλος heißt) Krankheit verurſache cc. — Jak. 1, 23. προσωπον της γενεσεως, die natürliche (2 Makk. 7, 23. γενεσις ανθρωπε, Weish. 12, 10. 14, 26. vergl. Röm. 1, 26. f.) angeborne, leibliche Geſtalt. — 2 Petr. 3, 18. bis auf jenen ewigen, immer dauernden Tag (K. 1, 19.), ἡμεραν αἰωνος, oder auch: auf ewige Zeiten, wie διαθηκη αἰωνος, Sir. 17, 12. ewiger Bund. — Jud. v. 9. βλασφημιας, für: βλασφημος, vgl. die Parallelstelle 2 Petr. 2, 11.

Wegen der genauen Verbindung, in welcher solche zwei Substantive besonders im Hebräischen stehen, wo sie zusammen nur Einen Begriff, und gleichsam nur Ein Wort ausmachen (Storr S. 103. und 234.), wird das Pronomen, das zum ersten Substantiv, dem regens, gehört, nicht an dieses, sondern an das rectum, das im Genitiv und für das Adjektiv steht, angehängt, z. B. Pf. 41, 10. אִישׁ שְׁלוֹמִי, ἀνθρωπος της εἰρηνης μȣ, mein Freund, auf den ich mein Vertrauen setzte. — Pred. Sal. 9, 9. πασας τας ἡμερας της ματαιοτητος σȣ, die ganzes Zeit deines vergäng= lichen Lebens, für: ἡμερας ματαιας της ζωης σȣ (vgl. LXX. Neh. 9, 14. שַׁבַּת קָדְשֶׁךָ σαββατον σȣ το ἁγιον; Pf. 98, 1. זְרוֹעַ קָדְשׁוֹ, βραχιων ὁ ἁγιος αὑτȣ; Esai. 2, 20. אֱלִילֵי כַסְפּוֹ, τα βδελυγμα= τα αὑτȣ τα ἀργυρα, K. 31, 7.). — Pred. Sal. 12, 5. בֵּית עוֹלָמוֹ, εἰς οἰκον αἰωνος αὑτȣ, wenn der Mensch in sein ewiges Haus geht; — Judith 9. 10. χειλη ἀπατης μȣ, meine trügerischen Wor= te. — Matth. 19, 28. 25, 31. ἐπι θρονȣ δοξης αὑτȣ, auf seinem herrlichen Throne, vgl. Jer. 14, 21. כִּסֵּא כְבוֹדֶךָ, θρονος δοξης σȣ. — Phil. 3, 21. sein herrlicher Leib. — Apostg. 5, 20. τα ῥηματα της ζωης ταυτης [3]), für: τα ῥηματα ταυτα (K. 13, 42.) της ζωης, diese beglückende Lehre. S. auch K. 13, 26. τον λογον της σωτηριας ταυτης und Offenb. 3, 10. λογον της ὑπομονης μȣ, meine Vorschrift von der Geduld. — Röm. 7, 24.

freigebige Güte; K. 6, 4. neues Leben; K. 15, 29.
ich werde mit v i e l e n (πληρωματι, vergl. πληρωμα
εθνων K. 11, 25. mit πληρωμα εθνων, מְלֹא הַגּוֹיִם
1 Mof. 48, 19.) Wohlthaten des Evangelii kommen, d. h. ich werde sie euch bringen (f. unten zu
S t o r r S. 452.). — 1 Cor. 1, 17. σοφια λογε,
v. 21. μωρια λογε, eine nach dem Urtheil der Welt
w e i f e, t h ö r i c h t e Lehre. — 2 Cor. 4, 7. die
v o r z ü g l i c h e, alles übertreffende Kraft Gottes,
für: υπερβαλλεσα; K. 12, 7. — Gal. 2, 14. 5.
— Eph. 1, 6. zum Ruhm seiner preißwürdigen
(δοξη:) Gnade, v. 7. πλετος χαριτος, vgl. K. 2,
4. πλεσιος ων εν ελεει, oder: 1 Petr. 1, 3. κατα
το πολυ αυτε ελεος. — Eph. 1, 10. Gott hat beschlossen, in Absicht auf die Regierung der Dinge,
in der noch ü b r i g e n Zeit (πληρωμα των καιρων),
d. h. in der Zeit des neuen Bundes die höchste Lei-
tung alles dessen, was im Himmel und auf Erden
vorgeht, Jesu zu übertragen. — Eph. 4, 17. nach
ihren thörichten (ματαιοτητι), f. μα αιοω 1 Chron.
21, 8. 1 Sam. 26, 1. Röm. 1, 21. vgl. εμωραν-
θησαν v. 22. und ματαιοφρονες 3 Makk. 6, 11.)
Gesinnung. — Col. 2, 2. daß ihr (durch Liebe unter
einander verbunden) durch Unterricht immer noch
weiter gebracht werden möchtet, besonders (και) [2])
zu einem vollkommenen Reichthum von g e w i s s e r
(πληροφοριας) und ungezweifelter Erkenntniß, nemlich zur Erkenntniß des Geheimnisses von Gott dem
Vater sowohl als von Christo. — Col. 2, 5. σε-
ρεωμα πιςεως, gut befestigter Glaube. — 2 Thess.
2, 11. stark wirkende Verführung. — 2 Thess. 1,
9. sie werden gestraft werden von (απο) [3]) dem
schrecklichen richterlichen Anblick des Herrn und
von

von seiner herrlichen, majestätischen (δοξης) Macht. Man vgl. die übereinstimmende Ausdrücke Esai. 2, 10. 19. 21. — Ebr. 9, 2. die angefangene Hoffnung (wegen ὑποσασις s. Ps. 39, 8. Ruth 1, 12. Ezech. 19, 5. hebr. תקוה oder: תוחלת). — Ebr. 9, 2. προθεσις των ἀρτων, aufgelegte Brode, s. 2 Chron. 13, 11. מערכת לחם; umgekehrt heißt es Matth. 12, 4. ἀρτοι προθεσεως, s. 2 Chron. 4, 19. und 1 Chron. 23, 29. לחם המערכת. — Philem. v. 6. ἡ κοινωνια της πιστεως, für: κοινη πιστις (Tit. 1, 4.). — Jak. 1, 21. die übrige Bosheit; K. 3, 13. bescheidene, sanfte Weisheit. — 1 Petr. 3, 20. der langmüthige Gott. 2 Petr. 2, 18. ἐν ἐπιθυμιαις σαρκος ἀσελγιαις [4] durch vom Fleisch gewünschte (dem Fleisch angenehme) Lüste.

Auch das griechische Adjektivum oder Participium neutrum, das so oft für ein Substantivum gesetzt wird [5], nimmt, mit einem Genitivo verbunden, als *nomen regens*, wieder die Bedeutung eines Adjektivi an. Z. B. 2 Kön. 19, 23. τα ἐκλεκτα κυπαρισσων, die besten Cypressen, hebr. מבחר, welches Esai. 22, 7. ἐκλεκται φαραγγες übersetzt wird. — 2 Kön. 14, 18. τα λοιπα των λογων (1 Makk. 9, 22. τα περισσα των λογων), vgl. 2 Chron. 25, 26. οἱ λοιποι λογοι. — 2 Kön. 25, 11. Ezech. 48, 23. το περισσον, das übrige Volk, für: ἡ περισσεια (Jak. 1, 21.). — Esai. 4, 2. το καταλειφθεν τε Ἰσραηλ, vgl. K. 10, 20. το καταλειφθεν Ἰσραηλ. — 1 Sam. 2, 28. τα παντα τα πυρος, alles Feuer (vgl. כל Storr S. 236.). —

9

Weish. 5, 2. die unerwartet große Güte. —
2 Makk. 3, 16. die veränderte Farbe.

2 Cor. 4, 2. τα κρυπτα της αισχυνης, heimli=
che Niederträchtigkeit. — Phil. 3, 8. το υπερεχον
της γνωσεως, für: γνωσις υπερεχουσα, die weit vor=
trefflichere Erkenntniß Christi. — Ebr. 6, 17.
der unabänderliche Wille. — 1 Petr. 1, 7. το δο=
κιμιον υμων της πιςεως, euer geprüfter Glaube (f.
δοκιμιον Spr. Sal. 21, 21. Weish. 3, 6.). —
2 Cor. 4, 17. leichtes Leiden, schätzbare Herrlich=
keit. — 1 Petr. 5, 9. τα αυτα των παθηματων, für:
τα αυτα παθηματα, ähnliche (Job 31, 15. 2 Cor.
1, 6.) Leiden. — Offenb. 17, 4. ein Becher voll
schändlicher Dinge, welche nichts anders sind (f.
unten zu Storr S. 334. *), als ihre schänd=
liche Hurerei oder Gottlosigkeit, τα ακαθαρτα (so=
viel, als das vorhergehende βδελυγματα, תועבה,
vgl. LXX. Spr. Sal. 20, 10. mit v. 23.) της
πορνειας 6).

Anmerkungen zu §. 48.

Anm. 1. Das Substantivum oder Abstractum
ist meistens absichtlich statt des Adjektivi gewählt, um
das Attribut, auf welches der Nachdruck zu legen ist,
desto mehr in die Augen fallen zu machen, wie offen=
bar das Abstractum αδηλοτης diejenige Beschaffenheit
des Reichthums mehr heraushebt, um welcher willen
man sein Vertrauen nicht auf ihn zu setzen habe. Eben
so καινοτης Röm. 6, 4.; ενοτης Eph. 4, 13. entgegenge=
setzt den verschiedenen Meinungen und Irrlehren
v. 14.; πραυτης als Attribut der Weisheit, das dem
ζηλω και εριθεια v. 14. entgegengesetzt werden sollte,
wozu das Adjektiv nicht so brauchbar gewesen wäre. —
2 Makk. 3, 12. αγιωτης gewiß ausdruckvoller als αγιον
ιερον.

Anm. 2. Vgl. das vierte καὶ Matth. 4, 24. — Das zweite Apostg. 1, 14. — Luk. 23, 27. — Das erste καὶ Mark. 16, 7. — Das zweite Luk. 22, 4. — Ebr. 6, 10. τὰ ἔργα ὑμῶν καὶ τῆς ἀγάπης. — 3 Joh. 5. 3 Esr. 9, 3.

Anm. 3. ἀπὸ bei Neutris und Passivis für ὑπὸ oder παρὰ, 2 Sam. 7, 29. 1 Makk. 8, 6. 9. 15. Sir. 38, 5. — Mark. 8, 31. vgl. mit der Parallelstelle Matth. 16, 21. — Luk. 17, 25. Apostg. 15, 33. 2 Cor. 2, 3. Jak. 1, 13. Offenb. 9, 18. vgl. auch unten §. 56. nr. 3.

Anm. 4. Es ist eine Apposition für ἐν ἀσελγίαις ἐπιθυμίαις σαρκὸς, die andere Lesart ἀσελγίας ist zwar nicht zu verwerfen, doch ist der Dativ als die schwerere Lesart, die dem Sprachgebrauch nicht entgegen ist, dem Genitiv vorzuziehen, der leichter aus der ersten, als diese aus jener Lesart entstehen konnte.

Anm. 5. Vgl. die Storr'sche Note S. 319. Röm. 1, 15. τὸ κατ' ἐμὲ πρόθυμον (ἐστι), für: ἡ προθυμία, was mich betrifft, so ist Bereitwilligkeit da, d. h. ich für meine Person bin bereit. — Röm. 2, 4. τὸ χρηστὸν τοῦ θεοῦ, für: χρηστότης. — K. 8, 3. τὸ ἀδύνατον; K. 9, 22. τὸ δυνατὸν, für: δύναμις; 1 Cor. 10, 33. Phil. 4, 5. — Ebr. 7, 18. τὸ αὐτῆς ἀσθενὲς καὶ ἀνωφελὲς, die Schwachheit und Unzulänglichkeit der Verordnung. — Col. 4, 1. τὸ δίκαιον (Pred. Sal. 7, 15.), für: δικαιοσύνη, wegen ἰσότης. — Spr. Sal. 19, 22. τὸ ἐλεεινὸν, für: ἐλεεινότης. — Sir. 43, 15. τὸ μεγαλεῖον.

Anm. 6. Unter πορνεία ist nach hebr. Sprachgebrauch nicht die eigentliche πορνεία zu verstehen, sondern Religionsabfall, welchen die alttestamentliche Schriften sehr häufig unter dem Bild der πορνεία vorstellten: Jer. 3, 1. f. v. 6. 8. besonders Ezech. 16, 3. ff. K. 23, 1. ff., in welchen Stellen der Grund der Benennung: Ehebrecher, Hurer, d. h. Abgötter, zu finden ist. Auch Hos. 1, 2. f. — Esai. 50, 1. 57, 3. 54, 1. 5. 4 Mos. 14, 33. vgl. v. 9. Sir. 46, 11. — Ebr. 12, 16. Jak. 4, 4. μοιχοὶ und μοιχαλίδες. — Offenb. 14, 4. f. 17, 5. und v. 1. vgl. v. 2. 15. K. 18, 3. 14, 8. und *Schleusn.* Lex. T. II. unter πορνεία p. 638. nr. 2. und πορνεύω p. 639. nr. 2.

§. 49.

Storr
S.241.
Weth.
S.52.

II. Wenn von zwei Substantiven das eine die Bedeutung eines Adjektivs haben soll, so wird es mit dem andern Substantiv, von welchem es prädicirt wird, durch καὶ verbunden, welches, wie das hebr. Vav, alsdann ἐξηγητικὸν [1]) ist, und also beiden Substantiven die nemliche Bedeutung giebt, wie wenn sie im Appositionsverhältnisse stünden (ἓν διὰ δυοῖν). Z. B. Pf. 66, 20. τὴν προσευχὴν με καὶ τὸ ἔλεος αὐτε, meine Bitte, nemlich: seine Gnade, d. h. seine von mir erbetene Gnade. — Spr. Sal. 6, 23. LXX. ἔλεγχος καὶ παιδεια, die warnenden Lehren; im Hebräischen ist Apposition. — K. 8, 14. fester Vorsatz, βελη καὶ ἀσφαλεια. — Judith 9, 13. λογον με καὶ ἀπατην, vgl. v. 10. χειλεα ἀπατης. — Sir. 1, 3. unergründliche Weisheit; K. 28, 25. θυραν καὶ μοχλον, Thür mit Riegeln, verriegelte Thür; K. 40, 12. aller ungerechte Gewinnst. — 1 Makk. 3, 42. εἰς ἀπωλειαν καὶ συντελειαν, zum gänzlichen Verderben (v. 35.); 2 Makk. 10, 30. wegen zu erneuernder (v. 3.) Freundschaft.

Apostg. 23, 6. wegen der Hoffnung (meton. für Gegenstand) nemlich: der Auferstehung; d. h. wegen der gehofften Auferstehung. — Röm. 2, 5. du häufest dir die Strafe Gottes auf (ἐν, für: εἰς, welches Tob. 4, 9. bei derselben Phrasis steht) den Tag der Strafe, und auf den Tag der ἀποκαλυψεως καὶ δικαιοκρισιας θεε, der sich offenbarenden richterlichen Gerechtigkeit Gottes. — 2 Tim. 4, 1. κατα τὴν ἐπιφανειαν καὶ τὴν βασιλειαν αὐτε, zur Zeit (κατα Ebr. 3, 8. Röm. 5, 6.

2 Makk. 10. 5. 12, 15. 1 Mof. 31, 12. ℶ) der Erscheinung seines Reiches, tempore apparituri regni. — Luk. 2, 47. statt: ἐπι ταις συνεταις ἀπο-κρισεσιν. — I Cor. 2, 4. πνευμα και δυναμις, statt: πνευματικη (entgegengesetzt der ἀνθρωπινη). — Eph. 2, 3. für: σαρκικων διανοιων. — K. 6, 18. unaufhörlich anhaltendes Gebet. — Phil. 1, 19. δεη-σεως και ἐπιχορηγιας τε πνευματος, durch euer Gebet (Gebetgegenstand, Erbetenes), nemlich durch Darreichung des Geistes Jesu, d. h. durch die mir von euch erflehte Darreichung. — 2 Petr. 1, 3. δια δοξης και ἀρετης [2]), für: ἐνδοξε ἀρετης. — Offenb. 1, 9. um der von Gott herrührenden (Joh. 7, 16. 8, 28.) göttlichen Lehre Jesu willen. S. auch Offenb. 6, 9. und umgekehrt K. 20, 4. δια την μαρτυριαν Ιησε και δια τον λογον τε Θεε. — Col. 2, 8. δια της Φιλοσοφιας και κενης ἀπατης, vanissima religio.

Es giebt mehrere Stellen, wo das Substantiv, welches dem και nachsteht, die Stelle des Adjektivs vertritt. Z. B. Joh. 1, 17. ἡ χαρις και ἡ ἀληθεια, die wahren Wohlthaten; K. 4, 23. f. für: ἐν πνευματι ἀλη-θινω (Ebr. 10, 22.). — Röm. 2, 20. wahre Erkenntniß, wie Spr. Sal. 20, 28. ἐλεημοσυνη και ἀληθεια, wahre Rechtschaffenheit, und 2 Mof. 28, 30. δηλωσις και ἀληθεια, wahrhaftiger Ausspruch. — Eph. 5, 9. wahre Güte und Rechtschaffenheit, vgl. K. 4, 24. wo es durch den Appositions-Genitiv της ἀληθειας ausgedrückt ist. — Apostg. 1, 25. für: ἀποσολικης. — 14, 13. ταυ-ρες και σεμματα, für: ἐσεμμενες, mit Kränzen geschmückte Rinder. — Röm. 16, 17. ärgerliche

Uneinigkeiten; Col. 1, 11. ausharrende Beständigkeit. — Col. 2, 18. θελων εν ταπεινοφροσυνη και θρησκεια αγγελων, die an ihrer, die Engel verehrenden (Weish. 14, 27.) Demuth ihre Freude haben (חפץ mit ב 1 Sam. 18, 22. 2 Sam. 15, 26. Pf. 147, 10.), wo es mit ευδοκειν εν parallel ist. — 1 Tim. 3, 16. fester Grund, Grundpfeiler; 2 Tim. 1, 10. für: ζωη αφθαρτος. Jak. 5, 10. ein geduldiges (Bar. 4, 25.) Leiden.

Anmerkungen zu §. 49.

Anm. 1. και εξηγητικον, das durch: nemlich, und zwar, das heißt, welches ist, war ꝛc. zu übersetzen, ist es in folgenden Stellen: Seph. 3, 20. και εν τω καιρω — nemlich zur selbigen Zeit (die im v. 19. angezeigt worden), wenn ich euch ꝛc. — Dan. 8, 10. Theod. και απο των αστρων. — 1 Sam. 28, 3. ברמה ובעירו, zu Rama, nemlich in seiner Vaterstadt; LXX. haben hier eine Apposition, εν αρμαθαιμ εν πολει αυτε.

Luk. 21, 2. τινα και χηραν πενιχραν, er sahe jemand, nemlich eine arme Wittwe, vgl. Mark. 12, 42. μια χηρα πτωχη. — Mark. 15, 1. die Hohenpriester und Aeltesten und Schriftgelehrten, das heißt (oder: mit Einem Wort, και) das ganze Synedrium. — Gal. 1, 4. Eph. 1, 3. Phil. 4, 20. θεος και πατηρ. Gott, welcher Vater ist, Gott der Vater, vgl. θεος πατηρ Gal. 1, 3. Philem. v. 2c — Joh. 10, 33. um eines guten Werkes willen wollen wir dich nicht steinigen, sondern um der Gotteslästerung willen, nemlich (και) daß du als ein Mensch dich zu Gott machest. — 2 Kor. 8, 4. Sie baten (δεομενοι, für: δεομ. ησαν) sich von mir dieses Vergnügen aus, nemlich Theil nehmen zu dürfen an einer Beisteuer für die Christen. — Ebr. 10, 11. wenn daher ein jeder Hoherpriester an jedem Versöhnungstag bei Verrichtung seines Dienstes, nemlich (και) bei wiederholter Darbringung derselbigen Opfer stehen muß; — K. 11, 10. erklärt das δημιεργος das

vorhergehende τοχντηϛ durch και; K. 12, 1. die ganze
Bürde, nemlich die höchst gefährliche Sünde.

Anm. 2. Der Pluralis δί᾽ ὦν hindert nichts, die
zwei Substantiva δοξα και ἀρετη als ein ἓν διὰ δυοιν zu
übersetzen, indem sich das Relat. ὦν wie oft, so auch
hier, nach der grammatischen Form und nicht nach
dem Sinn richtet (s. unten zu Storr §. LIV. ff.).

§. 50.

III. Das Substantiv, das an Adjek= **Storr**
tivs Statt steht, wird durch eine Prä= **S. 242.**
position (ἐν, ἐκ ꝛc.) mit dem Subjekt ver= **Weth.**
bunden. Z. B. Pf. 80, 13. συς ἐκ δρυμε, wil= **S. 54.**
des Schwein, im andern Glied μονιος ἀγριος. —
Esai. 61, 8. גזל בעולה ἁρπαγματα ἐξ ἀδικιας, un=
gerechter Raub. — Pf. 89, 14. βραχιων μετα δυ=
ναϛειας, starker Arm. — Jos. 10, 20. בשלום
LXX., Adjektiv ὑγιεις. — Weish. 3, 13. κοιτη
ἐν παραπτωματι, sündliches Ehebett, soviel, als:
v. 16. παρανομος κοιτη. — Sir. 40, 17. παραδεισος
ἐν εὑλογιαις, gesegneter Garten, vgl. v. 27. πα=
ραδεισος εὑλογιας.

2 Cor. 5, 1. οἰκια — ἐν τοῖς ἐρανοις, himmli=
sche Wohnung, eben so v. 2. ἐξ ἐρανε, soviel,
als: ἐπερανιος (1 Cor. 15, 48. f.). — Luk. 11,
13. πατηρ ὁ ἐξ ἐρανε, vgl. Matth. 7, 11. ὁ πατηρ
ὁ ἐν τοις ἐρανοις und K. 6, 32. ἐρανιος. Uebrigens
ist wegen ἐκ noch unten zu Storr S. 254. f.
nachzusehen. — Phil. 4, 19. nach seinem herr=
lichen und gepriesenen Reichthum (πλετος ἐν δοξη,
für: ἐνδοξος. S. Sir. 10, 29. f. 1 Makk. 6, 1.).
Vgl. noch σωμα ἐν Φθορα, ἐν δοξη, 1 Cor. 15, 42.
f. für Φθαρτον, v. 53. f. ἐνδοξον, s. die Adjektive
v. 44. — Col. 1, 6. χαρις θεε ἐν ἀληθεια, wahre

Wohlthaten, die χαρις και αληθεια Joh. I, 17.
heiſſen. — Col. I, 8. αγαπη εν πνευματι, für:
πνευματικη (v. 9.), vom Geiſte gewirkte Liebe. —
Eph. I, 3. ευλογιαι εν επερανιοις, ſtatt: εν ερανῳ,
himmliſche Güter. — v. 9. ſein allerweiſe-
ſter lange unbekannt geweſener Wille. — Eph.
3, 12. zuverſichtlicher Zutritt. — I Tim. I, 4. οι-
κονομια θευ εν πιϛει, ein getreues Beſorgen der
Angelegenheiten im Hauſe Gottes. — I Tim. 2,
4. ein glaubwürdiger und wahrhaftiger Lehrer;
K. 3, 4. τεκνα εν υποταγη, für: υπηκοα. — Tit.
3, 5. für: εργα δικαια. — Jak. 3, 18. beglückende Früchte der Tugend, καρπος εν ειρηνη. — I Petr.
3, 18. θανατωθεις ϛαρκι, für (K. 4, 1. 2 Cor. 11,
26. vgl. v. 27. 23.): εν ϛαρκι, ſoviel, als: ϛαρκι-
κος; vgl. εξ αθενειας 2 Cor. 13, 4. für: αθενης,
oder: αθενων v. 3., als ein ſchwacher Menſch;
hingegen v. 4. ζη εκ δυναμεως θευ, als der mäch-
tigſte (ſ. unten zu Storr S. 258. nr. 5.), vgl.
δυνατων v. 3. — I Petr. 3, 19. τοις εν φυλακη
πνευμαϲι, den geretteten Seelen; denn Φυλακη
heißt nicht nur Gefängniß, ſondern auch Rettung [1] (Spr. Sal. 20, 28.), und εν φυλακη
kann alſo ſoviel ſeyn, als: Φυλαχθεις, gerettet
(Ezech. 18, 27. Pſ. 16, 1. 2 Petr. 2, 5. [2])
εφυλαξε, vgl. v. 7. 9. ῥυεϲθαι), oder: ϲεϲωϲμενος.
S. Storr Zweck des Todes Jeſu S. 525. ff.

Anmerkungen zu §. 50.

Anm. I. Da der Zweck des Gefangennehmens
iſt: bewahren, ſicherſtellen vor Entlaufen: ſo
konnte wohl durch eine Synecd. ſpeciel die Idee:
Sicherſtellen überhaupt, oder: Retten, daraus entſtehen.

Anm. 2. Wegen ὄγδοος, vgl. δέκατος 2 Makk. 5, 27. Hasse.

§. 51.

Ausser den bisher angezeigten Arten, die Adjektiva durch Substantiva nach hebräischem Sprachgebrauch auszudrücken, giebt es noch einige andere:

I. υιος, τεκνον, verbunden mit Genitiven bezeichnet mehrere Arten von Adjektiven:

1) Das Adjektiv **jährig** [1]), wo υιος auch sehr oft weggelassen wird: 2 Kön. 12, 1. υιος επτα ετων, vergl. 2 Chron. 24, 1. ων (υιος) ετων επτα. — 2 Chron. 20, 31. vergl. 1 Kön. 22, 42. — Tob. 4, 2. 3 Esr. 1, 34. 39. — Apostg. 4, 22. er war über vierzig Jahr alt; Luk. 3, 23. Mark. 5, 42. Storr S. 243. Weth. S. 55.

2) Das Adjektiv **würdig, schuldig**, 2 Sam. 12, 5. υιος θανατε, soviel, als: αξιος θανατε, wie LXX. 5 Mos. 25, 2. בן מכות übersetzen, αξιος πληγων. — Luk. 10, 6. υιος ειρηνης, vgl. αξιος ειρηνης Matth. 10, 13. — Eph. 2, 3. 2 Petr. 2, 14. τεκνα οργης, καθαρας τεκνα. — Matth. 23, 15. υιος γεεννης. — Joh. 17, 2. — 2 Theff. 2, 3. υιον της απωλειας, soviel, als: απωλειας αξιος. — Matth. 13, 38. des Reichs würdige. — Luk. 20, 36. υιοι της αναςασεως, vgl. v. 35. καταξιωθεντες τυχειν της αναςασεως.

3) Eine nahe Verwandtschaft [2]) zwischen einem Subjekt und irgend einer Eigenschaft, so daß das Subjekt gleichsam ein υιος dieser Eigenschaft genennt werden kann; es bezeichnet also Eigenschafts-Adjektive. Z. B. τεκνα αδικιας Hos. 10, 9.; υιος ανομιας Pf. 89, 23.; της υπερηφα-

νιας, ſtolze, 1 Maff. 2, 47.; ὑιοι της ἀπειθειας, Eph. 2, 2. für: ἀπειθεις; τεκνα, ὑιοι Φωτος, für: πεΦωτισμενοι, Eph. 5, 8. Joh. 12, 36.

4) Auch um das Adjektiv ähnlich in moraliſcher Hinſicht auszudrücken, wird das Nomen ὑιος [3]) tropiſch gebraucht, weil zwiſchen dem Zeugenden und Gezeugten ſo oft phyſiſche Aehnlichkeit Statt hat. Z. B. Apoſtg. 13, 10. ὑιος διαβολ͙, dem Teufel ähnlich, nemlich πληρης δολ͙ (vgl. Joh. 8, 44. ἐκ πατρος διαβολ͙ ἐιναι und τας ἐπιθ. τ͙ πατρος ποιειν, und 1 Maff. 2, 54. Φινεες ὁ πατηρ ὑμων ἐν τω ζηλωσαι ζηλον). — Matth. 23, 31. ὑιοι των Φονευσαντων, weil ſie jenen Propheten=Mördern in der Geſinnung ähnlich waren. — Auch ſelbſt ὑιοι θε͙ πατρος z. B. Matth. 5, 45. heißt: Gott ähnlich, vgl. v. 48.

Anmerkungen zu §. 51.

Anm. 1. LXX. ſetzen zuweilen das griechiſche Adjektiv dafür, z. B. 3 Moſ. 9, 3. בן שנה ἐνιαυσιοι; 4 Moſ. 3, 15. בן חדש, einen Monat alt, μηνιαιος.

Storr S.243.* Weth. S.55. Anm. 2. Wegen einer ähnlichen Verwandtſchaft werden auch Völkernamen, oder Einwohner, Eingeborne ausgedrückt, z. B. Luf. 19, 44. Gal. 4, 25. τεκνα Ἱερ͙σαλημ, Einwohner, Bürger Jeruſalems; daher heißt das himmliſche (ἀνω v. 26.) Jeruſalem die μητηρ der Bürger. Vgl. Jer. 50, 12. ἠσχ͙νθη ἡ μητηρ ἡμων σφοδρα — ἡ τεκ͙σα ἡμας μητηρ, ſo ſagen die Einwohner von Babylon, die Chaldäer. — 1 Moſ. 23, 11. wo die LXX. בני עמי πολιτει μ͙ überſetzen. — 1 Maff. I, 38. τεκνα της Ἱερ͙σαλημ, und Baruch 4, 9. ff., wo Jeruſalem als Mutter mit ihren Kindern redend eingeführt wird: ἰδον την ἀιχμαλωσιαν των ὑιων μ͙ και των θυγατερων (v. 14.); v. 12. δια τας ἁμαρτιας των τεκνων μ͙. — Uebrigens bedienen ſich die Hebräer in dieſem Fall auch des Worts אנשים, ἀνδρες, 1 Moſ. 26,

7. 1 Sam. 5, 7. Jon. 3, 5. 1 Mos. 24, 13. LXX. οἱ οἱ ναντες την πολιν; Matth. 14, 35. οἱ ανδρες τε τοπε ἐκεινε.

Auch die zu einer Hauptstadt gehörige kleinere Städte werden Θυγατερες genennt, 4 Mos. 21, 32.

Anm. 3. Auch andere Wörter, die eine physische Verwandtschaft und ein nahes Angehören unter Menschen bezeichnen, werden gebraucht, wo eine Aehnlichkeit und Verwandtschaft in Absicht auf Tugenden und Fehler Statt hat, z. B. γενεα, Familie (משפחה 3 Mos. 25, 11. Jer. 8, 3. ידע Esth. 9, 28.) ist Luk. 16, 8. tropisch zu nehmen, und begreift die Familie der υἱων τε αἰωνος τετε und der υἱων τε φωτος in sich, und εἰς την ἑαυτων γενεαν bedeutet: gegen die Gleichgesinnte. Man vergl. auch Spr. Sal. 18, 9. ein Bruder (ἀδελφος) des Verschwenders, d. h. ist ihm ähnlich, und Ezech. 16, 45. du bist deiner Mutter Tochter, du bist eine Schwester deiner Schwester, d. h. du bist ihnen ähnlich, machsts eben so, wie jene, vgl. v. 47. du machsts noch ärger, als ꝛc.

§. 52.

II. Durch Wiederholung des nemlichen Nomens oder demonstrativen Pronomens drücken die Griechen nach dem Vorgang der Hebräer folgende Adjektive aus:

1) Wiederholte Zahlwörter bedeuten ein distributives Zahl-Adjektiv. 1 Mos. 7, 9. δυο δυο; v. 7. ἑπτα ἑπτα. — Mark. 6, 7. δυο δυο, je zween und zween, für: ἀνα δυο Luk. 10, 1. Storr S. 244. Weth. S. 46.

2) Statt des Adjektivs „einzeln" wird das Substantiv wiederholt. 2 Mos. 8, 14. Θημωνιας Θημωνιας, in mehreren einzelnen Haufen, haufenweise. — 2 Chron. 31, 6. σωρες σωρες, einzelne Haufen. — Mark. 6, 39. συμπο- Weth. S. 56. Storr S. 244.

σια συμπόσια, sie sollten sich in einzelnen Reihen lagern; v. 40. sie ließen sich truppenweise nieder, πρασιαι πρασιαι.

Storr S.189. III. IV. Weth. S.13.56. 3) Die Adjektive: jeder, alle, viel, nach einander (continuus), werden ebenfalls durch Wiederholung desselben Substantivs ausgedrückt, das entweder in Apposition steht, oder vermittelst και oder eiener Präposition wiederholt wird. Z. B. 2 Kön. 17, 29. ἔθνη ἔθνη, jegliches Volk. — Esr. 10, 14. πολεως και πολεως, vgl. 3 Esr. 9, 13. ἑκασε τοπε. — Esai. 66, 23. μην ἐκ μηνος, σαββατον ἐκ σαββατε. — 1 Sam. 7, 16. κατ᾽ ἐνιαυτον ἐνιαυτον. — 1 Makk. 4, 59. ἐνιαυτον κατ᾽ ἐνιαυτον, alle Jahr. —

Luk. 1, 49. εἰς γενεας γενεων (Esai. 51, 8. לדור דורים; K. 13, 20. עד דור ודור, δια πολλων γενεων; Judith 8, 32.), auf viele, alle Menschenalter hinaus; auch so Sir. 39, 9. — Gal. 1, 5. 1 Tim. 1, 17. Ebr. 1, 8. εἰς τες αἰωνας των αἰωνων, und Esth. 9, 28. LXX. εἰς τον ἀπαντα χρονον, Dan. 7, 18. ἑως τε αἰωνος των αἰωνων. — 1 Petr. 2, 8. Tag für Tag, alle Tage, ἡμεραν ἐξ ἡμερας, wie die LXX. 1 Mos. 39, 10. 1 Chron. 12, 22. Pf. 61, 9. das hebr. יום יום und יום ביום übersetzen, soviel, als: καθ᾽ ἑκαστην ἡμεραν LXX. Esth. 3, 4. (יום ויום, welches Paulus 2 Cor. 4, 16. wörtlich giebt mit: ἡμερα και ἡμερα).

Storr S.245. Weth. S.56.57. 4) Die Stelle der Adjektive: der eine — der andere (unus — alter, oder: alius — alius) vertreten folgende Redensarten:

α) Dasselbe Nomen wird wiederholt:
Pred. Sal. 1, 4. γενεα πορευεται, γενεα ἐρχεται,
ein Geschlecht geht, ein anderes kommt. — 1 Mof.
25, 33. λαος λαυ ὑπερεξει; — Sir. 36, 7. διατι
ἡμερα ἡμερας ὑπερεχει, warum ist ein Tag besser, als
der andere? Sir. 5, 7. schiebe es nicht von einem
Tag zum andern auf. — K. 26, 6. ein Weib,
das auf das andere eifersüchtig ist; K. 28, 3. 15.
33, 18. 21. Weish. 8, 1. ἀπο περατος εἰς περας.

Matth. 15, 14. τυφλος τυφλον; K. 24, 31.
ἀπ' ἀκρων ἐρανων ἑως ἀκρων αὐτων, von einer Ge-
gend der Erde (vergl. 5 Mof. 30, 4. mit K. 28,
64.) zur andern, s. auch Jer. 12, 2. und 2 Mof.
26, 28. מִן הַקָּצֶה אֶל הַקָּצֶה LXX. ἀπο τυ ἑ-
νος κλιτυς εἰς το ἑτερον κλιτος. — Matth. 23, 7.
ἐθνος ἐπι ἐθνος, βασιλεια ꝛc. vgl. 2 Chron. 15, 6.
und Pf. 105, 14. ἐξ ἐθνυς εἰς ἐθνος, und im andern parallelen Glied ἐκ βασιλειας εἰς λαὸν ἑτερον
(אַחֵר). — Luk. 6, 34. Sünder leihen einander; K. 10, 7. ἐξ οἰκιας εἰς οἰκιαν (Sir. 29, 24.).
— Röm. 1, 27. ἀρσενες ἐν ἀρσεσι, soviel, als:
ἐν ἀλληλοις in demselben Vers. — 1 Cor. 2, 11.
τις των ἀνθρωπων — τα τυ ἀνθρωπυ — welcher
Mensch weiß, was in einem andern ist, vorgeht. — 2 Joh. v. 12. sομα προς sομα, ein Mund
den andern, פֶּה עַל פֶּה 4 Mof. 12, 8. d. h. mündlich

β) ist bestimmt nur von Zweien die
Rede, so wird

א) entweder nach Art des wiederholten אַחֵר
auch εἰς (welches zwar auch bei mehreren gebraucht wird, Mark. 4, 8. vgl. Mark. 13, 8.)
wiederholt, z. B. 2 Chron. 3, 17. ἑνα (אַחֵר) ἐκ

δεξιων, και ενα (אחד) ἐξ εὐωνυμων, eben so Matth. 20, 21. Mark. 10, 37. — Matth. 24, 40. 41. εἰς und μια, vgl. Luk. 17, 34. f., wo das zweite εἰς und μια durch ἑτερος (Luk. 7, 41. und 2 Mos. 18, 3. 4. im Hebräischen beidemal אחר) und ἑτερα gegeben wird. — Joh. 20, 12. Mark. 15, 27. Gal. 4, 22. — S. auch 1 Sam. 14, 5. von zwei Wegen der eine (אחד ἡ μια), der andere (אחד ἡ ἀλλη). — Sir. 31, 23. 24. 42, 24. παντα δισσα ἐν κατεναντι τε ἑνος, alles ist zwei und zwei, eines dem andern entgegengesetzt.

ב) Oder wird auch das Pronomen demonstra-tivum, wie das hebr. זֶה (das auch bei mehreren, als nur bei Zweien, gebraucht wird, z. B. 1 Kön. 22, 20. Ps. 20, 8. 75, 7.), wiederholt, z. B. Pred. Sal. 3, 19. ὡς ὁ θανατος τετε, ετω και ὁ θανατος τετε, wie der eine stirbt, so stirbt auch das andere von den Zweien: Mensch und Vieh. — 2 Mos. 37, 18. drei Röhren von der einen Seite (ἐκ τετε), und drei Röhren von der andern (ἐκ τετε), im Hebräischen ist hier אחר und השני. — 1 Makk. 8, 30. ετοι και ετοι, der eine oder der andere Theil von den Römern oder von den Juden (v. 29.). — 1 Makk. 9, 17. es blieben viele auf dem Platze, von der einen und von der andern Parthie. — Sir. 13, 2. wie paßt ein Topf und ein Kessel zusammen? ἀυτη προσκρεσει, και ἀυτη συντριβησεται, der eine schlägt an, der andere zerbricht.

Joh. 16, 4. das erste (ταυτα), nemlich das, was ich euch von dem auf euch fallenden Haß der Welt (K. 15, 18. ff.) vorausgesagt, sage ich deß-wegen, daß ihr euch daran erinnert, wenns euch treffen wird; wegen des andern aber (ταυτα), nemlich deß von der Sendung des heil. Geistes (K. 15, 26. f.) redete ich vormals (εξ αρχης 1 Makk. 15, 17. Weish. 9, 8. Sir. 51, 20. vgl. v. 13.) nicht mit euch, weil ich bei euch war; jezt aber ꝛc. — 1 Cor. 6, 13. Speise (βρωματα) ist für den Magen (κοιλια) bestimmt, und der Magen für die Speise; Gott aber wird das eine wie das andere (και ταυτην και ταυτα) auf immer aufhören lassen. — 1 Cor. 4, 6.

Hieher gehört auch die Wiederholung von εντευθεν, 2 Mos. 17, 12, εντευθεν και εντευθεν, מזה מזה; eben so 4 Mos. 22, 24. oder kontrahirt ενθεν και ενθεν. — Joh. 19, 18. Offenb. 22, 2.

Zweytes Kapitel.

Vom Femininum des Pronomens ετος und ος nach hebräischem Sprachgebrauch (Storr §. XLI.).

§. 53.

Das Femininum des Pronomens ετος und ος vertritt zuweilen die Stelle des Neutrius, wie im Hebräischen, wo es keine eigene Form für das Neutrum giebt. Z. B. Richt. 19, 30. εκ εγενετο και εκ εωραται ως αυτη, כזאת. — 1 Sam. 11, 12. εν ταυτη. — Neh. 13, 14. — Ps. 27, 4. ich verlasse mich darauf, εν ταυτη, בזאת, nemlich: daß Gott mein Führer und Beistand ist. — Ps. 119, 50. αυτη (זאת) με παρεκαλεσεν, οτι ꝛc. das (statt τετο, vgl. LXX. 1 Mos.

Storr S. 249. Wetb. S. 65.

42, 15. מוֹאָב ἐν τούτῳ; Pſ. 41, 11. 73, 16.),
daß dein Geſetz mich doch noch beglücken wird,
hat mich in meiner Noth getröſtet. — Matth. 21,
42. (Pſ. 118, 23.) παρα κυριȣ ἐγενετο αὑτη και ἐϛι
θαυμαϛη ꝛc., das (nemlich, daß der Stein, den
die Bauleute verworfen, zum Grundſtein des gan=
zen Gebäudes worden) kam vom Herrn ſo, und
kommt uns höchſt befremdend vor. Im 118ten
Pſalm haben die LXX. das hebräiſche Femininum
ebenfalls mit αὑτη, Aquila mit τȣτο überſetzt. —
Ebr. 6, 8. deſſen (ἡς) Ende Dürre iſt, nemlich:
das Ende von jenem ἐγγυς ἐιναι καταρας, von je=
ner Annäherung zum Fluch iſt die Dürre ſelbſt
(ἐις καυσιν, ſ. unten zu Storr S. 286. f.). —
Ebr. 11, 29., welches (ἡς, ſtatt: ὁ) nemlich: das
διαβηναι την θαλασσαν die Aegypter auch verſuch=
ten. — Ebr. 12, 5. daß nicht — auf dieſe Art
(δια ταυτης) nemlich: vermittelſt des ἐνοχλειν, oder
der bei dem einen oder dem andern durch das Gift
verurſachten Krankheit. — K. 12, 28. laſſet uns
dankbar ſeyn (ἐχωμεν χαριν, ſ. Luk. 17, 9.), wo=
durch (δι᾽ ἡς), nemlich: durch welches Dankbar=
ſeyn wir Gott auf eine ihm gefällige Art dienen.
— Phil. 1, 28., welches (ἡτις), nemlich das,
daß die Feinde des Chriſtenthums euch durch Dro=
hungen ſchrecken, ihr aber euch nicht ſchrecken laſ=
ſet, ihnen eine Anzeige des Verderbens, euch aber
des Heils ſeyn wird. Hier konnte das Relativum
um ſo eher im Feminino ſtehen, da das Subſt.
ἐνδειξις nachfolgt, und ſich das Pronomen auch
ſehr oft nach dem Genus des folgenden Subſtan=
tivi richtet (Ezech. 6, 2. 3, 13. Apoſtg. 16, 12.
Luk. 8, 11. 1 Cor. 9, 3. Offenb. 20, 14. vgl. mit
K. 21,

K. 21, 8. 1 Mof. 40, 12. vergl. v. 18. LXX.;
5 Mof. 32, 47. 49. vgl. K. 30, 20.

Drittes Kapitel.

Vom Comparativ und Superlativ. (Storr §. XLII.)

I. Vom Comparativ.

§. 54.

Weil es den Hebräern an eigenen Formen für
die Vergleichungsstufen des Adjektivs fehlt, so bedienen sie sich, um den Comparativ anzuzeigen,
der Negation so, daß sie ein Prädikat, das
zwei Dingen, dem einen aber mehr und in höherem
Grade zukommt, von demjenigen gänzlich negiren,
dem es weniger zukommt. Diese Negation ist also als keine absolute, sondern nur in der Vergleichung als Negation anzusehen. D. h. A
hat zwar an und für sich das Prädikat C, aber
B besitzt es in so hohem Grad gegen A, daß es
von A in Vergleichung mit B negirt werden kann.

Diese comparative Negation wird aber
im Hebräischen und Hebräisch-Griechischen mit
zweierlei Partikeln ausgedrückt:

1) mit *, μη (לֹא, אַל). — Z. B. 1 Mof.
45, 8. ἐχ ὑμεις με ἀπεσαλκετε ὡδε, ἀλλα ὁ Θεος,
d. h. nicht sowohl ihr habt mich hieher gesandt,
als Gott; oder: Gott hat mich vielmehr hieher
gesandt, als ihr. — 1 Sam. 16, 8. ἐ ὁτι — ἀλλ'
ἡ ἐμε. — Joel 2, 13. Jer. 7, 22. 23. — 2 Sam.
24, 14. ἐμπεσεμαι εἰς χειρας κυριε — εἰς χειρας

Storr
S.251.f.
Weth.
S.58.f.
u. 184.

10

ἀνθρωπε ὁ μη ἐμπεσω (1 Chron. 21, 13. Sir. 2,
18. ἐμπεσεμεθα εἰς χειρας κυριε, και ἐκ εἰς —).
ich will lieber in die Hände des Herrn fallen,
als ꝛc. — Tob. 12, 18. ἐ τη ἐμαυτε χαριτι, ἀλλα
τη θελησει τε θεε, ich kam nicht sowohl auf
eigenen menschenfreundlichen Antrieb, als vielmehr auf Gottes Befehl zu dir.

Matth. 19, 13. ἐλεος θελω, και ἐ θυσιαν, ganz
nach dem Hebr. ולא Hos. 6, 6. ich habe nicht sowohl
Lust am Opfer, als (vielmehr) an Barmherzigkeit; Barmherzigkeit gefällt mir besser, als Opfer.
Daher übersetzen auch die LXX. das ולא durch ἤ,
gerade wie das Mem im andern Gliede des Verses, und in der sehr ähnlichen Stelle 1 Sam. 15,
22. mit ὑπερ, wo ein hebr. מ ist. · S. unten nr.
2. — Matth. 10, 20. — Mark. 10, 18. ἐδεις
ἀγαθος, εἰ μη εἰς ὁ θεος, in Vergleichung mit
Gott ist Niemand gut. Der hohe Grad der Güte Gottes wird dadurch desto einleuchtender, daß
alles übrige, wirklich an und für sich Gute, diesen
Namen gleichsam gar nicht einmal verdiene. Vgl.
Job 15, 15. der Himmel (d. h. K. 4, 18. die Bewohner desselben) ist nicht fehllos in Vergleichung
mit Ihm, und LXX. Esth. 6, 6. τινα θελει ὁ βασιλευς δοξασαι εἰ μη ἐμε, wen will der König (mehr)
ehren, als mich? — Luk. 10, 20. freuet euch
nicht (μη χαιρετε) deswegen (ἐν, soviel, als: δια,
wie Gal. 1, 24. Phil. 1, 18. 3, 1. 1 Petr. 4, 14.),
daß euch die Dämone gehorchen müssen, sondern
freuet euch darüber, daß ꝛc., d. h. freuet euch
nicht sowohl — als vielmehr ꝛc. — Luk. 14, 12
—14. lade vielmehr Arme, als blos deine
Freunde. — Apostg. 5, 4. du hast mehr Gott.

als blos Menſchen belogen, ἐν ἀνθρωποις — ἀλλα
τῳ θεῳ, vgl. 2 Chron. 19, 6. 2 Moſ. 16, 8. —
1 Cor. 2, 12. — 1 Cor. 9, 9. die Frage: μη των
βοων μελει τῳ θεῳ; iſt ſoviel, als (ſ. unten bei
Storr S. 351.): δι᾽ ἡμας λεγει ὁ θεος, ἠ των
βοων μελει τῳ θεῳ, oder: ἠ των βοων μελει τῳ θεῳ,
ἀλλα δι᾽ ἡμας λεγει, er ſagt das nicht ſowohl aus
Sorgfalt für die Ochſen, als vielmehr um unſert=
willen. — Phil. 2, 21. — Col. 3, 23. τῳ κυ=
ριῳ και ἐν ἀνθρωποις, ſie ſollen ihre Berufspflicht
nicht ſowohl dieſen irrdiſchen Herren (wiewohl ih=
nen der Reſpekt nicht zu verſagen 1 Tim. 6, 2.),
als vielmehr dem Herrn ſelbſt leiſten. — Ebr.
13, 9. καλον — ἠ, es iſt beſſer, durch Chriſti
Gnade geſtärkt zu werden, als durch Opferſpei=
ſen. — 1 Petr. 1, 12. mehr um unſert — als um
ihrer ſelbſt willen. — K. 3, 3. f.

Hieher gehören auch noch folgende Stellen:

Luk. 14, 26. wer nicht Vater oder Mutter
haßt (μισει), in Abſicht auf mich, d. h. weni=
ger liebt als mich, vgl. Matth. 10, 37. ὁ Φι=
λων ὑπερ ἐμε, und 1 Moſ. 29, 31., wo ἐμισειτο
offenbar eine comparativ verneinte Liebe bezeichnet,
um weniger geliebt werden, als die Rahel,
vgl. v. 30. ἠγαπησε ῥαχηλ μαλλον ἠ λειαν. Eben
ſo μισουμενη 5 Moſ. 21, 15. ff. die weniger ἠγαπη=
μενη, und die ἠγαπημενη die mehr geliebte. Auch
1 Sam. 1, 5. אהב, er liebte die Hanna vor je=
ner, jene in Vergleichung mit der Hanna gar
nicht, d. h. er liebte die Hanna mehr als die Pen=
nina, daher die LXX. den guten Zuſatz machen:
ἠγαπα ὑπερ ταυτην. — Aehnlich iſt Röm. 9, 21.

10 ²

2 Tim. 2, 20. (Weish. 15, 7.) Gefäſſe εἰς τιμην, und Gefäſſe εἰς ἀτιμιαν, d. h. zu weniger τιμη.

§. 55.

2) Vor das Subjekt, mit welchem das andere in Vergleichung kommt, wird im Hebr. מן oder Mem geſetzt, welches ſeiner urſprünglichen Bedeutung nach (S. Storr S. 252. **) eine negative Partikel iſt, und alſo wie לא nr. 1. bei der Vergleichung gebraucht werden kann.

Auch die LXX. haben das Mem oder מן wirklich als negative Partikel angeſehen. Dies erhellt aus allen von Storr S. 255—257. angeführten Stellen, wo das Mem von ihnen durchgehends negativ überſetzt wird, z. B. Spr. Sal. 1, 33. מפחד, ἀΦοβως; Eſai. 33, 15. משמע, ἱνα μη ἀκυσῃ, מראת, ἱνα μη ἰδῃ; v. 19. ὡςε μη ἀκυσαι; K. 5, 6. τυ μη βρεξαι; K. 23, 1. מבוא, ὑκ ἐτι ἐρχονται; 1 Sam. 15, 23. ממלך (ſtatt: מהיות מלך v. 26. ſ. unten zu Storr S. 419. ſ.), μη εἰναι βασιλεα; 2 Moſ. 12, 4. אם ימעט הבית מהיות, ἐαν ὁλιγωτοι ὡσιν ἐν οἰκια ὡςε μη εἰναι [1]).

Weil nun das negative Mem häufig bei Vergleichungen, ſo wie אל und לא gebraucht wird, ſo überſetzen es die LXX. in dieſem Fall mit ἠ oder ὑπερ, das ſie auf den Poſitiv, wie im Hebräiſchen (wo man μαλλον in Gedanken ergänzen kann [2]), folgen laſſen, und das alſo die Bedeutung „prae" hat, z. B. 1 Moſ. 49, 12. λευκοι ὀδοντες ἠ γαλα, im andern Glied ὑπερ, מ.
— Pſ. 118, 8. ſ. ἀγαϑον πεποιϑεναι ἐπι κυριον ἠ πεπ. ἐπι ἀνϑρωπον, es iſt gut auf den Herrn ver-

trauen, vor dem Vertrauen auf ꝛc., oder: es
ist nur gut auf den Herrn vertrauen, und nicht
(☐) auf Menschen, d. h. es ist besser auf den
Herrn ꝛc. — Hof. 2, 7. καλως μοι ἠν τοτε ἠ νυν,
damals hatte ich es besser, als jezt. — Jon. 4,
3. καλον το ἀποθανειν με ἠ ζην με, טוֹב מוֹתִי
מֵחַיָּי, vgl. 2 Mof. 14, 12. κρεισσον ³) δ᳒λευειν ἠ
ἀποθανειν. — Jer. 8, 3. ειλοντο θανατον ἠ ζην.
— Tob. 3, 6. λυσιτελει μοι ἀποθανειν ἠ ζην. —
I Sam. 15, 28. τῳ ἀγαθῳ ὑπερ σε, der besser ist
als du. Auch sonst häufig mit ὑπερ, besonders
im Pred. Salomo, z. B. K. 4, 3. 9. 13. 6, 8.
9. 7, 2. 4. 9. I Kön. 2, 22. — Man vgl. auch
noch Sir. 20, 25. αἱρετου κλεπτης ἠ ὁ ἐνδελεχων
ψευδει, lieber noch ein Dieb, als ein beständiger
Lügner. — K. 22, 15. 39, 11. so lange er lebt,
erlangt er Ruhm mehr, als Tausende. — K. 41,
12. — Tob. 12, 8. — 2 Makk. 14, 42. er
wollte lieber ehrlich sterben, als — ihnen in die
Hände fallen.

Luk. 15, 7. χαρα ἐπι — ἠ ἐπι, die Freude
über einen solchen ist noch vor der Freude über ꝛc.,
d. h. sie ist größer, als ꝛc., vgl. Matth. 18,
13. χαιρει μαλλον ἠ. — I Cor. 14, 19. ich will
in der Gemeinde lieber nur fünf Worte mit hin-
zugefügter Erklärung in der Muttersprache reden,
um (v. 5. das zweite ἱνα) doch auch andere auffer
mir zu belehren, als tausend Worte (nur allein,
μονον, vgl. Matth. 5, 46. mit v. 47. und unten
bei der Ellipsis) in fremder Sprache vorgetragen
(ohne Erklärung). — Luk. 13, 2. ἁμαρτωλοι παρα
παντας, größere Sünder als alle, חַטָּאִים מִכָּל,
wie גָּדוֹל מִכֹּל 2 Mof. 18, 11. μεγας παρα παν-

τας; Judith 13, 18. 12, 18. Pf. 45, 2. ὡραιος
παρα (מ). S. unten von der Umſchreibung des
Superlativs; denn eigentlich iſt die Redensart
mit מכל und dem Poſitiv eine Umſchreibung des
Superlativs, ſ. 1 Moſ. 3, 1. ערום מכל, LXX.
Φρονιμοτατος παντων; K. 34, 1.

Aber eben weil die LXX. das ſo häufig vorkommende comparativ negirende Mem mit ἠ oder
ὑπερ oder παρα überſetzen: ſo behielten ſie dieſes ἠ
auch dann bei, wo das Mem nicht comparativ —
ſondern rein negirt, wo blos eine ſcheinbare
Vergleichung, der eigentliche Sinn aber (nach
der urſprünglichen Bedeutung des Mems) doch
negirend iſt. Z. B. 1 Moſ. 38, 26. δεδικαιωται
θαμαρ ἠ ἐγω, צדקה ממני, ſie iſt gerechter, denn
ich, d. h. ſie iſt unſchuldig, nicht ich. — Pred.
Sal. 5, 4. ἀγαθον το μη εὐξασθαι ἠ (מ) το εὐξασθαι και μη ἀποδυναι. — Sir. 20, 1. beſſer iſt,
Jemand ſein Unrecht vorhalten, als Groll hegen,
καλον ἐλεγξαι ἠ θυμεσθαι, eigentlich aber: wie gut
iſts, das Unrecht vorhalten, nicht aber Groll
hegen.

Luk. 18, 14. dieſer Zöllner gieng begnadigt in
ſein Haus, jener Phäriſäer aber durchaus
nicht, κατεβη δεδικαιωμενος ἠ ἐκεινος. Vergl.
1 Sam. 24, 18. δικαιος ὑπερ ἐμε, ממני, du biſt
unſchuldig, nicht ich. — Röm. 1, 25. ſie haben
die Geſchöpfe verehrt, und nicht den Schöpfer,
παρα τον κτισαντα. — Gal. 1, 10. der der Menſchen Gunſt zu erhalten ſuche, und nicht Gottes, ἠ θεον, מאלהים. — Matth. 18, 8. Mark.
9, 43. ff. καλον σοι ἐςιν — ἠ, vgl. mit Matth. 5,
29. Joh. 11, 50. και μη — nicht aber. —

Auch die oben angeführte Stelle 1 Cor. 14, 19. ist, vgl. mit v. 28., eher reinnegativ zu übersetzen.

Anmerkungen zu §. 55.

Anm. 1. (Vgl. die Note bei Storr S. 256. **). Diese Redensart kann zuweilen mit dem lateinischen Comparativ und dem darauf folgenden quam ut gegeben werden, also in obiger Stelle 2 Mos. 12, 4. „wenn ihrer aber im Hause zu wenig sind, als daß ꝛc. pauciores quam ut." — 1 Mos. 4, 13. גדול מנשׁא μειζων ἡ αἰτια μι τε ἀφεθηναι, major mea culpa, quam ut remittatur. — 1 Mos. 36, 7. — Ebr. 11, 40. κρειττον τι — ἱνα μη, „Gott meinte es mit uns viel zu gut, als daß sie allein ohne uns hätten die Krone erlangen sollen."

Anm. 2. Da die LXX. im hebr. Text auch nur den Positiv fanden, so suppliren sie ihn äußerst selten mit μαλλον, z. B. 1 Mos. 19, 9. κακωσομεν σε μαλλον ἡ ἐκεινες, מהם. — K. 29, 30. 5 Mos. 9, 14. 11, 23. ἐθνος πολυ μαλλον ἡ τετο, רב ממבו, vgl. K. 7, 17. πολυ ἐθνος τετο ἡ ἐγω, רבים הגוים ממני.

Anm. 3. LXX. übersetzen diesen Hebraismus öfters mit dem griechischen Comparativ, z. B. Richt. 15, 2. 1 Kön. 12, 10. Spr. Sal. 16, 32. 25, 7. Predi Sal. 7, 26. Ezech. 3, 9. 28, 3.

Anhang
von
den Präpositionen ἀπο und ἐκ,
deren Bedeutung mit der des hebr. Mems ganz übereinstimmend ist, zu Storr S. 252. ff. not. **.

§. 56.

1) Ἀπο und ἐκ drückt einen Theil vom Ganzen aus, und kann öfters durch: Etwas, Storr S. 253. Anm. nr. 2.

Weh. Einiges, Einige, übersetzt werden. Z. B.
S.56. 4 Mof. 21, 1. (einige) von ihnen, מֵהֶם; ἐξ αὐτῶν. — 2 Mof. 17, 5. — 3 Efr. 5, 63. ἐκ τῶν
ἱερέων, vgl. Efr. 3, 12. παλαι ἀπο. — Efr. 7, 7.
vgl. 3 Efr. 8, 5. — Sir. 8, 6. και γαρ ἐξ ἡμων
γηρασκουσι, auch von uns werden (einige) alt. —
K. 33, 12. 36, 9. 12. 1 Makk. 6, 21.

Matth. 25, 8. gebt uns ἐκ τυ ἐλαιυ, von dem
Oel, etwas, oder einen Theil, wie die LXX.
2 Chron. 36, 7. כְּלִי durch μερος των σκευων übersetzen. — Matth. 9, 16. das neue (Mark. 2, 21.)
Supplement reißt etwas vom alten Kleid (ἀπο
τυ ἱματιυ) ab. — K. 23, 34. ihr werdet (einige)
von ihnen tödten. — Luk. 11, 49. 21, 16. —
Mark. 6, 43. ἀπο ἰχθυων. — Joh. 16, 17. einige von seinen Jüngern. — Gal. 2, 6. von den
Vornehmsten (ἀπο των δοκυντων) in Jerusalem,
d. h. sehr Vornehme in Jerusalem haben mir
nichts eingewendet, d. h. einige (v. 9., welche drey
vermuthlich nicht die einzigen waren) von den Vornehmsten; daher konnte wohl nach der Parenthese
(s. unten zu Storr S. 397.) οἱ δοκυντες gesetzt
und synekdochisch genommen werden. — Man
vgl. auch noch Joh. 9, 40. Offenb. 2, 10. 3, 9.
11, 9. 18, 3. και ἱππων ꝛc., in welcher leztern
Stelle die Präposition ἀπο und ἐκ weggelassen
ist *): Niemand kauft mehr von ꝛc.

2) nach, post. S. Schleusn. Lex. unter
ἐκ nr. 11.

Storr   2 Sam. 15, 7. ἀπο τελυς τεσσαρ. ἐτων, nach
S.253. vierzig Jahren, für: μετα τεσσ. ἐτη, wie LXX.
nr. 3. Hof. 6, 2. 2 Mof. 23, 20. 1 Mof. 4, 3. das Mem
übersetzen: μετα δυο ἡμερας ꝛc. — Röm. 1, 5. ἐξ

ἀναϛασεως, nach seiner Auferstehung. — 2 Petr.
2, 8. ἡμεραν ἐξ ἡμερας; — 1 Cor. 11, 23. ἀπο τε
κυριε, nach Christo, nach der Zeit, nach dem Tod
Jesu. — Ebr. 11, 35. sie erhielten ihre Todten
nach ihrer Auferstehung wieder.

 3) Wirkende Ursache, die Präposition Storr
mag bei Passivis oder Neutris stehen. Z. B. S. 254.
 4 Mos. 32, 22. ἐσεϑε ἀϑωοι ἀπο Ισραηλ, ihr nr. 4.
werdet von Israel für unschuldige Leute angesehen
werden. — Ps. 6, 7. ἀπο ϑυμε. — Ps. 38, 9.
Ps. 119. 104. von deinen Geboten bin ich so weise,
efficientibus præceptis sic sapui. — Sir. 11,
18. mancher wird reich vom Kargen und Sparen.
— K. 16, 4. durch Einen Klugen (ἀπο ἑνος συνε-
τε efficiente und sapiente) kann eine Stadt
glücklich gemacht werden (συνοικιζεϑαι, hier dem
ἐρημεϑαι, und K. 10, 3. dem ἀπολειν entgegengesetzt, s. *Schleusn.* Spicil. I. p. 83. 107. f.)
Sir. 22, 27. daß ich nicht durch die Zunge (ἀπο
γλωσσης) unglücklich werde, K. 5, 13. — K. 20,
18. lieber ein Fall, ein Unglück, das der Boden,
als das die Zunge verursacht, ἀπο ἐδαφες μαλλον
ἤ ἀπο γλωσσης, vgl. Job 12, 3. 13, 2. מכם נכבל.
— Sir. 36, 7. 38, 5. Judith 12, 10. Br. Jer.
v. 17. ihre Augen sind mit Staub angefüllt von
den Füßen derer, die aus- und eingehen, ἀπο των
ποδων. — v. 21. schwarz vom Rauch, ἀπο καπνε.
 Matth. 1, 18. 20. ἐκ πνευματος, vgl. 1 Mos.
38, 18. — Matth. 11, 19. ἐδικαιωϑη ἀπο 2c., vgl.
δικαιωϑηναι ἀπο κυριε Esai. 45, 25. — Mark. 7,
11. wenn einer zu seinem Vater spricht: das soll
Gott geweihet seyn (δωρον, suppl. ἐϛω), wodurch
du könntest von mir unterstützt werden, ἐξ ἐμε.

— Röm. 9, 3. ἀναθεμα ἐιναι ἀπο χριϛυ, ich wollte
lieber, wenns nöthig wäre, von Christus für ein
ἀναθεμα zur Rettung meiner Brüder gehalten werden, d. h. ich wollte lieber den Tod (Jos. 6, 17.
5 Mos. 20, 17. 2 Mos. 32, 32. 2 Cor. 12, 5.)
von Christus mir für meine Brüder gefallen
laſſen. — 1 Cor. 1, 30. von ihm (Gott), d. h.
durch Gottes Wirkung und gütige Veranſtaltung,
ſeyd ihr Chriſti, Chriſto geweihet; denn Gott iſts,
der euch Chriſtum zum Urheber der σοφια ꝛc. gegeben hat. — 1 Cor. 10, 4. die Iſraeliten haben
durch die Wirkung des unſichtbaren, höchſt vollkommenen Felſen, welcher Chriſtus war, aus dem
körperlichen Fels trinken können. — 2 Cor. 1, 11.
damit von (ἐκ) vielen Menſchen wegen der mir
erzeigten göttlichen Wohlthaten (v. 10.) für mich
umſtändlich gedankt werde. — K. 2, 3. die mir
Freude machen ſollten. — 2 Cor. 7, 9. es iſt euch
deutlich, daß ich euch in Betrübniß geſetzt habe
(v. 8. ἐγω ἐλυπησα ὑμας), iſt euch auf keine Art
Schade von mir geſchehen. — Phil. 3, 9. ἐκ
θεȣ δικαιοσυνη, eine ſolche Rechtſchaffenheit (und
die damit verbundene Würdigkeit zur Seligkeit),
die von Gott geſchenkt, zugerechnet wird. —
2 Theſſ. 1, 8. durch euch (αφ᾽ ὑμων), d. h. nicht
nur durch eure Mitwirkung, eigene Aufopferung
und Lebensgefahr für die Rettung und Sicherſtel-
lung des Paulus und Silas (Apoſtg. 17, 5—10.),
ſondern auch durch euer Beiſpiel von Glauben
und Muth wurde bewirkt, daß die Lehre Jeſu (durch dieſe Männer, die durch euch erhalten
wurden) weiter ausgebreitet werden konnte. —
Jak. 4, 7. wenn (ſ. oben S. 42.) ihr dem Teu-

fel widersteht, so wird er fliehen müssen durch
eure Kraft, ἀφ' ὑμων, efficientibus vobis,
vergl. Sir. 22, 27. ἱνα μη πεσω ἀπ' αὐτης. —
Offenb. 15, 2. νικωντες ἐκ θηριυ, die einen Sieg
erhalten haben, wozu das Thier Veranlassung
gab. Denn unter der wirkenden Ursache wird
nach §. 14. auch diejenige verstanden, welche zu
einem Erfolg blos Gelegenheit gab.

Eben deswegen kann ἀπο und ἐκ, wie das he= Storr
bräische Mem, auch: *prae, ob,* bedeuten, z. S.254.
B. 5 Mos. 28, 67. ἀπο τυ φοββ, und Matth.
14, 26. Luk. 21, 26. — 2 Chron. 5, 6. ἀπο πλη=
θυς, vgl. Luk. 19, 3. Joh. 21, 6. — Esr. 10,
9. ἀπο τυ χειμωνος, wegen des Winters, vgl.
3 Esr. 9, 6. δια τον χειμωνα (vgl. ▯ und LXX.
δια 1 Mos. 22, 12. um meinetwillen; Esai. 53,
5. um unserer Sünden willen). — Job 37, 1.
barob (ἀπο ταυτης, s. §. 54.) zittert mein Herz.
— Sir. 20, 5. 21. 1 Makk. 6, 8. 10. — Luk.
22, 45. ἀπο της λυπης; K. 24, 41. Matth. 13,
44. Apostg. 12, 14. ἀπο χαρας, für Freude. —
Offenb. Joh. 16, 10. 11. 21. ἐκ, für Qual und
banger Verzweiflung ꝛc. ꝛc.

4) ἐκ und ἀπο ist zuweilen, wie Mem, An= Storr
zeige des Genitivi. — 1 Makk. 4, 33. we= S.254.s.
gen ihrer guten Gesinnung gegen uns, χαριν της nr. 5.
ἐξ αὐτων εὐνοιας. — Judith 10, 19. sie bewun=
derten ihre israelitische Männer, τυς υιυς Ἰσραηλ
ἀπ' αὐτης.

Matth. 5, 18. κεραια ἀπο τυ νομυ, der kleinste
Buchstabe des Gesetzes. — Luk. 11, 13. ὁ
πατηρ ὁ ἐξ υρανυ; 2 Cor. 5, 2. οἰκητηριον ἐξ υρανυ,
für: τυ υρανυ Judith 5, 8. — Luk. 2, 35. ἐκ

πολλων καρδιαν, vieler Herzen Gedanken. — Joh. 3, 25. ζητησις εκ μαθητων. — K. 10, 32. Werke meines Vaters (v. 37.). — K. 18, 3. Gerichts-diener der Hohenpriester. — Apostg. 23, 21. sie warten auf deinen Befehl, την απο σε επαγγελιαν. 2 Cor. 8, 7. ὁ ἐξ ὑμων, ἐν ἡμιν ἀγαπη, eure (für: ἡμων, vgl. מכם Hos. 5, 13. und Storr S. 254. unten) Liebe zu uns, d. h. Liebe, die von euch herkommt. — 2 Cor. 9, 2. ὁ ἐξ ὑμων ζηλος, euer Eifer. — Eph. 2, 8. ἐκ ἐξ ἡμων, θεε δε δωρον. — Col. 3, 8. αισχρολογια εκ τε σοματος, schandba-re Worte des Mundes, vgl. Hos. 14, 3., wo LXX. פרי משפתינו gelesen, und das Mem für eine Anzeige des Genitivs genommen zu haben scheinen; denn sie übersetzen καρπον χειλεων. — 1 Joh. 2, 16. τα εκ τε κοσμε, Eigenschaften der Welt. — Offenb. 2, 9. die Lästerung derer, wel-che vorgeben. — K. 18, 20. Gott hat sie euch zum Besten gerichtet, εκρινε κριμα ὑμων ἐξ αὐτης, statt: κριμα αὐτης. welches der Genitiv objecti ist, der aus dem Akkusativ entstanden (s. unten zu Storr S. 275. f.), um ihn von dem andern Genitiv ὑμων besser unterscheiden zu können, wel-cher statt des Dativi commodi (s. unten zu Storr S. 278. f.) steht. Vergl. Jer. 11, 20. ἰδοιμι την παρα σε ἐκδικησιν ἐξ αὐτων, מהם, statt: την αὐτων ἐκδικησιν την παρα σε, laß mich noch deine Rache über sie sehen. Auch hier steht ἐξ αὐτων für den Genitiv objecti, der aus dem Akkusativ entstanden, den ἐκδικειν gewöhnlich bei sich hat, so wie das obige κρινειν.

*) **Anmerkung.**

Eben diese Ellipsis ist auch Apostg. 10, 7. 21, 16. Offenb. 2, 17. vgl. v. 7. — 2 Mos. 29, 30. τε αἱματος, מקמו, vgl. die Parallelstelle 3 Mos. 8, 23. απο τε αἱματος. — 3 Mos. 11, 28. ὁ αἱρων των Ινησιμαιων αὐτων, wer eins von (v. 25. und v. 40. ם) den Aasen wegnimmt; v. 33. stirbt aber (eines) von den Thieren, מן הבהמה, ἱαν αποθανη των κτηνων. — 2 Sam. 11, 24. αποθανον των παιδων σε. — 1 Sam. 30, 26. 2 Chron. 32, 21. των ἐξελθοντων (τινες) ἐκ κοιλιας 2c. — 2 Kön. 10, 23. — 3 Esr. 8, 71. vgl. Esr. 9, 3. — 1 Makk. 11, 23. 2 Makk. 4, 31. Sir. 6, 19.

II. Vom Superlativ.

§. 57.

Eine Sache wird in einem sehr hohen oder dem höchsten Grade nach hebräischem Sprachgebrauch auf folgende Arten ausgedrückt:

1) **Durch den Artikel,** s. oben. Ich setze noch hinzu: Tob. 3, 16. ὁ μεγας, von Gott gesagt; Matth. 5, 35. τε μεγαλε, des größten Königes. 2 Makk. 1, 24.

Storr
S. 257.
nr. I.
Weth.
S. 61.

2) **Durch den Pluralis.** S. oben.

Storr u.
Weth.
ebendas.
Ebendas.

3) **Durch Wiederholung des nemlichen Wortes,** dessen Bedeutung in einem sehr hohen Grade zu nehmen ist (da die Wiederholung einerlei Wortes ohnehin sehr oft dazu dient, den Affekt des Redenden auszudrücken, s. unten zu Storr S. 431.).

Diese Wiederholung geschieht aber meistens so, daß sich das Nomen selbst regiert, z. B. 3 Mos. 23, 32. σαββατα σαββατων, großer Sabbath; Hohel. Sal. 1, 1. das fürtreflichste Lied. — Pred.

Sal. 1, 2. nichts als Vergänglichkeit. — Dan. 2,
47. θεος θεων. — Sir. 16, 18. der erhabenste
Himmel (Pſ. 68, 33.) — Ebr. 9, 3. αγια αγιων,
das Allerheiligſte (1 Kön. 8, 6. 2 Moſ. 26, 33.f.).
— Offenb. 19, 16. (1 Tim. 6, 15.), vgl. 2 Makk.
13, 4. der allerhöchſte König und Herr.

Storr
S.258.
nr. 4.
vgl. mit
S.188.II.
Weſh.
S.60.13.

4) Durch Zuſammenſtellung und Häufung gleichbedeutender Adjektive oder
Subſtantive, welche

α.) entweder als *regens* und *rectum* bei
einander ſtehen, wie Dan. 4, 27. εν ισχυι κρατες
με, Theod. εν τω κρατει της ισχυος μυ, große Macht.
— Pſ. 78, 49. οργη θυμυ αυτε. — Sir. 10, 18.
Eph. 1, 11. βυλη θεληματος αυτε, ſein gänzlich freier Wille; Col. 1, 11. κατα το κρατος
της δοξης αυτε; da κρατος Eſai. 12, 2. 45, 24., ſo
wie δοξα Pſ. 68, 35., von der Macht Gottes gebraucht, ſo drückt die Verbindung dieſer Synonyme die höchſte Macht, wie Eſai. 40, 26., aus.
Vgl. Eph. 1, 19. 6, 10. — 1 Tim. 6, 15. —
2 Petr. 2, 17. eine ewige dicke Finſterniß.
— Offenb. 16, 19. (K. 19, 15.) οινος τε θυμυ
της οργης αυτε, der Wein, nemlich (ſ. oben §. 21.)
die ſchwere Strafe Gottes, vergl. Pſ. 78, 49.
und 4 Moſ. 32, 14.

Storr
S.188.
Anm.
nr.II.2.

β) oder die gleichbedeutende [1] Nomina werden durch και [2] mit einander
verbunden. Zeph. 1, 15. ημερα θλιψεως και
αναγκης, γνοφυ και σκοτυς, ein Tag der höchſten
Noth, der ſchrecklichſten Finſterniß. Pſ. 78, 49.
Matth. 2, 18. (Jer. 31, 15.) man hat das
bitterſte, kläglichſte Weinen gehört, θρη
νος και κλαυθμος και οδυρμος πολυς, Judith. 14,

16. — Luk. 1, 14. große Freude, s. Spr. Sal. 29, 6. 1 Makk. 4, 59. μετ᾽ εὐφροσυνης και χαρας, vgl. K. 4, 58. μετ᾽ εὐφροσυνης μεγαλης. — Apostg. 13, 11. stockdicke Finsterniß. — Röm. 2, 8. θυμος και ὀργη (5 Mos. 9, 19. Bar. 1, 12.), harte göttliche Strafen. — Röm. 15, 19. 2 Cor. 12, 12. (Weish. 2, 6.) σημεια και τερατα, viele und große Wunder, vgl. Bar. 2, 11. — 2 Theff. 3, 8. höchst beschwerliche Arbeit. — Ebr. 5, 7. (Phil. 4, 6. Eph. 6, 18. Bar. 2, 14.) ernstliches Gebet. 1 Petr. 1, 7. die höchste Ehre.

Anmerkungen zu §. 57.

Anm. 1. Zuweilen wird das nemliche Nomen mit zwei synonymen Präpositionen wiederholt, z. B. Röm. 3, 22. εἰς παντας και ἐπι παντας, für Alle, Alle ohne Ausnahme, wie der Apostel zuvor alle, ohne Unterschied, für Sünder erklärt hatte. Denn im Gebrauch der beiden Präpositionen εἰς und ἐπι ist nichts besonders zu suchen, indem sie wirklich auch anderswo als synonym abwechseln, z. B. Apostg. 26, 8. 1 Sam. 16, 7., wo beidemal im Hebr. אל ist.

Anm. 2. Das και wird zuweilen auch weggelassen, z. B. Ebr. 7, 26. ὁσιος, ἀκακος, ἀμιαντος, vollkommen unsündhaft, heilig.

§. 58.

Zuweilen werden auch besondere Worte in eigentlicher oder metaphorischer Bedeutung hinzugesetzt, welche eine Größe, Vorzug anzeigen. Z. B. πρωτοτοκος, ἀπαρχη, θεος, κυριος, χριςος ꝛc. Col. 1, 15. πρωτοτοκος πασης κτισεως. Da nach den ältesten Rechten (1 Mos. 27, 29. ff. 37. 1 Mos. 49, 3. 5 Mos. 21, 17. 1 Chron. 6, 1. 2.) der erstge-

Storr S. 258. nr. 5. Weth. S. 63.

borne Sohn Herr seiner übrigen Brüder und der
Familie war, auch überhaupt jedes Erstgeborne
unter Menschen und Thieren Gott geheiliget
war (2 Mos. 13, 2. 4 Mos. 3, 12. 45. Luk. 2,
23.): so konnte בכור und πρωτοτοκος gar wohl
die Bedeutung eines ausgezeichneten Vor-
zugs vor andern zur Gattung gehörigen Dingen
überhaupt annehmen, und den Superlativ anzeigen. Deswegen heißt Christus in der angeführten
Stelle die vorzüglichste unter allen Kreaturen,
so wie er Ps. 89, 28. בכור, πρωτοτοκος in Absicht auf die übrigen Könige der Erde, seine Brüder, der vorzüglichste, größte und mächtigste (ύ-
ψηλος παρα τοις βασιλευσι της γης, oder παρα τ8ς
μετοχ8ς Ebr. 1, 9.) heißt. Man vergl. noch die
von Storr S. 258. angeführte Stelle Esai. 14,
30., wo בכורי דלים der Dürftigen Erstgeborne, Erstlinge nichts anders sind, als die äußerst
Dürftige und Arme; Hiob 18, 13. „seine Bei-
ne frißt des Todes Erstgeborner, בכור מות, entweder: die fürchterlichste Krankheit (weil im Ara-
bischen filii mortis Krankheiten heissen), oder:
der empfindlichste, schmählichste Tod." — Jak.
1, 18. daß ihr ein Theil seiner edelsten, vortreff-
lichsten Werke seyn sollet, απαρχη τις των κτισμα-
των αύτ8, vgl. Sir. 36, 15. Weil nemlich απαρχη dem hebr. ראשית und חלף, z. B. 4 Mos.
18, 12. entspricht, wo es das beste Oel (απαρχη ελαι8); gleichsam das Mark (vgl. ϛεαρ πυρ8,
bester Weizen Ps. 81, 16. 147, 14.) vom Oel
ausdrückt, das nach mosaischem Gesetz dem Herrn
geweihet war, so bezeichnet es überhaupt das
Beste, das Vortrefflichste einer Sache. Daher
über-

überſetzen, auch LXX. das hebr. ראשית Amos
6, 6. mit πρωτος, die beſte Salbe. Man vergl.
auch Job 40, 19., wo der Elephant ראשית
דרכי אל, der Werke Gottes Erſtling, das vor⸗
züglichſte Thier, αρχη πλασματος κυριυ heißt, ſo
wie Salomo die Furcht des Herrn Spr. 1, 7.
die ראשית דעת nennt (LXX. αρχη σοφιας, ſ.
auch Sir. 1, 14.), oder: die vorzüglichſte aller
Wiſſenſchaften, die vorzüglichſte Weisheit. Vgl.
auch Sir. 11, 3., wo der Honig αρχη γλυκασμα⸗
των (ſ. Richt. 14, 18. τι γλυκυτερον μελιτος) die er⸗
ſte, vorzüglichſte unter allen Süßigkeiten heißt.
— Sir. 29, 28. 39, 31.

Und eben weil das Beſte Gott geweihet und
geopfert wurde, und kein Fehler daran ſeyn durf⸗
te, ſo pflegt der Zuſatz von θεος, κυριος *), auch
wo nicht von Opfer die Rede iſt, etwas Vorzügli⸗
ches und ausgezeichnet Schönes, Großes, Gutes,
gleichſam als Eigenthum Gottes, auszudrücken,
oder auch: was ſelbſt in den Augen Gottes
groß iſt, was Gott ſelbſt für groß und vorzüg⸗
lich erkennt, das muß wahrhaftig groß, im höch⸗
ſten Grad groß ſeyn. Z. B. Apoſtg. 7, 20. αςειος
τω θεω, für: αςειος πανυ σφοδρα, καθ᾽ υπερβολην ꝛc.
S. auch 1 Sam. 16, 12., wo LXX. das hebr.
טוב ראי αγαθος ορασει mit dem Zuſatz κυριω über⸗
ſetzen. — Luk. 1, 15. er wird wahrhaftig groß
ſeyn, μεγας ενωπιον θευ, ſo wie v. 6., ſie waren
wahrhaftig fromm, ſelbſt ir Gottes Augen. 1 Moſ.
10, 9. in der Jagd vorzüglich ſtark, גבור ציד
לפני יהוה, εναντιον κυριυ, ſelbſt in den Augen
des Jova, Jova ſelbſt kannte damals keinen größ⸗
ſern; kurz: der größte und berühmteſte Held ſei⸗

Werh.
S. 60.

11

ner Zeit war Nimrod. 2 Cor. 1, 12. heißt ἁπλό-
της καὶ εἰλικρινεια Θεῦ, vollkommene Redlichkeit
und Aufrichtigkeit; 2 Cor. 10, 4. die Waffen,
deren wir uns bedienen, sind δυνατα τῳ Θεῳ, vorzüglich stark. Vgl. Jon. 3, 3. Ninive war עִיר
גְדוֹלָה לֵאלֹהִים, πολις μεγαλη τῳ Θεῳ, eine große
Stadt selbst Gott! (auch wie im Deutschen: eine
göttliche Stadt, eine göttliche Aussicht ꝛc.)
So wird auch Salmanassar von Esaias K. 28, 2.
חָזָק וְאַמֵּץ לַאֲדֹנָי, das heißt der Stärkste,
Mächtigste genannt. — Col. 2, 19., durch (s.
§. 56. nr. 3.) welches Haupt, nemlich Christus,
der ganze Leib zu einem herrlichen Wachsthum gelangt, αὐξησιν Θεῦ. — Jak. 5, 11. den
herrlichen Ausgang (τελος κυριε [2]) der Leiden
Hiobs, wisset ihr.

Da bei dem Apostel Paulus der Name
Christi gleichen Werth mit dem göttlichen Namen hatte, so bedient er sich auch zuweilen des
Zusatzes χριστος, um die gewöhnliche Bedeutung
eines Wortes noch mehr zu verstärken, z. B.
2 Cor. 11, 10. ἐστιν ἀληθεια χριστε ἐν ἐμοι, (für:
ἐμοι, §. 21. nr. I.) oder: Röm. 9, 1. ἀληθειαν
λεγω ἐν χριστῳ, für (s. Storr Diss. über den Brief
an die Phil. K. 1, 1. a): χριστε, ich weiß es ganz
gewiß, ich rede die ungezweifeltste Wahrheit.
Dieser Zusatz drückt hier um so gewisser den Superlativ aus, da zum affirmativen Satz auch noch
die Verneinung des Gegentheils, ὁ ψευδομαι, gesetzt wird, s. §. 59. nr. 8.

Anmerkungen zu §. 58.

Anm. I. Vergl. *Fischer* Prolus. IX. de vitiis
Lex. N. T. p. XV. „Hebræi consueverunt positivo

gradui adjectivorum addere nomen לָאלֹהִים, ad
gradum Superlativum exprimendum. — p. XIX.
quoniam naturæ et virtutum Dei omnium summa
intelligitur esse præstantia: Hebræi, si vellent rem
aliquam ostendere suo in genere præclarissimam esse omnique ex parte perfectam, vocabulo ejus ad-
jungere instituerunt nomina יה, אל, אלהים et
יהוה (Ps. 36, 7. 80, 11. Cant. 8, 6. Jer. 2, 31.), quæ
vi adjectivorum gauderent. Auch p. XX. — Auch
Dathe bei 1 Mof. 10, 9. ex idiotismo linguæ he-
bææ magnitudo et excellentia rei adhibito nomine
Dei indicatur.

Anm. 2. Man könnte jedoch auch überſetzen: den
Ausgang, den der Herr (Gott, vgl. K. 4, 10. mit v. 6.
und 1 Petr. 5, 5. und Spr. Sal. 3, 34.) veranſtaltet
und verſchaft hat Job 42, 7. ff. Von dieſer Bedeutung
des Genitivs ſ. unten zu Storr S. 275. u. Vergl.
1 Sam. 14, 15., wo חרדת אלהים, Schrecken Gottes, überſetzt wird: ἐκςασις παρα κυρια (2 Chron. 14,
14. ἐκςασις κυρια), von Gott geſchickt.

§. 59.

6) Wenn einem Subjekt eine Eigen-
ſchaft vorzüglich und vor allen andern
ſeiner Gattung beigelegt wird, ſo wird
das Gattungswort zu dem Attribut
vermittelſt der Präpoſition ἐν, oder
im Genitiv geſetzt. Z. B. Jer. 49, 15. μικρον ἐν ἔθνεσι, εὐκαταφρονητον ἐν ἀνθρωποις (Obad.
v. 2. ὀλιγοςον ἐν ἔθνεσι). — 2 Kön. 10, 3. den
beſten und tauglichſten unter Jorams Prinzen. —
1 Chron. 12, 4. — Spr. Sal. 30, 30. das ſtärkſte unter den Thieren. — Sir. 11, 3. μικρα ἐν
πετεινοις μελισσα, die Biene iſt unter den geflügel-
ten Thieren das kleinſte.

Storr
S. 259.
nr. 6.
vgl. mit
S. 122.
nr. 2.
und
not. **.
Beth.
S. 61.

Luk. 1, 28. glücklichste unter den Weibern, εὐλογημένη ἐν γυναιξί, vgl. Judith 13, 18. εὐλογητὴ παρὰ πάσας τὰς γυναῖκας. — Luk. 16, 15. die sich selbst für die Vorzüglichsten unter den Menschen halten, τὸ ἐν ἀνθρώποις ὑψηλόν, statt: οἱ ἐν ἀνθρώποις ὑψηλοί (s. unten §. 70. Anm. 3.). — 1 Cor. 6, 4. die unansehnlichsten Mitglieder von der Gemeinde. — Ebr. 3, 2. πιστὸς τῷ ποιήσαντι ἐν ὅλῳ τῷ οἴκῳ, er wird von dem, der ihn angestellt hat, unter allen, die zur Familie gehören, als der treueste angesehen (§. 6.).

Storr S.259. nr. 7. 7) Daß auch das Abstractum, für das Concretum gesetzt, oft die Bedeutung des Superlativs habe, s. oben Anm. zu §. 12. und 48.

Storr S.259. nr. 8. Weth. S.60. 8) Die Litotes (§. 16.) wird zu dem nemlichen Zweck gebraucht. Gleiche Emphasis hat es auch, wenn etwas affirmativ und negativ zugleich gesagt, d. h. das Gegentheil davon negirt wird, z. B. Am. 5, 18. 20. σκότος καὶ ὁ Φῶς, dicke Finsterniß, nichts weniger, als Licht (Job 12, 25.). — 5 Mos. 28, 13. εἰς κεφαλὴν καὶ μὴ εἰς οὐράν, — ἐπάνω καὶ οὐκ ἔσῃ ὑποκάτω, er wird dich zum vorzüglichsten, mächtigsten Volk machen, dem alle andere nachstehen müssen. — Esai. 31, 3. nichts weniger, als Gott. — Ezech. 18, 21. 28. er soll keineswegs gestraft werden, ζῶν ζήσεται καὶ ὁ μὴ ἀποθάνῃ. — 2 Kön. 20, 1. ἀποθνήσκεις σὺ καὶ οὐ ζήσῃ, du wirst unfehlbar sterben. — Bar. 2, 5. sie sind aufs tiefste erniedrigt worden. — Sir. 2, 3. sey sein standhaftester Verehrer.

Joh. 7, 18. der ist wahrhaftig (ἀληθής), und ist keine Lüge (ἀδικία, vgl. ἀδικία und ἀλήθεια Röm.

2, 8. 2 Theff. 2, 10. 12. und λογος αδικος, שֶׁקֶר,
Spr. Sal. 13, 5. vgl. mit K. 12, 22. χειλη ψευ-
δη) in ihm, der ist völlig glaubwürdig. —
1 Joh. 1, 5. Gott ist das reinste Licht, vergl.
5 Mof. 32, 14. — 1 Joh. 2, 4. ein grober, voll-
kommener Lügner, vgl. Jer. 9, 3. ψευδος και
ἡ πιστις, nichts als lauter Trug. — 1 Joh. 2, 27.
wie eben jener Geist (v. 20. und χρισαι Luk. 4, 18.),
den ihr von Gott empfangen habt, euch über alles
belehrt, so ist es wirklich wahr und durchaus kein Irrthum, unstreitig wahr. —
1 Joh. 5, 12. die Seligkeit hängt einzig und
allein vom Sohn ab. — Matth. 13, 34. er
redete zu ihnen nicht anders, als durch Bil-
der. — Luk. 1, 33. βασιλευσει εις τον αιωνα, και
της βασιλειας αυτε εκ εςαι τελος; um die Ambigui-
tät in dem Ausdruck εις τον αιωνα (2 Sam. 7, 13.
16.) zu heben, und eine ungezweifelt ewige, un-
endliche Dauer der Regierung zu bezeichnen. —
Röm. 9, 1. 2. (1 Tim. 2, 7.) ich rede die Wahrheit, und lüge nicht, d. h. ich rede die heiligste
Wahrheit, vergl. Judith 5, 5. αναγγελω σοι αλη-
θειαν — και εκ εξελευσεται ψευδος εκ τε. — Joh.
1, 20. er bekannte und leugnete nicht, und er bekannte, d. h. er hat ganz bestimmt und rund her-
ausgesagt, er hat nichts weniger als ge-
leugnet. — v. 3. alles ist durch ihn entstanden,
und ohne ihn ist nichts entstanden, was je einen
Ursprung hat, d. h. Alles, Alles ohne Ausnahme (*Rosenm.* oppositi negatio omnem
exceptionem removet). Vgl. 2 Kön. 20, 21.
es kamen alle, und es war nicht Einer, der übrig
blieb, der nicht kam; Esai. 39, 2. 2 Kön. 20, 13.

Hiskias zeigte ihnen alles ohne Ausnahme; 1 Kön.
10, 3. Weish. 11, 24. du liebst alles, was nur
ist, und hassest nichts von dem, was du geschaffen
hast, d. h. du liebest alles ohne Ausnahme.

§. 60.

9) Der höchste Grad wird dadurch
angezeigt, daß ein Subjekt, mit allen
andern seiner Gattung vor und nach
ihm, oder mit Gegenständen, welche die
Eigenschaft in einem vorzüglichen Grad
besitzen, verglichen, oder ihm die Eigenschaft in einem noch höhern Grad
beigelegt, oder ihm der Vorzug vor
allen andern gegeben wird. Z. B. Hohel. Sal. 5, 11. μελας ὡς κοραξ, sehr schwarz;
Richt. 7, 12. Menge wie Heuschrecken, wie Sand;
zahllos; 1 Mos. 22, 17. wie die Sterne. —
Klagl. Jer. 4, 7. εκαθαριωθησαν υπερ χιονα, ελαμ-
ψαν υπερ γαλα 2c. — 2 Sam. 1, 23. Hohel. 4,
19. Hab. 1, 8. — Matth. 28, 3. sein Aussehen
war (glänzend) wie der Blitz, und sein Gewand
so glänzend weiß, als der Schnee. — Mark.
9, 3. — Ebr. 4, 12. was Gott sagt, ist schärfer,
als kein zweischneidiges Schwerdt. — Ebr. 11,
12. wie Sterne am Himmel, und unzählbarer
Sand am Ufer des Meeres, vgl. 2 Chron. 7, 9.
und die Parallelstelle 1 Kön. 3, 8. λαος ὁς ἐκ
ἀριθμηθησεται, auch Judith 2, 20. 3 Makk. 11,
1. — Matth. 12, 42. hier ist der allerwei-
seste, πλειον σαλωμωνος, vgl. 1 Kön. 4, 30 f. die
Weisheit Salomons war größer, denn aller Mor-
genländer und aller Aegypter Weisheit; er war

weiſer, denn alle Menſchen ꝛc. — und Ezech. 28,
3. σοφωτερος τȣ δανιηλ. — Offenb. 1, 14. ſeine
Haupthaare waren ganz weiß, wie Schnee, um
das ehrwürdige Alter deß auszudrücken, der v. 17.
heißt ὁ πρωτος, der vor allen war (Eſai. 41, 4. 43,
10. 44, 6.) und ὁ ἐσχατος, den Niemand überleben
wird (Eſai. 43, 10. μετ' ἐμε ἀλλος ȣκ ἐϛαι). Die
nemliche Idee des Alters der Gottheit wird mit
wolleweiſſem Haar ausgedrückt Dan. 7, 9.
— Offenb. 18, 5. ihre Sünden ſind ungeheuer
groß, ἐκολληθησαν ἀχρι τȣ ȣρανȣ. So hießen die
Städte mit ſehr hohen Mauern, τετειχισμεναι
ἑως τȣ ȣανȣ 5 Moſ. 1, 28. 9, 1.; ein ſehr hoher
Thurm 1 Moſ. 11, 4.; hohe Wellen Pſ. 107, 26.;
ſehr hoher Baum Dan. 4, 8. Vergl. auch Sir.
13, 23.

Auch ſehr kleine Dinge werden verglichen
mit ſolchen, die unter die bekannten kleinſten gehören, z. B. Matth. 17, 20.

Wenn ſehr ſchwere und unmöglich-
ſcheinende Dinge ausgerichtet werden ſollen,
ſo werden gewiſſe Wirkungen genannt, die jedermann, nach gemein-menſchlicher Kraft zu urthei-
len, für unmöglich halten wird. Z. B. wenn
Gott Eſai. 54, 10. ſagen will, es ſollen eher un-
glaubliche Dinge geſchehen, ſo ſagt er, es ſollen
eher Berge entweichen, τα ὀρη μεταϛησεϑαι.
— Zach. 4, 7. wer biſt du, großer Berg? Antwort: vor Serubabel eine Ebene, d. h. auch die
größten Schwierigkeiten der Fortſetzung des Tem-
pelbaues ſollen durch ihn gehoben werden. —
Matth. 17, 20. (21, 21. 1 Cor. 13, 2.) ihr werdet Berge verſetzen können, d. h. ihr werdet auch

die ſchwerſten, ja unmöglichſcheinenden Dinge ausrichten können, ἔδεν ἀδυνατησει ὑμιν.

Storr
S.262.
Uebrigens ſiehet man wohl, daß bei ſolchen
Vergleichungen nicht alles buchſtäblich zu nehmen.
Der Schriftſteller drückt ſich mit Vorbedacht hy-
perboliſch aus, damit man, indem er mehr
ſagt, als er wirklich ſagen wollte, deſto gewiſſer
recht ſehr viel, oder was recht ſehr Großes, Un-
vergleichbares darunter verſtehe. Z. B. Mark.
13, 19. wird die Noth, die den höchſten Grad er-
reichen werde, als eine ſolche Noth beſchrieben,
die ihresgleichen, ſeit die Welt ſtehe (ἀπ᾽ ἀρχης
κτισεως, vgl. Matth. 24, 21. ἀπ᾽ ἀρχης κοσμε),
nicht gehabt und auch nie haben werde. Man vgl.
die ſehr ähnliche Stellen 2 Moſ. 9, 18. 24. 10,
14. Ezech. 5, 9. Dan. 12, 1. Joel 2, 2. — Offenb.
16, 18. — Joh. 21, 25. — Luk. 12, 1. vgl. mit
Weish. 12, 22. — Röm. 1, 8. ἐν ὁλῳ τῳ κοσμῳ,
wird von eurem Glauben geſprochen; Joh. 12,
19. ὁ κοσμος, lief ihm nach; K. 3, 26. (Mark.
1, 33. Matth. 3, 5. Luk. 3, 21.) παντες ἐρχονται
προς αὐτον. Entgegengeſetzt iſt die Redensart Johannis des Täufers Joh. 3, 32. Niemand
nimmt ſein Zeugniß an, um die ganz geringe
Anzahl damit zu bezeichnen; eben ſo Joh. 7, 19.
1 Cor. 14, 2. vgl. Jer. 5, 1. ſuchet in allen Gaſ-
ſen Jeruſalems, ob ihr Einen findet, der nach
Religion fragt (Röm. 3, 10. Pſ. 14, 1. ff. 2 Moſ.
14, 28.). — Jer. 23, 18. Sir. 43, 31. — Ebr.
6, 4. den kann man unmöglich wieder beſſern,
d. h. es iſt äußerſt ſchwer (Matth. 19, 24. Mark.
10, 25. vergl. v. 27. 23. ſ. πως δυσκολως — πως
δυσκολον ἐςι).

Viertes Kapitel.

Von Hebraismen in den Casibus der griechischen
Nominum und Pronominum.
(Storr §. XLIII. XLIV.)

Erste Abtheilung.

Von einigen Arten und Bedeutungen des griechischen Genitivs, der dem Status constructus der Hebräer (ohne
vorangesetztes Lamed) entspricht.

§. 61.

1) Ein Nomen, das bei einem gewissen Ver= Storr S.275.f.γ)
bo sonst im Akkusativ steht, wird zu dem No=
men verbale im Genitiv ¹) gesetzt. Z. B.
2 Mos. 32, 35. περι της ποιησεως τε μοσχε, weil
sie das Kalb gemacht haben. — Sir. 3, 10. άτι=
μια πατρος σε, dadurch, daß du deinen Vater be=
schimpfst. — K. 49, 2. έν έπιςροφη λαε, das Volk
zu bessern. — Joh. 5, 42. άγαπη θεε, daß ihr
Gott nicht liebet; da hingegen άγαπη θεε und χρι=
σε Röm. 8, 39. 35. die Liebe ist, womit Gott
liebt, die wir von Gott (v. 31.) und Christus (v.
34.) zu genießen haben. — 2 Cor. 5, 11. ειδοτες
τον φοβον κυριε, da wir wissen, daß wir den Herrn
zu fürchten haben, vgl. Sir. 1, 11. 12. 18. ff. φο=
βος θεε, wer Gott fürchtet, mit v. 13. τω φοβε=
μενω τον κυριον. — Gal. 4, 4. πληρωμα χρονε,
was die Zeit ausfüllt, endiget. Eph. 1, 10. was
die Zeit ergänzt, die übrige Zeit; Röm. 13, 10.
πληρωμα νομε, was das Gesetz ausfüllt, d. h. was
in dem Gesetz enthalten ist, die Summe des Geset=
zes; Matth. 9, 16. το πληρωμα αύτε, oder (Mark.

2, 21.): τὸ πλήρωμα τὸ καινὸν τῷ παλαιῷ, das Stück neuen Tuchs, welches das alte Kleid ergänzen soll. Vgl. Pf. 24, 1. πλήρωμα τῆς γῆς; Pf. 50, 12. 96, 11. das was die Erde, das Meer füllt, die Bewohner (vgl. מלא Anm. 6, 8. LXX. κατοικοῦντες [2]) αὐτήν) derselben.

Storr
S.276.f. 2) Er giebt auch Genitive, welche wie sonst die Akkusative mit der Ellipsis κατα, durch: betreffend, in Absicht auf rc. zu übersetzen sind, z. B. Spr. Sal. 6, 32. חסר־לב, ἐνδεὴς φρενῶν, Armuth in Absicht auf Verstand. — Jak. 2, 5. πτωχοὶ τῷ κόσμῳ, die in Ansehung der irrdischen Güter arm sind. — Phil. 1, 22. καρπὸς ἔργου, Nutzen in Beziehung auf mein Amt (ἔργον, f. 1 Tim. 3, 1. 2 Tim. 4, 5. Apostg. 13, 2. 14, 26.).

Storr
S.277.f.
Weth.
S.23.24. 3) Zu solchen Nominibus, deren Verba ihre auf sie sich beziehende Nomina vermittelst gewisser Präpositionen bei sich haben, werden diese von ihnen abhängende Nomina im Genitivo gesetzt, welcher dann mit jener Präposition [3]) zu übersetzen ist. Es ist dies der so häufige Objekts-Genitiv. Z. B. 4 Mos. 26, 9. ἐν τῇ ἐπισυστάσει κυρίου, da sie sich wieder (על und ἔτι in eben demselben Vers und K. 16, 19.) den Herrn auflehnten, da hingegen Apostg. 24, 12. in ἐπισύστασις ὄχλου, Aufruhr, welchen das Volk machte, ein Genitiv des handelnden Subjekts ist. — 5 Mos. 4, 31. διαθήκη τῶν πατέρων σου, Bund mit (1 Mos. 26, 28.) den Vätern. — Esai. 28, 18. διαθήκη θανάτου, Bund mit (את מות, vgl. v. 15. LXX. μετὰ τοῦ ᾅδου) dem Tod. — 5 Mos.

34, 8. Trauer um Moses. — Sir. 22, 12. Am. 8, 10. πενθος νεκρυ, αγαπητυ. — 2 Sam. 3, 8. αδικια γυναικος, Verbrechen wegen eines Weibes (v. 7.). — Job 21, 4. Klage wider einen Menschen. — Esai. 19, 1. ορασις αιγυπτυ, Weissagung gegen (κατα, LXX. K. 17, 1. משא רמשק und K. 15, 1.) Aegypten. — Obad. v. 12. δια την ασεβειαν αδελφυ συ, wegen der Gewaltthätigkeit gegen deinen Bruder, da hingegen die Genitivi bei ασεβεια Ezech. 23, 27. 5 Mos. 19, 16. Ezech. 33, 9. 4. 6. Subjekts = Genitivi sind. — Sir. 3, 14. Mitleiden mit deinem Vater; K. 14, 2. Traurigkeit über die Sünde; K. 23, 7. παιδεια σωματος, Anweisung über die Zunge, die Zunge betreffend; K. 41, 21. schäme dich vor Wegziehung deines Angesichts von (K. 4, 4. 5. 9, 8.) einem Blutsfreund; K. 34, 1. Wachen, Sorge um Reichthum; K. 42, 9. Sorge für die Tochter; K. 50, 5. εν εξοδω οικυ, wenn er aus dem Allerheiligsten hervorkam; v. 11. wenn er zum heil. Altar hinaufstieg. — Sus. v. 8. επιθυμια αυτης, Lust nach ihr; Weish. 2, 12. Versündigungen gegen 2c.; K. 8, 3. συμβιωσις (συναναστροφη v. 16.) θευ, Umgang mit Gott; K. 10, 5. bei der Zärtlichkeit, die ein Vater gegen den Sohn hat. — 2 Makk. 4, 13. Zutritt zum Heidenthum.

Matth. 13, 18. παραβολη τυ σπειραντος, vom Säemann. — K. 4, 24. (Mark. 1, 27.) der Ruf von ihm, ακοη αυτυ, שמעו, Esth. 9, 4. soviel, als (vergl. Luk. 4, 37. ηχος περι αυτυ) περι αυτυ. S. auch Tob. 10, 3. ακυσαιμι συ ακοην καλην, laß mich was Gutes von dir hören! — Matth. 10, 5. οδος εθνων, der Weg, der zu den Heiden führt; Ebr.

9, 8. ὁδος ἁγιων, vergl. Spr. Sal. 7, 27. דַּרְכֵי
שְׁאוֹל, ὁδος ᾁδε, καταγεσα εἰς μνημεια τε θανατε,
und Jer. 2, 16. ὁδος αἰγυπτε, für: εἰς (vgl. LXX.
4 Mof. 21, 33. ὁδος ἡ εἰς ꝛc. (דֶּרֶךְ הַבָּשָׁן) αἰγυ-
πτον. — Matth. 7, 11. Wegführung nach Ba-
bel; K. 13, 44. Freude darüber; K. 28, 4. ἀπο
τε φοβε αὐτε, Joh. 7, 13. 1 Petr. 3, 14. fürchtet
euch nicht vor (ἀπο Matth. 10, 28. Jer. 1, 8.
3 Mof. 26, 2.) ihnen, f. auch 2 Makk. 6, 30. aus
Ehrfurcht gegen ihn; Judith 2, 28. Sir. 40, 5.
φοβος θανατε. — Luk. 21, 25. eine Bangigkeit
der Völker, verbunden mit (ἐν Eph. 6, 2. 5, 26.
f. unten zu Storr S. 452. †) einer verzweifeln-
den Verlegenheit gleich (f. unten §. 76. Anm.)
der Verlegenheit wegen brausenden Meeres
und tobender Wellen, ἀπορια ἠχεσης θαλασσης. —
Luk. 6, 7. Klage gegen (κατα Joh. 18, 29.) ihn.
— Joh. 2, 17. (Röm. 10, 2.) der Eifer um —
für das Haus Gottes, wegen, in Betreff des
Hauses Gottes, ζηλος οικε (קִנְאַת בֵּית) Pf. 69,
10.), soviel, als: ζηλος ὑπερ (2 Cor. 7, 7. [4])
Col. 4, 13.) οικε, vgl. auch 1 Makk. 2, 58. ζηλος
νομε, Eifer für das Gesetz. — Joh. 7, 35. διασπορα (2 Makk. 1, 27.) των ἑλληνων. soviel, als:
διασπαρεντες εἰς τες ἑλληνας, oder: ἐν (Tob. 13, 3.)
τοις ἑλλησι, die Juden, die unter den Heiden zerstreut lebten (5 Mof. 30, 4. und Neh. 1, 9. geht
der Genitiv σε und ὑμων bei διασπορα auf die selbst,
welche zerstreut waren). — Joh. 17, 2. Matth.
10, 1. 1 Cor. 9, 12. Macht über ꝛc. (ἐπι Luk.
9, 1. Offenb. 14, 18.). Vgl. Pf. 136, 8. ἐξεσια
της ἡμερας hebr. מֶמְשֶׁלֶת בַּיּוֹם, und Drako v. 5.
κυρεια πασης σαρκος, Weish. 16, 13. Sir. 10, 4.

17, 2. — Apostg. 4, 9. ανθρωπε, für: εις ανθρωπον. — Röm. 3, 22. 26. Gal. 2, 16. πιϛις Ιησε,
Glaube, der auf Jesus gerichtet ist (εις Gal. 2, 16.
Joh. 2, 11. 15. 16. 18. K. 14, 1. Phil. 1, 29.
oder εν) [5]). — Röm. 11, 31. το υμετερον, oder:
υμων ελεος, für: το εις υμας ελεος. — Röm. 7, 2.
νομος ανδρος, für: περι ανδρος, das Gesetz vom
Mann, vgl. 3 Mos. 7, 1. 11. νομος χρις, תורת
האשם, und νομος θυσιας, תורת זבח, und K.
14, 57. νομος λεπρας; K. 11, 46. תורת הבהמה
LXX. νομος περι των κτηνων. — 1 Cor. 1, 18. λογος τε ϛαυρε, 2 Cor. 5, 19. της καταλλαγης. —
Röm. 1, 9. ευαγγελιον τε υιε, vgl. v. 3. περι τε
υιε; eben so της δοξης 2 Cor. 4, 4. 1 Tim. 1, 11.
und της βασιλειας Matth. 4, 23. vgl. 2 Sam. 4,
4. αγγελια σαελ και τε ιc., Nachricht von Sauls
und Jonathans Tod. — Gal. 3, 2. 5. ακοη πιϛεως, Predigt, Unterricht (ακοη meton. conseq.
wie Röm. 10, 16. f. und שמעה Esai. 53, 1.
1 Thess. 2, 13.) vom Glauben. — Gal. 2, 7.
Apostelamt unter den Juden, αποϛολη περιτομης,
statt: εις περιτομην v. 9. und εις εθνη v. 8. —
Phil. 2, 30. εργον χριϛε, Werk, das um des Herrn
willen (εν κυριω 1 Cor. 15, 58.) geschieht. Eben
so θλιψεις χριϛε Col. 1, 24. soviel, als: υπερ
Apostg. 9, 16.; δεσμιος χριϛε Philem. v. 1, 9.
Gefangener um Christi willen, soviel, als: εν χρι-
ϛω v. 23. und Eph. 4, 1. vgl. mit K. 3, 1., eben
so 2 Tim. 1, 8. δεσμιος αυτε (μαρτυριε τε κυριε).
— — Phil. 4, 7. ist ειρηνη τε θεε die zuversicht-
liche Ueberzeugung vom Frieden mit Gott (ειρηνη προς θεον Röm. 5, 1. vgl. ειρηνη προς τινα Sir.
13, 18.). Eben so ist Ps. 41, 10. ο ανθρωπος

της ειρηνης με אִישׁ שְׁלוֹמִי, der, der mit mir im Frieden lebte. — Ebr. 6, 2. Lehre vom Taufen und der Handauflegung und der seligen Todten-Auferstehung und den ewigen Strafen. — K. 9, 1. Verordnungen über den Gottesdienst. — Col. 4, 3. θυρα λογε, Gelegenheit zur weitern Ausbreitung der Lehre Jesu. — Offenb. 9, 1. Schlüssel zum Brunnen; eben so κλεις in der metaphorischen Bedeutung Luk. 11, 52. κλεις γνωσεως. Schlüssel zur Erkenntniß; Matth. 16, 19. Offenb. 1, 18. 3, 7. Esai. 22, 22.

Anmerkungen zu §. 61.

Anm. 1. Aeußerst selten steht der Akkusativ dabei, z. B. Esai. 3, 13. εἰς κρισιν ΤΟΝ λαον αὐτε.

Anm. 2. Auch bei den Participiis activis, die gewöhnlich den Akkusativum verbi bei sich haben, steht zuweilen der Genitiv, wie im Hebräischen. (Z. B. שֹׂנְאַי בִצַּע Ps. 98, 10. 5, 12. אֹהֲבֵי יְהוָה 2 Mos. 18, 21.). Weish. 14, 30. καταφρονησαντες ὁσιοτητος. — 2 Makk. 12, 41. εὐλογησαντες τε κυριε.

Storr S.277.** Anm. 3. Diese Präposition behalten auch manchmal die Nomina bei, wie im Hebräischen (5 Mos. 10, 12. אַהֲבָה אֶת יְהוָה; K. 11, 22. יִרְאָה אֶת יְהוָה), z. B. Col. 1, 21. τῃ διανοια ἐν (vergl. διανοιεσθαι mit ἐν Sir. 6, 37. 39, 1.) τοις ἐργοις τοις πονηροις, wegen Unternehmung böser Werke.

Anm. 4. Der Genitiv ὑμων bei ζηλος in dieser Stelle ist der Genitiv des Subjekts, da er hingegen Joh. 2, 17. der Genitiv des Objekts ist. Eben so φοβος αὐτων I Petr. 3, 14. Furcht vor ihnen, und Esai. 8, 12. Furcht, wie sie sich fürchten.

Anm. 4. Ἐν für: εἰς. I Joh. 4, 16. 9. (2 Cor. 8, 7.); I Joh. 2, 15. ἐν αὐτῳ; Matth. 14, 3. (I Mos. 40, 3.); Tob. 5, 5. Jak. 5, 5. vgl. Jer. 12, 3.; Sir. 2, 4.; Esai. 4, 6., wo εἰς und ἐν abwechselt; Phil. 4, 16. (vgl. 2 Kön. 17,

25. mit v. 26. und 1 Sam. 15, 18.); Efr. 7, 27. vergl.
3 Efr. 8, 25. S. auch ב 2 Mof. 23, 27. LXX. *eis.* —
2 Kön. 19, 10. παρεδοθη εις χειρας, und in der Parallelstelle Efai. 37, 10. ἐν χειρι.

§. 62.

Ein Genitivus findet auch nach fol-
chen Nominibus [1] Statt, deren Verba einen Dativ [2] erfordern, oder wo
überhaupt ein Dativ zu fetzen wäre.
Z. B. Efr. 2, 69. θησαυρος εργου, der Schatz, der
zum Werk bestimmt war. — 2 Kön. 23, 11.
αρμα ἡλιου, Wagen, der der Sonne gestiftet war,
vgl. v. 11. ἱππους ους ἐδωκαν τῳ ἡλιῳ. — Sir. 4,
3. δοσις προσδεομενου, Gabe, die dem Bittenden
gegeben werden foll.

Luk. 21, 4. 3 Mof. 21, 6. δωρα τȣ θεȣ, Gott
geheiligte, ihm gewidmete Geschenke. — Matth.
21, 13. οἰκος προσευχης, ein dem Gebet gewidme-
tes Haus. — Joh. 1, 29. Lamm Gottes, d. h.
ein Gott geweihetes, ihm zum Opfer be-
ftimmtes (ἡγιασμενος τῳ θεῳ 3 Mof. 12, 2. 15.)
Lamm; vergl. 4 Mof. 25, 2. θυσιαι των εἰδωλων,
den Götzen bestimmte Opfer, Pf. 106, 28. νεκρων
für todte Götzen bestimmte Opfer. — 3 Mof. 23,
44. ἑορται κυριȣ, מוֹעֲדֵי יְהוָה, dem Herrn geweihete Fefte, vgl. v. 37. τῳ κυριῳ, לַיהוָה, und
2 Mof. 13, 8. ἑορτη κυριȣ, לַיהוָה, κυριῳ K. 12,
27. —

Röm. 1, 5. 16, 26. ὑπακοη της πιϛεως, (f. ὑπ-
ακȣειν τῃ πιϛει); eben fo 1 Petr. 1, 22. ὑπακοη
της ἀληθειας; 2 Cor. 10, 5. ὑπακοη und v. 6. παρα-
κοη τȣ χριϛȣ, da hingegen die Genitivi ὑμων und

Storr
S. 278.)

ἐθνων 2 Cor. 5, 6. Röm. 15, 18. die Subjekts-Genitivi sind. — Eph. 4, 18. ἡ ζωη τȣ θεȣ, ein Gott geheiligtes Leben, zu Gottes Ehre (vgl. Gal. 2, 19. Röm. 6, 11. ζην τῳ θεῳ). Vgl. Pf. 51, 19. Opfer Gottes, זבחי אלהים, Opfer, welche Gott gefallen (LXX. θυσια τῳ θεῳ), wegen des v. 18. לאתחפץ זבח. — Offenb. 15, 2. κιθαραι τȣ θεȣ, Harfen zur Ehre Gottes, wie 1 Chron. 16, 42. 2 Chron. 7, 6. ὀργανα των ῳδων τȣ θεȣ, Instrumente, worauf Gott, zur Ehre Gottes gespielt wird. — Joh. 12, 31. Nun ist's an dem, daß die Menschen befreit werden sollen (von der tyrannischen Gewalt des Teufels v. 31. K. 16, 8. 11.), νυν κρισις ἐςι τȣ κοσμȣ τȣτȣ, denn κρινειν τινι ἐκ τινος heißt: jemand von einer feind-lichen Gewalt befreien, 2 Sam. 18, 19. 31. und Symmachus Pf. 43. 1. — Matth. 25, 34. εὐλογημενοι τȣ πατρος, vom (τῳ πατρι [3]), statt: ὑπο τȣ πατρος) Vater Gesegnete, wie Hohel. Sal. 5, 8. τετρωμενη ἀγαπης, zermalmet von Liebe, statt: ὑπο [4]) ἀγαπης. — Joh. 6, 45. διδακτοι τȣ θεȣ, למידי יהוה (Esai. 54, 13.), von Gott selbst unterrichtet, belehrt; 1 Cor. 2, 13. διδακτοι πνευματος ἁγιȣ λογοι, Worte vom heil. Geist gelehrt (Luk. 12, 12. το ἁγιον πν. διδαξει ὑμας), und das zusammengesetzte θεοδιδακτος 1 Theff. 4, 9. und θεοπνευσος 2 Tim. 3, 16. und νομοθεσια θεοκτισος 2 Makk. 6, 23. von Gott gegebenes und eingeführtes Gesetz. — Offenb. 18, 20. (s. oben S. 56. am Ende), ἐκρινεν ὁ θεος το κριμα ὑμων ἐξ αὐτης, er hat sie (Babylon) euch zum Besten gerichtet, statt: ἐκρινεν ὁ θεος ὑμιν αὐτην, vgl. Luk. 18, 7. 8. ποιησει την ἐκδικησιν αὐτων mit Apostg. 7, 24. ἐποιη-

ἐποίησε τὴν ἐκδίκησιν τῳ καταπονεμενῳ. Oder viel
leicht läßt sich diese Stelle Offenb. 18, 20. auch
aus der obigen (Joh. 12, 31.) erläutern, und über:
setzt werden können: er hat euch von ihr be:
freit, vgl. 1 Sam. 24, 16. und Sir. 21, 6. sei:
ne Rettung (κριμα) kommt schnell.

Anmerkungen zu §. 62.

Anm. 1. Auch die Participia solcher Zeitwörter
haben zuweilen den Genitiv bei sich, z. B. Jos. 5, 6.
οἱ ἀπειθησαντες τῶν ἐντολῶν; 1 Makk. 9, 29. τοις ἐχθραινα-
σι τε ἰθνει ἡμων, den Feinden unsers Volks (vgl. den
Dativ 4 Mos. 25, 17.).

Anm. 2. Zuweilen behalten auch die Nomina
verbalia den Dativ ihres Verbi bei sich, z. B. Esr. 4,
22. — 4 Mos. 32, 1. מקום מקנה, τοπος κτηνεσι, Ort,
der für das Vieh tauglich ist. — 1 Cor. 6, 15. εἰς δια-
κονιαν τοις] ἁγιοις (sonst der Genitiv 2 Cor. 11, 8.) zur
Unterstützung der Christen. — 2 Cor. 9, 12. euer Al:
mosen ist reich an Danksagungen gegen Gott, δια πολλων εὐχαριστιων (εὐχαριστειν τῳ θεῳ 1 Cor. 1, 14. 18.) τῳ
θεῳ.

Anm. 3. Nemlich das handelnde Subjekt steht
nicht selten bei einem Passiv im Dativ, welcher dann
durch: von, ὑπο, ἀπο zu übersetzen (s. auch unten
§. 67. Anm. 1.). Z. B. Neh. 13, 26. ἀγαπωμενος τῳ
θεῳ; Weish. 2, 16. ἐλογισθημεν αὐτῳ. wir wurden von
ihm wie Geschmeiß gehalten; 2 Makk. 15, 21. wie es
auch von ihm entschieden werde, αὐτῳ κριθειη, vergl.
auch 3 Esr. 8, 94. ὡς ἐκριθη σοι. — Sir. 15, 13. wird
nicht geliebt von 2c.

Matth. 5, 21. ἐρρεθη τοις ἀρχαιοις, es ist von den
Alten gesagt worden; K. 6, 1. um von ihnen gesehen
zu werden; Luk. 1, 11. 22, 43. Tob. 12, 22. ὠφθη αὐτῳ ἀγγελος, vgl. 2 Mos. 3, 2. Apostg. 7, 26. 1 Tim. 3,
16. ὠφθη ἀγγελοις; 2 Makk. 3, 25. — Luk. 23, 15. es
ist nichts, das den Tod verdient hätte, von ihm be:
gangen worden. K. 24, 35. er ist von ihnen er:

Storr
S. 115.*
Weth.
S. 28. 72.

12

kannt worden. Apostg. 5, 9. es ist von euch verabredet worden. Phil. 4, 5. γνωσθητω πασιν, werde von allen erkannt. Jak. 3, 7. die Natur der Thiere wird gezähmt und ist gezähmt worden von der menschlichen Natur. B. 18. der Saame dazu wird von den Liebhabern des Friedens ausgestreut. 2 Petr. 2, 19. von wem (ῷ) einer überwunden worden, von dem (τετω) ist er auch in Knechtschaft gebracht worden. 2 Petr. 3, 14: daß ihr unbefleckt von ihm erfunden werdet (ευρεθηναι αυτω, vgl. Esai. 65, 1. Weish. 1, 12. 2 Cor. 11, 20. Offenb. 20, 11.).

Anm. 4. So übersetzen die LXX. zuweilen, z. B. 4 Mos. 26, 64. פקודי משה, επεσκεμμενοι υπο Μωσση; 1 Mos. 26, 29. Esai. 65, 23. ברוכי יהוה, ευλογημενοι υπο θεε; 5 Mos. 21, 23. Spr. Sal. 22, 14. זעום יהוה, μισηθεις υπο κυριε.

Zweite Abtheilung.

Die Hebräer bezeichnen die Casus auch mit vorangesetztem Lamed. Daher entstehende Hebraismen auch in den griechischen Casibus und ihrer Bedeutung.

§. 63.

Das hebräische ל übersetzen die LXX. bald (und meistens) mit dem Dativ, welchen die Hebräer auch wirklich am häufigsten damit bezeichnen, bald mit den Präpositionen εις, εν (1 Mos. 7, 11. 5 Mos. 28, 37. Richt. 18, 6. Esai. 4, 6. 2 Mos. 12, 13. 29, 26. 3 Mos. 14, 34.), προς, περι, υπερ, επι 2c. So wie nun dieses Lamed verschiedene Casus mit verschiedenen Bedeutungen erzeugt; eben so bekommt auch z. B. der griechische Dativ, so wie jene Präpositionen, ihre mit dem Hebräischen übereinstimmende Uebersetzungen.

1) ל (wie אל) bestimmt den Ort, wohin, Storr
oder auch die Person, zu welcher man schickt, S.283.II.
geht, bringt, gebracht wird. Meistens ist da im
Griechischen εἰς oder πρὸς. Da aber ל in der Regel meistens den Dativ ausdrückt (Storr S.
292.), so bezeichnet auch der griechische Dativ zuweilen den Ort, wohin man gelangt oder gebracht
wird. Z. B. Richt. 11, 18. ἦλθον τῇ γῇ, לארץ;
Apostg. 21, 16. die uns zu einem, Namens Mna-
son, μνασωνι τινι, führen wollten.

2) ל bezeichnet oft den Gegenstand der Rede, Storr
und hat die Bedeutung: in Beziehung auf — S. 284
betreffend — gegen, wider, von *), und bis 286.
diese Bedeutung ahmt nicht nur der griechische Da- Weth.
tiv, sondern auch die dem Lameb entsprechenden S. 27.
Präpositionen nach.

α) Der griechische Dativ, z. B. 5 Mos.
1, 10. τῷ πληθει, לרב, in Absicht auf die
Menge (vgl. Richt. 6, 5. 7, 2. εἰς πληθος, לרב).
— 1 Sam. 30, 20. τοις σκυλοις — von jenen
Beuten wurde gesagt; Ps. 3, 3. πολλοι λεγουσι τῇ
ψυχῇ μȣ, Ps. 71, 10. ἐμοι. — 2 Chron. 30, 22.
die in Rücksicht auf göttliche Dinge (τῷ κυριῳ) gute
Einsichten hatten. — Job 32, 6. τῷ χρονῳ, לימים.
— 1 Kön. 15, 20. wider die Städte Israel,
ταις πολεσι (על), und in der Parallelstelle 2 Chron.
16, 4. ἐπι (אל) τας πολεις. — Ps. 51, 6. gegen
dich allein hab ich gesündigt, σοι μονῳ, לך.
Jer. 1, 18. — Esai. 46, 2. das Wort des Herrn
gegen Aegypten. — Jer. 20, 10. wir vermögen
was gegen ihn. — Judith. 10, 14. τῷ καλλει,
Sus. v. 31. τῷ ειδει.
Matth. 13, 14. in Rücksicht auf sie (αὐ-
12 ²

τοις) wird jene Weissagung erfüllt, oder: von ihnen kann man mit Recht sagen, was dort Esaias 6, 9. 10. von seinen Zeitgenossen sagt, oder: auf sie hat Esaias geweissagt. — Luk. 18, 31. τῷ υἱῷ, statt: περι τ8 υἱ8, oder: ἐφ᾽ υἱον Mark. 9, 12, 13. oder ἐπ᾽ αὐτῳ Joh. 12, 16. — Ebr. 1, 5. τινι ἀγγελων, von welchem Engel ꝛc. — Jud. v. 14. Henoch hat schon auf diese Leute, von ihnen (τ8τοις) geweissagt. — Röm. 6, 20. frei, in Absicht auf die δικαιοσυνη. — 1 Cor. 7, 28. τῃ σαρκι. — K. 11, 21. ich bin nicht ohne Gesetz in Rücksicht auf Gott. — K. 14, 20. In Rücksicht auf die κακια seyd einfältig, wie Kinder. — 2 Cor. 11, 6. wenn ich auch gleich ungelehrt, ungebildet in Absicht auf den mündlichen Vortrag (τῳ λογῳ) bin, so bin ich es doch nicht in Absicht auf die Einsichten. — Ebr. 5, 11. νωθροι ταις ἀκοαις, langsam (3 Makk. 4, 5.) in Absicht auf die Ohren, oder die schwer oder hart hören (βαρεως ἠκ8σαν Matth. 13, 15.), d. h. die schwer vernehmen oder verstehen. — Ebr. 12, 5. ihr vergesset die Ermahnung, welche von euch (ὑμιν) als gezüchtigten, leidenden Hebräern als Kindern spricht, handelt (nemlich v. 6. vergl. Spr. Sal. 3, 12.). — Jak. 5, 3. der Rost an eurem Gold und Silber wird das sprechendste Zeugniß (μαρτυριον 5 Mos. 3, 26. Mich. 1, 2.) gegen euch seyn, ὑμιν, soviel, als: ἐφ᾽ ὑμας, vgl. Mark. 6, 11. mit Luk. 9, 5. Eben so μαρτυρειτε ἑαυτοις Matth. 23, 31.

*) A n m e r k u n g z. §. 63.

Storr Verwandt damit ist die Bedeutung: nach, pro;
S. 284.*. secundum (κατα, LXX. 1 Mos. 10, 5. 1, 21, 24. 4 Mos.

1, 4. 3 Moſ. 13, 12. ſo wie es dem Prieſter in die Augen fällt); 2 Makk. 6, 1. πολιτευεσθαι τοις νομοις, vergl.
K. 11, 25. κατα τα — εθη. — Apoſtg. 15, 1. τω εθει,
nach der Gewohnheit der moſaiſchen Religion; K. 24,
4. nach deiner gewöhnlichen Güte. — Eph. 3, 19. ich
wünſchte, daß ihr mit allen Gütern aufs reichlichſte
erfüllt werdet nach dem Inbegriff der herrlichen Ei-
genſchaften Gottes, εις παν το πληρωμα τε Θεε, für:
κατα (K. 3, 16. 1, 7.) το πληρωμα. — Phil. 3, 16. τω
αυτω, danach müßt ihr handeln, für: κατα το αυτο.
Eben ſo Gal. 6, 16. 5, 25. 26. vgl. Röm. 8, 4. Apoſtg.
21, 21.

Auch wo der Genitiv ſonſt zu ſetzen wäre, ſteht
zuweilen εις wie ל, z. B. Matth. 28, 1. (ſ. oben §. 37.)
εις μιαν σαββατων, für: μιας (πρωτης, אֶחָד, 1 Moſ. 1,
5. vgl. v. 8. 13. K. 8, 5. πρωτη τε μηνος, אֶחָד לַחֹדֶשׁ,
3 Eſr. 3, 11. vgl. v. 17.). — 1 Petr. 1, 11. τα εις χριστον
παθημaτα, Chriſti Leiden; K. 3, 21. επερωτημα εις Θεον,
für: Θεε, ſ. Storr Zweck des Todes Jeſu S. 529. f.
— 1 Moſ. 7, 11. LXX. εν τω εξακοσιοστω ετει εν τη ζωη,
für: ζωης, לְחַיֵּי, vgl. mit 2 Chron. 16, 13. εν τω εξακ.
ετ. της βασιλειας αυτε, לְמָלְכוֹ.

§. 64.

β) Die Präpoſitionen εις, προς, εν, drücken,
wie ל, häufig den Gegenſtand der Rede
aus: 2 Sam. 11, 7. David erkundigte ſich wegen
des Wohlbefindens Joabs, εις ειρηνην, לְשָׁלוֹם,
— 2 Kön. 19, 32. der Herr ſpricht vom Könige,
προς βασιλεα; 1 Chron. 17, 23. προς τον παιδα σε
και επι τον οικον αυτε, vgl. mit der Parallelſtelle
2 Sam. 7, 25. περι τε δελε σε ꝛc.

Luk. 12, 21. πλετων εις Θεον, reich in Abſicht
auf Gott. — Luk. 16, 16. εις αυτην βιαζεται, jedermann wendet in Abſicht auf das Reich Gottes,
auf das Recht hineinzukommen, Gewalt an. —

Joh. 8, 26. was ich von meinem Vater gehört habe, das rede und urtheile ich (λεγω, soviel, als das vorhergehende λαλω και κρινω) von der Welt, εἰς τον κοσμον, statt: περι *) τυ κοσμυ, K. 7, 7. — Apostg. 2, 25. λεγει εἰς αὐτον. — Röm. 4, 20. εἰς ἐπαγγελιαν, was die Verheissung Gottes betrifft, so zweifelte Abraham nicht. — Eph. 5, 32. ich sage aber jenes aus der Schöpfungsgeschichte des Menschen mit Hinsicht auf Christus und die Kirche, ich will es von Christo und der Kirche verstanden haben. — Ebr. 1, 7. προς τυς ἀγγελυς, von den Engeln heißt es 2c. — Joh. 10, 35. wenn nun die Schrift diejenige Götter nennt, welche der göttliche Ausspruch angeht, προς ἱς ὁ λογος θευ ἐγενετο. — Mark. 12, 12. und Luk. 20, 19. er hat in dieser Gleichnißrede auf sie gezielt, προς αὐτυς, soviel, als: περι αὐτων, in der Parallelstelle Matth. 21, 45. — 1 Cor. 14, 11. wenn ich nun die Bedeutung einer Rede in irgend einer fremden Sprache nicht verstehe, so bin ich dem Redenden und der Redende in Rücksicht auf mich (ἐν ἐμοι) βαρβαρος. — Phil. 1, 30. Kampf, den ihr auch jezt, wie ihr ihn ehedem an mir gesehen habt, von mir höret, ἀκυετε ἐν ἐμοι (vgl. Job 26, 14. ἀκυσομεθα ἐν αὐτῳ, nur ein Schall ists, was wir von ihm hören. — 1 Petr. 3, 19. ἐν ᾧ πνευματι, von welchem herrlichen Zustand ihnen Christus gepredigt hat. — Matth. 23, 30. wir hätten nicht mit ihnen Theil genommen in Absicht auf das Blut der Propheten.

*) Anmerkung.

Mit περι übersetzen LXX. das Lamed und אל 1 Mos. 26, 7. 20, 2. εἰπε ἀβρααμ περι σαρρας. — Ps. 91,

11.; 2 Sam. 3, 18. 10, 2. 2 Kön. 19, 21. vgl. mit der Parallelstelle Esai. 37, 22.

§. 65.

Storr
S. 286. ff.
Weth.
S. 19. 20.

3) Wenn einem Subjekt durch das Verbum substantivum ein Prädikat beigelegt wird, so steht vor diesem öfters εἰς nach Art des hebr. ל (auch ἐν, ב, s. unten zu Storr S. 451. f.), und es ist dann nicht anders, als wie ein sonst gewöhnlicher Prädikats-Nominativ anzusehen. Z. B. 2 Sam. 8, 2. die Moabiter wurden David unterthänig, ἐγένοντο εἰς δᾶλᾶς, לעבדים, vgl. die Parallelstelle 1 Chron. 18, 2, ἦσαν παῖδες *) (hebr. עברים) τῷ δαυιδ. S. Judith 7, 27. ἐσόμεθα εἰς δᾶλᾶς. — 1 Sam. 4, 9. 2 Mos. 2, 10. 1 Mos. 20, 12. Ps. 118, 14. 79, 4. in dem einen Glied εἰς ὄνειδος, חרפה ohne Lamed, und im andern der wirkliche Nominativ. — 1 Makk. 3, 58. Judith 7, 18. Weish. 2, 14. er wird Verräther unserer Entwürfe. — Sir. 6, 29. ihre Fesseln werden dir eine starke Brustwehr, und ihr Halsband ein prächtiger Schmuck seyn, εἰς σκεπην, εἰς ςολην. Tob. 6, 15. Matth. 19, 5. (Eph. 5, 31. 1 Cor. 6, 16. 1 Mos. 2, 24.), ἔσονται εἰς σαρκα μιαν, für: σαρξ μια Matth. 19, 6. — Matth. 21, 42. (Ps. 118, 22.) εἰς κεφαλην γωνιας, היתה לראש פנה. — Luk. 13, 19. ἐγενετο εἰς δενδρον μεγα, vgl. Ezech. 17, 23. — Apostg. 8, 23. du bist ein Gift, εἰς χολην πικριας, und die Gottlosigkeit selbst, εἰς συνδεσμον ἀδικιας. — 1 Cor. 4, 3. ἐμοι ἐςιν εἰς ἐλαχιςον (למעט Hagg. 1, 9. LXX, ὀλιγα), mir ists

ſehr gleichgültig. — Ebr. 1, 5. (2 Sam. 7, 14.),
ich werde ſein Vater ſeyn, εἰς πατερα (1 Makk. 2,
65.), und er wird mein Sohn ſeyn, εἰς υιον,
ſoviel, als: ἐσομαι αὐτῳ πατηρ, καὶ ἐςαι μοι υἱος
Offenb. 21, 7. vgl. 2 Moſ. 4, 3. 1 Moſ. 17, 4.
LXX. ἐση πατηρ. Ebr. 6, 8. (ſ. oben §. 53.)
εἰς καυσιν.

Storr
S.288.
Weth.
§.20.

Oefters iſt auch das Verbum ſubſtantivum nicht ausgedrückt, z. B. Spr.
Sal. 19, 23. Φοβος κυριε εἰς ζωην ἀνδρι. — Eſai.
I, 5. πασα κεφαλη εἰς πονον, πασα καρδια εἰς λυ-
πην. — Eſai. 56, 7., wo LXX. nicht nur das
Verbum ſubſt. ſuppliren, ſondern auch das Prädikat mit dem Nominativ ausdrücken, ἐσονται
δεκται. — Sir. 31, 18. die Opfer der Gottloſen
gefallen ihm nicht, ἐκ εἰς εὐδοκιαν, vergl. v. 19.
ἐκ εἰσιν εὐδοκια αὐτ℟. — Sir. 7, 13. — 1 Makk.
2, 62. ihre Herrlichkeit iſt Koth und Würmer. —
Röm. 5, 18. wie durch Eines Verfall, oder Ver-
urtheilung wegen Ungehorſams (v. 19.) ein ver-
urtheilender Ausſpruch über alle Menſchen
ergangen iſt (εἰς κατακριμα, ſ. ἡμαρτον v. 12. alle
wie Sünder angeſehen und behandelt worden),
ſo iſt auch durch Eines Gerechtſprechung über alle
Menſchen eine beſeligende Gerechtſprechung (εἰς δικαιωσιν ζωης) ergangen.

*) Anmerkung zu §. 65.

Mehrmals überſetzen die LXX. dieſen Hebraismus
mit dem Prädikats-Nominativ, z. B. 2 Moſ. 4, 3.
לְנָחָשׁ, ὀφις, v. 4. ῥαβδος, v. 9. αἱμα, 2 Moſ. 20, 7.
σκωλον, 2 Moſ. 6, 7. 1 Moſ. 17, 7. Θεος, vgl. εἰς Θεον
1 Moſ. 17, 8. 24, 67.

§. 66.

4) Oefters ist das εἰς (ל) vor dem Akkusativ Storr S. 288. Weth. S. 20. eine Anzeige der Vergleichung, und wie ὡς zu übersetzen. Z. B. 1 Sam. 1, 13. Eli hielt sie εἰς μεθυσαν, wie eine Trunkene, für eine Trunkene. — Klagl. 4, 2. ἐλογισθησαν εἰς ἀγγεια ὀϛρακινα. — Esai. 29, 17. Libanon soll wie ein ebenes Land, und dieß niedrige Feld soll wie ein hoher, waldigter Libanon angesehen werden. LXX. übersetzen hier das in beiden Sätzen vorkommende ל, das einemal mit ὡς [1]) (wie חשב sonst auch mit dem Caph similitudinis, Ps. 44, 23. Röm. 8, 36. 2 Cor. 10, 2. 4 Mos. 18, 27. 30. Esai. 40, 15.), das anderemal mit εἰς [2]). — Obad. v. 18. — Job 13, 12. alternit ל mit משלי (LXX. ἰσα). — Weish. 2, 16. — Judith 3, 8. εἰς θεον, wie Gott verehren.

Röm. 4, 5. sein Glaube wird wie Rechtschaffenheit, wie eine belohnenswürdige Tugend angesehen; vgl. 1 Makk. 2, 52. ἀβρααμ πιϛος — και ἐλογιθη αὐτω εἰς δικαιοσυνην. — Röm. 2, 26. der Unbeschnittene wird angesehen, behandelt, wie wenn er beschnitten wäre, ἡ ἀκροβυϛια αὐτ8 εἰς περιτ. λογ., oder: die ἀκροβυϛια wird wie περιτομη angesehen, γεγονε περιτομη v. 25. — Apostg. 19, 27. wie nichts geachtet werden; vgl. Weish. 3, 17. 9, 6.

Anmerkungen zu §. 66.

Anm. 1. Auch sonst mit ὡς, 1 Mos. 34, 16. 1 Sam. 25, 37. er wurde, wie Stein, לאבן, ὡς λιθοι. Esai. 1, 31. zweimal. Eben so wird auch כ oder כמו mit εἰς übersetzt, Hos. 8, 12.

Anm. 2. So alterniren auch ὡς und εἰς, wiewohl bei einem andern Verbum, in Einem Zusammenhang, 2 Cor. 11, 14. 15.

§. 67.

Storr
S. 289. f.
Weth.
S. 73.

5) So wie das ל auch die Person anzeigt, zu deren Ehré, Nuten oder Schaden, oder wegen welcher, für welche etwas geschieht oder geschehen soll, oder dem etwas verschaft wird (dativus commodi oder incommodi); eben so ists auch mit dem griechischen Dativ, und mit den Präpositionen εἰς und ἐν, das so oft für εἰς (ל) steht, und damit verwechselt wird.

α) Der Dativ. Richt. 6, 31. δικαζεσθαι τινι, für einen streiten, d. h. sich eines, seiner Sache annehmen, soviel, als: ὑπερ τινος, womit LXX, das ל im nemlichen Vers übersetzen. — 4 Mos. 25, 13. für Gott eifern. — 2 Mos. 18, 19. τῷ λαῷ, für das Volk bestimmt. — 2 Mos. 4, 16. σοι. *Dathe: pro* te verba faciet. — Jos. 23, 3. ὑμιν, vgl. περι ὑμων 2 Mos. 14, 14. — 2 Mos. 30, 37. ὑμιν ἑαυτοις, zu eurem Privatgebrauch. — Pred. Sal. 4, 8. τινι, für wen arbeite ich, vgl. Sir. 24, 34.

Matth. 3, 16. ihm zu lieb öffnete sich der Himmel, so wie αὐτῷ Luk. 22., 43. — Matth. 27, 7. τοις ξενοις. — Phil. 1, 27. τῃ πιστει, für den Glauben, zur Ehre des Glaubens. — Luk. 20, 38. (Gal. 2, 19.), sie leben Gott zur Ehre. — Röm. 14, 11. μοι, mir zur Ehre, vergl. τῷ βααλ. 1 Kön. 19, 18. — Röm. 13, 2. sie werden ein Urtheil von der Obrigkeit ihnen zum

Schaden (ἑαυτοις) empfangen; vgl. Spr. Sal.
1, 26. ἐρχηται ὑμιν ὀλεθρος. — Ebr. 6, 6. zu ih=
rem eigenen Schaden. — Offenb. 2, 15. 16. dir
zum Unglück. — Ebr. 11, 11. er erhielt
selbst für die Sarah Stärkung.

Aus den Apokryphen: Sir. 8, 14. κρινυσιν
αὐτῳ, man wird ihm, d. h. ihm zu gut das
Urtheil sprechen. — Kap. 14, 5. ὁ πονηρος (s.
Schleusn. Spicil. II. p. 150.) ἑαυτῳ, wer zu
seinem eigenen Schaden sparsam ist. —
K. 51, 16. ich fand viele Belehrung für mich. —
1 Makk. 14, 4. 2 Makk. 2, 21. zum Behufe
derer, die für das Judenthum edelmüthig gestrit=
ten. — K. 15, 12. er betete für das Beste des
Volks der Juden, τω των ἰδιαιων συσηματι (vergl.
Schleusn. Spicil. II. p. 170.).

β) Auch εἰς ist öfters die Anzeige
des Dativs [1]), und hat ebengedachte
Bedeutung dieses Casus. Z. B. Baruch
1, 11. προσευξαθε εἰς ζωην, soviel, als: περι της
ζωης im andern Theil des Verses, und *Schleusn.*
Spicil. II. p. 51. — Luk. 7, 30. εἰς ἑαυτυς, zu
ihrem eigenen Schaden, vgl. Sir. 37, 7. mancher
Rathgeber giebt (ἐξαιρει, נשא, welches auch von
der Rede gebraucht wird, s. *Schulz* Lex. hebr.
T. II. p. 847.) einen Rath, aber er rathet zu
seinem eigenen Vortheil, sich selbst zum
Besten, εἰς ἑαυτον, für: ἑαυτῳ v. 8.

γ) Auch ἐν, das oft Zeichen des Dativs ist [2]),
hat die erst angegebene Bedeutung, Ps. 124, 12.
wäre der Herr nicht für uns, ἐν ἡμιν, לנו,
vgl. 1 Mos. 31, 42. μοι, לי. Man vergl. auch
1 Sam. 2, 14. der Priester nahm die Stücke Fleisch

vom Opfer für sich, בו (v. 16. mit ל) LXX.
ἑαυτῷ. — Phil. 4, 3. ἐν τῷ εὐαγγελίῳ συναθλεῖν,
vgl. R. 1, 27. τῇ πίστει.

Anmerkungen zu §. 67.

Anm. 1. Den Dativ zeigt εἰς in folgenden Stellen
an: Matth. 5, 22. f. oben §. 21. Anm. 1. — Matth. 10,
17. vergl. 5, 25. — Mark. 13, 10. — Luk. 24, 47. —
2 Cor. 8, 13. f. „damit um der Gleichheit willen das,
woran jetzt ein Theil von euch Ueberfluß hat, dem
Mangel des andern Theils (εἰς τὸ ἐκείνων ὑστέρημα),
oder: dem mangelnden andern Theil (zu statten komme, γένηται Gal. 3, 14.).“ — Phil. 2, 22. ihr kennet
des Timotheus bewährte Treue und Redlichkeit, daß
er, wie ein Vater seinem Sohne (dient), mit mir
dem Evangelium gedient, ἐδούλευσεν εἰς τὸ εὐαγγ. —
Col. 3, 9. ψεύδεσθαι εἰς τινα, für: τινι (Apostg. 5, 4. und
כחש oder כזב mit ל 1 Kön. 13, 18. Ps. 78, 36. 89,
36.). — 1 Petr. 4, 10. dienet einander, εἰς ἑαυτους,
für: ἑαυτοῖς, vgl. 1 Petr. 1, 12. und Schleusn. unter
διακονεῖν nr. 4. 5.

Anm. 2. Daß ἐν überhaupt den Dativ bezeich-
ne, kam schon oben §. 21. Anm. 2. vor, wohin noch
folgende Beispiele gehören: 2 Cor. 5, 11. ἐν ταῖς συνει-
δήσεσι, vgl. das vorhergehende θεῷ, ich darf mich vor
Gott sehen lassen und vor dem Gewissen der Corinthier.
— Ebr. 13, 4. τίμιος ἐν πᾶσι, für: †) πᾶσι, vgl. Apg.
5, 34. — Mark. 4, 30. ἐν ποίᾳ παραβολῇ παραβάλωμεν
αὐτήν, welcher ähnlichen Sache wollen wir das
Reich Gottes vergleichen? soviel, als: ποίᾳ παραβολῇ,
wie der vorhergehende Dativ τίνι, und das nachfolgende ὡς κόκκον, das ebenfalls für den Dativ gesetzt
ist (vgl. Esai. 1, 9. ὡς γόμορρα ἂν ὡμοιώθημεν, לעמרה
דמינו, und Ezech. 32, 2. כפיר λέοντι ἔθνων ὡμοιώθης
σοι, καὶ ὡς δράκων); — Mark. 5, 30. ἐν τῷ ὄχλῳ, für:
ὄχλῳ — Phil. 1, 1. ἁγίοις ἐν χριστῷ. Christo geweihten;
v. 13. ἐν ὅλῳ, für: ὅλῳ (Röm. 1, 19.). — Col. 3, 20.
Joh. 12, 35. τὸ φῶς ἐστιν ἐν ὑμῖν, für: ὑμῖν, ihr habt das
Licht, ἔχετε τὸ φῶς v. 36. ††).

†) Zu Anm. 2.

Die Ehe (sey) allen, ἐν πασι, לכל אנוש, ehr-
würdig, oder: werde von allen in Ehren gehalten.
Denn εἶναι τι ἐν τινι (wie z. B. ἐν τῳ αἰωνι τετῳ, I Cor.
3, 18. ἐν τοις τελειοις K. 2, 6.) heißt: von jemand für
etwas gehalten werden, für τινι, welcher Dativ dieselbe Bedeutung hat, wie der Dativ bei Passivis oder
Neutris (s. Anm. 3. zu §. 62.), welcher sehr oft ein
handelndes oder einen Zustand bewirkendes Subjekt,
eine wirkende Ursache (wie בּ mit einem Passiv 4 Mos.
36, 2. Hos. 14, 4. und δια I Cor. 1, 9. 12, 8. und ἐν
Luk. 4, 1. vgl. mit Matth. 4, 1.) anzeigt, so daß man
den Dativ samt seinem Passiv mit dem Nominativ und
Aktiv übersetzen kann, wie in der obigen Stelle Ebr.
12, 5. haltet Alle den Ehstand in Ehren, oder Phil.
2, 5. τετο Φρονειδω ἐν ὑμιν, ὁ και ἐν Χριςῳ Ἰησυ (ἐΦρονειτο)
hoc a vobis sentiatur, quod a Christo sentiebatur,
seyd gesinnt, wie Jesus Christus auch gesinnt war.

††) Zu Anm. 2.

Denn der Dativus mit dem Verbo substantivo (lez-
teres ausgedrückt oder weggelassen) hat, so wie im Hebräischen, die Bedeutug: haben (5 Mos. 25, 5. vgl.
Matth. 22, 24. — I Mos. 44, 20. vgl. v. 19. — Tob.
6, 17. Sir. 5, 12. Judith 11, 19. Luk. 1, 7. 7, 41. 9, 13.
vergl. Matth. 14, 7. — I Cor. 9, 18.); folglich auch,
wenn ἐν das Zeichen des Dativs ist, z. B. 5 Mos. 14,
9. παντα ὁσα ἐςιν ἐν αὐτοις πτερυγια, und v. 10. παντα
ὁσα ἀκ ἐςιν αὐτοις πτερυγια, alles, was Schuppen hat.
Vgl. die Parallelstelle 3 Mos. 11, 9. 10., wo der bloße
Dativ ist. Joh. 11, 10. er hat kein Licht, το Φως ἀκ
ἐςιν ἐν αὐτῳ, für: αὐτῳ, und Φωτ für: Φως ἡλις, vergl.
אור Job 31, 26. ἡλιος, und K. 37, 21. Ps. 37, 6. Hab.
3, 4. Φως. — Apostg. 13, 15. εἰ ἐςι λογος ἐν ὑμιν, wenn
ihr einen Vortrag zu machen habt. — I Cor. 8, 7. diese Einsicht (daß nemlich alle Götzen der Heiden ein
Nichts sind v. 5. 6.) hat nicht jeder, ἀκ ἐν πασιν ἡ γνωσις; Ps. 73, 11. sollte der Höchste Wissenschaft davon
haben? εἰ ἐςι γνωσις ἐν τῳ ὑψιςῳ;

Storr
S. 290.*.
Weth.
S. 27. f.

§. 68.

Storr
S. 290.
Wetst.
S. 26. 78.

6) Für den so häufigen Genitiv des Besitzers, der mit dem hebr. Lamed ausgedrückt wird, wird von den Griechen eben deswegen der Dativ mit und ohne ἐν gesetzt, weil das Lamed so oft das Zeichen des Datins ist. Z. B. 2 Kön. 14, 15. αἱ ἡμεραι τοις βασιλευσι, statt: των, vgl. 2 Chron. 36, 8. mit 3 Esr. 1, 42. — 1 Kön. 14, 29. 15, 7. 23, 31. mit 1 Kön. 16, 5. — 2 Chron. 23, 16. das Volk des Herrn, λαον τῳ κυριῳ. — Spr. Sal. 20, 29. Zierde der jüngern, κοσμος νεανιαις, für: νεανιων, wie im andern Glied: δοξα πρεσβυτερων. — Jer. 52, 5. bis ins eilfte Jahr des Königes, τῳ βασιλει, לַמֶּלֶךְ, vergl. die Parallelstelle 2 Kön. 25, 2. τε βασιλεως.

Mark. 2, 18. οἱ σοι μαθηται, statt: σε (vgl. Matth. 9, 15.), wie vorher Ἰωαννε; Weish. 9, 16. οἱ σοι παιδες, soviel, als: σε υἱοι. K. 18. 4. — Luk. 7, 12. μονογενης τῃ μητρι, statt: της μητρος, vergl. Jos. 17, 1. πρωτοτοκος τῳ Ἰωσηφ; 1 Chron. 3, 1. πρωτοτοκος τῃ αχιααμ, hingegen 2 Sam. 13, 2. της αχιν. — Sir. 4, 11. τες υἱες ἑαυτῃ; Tob. 3, 15. — Röm. 4, 12. τοις) für: των περιτμηθεντων und των στοιχεντων, wie v. 11. f. των πιστευοντων und της περιτομης. — Gal. 1, 22. — 2 Thess. 1, 1. ἐκκλησια ἐν χριστῳ, θεῳ, für: χριστε, θεε, und Eph. 6, 21. Col. 4, 7. διακονος, συνδελος ἐν κυριῳ, für: κυριε, wie 1 Cor. 3, 9. συνεργοι θεε.

Auch für den Genitiv des Urhebers, der wirkenden Ursache *) steht manchmal der griechische Dativ, z. B. Ps. 81, 4. κριμα τῳ θεῳ, לֵאלֹהֵי, dies ist ein Gebot, das von Jakobs

Gott kommt. — Pf. 3, 1. ψαλμος τῳ δαυιδ, Pf.
4, 1. 24, 1. — — Luk. 19, 38. Glück und Heil
von Gott (kommt durch den, der da in Jeru-
falem einzieht), εν υψισοις, für: υψισοις, und dies
für θεῳ, θεε. Aehnlich ist die Stelle Offenb.
7, 10. σωτηρια τῳ θεῳ, vgl. mit Spr. Sal. 21, 31.
ליהוה ישועה, LXX. παρα κυριε βοηθεια.

*) Anmerkung.

Solche Genitivi der wirkenden Ursache Storr
sind: Pf. 119, 123. 166. 184. σωτηριον σε. Hülfe, die S. 291.
von dir kommt, für: παρα σε, wie die LXX. diesen Weth.
Genitiv Esai. 52, 10. 2 Mof. 14, 13. überfetzen. — S. 26.
Tob. 13, 14. ειρηνη σε, den du mittheilst. — Röm. 1,
17. 3, 20, f. δικαιοσυνη θεε, welche von Gott herkommt, welche Gott ertheilt K. 3, 9. und δικαιοσυνη
πισεως Röm. 4, 11. 13. vgl. εκ oder δια πισεως Röm. 1,
17. 3, 22. Phil. 3, 9. — 2 Cor. 7, 10. η τε κοσμε λυπη.
Betrübniß von Menschen, falschen Aposteln ꝛc. verursacht, entgegengesetzt der λυπη κατα θεον, von
Gott bewirkt (f. wegen κατα Gal. 1, 11. vgl. v. 12.
— 1 Cor. 12, 8., wo die wirkende Ursache durch drey
verschiedene Präpositionen δια, εν, κατα bezeichnet ist.
— 2 Makk. 2, 13. — Ebr. 9, 19. alle Verordnungen
des Gesetzes. Vgl. auch *Fischer* Prolus. IX. de
vitiis Lex. p. XXII.) — 2 Cor. 11, 26. Gefahren, die
von Strömen, Räubern herrührten, soviel, als: εκ
ποταμων, εκ λησων, wie im folgenden εκ γενες, εξ εθνων.
— Col. 2, 16. die Sache selbst hängt von Christo ab.
— 1 Theff. 1, 6. vom heil. Geist gewirkte Freude.

Dritte Abtheilung.

Das Nomen oder Pronomen wird absolute gesetzt, ohne oder mit darauf folgendem Pronomen, welches den Casus bezeichnet.

§. 69.

Storr S.292.ff. Weth. S.20. I. Nicht selten steht das Nomen oder Pronomen im Nominativ oder Akku= sativ ganz absolute, d. h. es hängt mit kei= nem der übrigen Theile des nächsten Satzes zu= sammen, sondern muß entweder für sich allein be= trachtet, und etwa durch: „was — anbelangt" übersetzt werden, oder die Bestimmung seines Ver= hältnisses zu einem Theile des Satzes wird dem Leser auf irgend eine Art überlassen. Z. B. 2 Kön. 22, 18. f. οἱ λογοι, הדברים *), was die Worte betrifft; in der Parallelstelle 2 Chron. 34, 26. ist der Akkusativ τὰς λογὰς. — Jer. 44, 16. — 3 Mos. 4, 2. ψυχη. — 1 Mos. 21, 2. παντα. — Ps. 9, 7. was den Feind betrifft (האיב), so sind die Verwüstungen vollkommen, haben den höchsten Grad erreicht; d. h. die Verwüstungen des Fein= des (LXX. τα ἐχθρα) haben ein Ende. — 1 Mos. 31, 16. παντα τον πλατον — ὑμιν ἐςαι. — 5 Mos. 11, 24. παντα τον τοπον. — 4 Mos. 13, 32. την γην — γη κατεδισα τας ἰc. — Richt. 13, 8. του ανθρωπον — ἐλθετω. — 1 Makk. 8, 6. του Αντιο= χον. — Sir. 3, 28. ἐπαγωγη ὑπερηφανε ἐκ ἐςιν ἰασις, das Unglück des Hoffärtigen betreffend, so giebts keine Heilung, d. h. für sein Unglück giebts ꝛc. — 2 Makk. 2, 17. 11, 36.

Luk. 2, 6. was dies alles betrifft, das ihr jetzt sehet (ταυτα ἁ θεωρειτε), so wird eine Zeit kom= men

men ꝛc., d. h. von allem dem, das ihr jetzt sehet, wird ꝛc., vgl. Dan. 1, 20. was alles, das Weisheit heißt, was alle Fächer der Wissenschaft betrifft (כל־דבר חכמה), so fand der König sie zehnmal klüger, als ꝛc., d. h. in allem fand er sie ꝛc., daher LXX. übersetzen: ἐν παντὶ λόγῳ καὶ συνέσει — κατέλαβεν αὐτὰς σοφωτέρας.

Röm. 8, 3. was das Unvermögen des Gesetzes betrifft, oder: in Rücksicht der Unzulänglichkeit des Gesetzes zu unserer Begnadigung hat Gott ein Sündopfer gesandt ꝛc. — Gal. 1, 20. ἃ γράφω ὑμῖν, Gott ist mein Zeuge, daß ich bei allem dem, was ich hier schreibe ꝛc. — Offenb. 14, 9. was die sieben Häupter des Thiers betrifft (αἱ ἑπτὰ κεφαλαί), d. h. daß ich die Bedeutung der sieben Häupter erkläre, so sind sieben Könige gerade, wie es sieben Berge sind, darauf das Weib sitzt. — 1 Cor. 10, 16. τὸν ἄρτον, was das Brod betrifft, welches wir brechen und unter einander austheilen, ist es nicht eine Mittheilung des Leibes Christi, d. h. (s. oben §. 7.) wird uns nicht der Leib Christi durch dies Brod mitgetheilt? — Offenb. 1, 20. was nun das zu enträthselnde Bild der sieben Sterne ꝛc. betrifft.

*) Anmerkung zu §. 69.

Einem solchen absolutstehenden Nominativ wird bisweilen לְ (welches die LXX. z. B. 5 Mos. 24, 5. mit dem Nominativ übersetzen לְכֹל דָּבָר, ἐὰν πράγμα) oder auch אֶל vorgesetzt, welches die Bedeutung „was betrifft" hat. Diesem לְ entspricht nun das griechische περί. vgl. 1 Mos. 17, 20., besonders 1 Sam. 9, 20. — 1 Makk. 15, 35. περὶ Ἰόππης, was Joppe betrifft ꝛc. — 1 Cor. 16, 1. die Steuer für die arme Chri-

Storr S.295. Weth. S.20.

ften zu Jerusalem betreffend, περι της λογιας, so haltets
damit, d. h. mit der Steuer haltets, wie ich die
Sammlung derselben bei den Gemeinden in Galatien
veranstaltet habe 1 Cor. 16, 2. — 2 Cor. 8, 23. Es
betreffe den Titus (ειτε υπερ Τιτε), oder unsere übrige
Kollegen (αδελφOI), so beweiset ihnen eure Liebe.
Denn υπερ hat z. B. 2 Cor. 1, 8. 6. am Ende; 2 Thess.
2, 1. Phil. 1, 7. Röm. 9, 27. Tob. 7, 8. 6, 15. (Schleusn.
Spicil. II. p. 177. f.) dieselbe Bedeutung, wie περι,
betreffend, wegen, de. S. auch Ebr. 5, 3. und
1 Petr. 3, 18. Auch wechselt περι und υπερ Eph. 6, 18.
gleichbedeutend mit einander ab, und 1 Sam. 21, 2.
übersetzen LXX. den Akkus. absol. im nemlichen Vers
mit περι und υπερ.

§. 70.

II. Sehr oft steht im nächstfolgenden
Satz ein Pronomen im Genus des ab-
soluten Substantivs, und im Casus
oder mit derjenigen Präposition, welche der Zusammenhang erfordert, so
daß es sich dann von selbst ergiebt, in
welchem Casus das absolutstehende Nomen zu übersetzen ist. Z. B. 3 Mos. 13,
45. ὁ λεπρος — τα ιματια αυτε, statt: τε λεπρε
τα ιματια. 1 Chron. 23, 14. — daher auch LXX.
2 Chron. 16, 9. יהוה־עיכיו übersetzen: οφθαλμοι
κυριε [1]). — Esr. 7, 26. τας — εξ αυτε, statt:
εκ παντος. — Ezech. 11, 7. τας νεκρες υμων —
ετοι, statt: οἱ υμων νεκροι εισι. — Gleiche Akkusativi sind Esai. 9, 15. — 1 Mos. 49, 20. 4 Mos.
14, 24. 2 Sam. 22, 23. 2 Kön. 1, 6. 16. Esr.
10, 8. 1, 4. 6, 11. 2c. 2c. — Sir. 10, 22. πλεσιος
και ενδοξος και πτωχος — αυτων το καυχημα, der
Reichen und Armen Ruhm besteht 2c. K. 40, 29.

das Leben eines Mannes, der auf eines andern Tisch sehen, d. h. betteln muß, ist kaum für ein Leben zu nehmen ꝛc. K. 46, 11. — Weish. 3, 14. εὐνᾳχος — αὐτῳ, — I Makk. 2, 41. πας ανϑρωπος — πολεμησωμεν κατεναντι αυτᾳ.

Matth. 12, 36. παν ρημα — περι αὐτᾳ. — K. 7, 24. πας — ὁμοιωσω αὐτον. — K. 10, 32. πας — ὁμολογησω ἐν αὐτῳ, für: ἐν παντι; soviel: als [2]) (Röm. 10, 9.): παντα. — Matth. 21, 42. λιϑον — ᾳτος. — Mark. 9, 20. den Kranken, in dem Augenblick, da er Jesum gesehen hätte (ἰδων — το πνευμα ἐσπαραξεν αὐτον) ergrief der Geist sogleich. — Joh. 6, 39. daß ich von allem dem, was (oder [3]) von allen denen, welche) er mir anvertraut hat, nichts verliere, ἱνα παν — μη ἀπολεσω ἐξ αὐτᾳ, statt: ἱνα ἐκ παντος ꝛc.; vergl. oben Esr. 7, 26. — Joh. 7, 38. — Joh. 17, 2. παν ὁ — αὐτοις, für: πασι ᾳς. — Kap. 18, 11. — Apostg. 7, 40. (2 Mos. 32, 1. 23.) wir wissen nicht, was diesem Moses widerfahren ist. — 2 Cor. 8, 23. f. (s. Anm. zu §. 69.) für: εἰς τιτον, και εἰς ἀδελφᾳς. — 2 Cor. 12, 17. durch welchen von denen (τινα — δι᾽ αὐτᾳ), die ich zu euch geschickt habe, habe ich euch um etwas bringen lassen? Vgl. 3 Mos. 21, 17. τινι — ἐαν ᾖ ἐν αὐτῳ. — Col. 3, 17. παν — δι᾽ αὐτᾳ, statt: δια παντος. — I Joh. 2, 24. das, was ihr vorlängst (ἀπ᾽ ἀρχης v. 7. K. 3, 8.) Jos. 24, 2. Ps. 74, 2.) gehört habt, das müßt ihr [4]) behalten, ὑμεις — ἐν ὑμιν μενετω, s. auch v. 27. — Offenb. 2, 26. ὁ νικων — δωσω αὐτῳ (K. 3, 21.). — K. 3, 12. 6, 8. 21, 8. τοις δειλοις — το μερος αὐτων, statt: των δειλων μερος [5]).

13 [2]

Storr
S. 298. f.
Weth.
S. 78. f.

Am häufigsten steht bei den Hebräern das Pro=
nomen relativum absolute, und erst das
darauf folgende Pronomen personale [6]) bezeichnet
den Casus, den entweder eine Präposition oder das
Verbum erfordert. Die Griechen weichen zwar
von den Hebräern meistens darinn ab, daß sie ihr
Relativum nicht absolute [7]), sondern sogleich im
gehörigen Casus setzen; lassen aber doch als pünct=
liche Nachahmer der hebräischen Idiotismen das
Pronomen personale dennoch noch nachfolgen, un=
geachtet dieses nichts mehr zur Deutlichkeit beiträgt.
Z. B. 3 Mos. 18, 5. ἃ ποιησας αυτα. — 2 Mos.
5, 2. ᾧ — αυτη. — 2 Kön. 19, 4. ὃν — αυτον.
— Baruch 2, 17. ὧν — το πνευμα αυτων. —
3 Esr. 3, 5.

Matth. 3, 12. ᾧ — εν τη χειρι αυτη, אשר־
בידו, in dessen Hand; Mark. 1, 7. ᾧ — υποδη=
ματων αυτη; K. 7, 25. 1 Petr. 2, 24. Offenb. 3,
8. ἣν — αυτην, vgl. Ezech. 20, 28., wo nur die
LXX., so wie auch Ps. 10, 7. den Hebraismus
haben. — Offenb. 7, 2. 9. — Gal. 3, 1. οἱς —
εν υμιν, statt: εν οἱς, um die Personalbedeutung
des Relativi (S. Storr S. 387. nr. II. 1.)
dadurch zu bezeichnen, vgl. Esai. 51, 7. λαος ᾧ ὁ
νομος μη εν τη καρδια υμων, und Dan. 2, 6. אשר־
בך. — Gal. 5, 21. — Eph. 2, 10. zu guten
Werken, wozu, zu deren Vollbringung (οἱς —
ἱνα εν [8]) αυτοις περιπατησωμεν, statt: εν οἱς) uns
Gott gleich anfangs bestimmt und eingerichtet hatte.

Beispiele, wo και die Stelle des Pronomens
ὁς vertritt, mit darauf folgendem αυτος, s. unten
§. 89. Anm. *).

Anmerkungen zu §. 70.

Anm. 1. LXX. überſetzen häufig gleich im gehörigen Caſus, z. B. 5 Moſ. 18, 14. אֹתָם־דּרֵ, αοι. — Pſ. 73, 28. אֵלִי־בְקָ, ἐμοὶ, eben ſo 1 Sam. 12, 23. — 1 Moſ. 24, 27. ἐμὲ, ungeachtet ſie auch, wie die Hebräer, ἐγὼ — με, und σὺ — σε, ſtatt: με — ἐς haben 1 Moſ. 17, 4. Zach. 9, 11. — Pſ. 32, 10. τὸν ἐλπίζοντα. — Spr. Sal. 9, 4. לוֹ לֵב חֲסַר, τοῖς ἐνδεέσι φρενῶν; K. 20, 20.

Anm. 2. ὁμολογέω mit ἔν τινι ſteht eben für τινα, wie z. B. ἀγνοεῖν ἔν τινι, רַעַת לֹא mit בְ, 2 Petr. 2, 12. vgl. mit Jud. v. 12. Job. 35, 15. und ἐκλέγεσθαι ἔν τινι, בָּחַר mit בְ, 1 Sam. 16, 9. f. für: ἐκλέγεσθαι τινα v. 8. und תֵּרַע bekennen mit עַל Neh. 1, 6. ἐξαγορεύω ἔν τινι, vgl. K. 9, 2. τι. und ἐπερωτᾶν ἐν κυρίῳ, שָׁאַל mit בְ, den Herrn fragen, das ſonſt mit dem Akkuſativ conſtruirt wird.

Anm. 3. Johannes liebt nicht nur bei πᾶς, ſondern auch bei andern Adjektiven das Neutrum ſtatt des Maſkulinums, vgl. πᾶν v. 40. und πάντα K. 13, 3. mit K. 17, 2. und mit πάντας K. 12, 32.; auch K. 3, 6. vgl. mit v. 8.; 1 Joh. 5, 4. mit v. 1. S. auch Offenb. 3, 2. 21, 27. — Auch in andern Büchern des N. T. und bei den Alexandrinern und in den Apokryphen findet man das Neutrum für das Masculinum geſetzt. Z. E. Matth. 1, 20. τὸ γεννηθὲν, Luk. 1, 35. τὸ γεννώμενον (Eſr. 10, 3. τὰ γενόμενα ἐξ αὐτῶν, vgl. 3 Eſr. 8, 93. σὺν τοῖς τέκνοις). — 1 Moſ. 48, 6. τὰ ἔκγονα ἃ γεννήσεις. — Matth. 18, 11. τὸ ἀπολωλὸς (Ezech. 34, 4.). — Luk. 16, 15. τὸ ἐν ἀνθρώποις ὑψηλὸν, für: αἱ ὑψηλαι, ſ. oben §. 59. nr. 6. — 1 Cor. 1, 27. f. vgl. v. 26. und Weiſh. 2, 11. τὸ ἀσθενὲς, für: ἀσθενοῦντες. — Gal. 3, 22. τὰ πάντα, vgl. Röm. 3, 19. πᾶς, πᾶσα σὰρξ, und K. 11, 32. πάντας. — Ezech. 2, 14. τὰ ἀμφότερα. — 2 Theſſ. 2, 6. τὸ κατέχον, für: ὁ κατέχων v. 7. (vgl. 5 Moſ. 13, 5. τὸ πονηρόν, הָרַע, der Böſe, der Betrüger). — Ebr. 7, 19. ἄδεν, für: ἀδένα; v. 7. τὸ ἔλαττον, der geringere; K.

12, 13. τὸ χωλον, für: οἱ χωλοι. — Man sehe noch 2 Kön. 15, 20. παν δυνατω, גברי, alle Reiche; Weish. 17, 15. einige (τα μεν) wurden von den Traumgesichtern umhergetrieben; andere (τα δε) vor bangem Kummer entseelt; K. 18, 13. παντα γαρ απιεωτΕΣ, alles (d. h. alle Aegypter) war verstockt.

Anm. 4. Es geschieht nicht ohne Nachdruck, daß der Apostel das Pronomen „ihr“ wiederholt, und es in casu absoluto vorangehen läßt, um den Gegensatz gegen die Antichristen und ihren Anhang v. 22. f. 26. recht auffallend zu machen.

Anm. 5. Es ist nemlich dieser Dativ τοις δυλοις und vielleicht auch παντι Luk. 12, 48. entweder Nachahmung des den absolute stehenden Nominibus vorgesetzten Lameh (§. 69.), welches oft mit dem Dativ übersetzt wird; oder es ist im Affekt das δωσω v. 6. und also auch die Construktionsordnung verlohren gegangen, und statt δωσω das synonyme το μερος αυτων (δωσει) gesetzt worden.

Anm. 6. Auch שׁם, ἐκει, daselbst, dorthin (1 Mos. 39, 1. Röm. 15, 24. Matth. 2, 22. 17, 20.) welches die Stelle des Pronomens הוא vertritt; daher es die LXX. wirklich auch mit αυτοι übersetzen 2 Mos. 12, 30. ἐν ᾗ — ἐν αὐτῇ. אשׁר־שׁם. — Durch diesen Zusatz von שׁם bekommt das absolut stehende Relativum אשׁר (das übrigens auch allein vorkommt 4 Mos. 22, 26. 5 Mos. 8, 13. so wie ἐ Esr. 3, 9.) die Bedeutung: wo, wohin. Die LXX. lassen daher auch sehr oft dies ἐκει auf ihr Relativum folgen, z. B. 1 Mos. 33, 19. und 1 Sam. 9, 10. ὁ — ἐκει, für: ὁ allein (1 Mos. 21, 17. 2 Mos. 18, 5.). — 3 Mos. 18, 3. γην, εἰς ἣν ἐγω εισαγω ὑμας ἐκει, אשׁר־שׁמה; Eben so Mark. 6, 55. Offenb. 12, 6. ὁπε — ἐκει, und Judith 5, 19. 8, 22. Bar. 2, 4. 29. 1 Macc. 14, 34.

Anm 7. Beispiele von Casus absolutus des griechischen Relativi scheinen es jedoch zu seyn: 4 Mos. 3, 3. ἃς — τας χειρας αυτων, אשׁר־ידם. — Ps. 74, 2.

ὄρος ὁ — κατασκηνώσαι ἐν αὐτῷ. זֶה־בּוֹ (vergl. Storr S. 119. †).

Anm. 8. Die Präposition, die vor dem Relativo stehen sollte, wird, wie im Hebräischen, zuweilen auch im Griechischen weggelassen, und nur vor das Personale gesetzt, 3 Mos. 11, 35. ὁ — ἐπ᾽ αὐτὸ, עֲלָיו, statt: ἐφ᾽ ὁ. — K. 6, 5. ἃ — περὶ αὐτὰ. — K. 21, 18. ᾧ — ἐν αὐτῷ, אֲשֶׁר־בּוֹ. Uebrigens vergessen die LXX. auch beym Gebrauch dieses Hebraismus die Gewohnheit der Griechen nicht, den Casus des Relativi nach dem Casus des vorhergehenden Nominis zu richten, z. B. 3 Mos. 15, 22. σκεῦος ὃ ἐὰν καθίσῃ ἐπ᾽ αὐτῷ, אֲשֶׁר־עָלָיו; K. 17, 7. τοῖς ματαίοις, οἷς ἐκπορεύονται ὀπίσω αὐτῶν, statt: ὀπίσω ὧν, אֲשֶׁר־אַחֲרֵיהֶם. Jedoch sind die Beispiele bei weitem die meisten, wo die Präposition sowohl vor das Relativum, als vor das nachfolgende Personale gesetzt wird, und nicht selten haben beide Pronomina nicht die nemliche, sondern synonyme Präpositionen.

1) einerlei Präpositionen, 1 Mos. 19, 29. ἐν οἷς — ἐν αὐταῖς; 2 Mos. 18, 21. 22. ἐφ᾽ ἧς — ἐπ᾽ αὐτῆς; 2 Mos. 23, 27. εἰς ἃς — εἰς αὐτὰς; 3 Mos. 11, 32. 15, 4. Judith 7, 10. 10, 2.

2) synonyme Präpositionen, 1 Mos. 24, 3. μεθ᾽ ὧν ἐγὼ οἰκῶ ἐν αὐτοῖς; 1 Mos. 24, 40. 48, 15. weil εὐαρεστεῖν sowohl mit dem Dativ (1 Mos. 5, 22. 39, 40.), als mit ἐνώπιον, ἐναντίον (1 Mos. 17, 1.) construirt wird, so heißt es hier: θεὸς ᾧ εὐηρέστησαν — ἐνώπιον αὐτῶ; 2 Mos. 6, 4. ἐν ᾗ παρῴκησαν — ἐπ᾽ αὐτῆς, אֲשֶׁר־בָּהּ (vgl. κατοικεῖν mit ἐπι, בְּ, 3 Mos. 20, 22. 25. 18. 19.). — Richt. 16, 26. ἐφ᾽ οἷς (ἕστηκεν v. 29.) ὁ οἶκος ἐπ᾽ αὐτὰς, zwar einerlei Präposition, aber mit verschiedenen Casibus. — 2 Kön. 19, 10. vgl. mit der Parallelstelle Esai. 37, 10. — Sir. 1, 14. μετὰ πιστῶν — συνεκτίσθη αὐτοῖς, statt: σὺν αὐτοῖς.

§. 71.

Storr
S.296.*.
Weth.
S.67.
Das Pronomen, welches dem Nomen nachfolgt, hat nicht immer die Absicht, das absolutstehende Nomen in grammatischen Zusammenhang
mit der übrigen Rede zu bringen; sondern es wird
häufig auch da gesetzt, wo wegen des Casus des
Substantivi keine Schwierigkeit oder Zweideutigkeit statt findet, nemlich alsdann, wenn das Nomen nicht an seinem gewöhnlichen Platz steht,
oder wenn durch einen eingeschobenen Satz das
Subjekt von dem Prädikat getrennt ist, oder wegen eines besondern Nachdrucks, z. B. 1 Mos. 2,
17. ἀπο τε ξυλε — ἀπ' αὐτε. — 2 Kön. 22, 18.
προς τον βασιλεα — προς αὐτον. — 1 Kön. 15, 23.
τα λοιπα, και πασα — ἐν ἰδε ταυτα ꝛc. — 1 Mos.
3, 12. ἡ γυνη — αὐτη, mit Nachdruck, so wie
auch Spr. Sal. 13, 13. ἑτος; und 3 Mos. 25,
45. ἀπο τετων, von den Kindern der Fremdlinge
unter euch, nur von diesen (ja nicht von euren Mitisraeliten v. 39. ff.) sollt ihr eure Knechte
nehmen. — 3 Esr. 6, 1. ἐπ' αὐτες, und v. 18.
wird vermittelst des Pronomens αὐτα, das zum
Verbo ἐξηνεγκεν gesetzt wird, die Verbindung des
durch Zwischensätze entfernt gewordenen Akkusativi
ἱερα σκευη mit seinem Verbo wieder hergestellt. —
3 Esr. 4, 56. πασι — αὐτοις. — Weish. 17, 8.
mit Nachdruck: die, welche versprachen, Furcht
und Schrecken kranken Seelen einzujagen, diese
(ἑτοι) erkrankten selbst an lächerlicher Furcht.
Matth. 4, 16. τοις καθημενοις — αὐτοις. —
K. 8, 1. — K. 25, 29. — Apostg. 1, 21. wegen
der Zwischensätze, die aus dem Genitiv συνελθον-
των entstanden, konnte am Ende ἱνα, ohne un-

deutlich zu werden, nicht allein ſtehen, ſondern τʊτων mußte jenen Genitiv, der von ἑνα abhängt, wieder ins Gedächtniß bringen. Eben ſo ἐν τʊτῳ K. 4, 10. und τʊτον K. 7, 35. Auch K. 23, 17. wird durch αὐτον das Verbum ἐξειλομην, das! ziemlich weit von ſeinem Akkuſativ τον ἀνδρα τʊτον abſteht, mit dieſem in nähere Verbindung gebracht. — 1 Tim. 1, 18. die Ermahnung lege ich dir an das Herz, daß (ἱνα verſetzt, ſ. unten zu Storr §. LXIII.) du dich nach den vorhergehenden Weiſſagungen von dir, als einen tapfern Streiter beweiſeſt. Nemlich das pleonaſtiſche ἐν αὐταις, ſtatt *): κατ᾿ αὐτας rekapitulirt nur das vorhergehende κατα τας προφητειας, und ſetzt es in nähere Verbindung mit ſeinem Verbo. — Auch Offenb. 1, 5. 6. wird nur durch das Pronomen αὐτῳ eine Deutlichkeit in der Conſtruktion. — Matth. 10, 22. 12, 50. ſteht ʊτος mit Nachdruck, ſo wie Matth. 15, 11. 18. (Mark. 7, 15.) τʊτο und ἐκεινα, wodurch der Gegenſatz deſto auffallender gemacht wird. — Matth. 26, 23. — Joh. 1, 18. ἐκεινος. — K. 6, 46. ʊτος. — K. 15, 5. wer mit mir verbunden bleibt, ſo wie ich mit ihm, erſt der (ʊτος) wird viele Frucht tragen. — Jak. 1, 25. wird ʊτος, das einen Nachdruck giebt, um ſo mehr wiederholt, da eine Parentheſe ἀκροατης — ἐργʊ den Zuſammenhang in etwas unterbrochen. — 2 Joh. v. 9. ʊτος mit Nachdruck, wegen des Gegenſatzes.

*) Anmerkung zu §. 71.

Die Präpoſition ἐν hat häufig, wie κατα, die Bedeutung: nach, zufolge, secundum, pro, wie Efr. 6, 14. ἐν (ℶ) προφητεια ἀγγαια, nach der Weiſſagung Haggai. — 2 Sam. 7, 22. ἐν πᾶσι, בְּכֹל, vgl. die Parallelstelle 2 Chron. 17, 20. κατα παντα, בְּכָל. — 1 Mof. 1, 26. f. בְּצַלְמֵנוּ. — Efth. 1, 12. — Eph. 4, 16. ἐν μετρῳ, für: κατα μετρον. — Col. 4, 12. ἐν θελημασι θεε. — Luk. 1, 8. (3 Eſr. 1, 6. ſchlachtet das Paſſah nach der Ordnung, ἐν ταξει, vgl. κατα το προς ταγμα im nemlichen Vers). — Apoſt. 1, 7. — Eph. 2, 3. den ſinnlichen Lüſten zufolge.

§. 72.

Storr S. 300. f. nr. IV. Weth. S. 21. 74. III. Zuweilen geſchieht es auch, daß ſtatt des Pronomens das Nomen ſelbſt (ſ. oben §. 22.) oder ein anderes, das die nemliche Bedeutung hat, geſetzt wird. Z. B. 3 Mof. 17, 3. f. ἀνθρωπος — τῳ ἀνθρωπῳ ἐκεινῳ. — K. 18, 29. πας ὁς ἐαν ποιησῃ — αἱ ψυχαι ποιεσαι. — 2 Mof. 31, 14. 1 Mof. 17, 14. Judith 11, 9. ὁ λογος — ἠκεσαμεν τα ρηματα αὐτε. — Efth. 6, 7—9. ἀνθρωπον, ὁν ὁ βασιλευς θελει δοξασαι — ςολισατω τον ἀνθρωπον, ὁν ὁ βασιλ. ἀγαπα. — 3 Mof. 25, 44. παις και παιδισκη — δελον και δελην. — Pf. 45, 12.

2 Cor. 4, 4. ἐν οἱς — τα νοηματα των ἀπιςων, für: αὐτων, nemlich jener ἀπολλυμενων (v. 3.), wovon ἀπιςοι ein Synonym iſt. — 2 Cor. 10, 13. κατα το μετρον τε κανονος, ὁ ἐμερισεν ἡμιν ὁ θεος μετρε, ſtatt: αὐτε, nach dem Maas des beſtimmten Wirkungskreiſes, das mir Gott zugemeſſen hat. Durch den Zuſatz des Nomens μετρον ſelbſt ſtatt des Pronominis perſonalis wird es um ſo deutlicher, daß ſich ὁ nicht auf κανονος, ſondern auf μετρον beziehe. — Röm. 2, 9. ἐπι ψυχην ἀνθρωπε, für: αὐτοις, ſ. die obige Stelle 1 Mof. 17, 14.

— Tit. 1, 2. 3. Erkenntniß der Wahrheit zur Gottseligkeit auf *) Hoffnung des ewigen Lebens, welche (ἦν — του λογου αὐτε) Gott vorlängst verheissen und endlich bekannt gemacht hat durch das Predigtamt, das mir anvertraut worden. Der Ausdruck του λογου αὐτε (v. 3.) ganz synonym mit ἀληθεια, steht also für das auf ἦν (v. 2.) zurückweisende Pronomen αὐτην. Wegen der Beziehung des Pronomens ἦν auf das entferntere Substantiv ἀληθεια, s. unten zu Storr S. 399. ff.

*) Anmerkung zu §. 72.

Ἐπι bedeutet Absicht, Bedingung, Röm. 8, 21. Eph. 2, 10. (vgl. Weish. 2, 23. ἐκτισε ἐπ᾽ ἀφθαρσια); 1 Theff. 4, 7. Matth. 26, 50. Phil. 3, 9. Apostg. 3, 16. Gal. 5, 13.

Fünftes Kapitel.

Vom Conjunctiv der hebraizirenden Griechen.
(Storr §. XLV.)

§. 73.

Da die Hebräer keine eigene Form für den Conjunctiv haben, so gebrauchen sie dafür den Indikativ, so daß blos der Zusammenhang schliessen läßt, daß er die Stelle des Conjunctivs vertrete. Eben so ists häufig bei den hebraizirenden Griechen.

1) Die Partikel καὶ (Vav) kann manchmal mit "ut" übersetzt werden, und der Indikativ verliert dann seine Bedeutung.

Storr S. 301. f. ** Weth. S. 118.

Nemlich καὶ, so wie Vav, verbindet nicht nur den Erfolg mit seiner Ursache [1]), und heißt in diesem Fall: und deswegen, daher, itaque; sondern auch die Ursache mit ihrem Erfolg [2]), Wirkung, in welchem Fall dann καὶ gleichbedeutend mit „denn, weil" ist. Καὶ kann also auch die Absicht so gut, wie den Erfolg, mit einer Sache in Verbindung setzen. Ist daher der Erfolg beabsichtiget, und also die Ursache einer Handlung, so steht Erfolg für Absicht, durch eine meton. effecti, und καὶ kann mit „daß, damit, ut" übersetzt werden, und der Indikativ verliert seine Bedeutung. Z. B. 2 Mos. 2, 7. וַתֵּינִקֵ, daß sie das Kind säuge, καὶ θηλασει. — 3 Mos. 14, 40. der Priester soll befehlen, daß [3]) sie die Steine ausbrechen, καὶ ἐξελωσι τας λιθας. — 5 Mos. 24, 5. er soll nicht in den Krieg ziehen, damit ihm nichts begegne, καὶ ἐκ ἐπιβληθησεται αὐτω ἐδεν πραγμα. — 2 Mos. 30, 12. καὶ ἐκ ἐσαι ἐν αὐτοις πτωσις, Dathe: quisque — pretium solvat, ne clade afficiantur, וְלֹא יִהְיֶה. — Sir. 33, 17. (36, 17.), erhöre das Gebet, daß alle erkennen mögen.

Matth. 5, 15. καὶ λαμπει, daß es leuchte. — Mark. 12, 7. laßt uns ihn tödten, καὶ ἡμων ἐσαι ἡ κληρονομια, daß (vgl. ἱνα in der Parallelstelle Luk. 20, 14.) sein Erbgut zu uns komme. — Matth. 26, 53. bitten, daß er mir schicke. — Joh. 14, 16. — Jak. 5, 14. er lasse Vorsteher der Kirche rufen, daß sie seinetwegen (für ihn) beten, καὶ προσευξασθωσαν ἐπ᾿ αὐτον (ἐπι, soviel, als: ὑπερ v. 16.). Vgl. 2 Mos. 27, 20. befiehl den Kindern Israels, daß sie bringen, συνταξον

— καὶ λαβέτωσαν σοι ἔλαιον. — 1 Sam. 9, 27. εἶπον τῷ — καὶ διελθέτω. — Esai. 43, 9. καὶ δικαιωθήτωσαν, וְיִצְדְּקוּ, daß man ihnen glauben könne.

Matth. 13, 41. ἀποστελεῖ τοὺς ἀγγέλους — καὶ συλλέξουσιν. — Ebr. 12, 9. damit wir glückselig werden, καὶ ζήσομεν, für: ἵνα ζήσωμεν, wie LXX. das וְנִֽהְיֶה 1 Mof. 42, 2. wirklich übersetzt haben. — 1 Joh. 5, 18. ein Kind Gottes nimmt sich in Acht, daß der Arge ihm nichts schaden könne, καὶ οὐχ ἅπτεται (ſ. ἅπτομαι Ruth 2, 9. 1 Chron. 16, 22. Job 5, 19. נָגַע), vgl. Hufnagel, und Dan. 3, 94. und *Schleusn.* Spicil. II. unter ἅπτομαι und θιγεῖν Ebr. 11, 28.)

2) Der Satz ist nicht bedingt ausgedrückt, sondern die Sache als ganz gewiß geschehen oder zukünftig, ohne alle Bedingungs-Partikel [4]) vorgestellt, und man hat doch bedingungsweise und mit dem Conjunktiv zu übersetzen. Z. B. 1 Sam. 25, 29. וַיָּקָם, wenn sich jemand erheben wird 2c. 2 Kön. 7, 2. ποιήσει, wenn er machen würde. — Ezech. 20, 11. ich gab ihm meine Gesetze, ὅσα ποιήσει αὐτὰ ἄνθρωπος (אֲשֶׁר יַעֲשֶׂה אוֹתָם) καὶ ζήσεται (וָחַי) ἐν αὐτοῖς, statt: ὅσα ἐὰν ποιήσῃ 2c. — Pſ. 28, 1. μήποτε παρασιωπήσῃς, תֶּחֱרַשׁ, auf daß nicht, wenn du schweigest, ich gleich werde 2c. — Esai. 36, 6. Rohrstab, welcher einem in die Hand geht, wenn er sich darauf verlassen will. — Klagl. Jer. 1, 21. ἐπήγαγες ἡμέραν, ἐγένοντο ὅμοιοι μοι, wirst du den Tag bringen, den du mir bestimmtest, so werden sie mir gleich seyn. — Sir. 1, 24. ἐπεθύμησας σο-

Storr
S. 303. f.
Weth.
S. 112.

Φιαν, διατηρησον, wenn du Weisheit wünschest,
so rc. — R. 13; 22. spricht er (ἐλαλησε) Läste=
rungen, so billigen sie sie; versieht es der Arme
(ἔσφαλε, vergl. das vorhergehende Participium,
welches die Bedingungs=Partikel einschließt, σφα=
λεντος), so wird er gescholten. — Sir. 21; 15.
wenn der Lasterhafte es hört, ἠκεσε, so bestreitet
er sie; vgl. das ἐαν im andern Glied. — 3 Esr.
4, 8. f. wenn er befielt rc. εἴπε, vergl. v. 7.
ἐαν εἴπη. — Joh. 6; 50. daß jemand davon esse
und nicht sterbe; d. h. daß wenn jemand davon rc.
(ἐαν τις φαγη v. 51.). — Matth. 18, 21. ποσα=
κις ἁμαρτησει εἰς ἐμε ὁ ἀδελφος με, και ἀφησω αὐ=
τῳ, statt: ποσακις ἁμαρτησαντι ἐις ἐμε, oder: ποσα=
κις ἐαν ἁμαρτηση rc.; wie oft soll ich vergeben (für:
ἀφιεναι δει, f. oben §. 8. nr. 6.), wenn er mich
beleidigt. — Röm. 3; 4. Gott werde als wahr=
haftig erkannt, wenn gleich alle Menschen lü=
gen sollten.

Eben so können auch die oben (§. 41.) ange=
führte Stellen von hypothetischen Imperativis an=
gesehen werden.

Storr
S.303. 3) Was der Indikativ als gewiß ge=
schehen oder zukünftig anzeigt, da ist
der Conjunctiv zu verstehen, wenn der
Zusammenhang dafür spricht, daß es
nicht wirklich geschehen sey oder werde,
oder daß es ungewiß sey. Z. B. 4 Mos.
22, 23. wenn sie nicht ausgewichen wäre,
so hätte ich dich getödtet, ἀπεκτεινα. — 2 Sam.
19, 6. wenn nur Absalom lebte (ἔζη), so wäre
es dir recht, ἠν το εὐθες. — Richt. 8, 19. hättet
ihr sie leben lassen, so würde ich sie nicht tödten,

εἰ ἐζωογονήκειτε, οὐκ ἂν ἀπέκτεινα. — 1 Moſ 31, 27. εἰ ἀνήγγειλάς μοι, ἐξαπέςειλα, hätteſt du es mir angnzeigt, ſo hätte ich dich ꝛc. — Pſ. 51, 16. εἰ ἠθέλησας — ἔδωκα.

Mark. 4, 21. καλὸν ἦν, εἰ οὐκ ἐγενήθη, es wäre ihm gut, wenn er nicht geboren wäre. — Joh. 15, 22. wenn ich nicht gekommen wäre (ἦλθον), und hätte ſie nicht gelehrt (ἐλάλησα), ſo hätten ſie keine Sünde, οὐκ εἶχον. — v. 24. — Röm. 7, 7. wenn das Geſetz nicht geſagt hätte. — 1 Cor. 12, 19. ἦν, wenn alle Glieder einerlei Glied wären. — 2 Cor. 5, 16. wenn ich auch Chriſtum äußerlich in ſeinem niebrigen Zuſtand gekannt hätte (ἐγνώκαμεν), ſo würde ich doch jezt, da ſein ehmaliger Zuſtand aufgehört hat, dieſe Bekanntſchaft nicht mehr haben können, γινώσκομεν. — 2 Cor. 11, 4. wenn einer bei euch aufträte, und einen andern Jeſum predigen könnte (κηρύσσει), oder ihr einen andern Geiſt empfangen könntet (λαμβάνετε), einen ſolchen würdet ihr gar wohl ertragen, ἠνείχεσθε.

4) Daß der Conjunktiv auch, wie bei den Hebräern, durch die Präpoſitionen εἰς, πρός mit dem Infinitiv ſtatt der Conjunktionen ἵνα, ὅπως ꝛc. ausgedrückt werde, iſt bekannt. Hievon nur ein Paar Beiſpiele: 1 Sam. 5, 10. πρὸς θανατῶσαι, לְהָמִית. — 1 Makk. 10, 38. 2 Makk. 4, 45. 5, 27. — Matth. 27, 31. εἰς τὸ ςαυρῶσαι, vgl. Mark. 15, 21. ἵνα ςαυρώσωσι, und Spr. Sal. 5, 2. לִשְׁמֹר ἵνα Φυλάξῃς; K. 8, 21. 2 Moſ. 23, 30. 1 Moſ. 33, 8. 50, 20. — Röm. 12, 3. εἰς τὸ σοΦρανεῖν. — 1 Theſſ. 2, 9. πρὸς τὸ μὴ ἐπιβαρῆσαί τινα. —

1 Theff. 3, 13. 2. εἰς τὸ ϛηριξαι ὑμας, v. 3. τῷ (für: εἰς τὸ, wie das hebräische ל auch Anzeige des Dativs ist) μηδενα σαινεϑαι, damit Niemand sich durch die gegenwärtige Trübsale möchte wankend machen lassen. — Ebr. 2, 17. εἰς τὸ ἱλασκεϑαι, statt: ἵνα ἱλασηται, vergl. das vorhergehende ἵνα ἐλεημων γενηται.

Anmerkungen zu §. 73.

Anm. 1. S. Pf. 81, 11. 12. sie sind mir nicht gehorsam, και ἐξαπεςιλα αὐτας, und deswegen überließ ich sie ꝛc. — 3 Mof. 17, 14. Dathe: vita animantis in sanguine ejus est, propterea jubeo, ut &c. και εἰπα ꝛc. vgl. v. 12. δια τυτο εἰρηκα, עליכן (daher übersetzen LXX. das Vav Jos. 1, 2. mit ἐν. und das עליכן Jer. 44, 23. mit και); — Matth. 15, 23. er antwortete ihr kein Wort, darum traten seine Jünger zu ihm.

Anm. 2. Richt. 6, 14. και σωσεις. — 1 Sam. 23, 6. και ꝛc. denn; ist eine Parenthese, die wegen der entfernteren v. 2. 4. zur Erklärung eingeschalten wird. — Sir. 1, 30. και ἀποκαλυψει; K. 51, 11. και ἐπειδη. — Matth. 16, 18. du heissest Petrus, denn (και) auf diesen Felsen (πετρα) will ich bauen ꝛc. vgl. 1 Mof. 27, 36. er heißt mit Recht יעקב (er hält Fersen, oder bei den Fersen K. 25, 16.), denn schon zweimal hat er mich bei den Fersen gehalten, d. h. hat mich nun schon zweimal gestürzt, ויעקבני, LXX. ἐπτερνικε γαρ με. Mit eben diesem γαρ übersetzen LXX. das Vav 5 Mof. 18, 12. Esai. 3, 7. — Matth. 24, 30. dann werden alle Nationen der Erde heulen, weil (και) sie des Menschen Sohn kommen sehen. — Luk. 20, 42. vgl. mit Mark. 12, 36. — Joh. 17, 8. sie haben meine Lehre angenommen, weil (και) sie in Wahrheit überzeugt sind, daß ich von dir gekommen sey. — Apostg. 3, 16. denn der Glaube an Jesum hat ihm allein diese Gesundheit verschaft. — 1 Cor. 14, 10. es giebt mehrere Gattun-

Gattungen von Sprachen, denn keine Nation (f. un=
ten zu Storr S. 399.*) ist ohne Sprache. — Phil.
4, 12. ich kann mich in Dürftigkeit (ταπεινοῦσθαι 3 Mof.
25, 39. Spr. Sal. 13, 7.) und kann mich in Ueberfluß
in allen Dingen (περισσεύειν ἐν παντι, vgl. περισσεύειν mit
ἐν 2 Cor. 8, 7. Röm. 15, 13. Col. 2, 7. Sir. 19, 20.)
schicken; denn ich bin an alles gewöhnt. — Ebr. 5,
3. 10. 17. denn (vgl. ὅτι K. 8, 12.) ich werde ihre Ue=
bertretungen vergessen. — Ebr. 11, 5. denn er war
nicht mehr auf Erden; das καὶ sollte nemlich beweisen,
daß die μετάθεσις von keinem Nimmerdaseyn auf Er=
den, wie Matth. 2, 18. zu verstehen sey. — 1 Joh. 1,
2. was vorlängst war, was wir in Beziehung auf
den λόγος, der die Quelle des Lebens ist (Joh. 1, 4.),
gehört haben, was wir mit unsern Augen ꝛc. — denn
(καὶ) das Leben ist sichtbar worden ꝛc., f. unten bei
der Parenthese zu Storr S. 397. f. — 1 Joh. 3, 4.
denn Sünde ist wirklich Unrecht. — Offenb. 19, 3.
καὶ nach ἀλληλούϊα, vgl. ὅτι v. 2. und 6.

Anm. 3. LXX. übersetzen öfters das hebräische
Vav mit ἵνα, oder mit dem Infinitiv in gleicher Be=
deutung, z. B. 1 Mof. 42, 25. Joseph befahl, daß
man füllen solle, ἐμπλῆσαι, וַיְמַלְאוּ. — 2 Mof. 3, 18.
ἵνα θύσωμεν; K. 5, 1. ἵνα ἑορτάσωσιν, וְיָחֹגּוּ; K. 2, 20.
ὅπως φάγῃ. — Spr. Sal. 9, 6. — 3 Mof. 10, 6. ἵνα μὴ
— 2 Mof. 28, 35. Vgl. auch noch 1 Mof. 27, 7. 41.
19, 5. 24. 14. 49. 56. 4 Mof. 11, 13.

Anm. 4. Häufig wird deswegen diese Bedingungs=
Partikel von den LXX. ausgedrückt. Z. B. 1 Mof.
44, 2. עָזַב, wenn er ihn verläßt, ἐὰν καταλίπῃ. —
4 Mof. 12, 14. εἰ ἐμπτύων, wenn er ins Angesicht ge=
speiet hätte. — Neh. 1, 8. 9. — Pf. 104, 28. תִתֵּן und
תִּפְתַּח, δόντος σε — ἀνοίξαντος σε. — Spr. Sal. 25, 16.
מָצָאתָ, wenn du Honig hast, so iß, μέλι εὑρὼν φά-
γε. — K. 29, 20. חָזִיתָ, wenn du einen siehest, ἐὰν
ἴδῃς. — K. 19, 25. wenn der Tugend=Spötter geschla=
gen wird, λοιμοῦ μαστιγουμένου, vgl. auch das ἐὰν im an=
dern Glied. — Efai. 49, 15. wenn auch gleich ein

Weib ihr' leibliches Kind vergessen sollte. — 2 Kön. 10, 15. וֹשׁ, εἰ ἔστιν, wenn dem so ist.

Sechstes Kapitel.

Von Hebraismen, um Adverbia auszudrücken.
(Storr §. XLVI.)

§. 74.

Die Hebräer haben keine charakteristische Form, die Adverbien auszudrücken, und überhaupt gar wenige, vielleicht gar keine eigentlichen Adverbia. (S Weth. Gramm. 2ter Thl. S. 153.) Da aber doch der Begriff davon in jeder Sprache seyn muß, so gebrauchen die Hebräer und mit ihnen die hebraizirenden Griechen, um ihn auszudrücken, Substantiva, Infinitivos, Adjektiva, Pronomina und Verba.

Storr
S. 313. ff.
Weth.
S. 153. 1) Der Begriff der Adverbien wird durch Substantiva mit [1]) Präpositionen, die dem hebräischen בְּ, לְ entsprechen, ausgedrückt. Z. B. Esai. 32, 1. לְצֶדֶק, μετα χρισεως, gerecht. — 3 Mos. 19, 15. בְּצֶדֶק. auch Ps. 96, 13. ἐν δικαιοσυνῃ. — Jos. 24, 14. Richt. 9, 16. — 5 Mos. 16, 3. ἐν σπεδῃ, und Sir. 21, 5. κατα σπεδην, eilend. — Spr. Sal. 28, 6. πορευεσθαι ἐν ἀληθεια.

Matth. 22, 16. ἐν ἀληθεια, recht, richtig und getreu (vgl. Sir. 7, 20. der friedlich arbeitet, ἐν ἀληθεια) für ἀληθως [2]); Lukas 20, 21. und Markus 12, 14. haben dafür ἐπ' ἀληθειας (vgl. ἐπ' ἀληθειας Luk. 22, 59. mit ἀληθως Matth. 26, 73. und

Mark. 14, 70.) — Mark. 5, 34. Luk. 7, 50. 8, 48. gehe ruhig hin, εἰς εἰρηνην, לשלום, welches die LXX. bald mit εἰς εἰρηνην, 1 Sam. 1, 17. bald ἐν εἰρηνη Richt. 18, 6. [3]) (Luk. 2, 29. Apostg. 16, 36.) übersetzen. — Joh. 17, 19. damit sie wirklich und in der That (ἐν ἀληθεια) Gott geweihet, heilig und eigen werden möchten. — Apg. 17, 31. ἐν δικαιοσυνη, gerecht, unpartheiisch. — Röm. 9, 28. — Eph. 1, 5. liebevoll bestimmte er uns 2c. ἐν ἀγαπη, welches mit dem folgenden προορισας zu verbinden und auf Gott zu beziehen ist, von dessen Wohlthaten gegen die Christen die Rede ist. — Col. 1, 29. ἐν δυναμει; mächtig. — Eph. 6, 24. ἐν ἀφθαρσια, unaufhörlich. — 3 Joh. v. 1. den ich wahrhaftig liebe.

Anmerkungen zu §. 74.

Anm. 1. Die Hebräer gebrauchen auch häufig die Substantiva und Infinitivos ohne Präposition, im bloßen Akkusativ, der im Lateinischen durch einen Ablativ der Art und Weise, wie etwas geschieht, auszudrücken wäre. Die LXX. übersetzen zuweilen auch mit dem Akkusativ. Z. B. 5 Mos. 9, 12. το ταχος, מהרה. — Ps. 17, 10. ὑπερηφανιαν (im Hebräischen בכ). — Ps. 82, 2. — oder mit einer Präposition vor dem Substantiv, als: 5 Mos. 11, 17. ἐν ταχει, מהרה; Esai. 37, 18. אמנם, ἐπ᾽ ἀληθειας, oder mit einem wirklichen Adverbium, 1 Mos. 34, 25. בטח, ἀσφαλως; Jos. 7, 20. ἀληθως; Spr. Sal. 31, 9. Ps. 119, 78. Jer. 48, 10.

Storr S. 308. f. Weth. S. 154.

Anm. 2. Mit dem Adverbium übersetzen LXX. ein solches Substantiv samt einer Präposition, 3 Mos. 4, 2. ἀκουσιως, בשגגה. — K. 6, 3. 5, 2. ἀδικως, על שקר und v. 5. לשקר. — Richt. 8, 1. 1 Sam. 2, 16.

14 [2]

Spr. Sal. 10, 9. בתום, *ἀπλῶς*, welches sie K. 28, 6. mit *ἐν ἀληθείᾳ* geben. — Jon. 3, 8. *ἐκτενῶς*.

Anm. 3. Auch Jer. 5, 2. wird לשקר und Hos. 2, 10. לבטח das ל mit *ἐν*, so wie Esai. 32, 1. mit *μετα* übersetzt.

§. 75.

Storr S. 315. ff. Weth. S. 158. 2) Statt derjenigen Adverbien, wodurch in andern Sprachen der Begriff des Prädikats verstärkt, und ein hoher Grad, eine Gewißheit ꝛc. ausgedrückt wird, wird zum Verbo finito noch sein Infinitivus conjugatus [1]), oder ein anderer, auch ein Substantivum von gleicher Bedeutung gesetzt. Diesen Zusatz übersetzen die LXX. entweder mit einem Participium oder Substantivum im Dativ oder Akkusativ, womit auch die Redensarten im N. T. übereinstimmen. Z. B. Esai. 66, 10. *χαρητε χαρᾳ*, freuet euch sehr. — Jer. 46, 5. *Φυγῃ ἐΦυγον*, sie fliehen eilend. — Hab. 2, 3. *ἐρχομενος ἥξει*, er kommt gewiß. — Klagl. Jer. 1, 8. *ἁμαρτιαν ἡμαρτεν*, hat sich schwer versündigt. — 2 Mos. 3, 7. *ἰδων εἰδον*, ich hab wohl gesehen. — 1 Mos. 43, 3. *διαμαρτυρια μεμαρτυρηται*, Luther: der Mann band uns das hart ein; v. 51. *ἐρωτων ἐπηρωτησε*, er fragte uns so genau. — 2 Mos. 22, 17. *ἐαν ἀνανευων ἀνανευσῃ*, wenn er durchaus nicht wollte, vgl. noch mehrere Beispiele in diesem Kapitel. — 1 Sam. 14, 39. unerbittlich soll er sterben, *θανατῳ ἀποθανειται*. — 1 Makk. 2, 53. *ἐν τῳ ζηλωσαι ζηλον*, weil er so sehr eiferte; K. 3, 27. er wurde sehr zornig, *ὠργισθη θυμῳ*. vgl. Zach. 1, 2. *ὀργην*. K. 5, 40. *δυναμενος δυνη*

σεται, er wird uns weit überlegen seyn. —
Sir. 48, 11. ζωη ζησομεθα, das angenehmste Le=
ben erwartet unser. — Judith 2, 13. ἐπιτελων
ἐπιτελεσεις, du sollst es aufs genaueste voll=
bringen, vgl. das Vorhergehende. — K. 6, 4.
ἀπωλεια ἀπολυνται, sie werden gänzlich zu Grunde
gehen.

Luk. 22, 15. ἐπιθυμια ἐπεθυμησα, mich hat herz=
lich verlangt, vgl. 1 Mos. 31, 30. — Joh. 3, 29.
χαρα χαιρει; 1 Petr. 4, 13. χαρητε ἀγαλλιωμενοι;
K. 1, 8. ἀγαλλιασθε χαρα. — Apostg. 4, 17. ἀπειλῃ
ἀπειλησομεθα, ernstlich verbieten. — Apostg. 7, 34.
ἰδων εἰδον, ich habe wohl gesehen (vergl. oben
2 Mos. 3, 7. auch Spr. Sal. 27, 23. ידע תדע
bekümmere dich fleißig um deine Heerde, LXX.
γνωσως ἐπιγνωσῃ; K. 23, 1. merke wohl, בין תבין
LXX. νοητως νοει). — Apostg. 23, 14. ἀναθεμα=
τι ἀναθεματισαμεν, wir haben uns heiligst ver=
schworen (vgl. v. 12.), vgl. 5 Mos. 20, 17.
ἀναθεματι ἀναθεμιειτε αὐτες, ihr sollt sie gänzlich
verbrennen (v. 16.). — Eph. 3, 16. daß ihr recht
mächtig gestärkt werden möget, δυναμει κραταιωθη=
ναι. Noch stärker ists ausgedrückt durch den Zu=
satz des Adjektivi πας zu δυναμις und dem Verbo
conjugato Col. 1, 11. — Ebr. 6, 14. 1 Mos. 22,
17. ich will dich ungemein segnen und ver=
mehren, εὐλογων εὐλογησις, πληθυνων πληθυνω σε,
soviel, als: 1 Mos. 17, 2. 6. ארבה מ? תמאר;
πληθυνω σε σφοδρα, αὐξανω σε σφοδρα σφοδρα. — Eph.
5, 5. ihr wisset wohl, ἰστε (von ἰστημι, wahr=
scheinlich die richtige Lesart, da sich wohl beg rei=
fen läßt, wie das leichtere ἐστε aus ἰστε. aber n icht
wie dieses aus jenem entstanden seyn könnte) γι=

γνωσκοντες. So haben LXX. ein synonymes Participium zum Verbo finito gesetzt 1 Mos. 26, 28. ιδοντες εωρακαμεν, hebr. ראו ראינו, wir sehens deutlich, augenscheinlich; und 1 Sam. 20, 3. γινωσκων οιδεν (vgl. v. 9. γινωσκων γνω und Jer. 13, 12. μη γνοντες ἑ γνωσομεθα, weiß man das nicht gut?). — Auch 1 Mos. 18, 18. und 1 Kön. 13, 32. היו יהיה LXX. γενομενος ἑςαι.

Storr
S.315.f.*
Weth.
S.98.
Doch giebt es Stellen, wo dieser Nachdruck und diese verstärkte Bedeutung des Verbi nicht wohl Statt hat, und wo diese Zusammensetzung höchstens dazu dient, um die Rede lebhafter und wohlklingender zu machen. Z. B. 2 Mos. 21, 28. ist λιθοις λιθοβοληθησεται nichts anders, als das einfache Verbum v. 29. 32. — Richt. 16, 11. vgl. v. 7. — 2 Kön. 18, 33. ρυομενοι ερρυσαντο, vgl. ερρυσαντο הצילו in der Parallelstelle Esai. 36, 18. — 2 Kön. 19, 12. vgl. mit Esai. 37, 12.

Matth. 15, 4. Mark. 7, 10. er soll getödtet werden, θανατω τελευτατω (2 Mos. 21, 15. 16. 17. Richt. 15, 2.), vgl. 1 Mos. 20, 7. מות תמות LXX. blos αποθανη [2]). — Jak. 5, 17. προσευχη προσηυξατο, vgl. v. 18., wo das einfache Verbum dafür gesetzt wird; denn das ενεργουμενη, v. 16., womit es zusammenhängt, heißt nicht nothwendig: wenn das Gebet ernstlich ist, sondern es steht statt des Infinitivi ενεργειν, das Gebet kann (ισχυει) viel ausrichten, es ist von großer Wirkung, wie Sir. 43, 28. πε δοξαζοντες ισχυομεν, wo sind wir es vermögend, ihn zu rühmen?

Anmerkungen zu §. 75.

Anm. 1. Die Hebräer und mit ihnen die hebraizirende Griechen haben überhaupt häufig die Gewohnheit, ein Substantivum mit seinem Verbo conjugato zu verbinden, z. B. 2 Mos. 12,40. κατοικησιν κατοικειν. — 1 Mos. 37, 5. ἐνυπνιον ἐνυπνιαζεσθαι. — 3 Mos. 6, 4. — 2 Kön. 18, 19. πεποιθησις, ἡν πεποιθας, auf was trotzest du? vergl. die Parallelstelle Esai. 36, 4., wo die LXX. den nemlichen hebräischen Text gut griechisch ausdrücken: τι πεποιθως εἰ; — 5 Mos. 31, 5. בְּכָל הַמִּצְוָה אֲשֶׁר צִוִּיתִי LXX. καθοτι ἐντειλαμην αὐτοις — Neh. 1, 6. προσευχην προσευχεσθαι. — Ezech. 14, 3. 15, 8. — Sir. 38, 1. τιμα ἰατρον τιμαις αὐτε, ehre den Arzt mit der Ehre, die ihm gebührt. — 1 Makk. 11, 40. ἐχθραν ἐχθραινειν. — K. 15, 31. — Mark. 3, 28. βλασφημιας βλασφημειν. — Joh. 5, 32. μαρτυριαν μαρτυρειν. K. 17, 26. ἀγαπη ἀγαπαν (vgl. 2 Sam. 13, 15.). — Matth. 7, 1. Gal. 5, 1. 1 Tim. 6, 12. 1 Joh. 5, 9. f. 15. 16. ἀμαρτανειν ἀμαρτιαν, vgl. 5 Mos. 9, 18. Br. Jer. v. 2. — Ebr. 8, 10. διαθηκην διατιθεσθαι, vgl. 5 Mos. 7, u. 2 Mos. 24, 8. soviel, als: ποιειν Ebr. 8, 9.

Anm. 2. Die LXX. drücken deswegen in ihrer Uebersetzung diesen Hebraismus manchmal gar nicht aus, z. B. Jos. 7, 17. διεβιβασεν. K. 23, 13. γινωσκετε. Richt. 15, 2. אָמֹר אָמַרְתִּי, εἰπα; 1 Mos. 43, 7. — 1 Sam. 20, 28. παρμιτησαι, vgl. v. 6. — Ps. 50, 21. ἐσομαι. — Wiederum haben auch die LXX. diesen Hebraismus, wo im Hebräischen das einfache Verbum finitum ist, z. B. 1 Mos. 19, 17. σωζων σωζε, הִמָּלֵט 2 Mos. 23, 26. ἀναπληρων ἀναπληρωσω. — 5 Mos. 28, 2. — 1 Sam. 2, 25. βαλομενος ἐβαλετο. — 2 Sam. 5, 19. παραδιδως παραδωσω, und in der Parallelstelle 1 Chron. 14, 10. blos δωσω. — 1 Kön. 22, 6. διδως δωσει, vergl. 2 Chron. 18, 5. δωσει.

§. 76.

3) Auch das Substantivum conjuga= tum, das zu seinem Verbo gesetzt wird, Storr S. 319. f. nr. II. 2.

Weish.
§.34. hat manchmal noch ein Adjektivum der Größe ꝛc. μεγας, πολυς, πας bei sich, das dem adverbialen Ausdruck noch mehr Stärke giebt. Z. B. Jon. 1, 10. ἐφοβηθησαν φοβον μεγαν, v. 6. φοβῳ μεγαλῳ. — Esai. 21, 7. ἀκροασαι ἀκρασιν πολλην, horche recht genau. K. 38, 3. ἐκλαυσε κλ. μεγαλῳ; Zach. 1, 2. 1 Makk. 2, 70. 12; 52. 14, 11. εὐφροσ. μεγ. v. 29. δοξη μεγ. ꝛc. K. 15, 36. 2 Makk. 3, 35. μεγιστας εὐχας εὐξαμενος; Judith 8, 21.

Mark. 4, 41. ἐφοβηθ. φοβ. μεγαν. — Mark. 5, 42; ἐξεστησαν ἐκστασει μεγαλη, sie erstaunten ungemein. — Luk. 1, 42. ἀνεφωνησε φωνη μεγαλη, vgl. Judith 7, 23. Sus. v. 24. 1 Mos. 27, 34. Apostg. 28, 10. τιμαις πολλαις ἐτιμησαν, sie ehrten uns sehr, vgl. oben 1 Makk. 14, 29. — 2 Cor. 8, 4. sie baten mich flehentlich. — Eph. 6, 18. δια πασης προσευχης και δησεως προσευχομενοι, betet aufs ernstlichste. — Col. 1, 11. — Offenb. 16. 9. 17, 6. ich verwunderte mich sehr, θαυμα μεγα.

Für das Adjektivum μεγας wird auch zuweilen θεος (§. 58.) im Genitiv *) zum Nomen conjungatum gesetzt, z. B. 2 Cor. 11, 2. ζηλῳ θεε ζηλω ὑμας, ich eifere außerordentlich für euch. Col. 2, 19. αὐξησιν θεε αὐξανει, der ganze Leib wächset herrlich.

*) Anmerkung zu §. 76.

Eine andere Bedeutung haben andere Genitivi bei dem nomine cognato in folgenden Stellen: 3 Mos. 25, 39. ἐ δλευσει σοι δλειαν οἰκετε, soviel, als: ἐ δλευσει σοι ὡς οἰκετης. vergl. v. 50. ὡς (כ) μισθωτος ἐται σοι. — v. 42. ἐ πραθησεται ἐν πρασει οἰκετε, man soll sie nicht wie Leibeigene verkaufen. — Ps. 14, 4. die mein Volk

aufzehren wie Brod. — Jer. 22, 19. ταφην ονο ταφη-
σεται, er wird wie ein Esel begraben. K. 30, 14. ich
habe dich geschlagen, wie einen ein Feind schlägt. —
Ezech. 28, 2. ich will dich strafen wie eine Ehbrecherin.
— Tob. 5, 13. wie unsere Brüder. Sir. 40, 28. ζωην
επαιτισεως, leben, wie ein Bettler.

Solche *genitivi similitudinis* sind ohnehin sehr
gewöhnlich, z. B. Esai. 1, 10. αρχοντες σοδομων, λαος
γομορρας, König und Volk, die ihr in ein Unwesen her-
abgesunken seyd, wie Sodom und Gomorra. — 2 Kön.
21, 13. ich will die Meßschnur Samariens über
Jerusalem ziehen, d. h. ich wills Jerusalem eben so
ergehen lassen, wie Samaria. K. 24, 3. αμαρτιαι μα-
νασση.

Luk. 21, 25. (s. §. 61. nr. 3.). — Matth. 12, 39.
Luk. 11, 29. das Zeichen Jonä, d. h. ein Zeichen, wie
Jonas seines war, vgl. v. 30. καθως — ετως. — Luk.
1, 17. πνευμα ηλια, wie Elias seiner war. — Matth.
6, 33. ζητειτε δικαιοσυνην αυτα, soviel, als (vgl. Matth.
5, 48.): δικαιοσ. ομοιαν τη δικ. αυτα, oder: εσεσθε δικαιοι
ωσπερ αυτα. — 2 Cor. 4, 10. νεκρωσιν τα Ιησα, soviel,
als: θανατος ομοιος τω τα Ιησα. — Judä v. 11. sie pflegen zu handeln wie Cain (οδω τα Καϊν, vgl. οδος αχααβ
1 Kön. 22, 53.), und vom rechten Weg abgeführt, wie
Bileam (τη πλανη τα βαλααμ, oder: οδω τα βαλααμ
2 Petr. 2, 15. und τη πλανη των αδελφων ημων Tob. 5,
13.), lassen sie sich um des Gewinns willen hinreissen,
und gehen durch ihre Aufruhr, die des Korah seiner ähnlich ist (τη αντιλογια τα Κορε), oder: wie
die aufrührerische Rotte Korah unter.

§. 77.

4) Ein Adverbium wird auch durch
ein Verbum finitum umschrieben, und
zwar entweder so, daß das andere Verbum, zu
welchem es als Adverbium gehört, als Infinitiv
damit in Verbindung steht, oder daß beide Verba
in gleichem Tempus und gleicher Person mit und
ohne das verbindende και stehen.

Storr
S. 322
bis 324.
nr. I.
Weth.
S. 155. II.

α) Das Verbum, zu welchem das Adverbium gehört, steht im Infinitiv, und
gewöhnlich wird dadurch, so wie durch β), der
Begriff der Adverbien: abermal, allmählig,
schnell, eilends, ferner, wieder, gut, oft, schlecht,
gerne ꝛc. ꝛc. ausgedrückt. Z. B. 1 Mos. 8, 12.
ὗ προσεϑετο τὖ επιςρεψαι, sie kam nicht wieder
zurück; 2 Mos. 10, 28. 1 Sam. 15, 35. ὗ προσεϑετο ετι ιδειν, לֹא יָסַף לִרְאוֹת; 1 Mos. 37, 8.
8, 21. — 2 Kön. 21, 6. ἐπληϑυνε τὖ ποιειν το
πονηρον, er sündigte sehr. — Pf. 78, 38. —
Job 7, 7. לֹא תָשׁוּב–לִרְאוֹת, ὐκ ἐπανελευσεται ἐτι
ἰδειν ὁ ὀφϑαλμος το ἀγαϑον, mein Auge kein
Glück mehr genießen wird u. s. w.

Matth. 6, 5. Φιλὖσι προσευχεϑαι, sie beten
gerne, vgl. Esai. 56, 5. Φιλὖντες νυταξαι; Sir.
6, 33. ἐαν ἀγαπησῃς ἀκὖειν, wenn du gerne hörest.
— Luk. 20, 46. die gerne in langen Kleidern
einhergehen, ϑελοντων [1]) περιπατειν. — Joh. 6,
21. Sie nahmen ihn gerne in das Schiff, ἠϑελον
λαβειν. — K. 8, 44. ihr handelt gerne nach ꝛc.
Philem. v. 13. den ich gerne bei mir behielt, vgl.
Neh. I, 11. die dich gerne fürchten, των ϑελοντων
(חֵפֶץ) Φοβειϑαι, und Pf. 40, 9. deinen Willen
thue ich gerne, τὖ ποιησαι ἐβὖληϑην. Sir. 6, 35.
höre gerne, ϑελε ἀκὖειν.

Matth. 24, 48. χρονιζει ἐλϑειν, kommt vorzüglich, noch lange nicht, vgl. 1 Mos. 34, 19.;
Judith 2, 13. thue es ungesäumt. — Sir. 6,
21. Linde: unverzüglich wirft er sie von sich.
— — Luk. 20, 11. f. προσεϑετο πεμψαι, er schickte abermals, für: και παλιν επεμψε, wie es
Mark. 12, 4. heißt, und 1 Mos. 8, 10. וַיֹּסֶף שַׁלַּח,

er schickte nochmals eine Taube aus, LXX, παλιν ἐξαπεςειλε [2]). Man vgl. auch noch 1 Mof. 4, 2. 18, 29. Pf. 78, 17. προσεθετο ἐτι τε ἁμαρτανειν, soviel, als: ἡμαρτον ἐτι v. 32. (יסף); Job. 14, 2. Sir. 18, 5. 19, 23. μηκοτε προσθῃ (ποίειν), daß ers nicht mehr thue! 1 Makk. 10, 88. 9, 72. — Luk. 21, 38. ὠρθριζε — προς αὐτον, soviel, als (f. unten zu Storr S. 426. *): ὠρθριζε ἐλθειν [3]) προς αὐτον, kam ganz frühe zu ihm; vgl. die ganz ähnliche Stelle 1 Mof. 19, 27: ὠρθρισε (ἐλθειν) εἰς τον τοπον, er gieng ganz frühe an den Ort. Eben so Job 8, 5. Pf. 63, 1. Hohel. Sal. 7, 12. Jer. 25, 3. Hof. 6, 1. ὀρθριεσι προς με und 1 Sam. 5, 3. ὠρθρισαν και (f. das nachfolgende β) εἰσηλθον, sie giengen ganz frühe. Sir. 4, 12. 1 Makk. 11, 67.

2 Cor. 5, 8. θαρρεμεν και εὐδοκεμεν μαλλον ἐκδιμησαι, wiewohl ich viel gerner und freudiger meinen irrdischen Körper ablegen möchte. — 1 Theff. 2, 2. (Eph. 6, 20.) ἐπαρρησιασαμεθα λαλησαι, freimüthig vortragen, für: παρρησιᾳ (Joh. 7, 13.) oder [4]) ἐν παρρησια (Eph. 6, 19.) oder μετα παρρησιας (Apostg. 4, 31.) ἐλαλησαμεν.

β) Weil es nicht selten ist, daß die Hebräer statt eines Verbi mit dem Infinitivo oder Gerundio in dem zwei Verba finita vermittelst des verbindenden Vav, welche jedoch auch manchmal wegbleibt, gebrauchen [5]): so wird auch das Adverbium auf gleiche Art ausgedrückt. Z. B. 2 Kön. 21, 3. ἐπεςρεψ και ᾠκοδομησε, er bauete wieder auf, für: παλιν [6]) ᾠκοδομησε; K. 13, 25.; 1 Mof. 24, 18. 20. ἐσπευσε και καθειλε, *Dathe: statim* demittit, effundit etc. —

Storr
S. 325.
Weth.
S. 156. f.

Luk. 6, 48. ἐσκαψε και ἐβαθυνε, für: βαθεως ἐσκαψε. — Luk. 19, 5. σπευσας καταβηθι, statt: σπευσον και καταβηθι, steige eilend herunter. Vgl. 1 Mof. 24, 20. 2 Mof. 34, 8. σπευσας — κυψας ꝛc. ויקד וימהר, er beugte sich eilend zur Erde, und ꝛc. 1 Sam. 25, 23. ἐσπευσε και κατεπηδησε, er stieg eilend vom Esel (vgl. LXX. Pf. 102, 3. ταχυ); Sir. 50, 17. 2 Makk. 11, 37.

Luk. 19, 11. προσθεις εἰπε, für: προσεθετο και εἰπε, er trug ihnen noch überdies, ferner folgende Gleichnißrede vor, vgl. 1 Mof. 25, 1. προσθεμενος ἐλαβε γυναικα, er nahm noch einmal ein Weib; 1 Sam. 19, 21. — Apostg. 15, 16. ich will wieder aufrichten; Matth. 18, 3., wo ihr nicht wieder werdet, wie die Kinder, στραφητε και γενησθε. — Luk. 22, 32. stärke einst deine Brüder wieder, ἐπιστρεψας στηριξον. — Apostg. 7, 42. sie opferten vor dem Götzenbild —, dafür, dagegen (vicissim) ließ sie Gott in Abgötterei verfallen, ἐστρεψε και παρεδωκε. Vgl. noch Mich. 7, 19. er wird sich wieder erbarmen. Joel 2, 14. ob es ihn nicht wieder gereuen wird. — Röm. 10, 20. ἀποτολμα και λεγει, er sagte es frey heraus; 2 Cor. 9, 10. er ersetze es reichlich; Col. 2, 5. mit Vergnügen sehe ich, χαιρων και βλεπων; vergl. Esai. 64, 4. ושש ועשה, der gern, freudig thut. — Jak. 1. 25. παρακυψας και παραμεινας, wer anhaltend betrachtet. — 2 Petr. 1, 8. wenn ihr dieses (nemlich die v. 5 — 7. erwähnten Tugenden) reichlich habt, ταυτα ὑμιν ὑπαρχοντα και πλεοναζοντα. —

Zuweilen ist auch και zwischen den zwei Verbis ausgelassen, z. B. Pf. 106,

13. ἐταχυναν ἐπελαθοντο, ſie haben bald vergeſ=
ſen. — Pſ. 102, 3. מהר ענני, LXX. ταχυ εἰσα=
κουσον με. — 2 Cor. 9, 9. ἐσκορπισεν — ἐδωκε, er
ſtreut aus (Spr. Sal. 11, 24. פזר, LXX.
σπειρειν, vgl. auch 2 Cor. 9, 10. σπειρειν, σπορος),
giebt, d. h. er giebt reichlich den Armen, פזר
נתן Pſ. 112, 9. — Phil. 4, 18. περισσευω —
πεπληρωμαι, ich bin überflüſſig geſättigt, vgl.
Matth. 25, 29. man giebt ihm bis zum Ueber=
fluß, δοθησεται και περισσευθησεται, und 1 Makk.
3, 30. er gab reichlicher aus, als alle Könige vor
ihm, ἐδιδυ και ἐπερισσευσε.

Anmerkungen zu §. 77.

Anm. 1. θιλω iſt hier ſoviel, als: φιλεω; denn
Markus läßt K. 12, 38. das von Lukas (K. 20, 46.) und
von Matthäus (K. 23, 6. 7.) gebrauchte ſynonymiſche
φιλουντων gar weg, und bezieht alles auf θελοντων. Er
hat nemlich: των θελοντων ἐν στολαις περιπατειν και ἀσπασ=
μους, und Lukas: των θελοντων περιπατειν ἐν στολαις, και
φιλουντων ἀσπασμους.

Anm. 2. Auch ſonſt überſetzen die LXX. dieſen
Hebraismus mit einem wirklichen Adverbium, z. B.
1 Moſ. 27, 20. ταχυ; K. 31, 28. ἀφρονως; 1 Sam. 16,
17. ὀρθως; Pſ. 33, 3. καλως; Jer. 1, 12.

Anm. 3. S. 1 Moſ. 19, 2., wo das Verbum ἐκ=
κλιναι ausgedrückt iſt, ὀρθρισαντες ἀπελευσεσθε εἰς ꝛc.

Anm. 4. Auch ſonſt wird der Dativ mit und oh=
ne ἐν (oder μετα) gleichbedeutend geſetzt, z. B. Luk.
6, 38. τῳ μετρῳ, vgl. Matth. 7, 3. ἐν μετρῳ. — Mark.
7, 13. τῃ παραδοσει, vgl. δια Matth. 15, 6. — Röm. 1,
9. vgl. mit Phil. 3, 3. — Röm. 5, 15. 17. Ezech. 3,
18. Eph. 2, 1. vgl. mit Ezech. 18, 17. f. 24. 26. Joh.
8, 21. 24. Col. 2, 13. — — auch bei Zeitbeſtim=
mungen, Luk. 13, 10. ἐν τοις σαββασι, vgl. v. 14. τῳ
σαββατῳ. — Luk. 4, 31. vgl. Mark. 1, 21. — 2 Cor. 6,

2. καιρῳ δεκτῳ und ἐν ἡμερᾳ; Neh. 13, 16. τῳ σαββατῳ בַּשַּׁבָּת, vgl. v. 21. ἐν; Esai. 2, 17. und I Sam. 6, 15. ἐν τῇ ἡμερᾳ, vergl. v. 20. τῇ ἡμερᾳ, בַּיּוֹם. — Sonst sehe man noch die Stellen nach 1 Mos. 27, 31. τῳ αἱματι, בַּדָּם. — Neh. 2, 3. ἐν κυρι, vgl. v. 13. κυρι, im hebr. beidemal בְּ. — 3 Mos. 18, 3. 4. τοις νομιμοις. — Spr. Sal. 3, 19. τῇ σοφιᾳ; K. 23, 13. 14. ῥαβδω. — Pf. 33, 6. τῳ λογῳ, τῳ πνευματι. — 2 Mos. 15, 7. — I Makk. 1, 33. 63. 2, 18. 14, 18. vgl. v. 27. Weish. 2, 1. 5, 3.

Storr   Anm. 5. Vgl. noch 2 Sam. 7, 28. ἠρξαι και εὐλο-
S. 324. f. γησον, fange an zu segnen, für: τε εὐλογησαι; wie es in der Parallelstelle I Chron. 17, 27. heißt. — Hohel. Sal. 2, 3. ich wünsche zu sitzen, ἐπιθυμησα και ἐκαθισα. — Dan. 14, 3. ἐπορευετο και προσεκυνει, für: ἐπορευετο προσκυνειν (Drako v. 4.). — 3 Esr. 9, 7. ἡνομησατε και συνωκισατε ꝛc. ihr habt euch versündiget, fremde Weiber zu nehmen. — Joh. 10, 36. ἡγιασε και ἀπεστειλε, er hat ihn ausgezeichnet, da er ihn sandte; er hat ihn als einen Ausgezeichneten gesandt. — Offenb. 3. 19. ζηλωσον και μετανοησον, bestrebe dich, dich zu bessern.

Anm. 6. Auch diesen Hebraismus übersetzen die LXX. nicht selten mit einem wirklichen Adverbium, z. B. 1 Mos. 30, 31. παλιν ποιμανω. — K. 26, 18. παλιν ὠρυξε. — Pf. 71, 20. Esai. 6, 13. Jer. 36, 28. παλιν λαβε, שׁוּב קָח. — Ezech. 8, 6. ἐτι ὀψεις. — Pf. 102, 3., wo im Hebräischen kein Vav ist, ταχυ.

Siebentes Kapitel.

Hebraismen bei dem Gebrauch der Conjunctionen, Betheurungen, Fragen und Antworten.

(Storr §. XLVIII. XLIX.)

§. 78.

I. Für die Conjunction ὅτι, weil, wird nach hebräischem Sprachgebrauch das Neutrum Pronominis relativi mit einer Präposition und der Ellipsis des Pronom. demonstrativi gesetzt, z. B. ὑπερ ὅ, על־אשר, für: על זה אשר (s. Storr S. 334.) ¹) propter id quod, oder: quia, ὅτι, 2 Sam. 6, 8. vgl. die Parallelstelle 1 Chron. 13, 11., wo ὅτι ist, womit LXX. auch על־אשר 5 Mos. 29, 25. übersetzen, als eine Antwort auf die Frage v. 24. על־מה, διατι; — 2 Sam. 12, 6. ἀνθ᾽ ὧν, עקב אשר und περι ὅ, על־אשר, weil. — 1 Mos. 39, 9. 23. באשר, für: בזה אשר, LXX. διὰ τὸ — weil ꝛc. — Röm. 5, 12. ἐφ᾽ ᾧ, welches so, wie ἐν ᾧ, Röm. 8, 3. für ἐν τῷ ὅ, בזה אשר, wegen ²) deß, daß, d. h. weil, steht. Eben so Ebr. 2, 18. weil er gelitten hat. K. 6, 17. weil Gott die Unabänderlichkeit seines Willens recht überflüßig darthun wollte.

Noch gewöhnlicher ist der Gebrauch der Infinitive mit den Präpositionen ἐν, διὰ ꝛc. statt der Conjunctionen ὅτε, ὅτι, ὡς ꝛc. Von den unzähligen Beispielen nur folgende: 1 Mos. 35, 1. ἐν τῷ ἀποδιδράσκειν σε, בברחך, da du flohest, für: ὅτε (vgl. LXX. 1 Mos. 12, 4.) ꝛc. — 2 Chron. 16, 5. ἐν τῷ, vgl. ὡς 1 Kön.

Storr S. 338. Weth. S. 81.

15, 21. — Sir. 45, 23. weil er aus Gottesfurcht entbrannte; 1 Makk. 2, 53.

Matth. 24, 12. weil die Ruchlosigkeit groß wird, διὰ τὸ ꝛc., soviel, als: ὅτι, womit LXX. 2 Mos. 21, 8. das בבגדו übersetzen. — Matth. 27, 12. da er verklagt ward, ἐν τῳ —; Apostg. 2, 1. Luk. 9, 7. Jak. 4, 2. Judith 13, 1. 1 Makk. 6, 53.

Storr
S. 343. f.
Weth.
S. 111. Diese Infinitive samt ihren Präpositionen wech‡ seln oft in Einem Zusammenhang mit den wirk‡ lichen Conjunctionen (die auch oft weggelassen sind) und dem Verbo finito ab [3]). Z. B. 5 Mos. 23, 4. LXX. παρα το μη συναντησαι — και ὅτι ἐμισθω‡ σαντο, weil sie euch nicht Brod und Wasser dar‡ reichten — und wider euch dingeten den Bileam ꝛc. — Jer. 9, 12. διὰ το ἐγκαταλειπειν αὐτυς — και (ὅτι) ἐκ ἠκυσαν. — 1 Kön. 18, 18. ἐν τῳ — και (ὅτι) ἐπορευθης. — Ezech. 18, 26. 36, 3. 34, 8. — Obad. v. 11. — Sir. 45, 23. ἐν τῳ ζηλωσαι αὐ‡ τον — και ἐξιλασατο, weil er entbrannte und stand‡ haft blieb — und versöhnte. — 1 Makk. 14, 35. — Br. Jer. v. 27.

Joh. 2, 24. f. διὰ το γινωσκειν αὐτον — και ὅτι ὁ χρειαν ἐχει. — Phil. 4, 15. ihr wisset, daß, da ich euch das erstemal die evangelische Lehre pre‡ digte (ἐν ἀρχη τε εὐαγγελιυ, für: τε εὐαγγελιζεδαι (s. oben §. 12. nr. 2.) ja, (von diesem Asynde‡ ton unten bei der Ellipsis), als ich mich von Ma‡ cedonien wegbegeben (ὅτι ἐξηλθον, für: ἐν τῳ ἐξελ‡ θειν με), keine Gemeinde mir etwas mitzutheilen gedachte. — 2 Tim. 3, 14. 15. werden die zwei Gründe, warum Timotheus bei der angenomme‡ nen Lehre bleiben soll, das einemal mit εἰδως (weil

du

du weißt), und das anderemal mit ὅτι οἶδας angegeben.

Eben diese Abwechslung findet auch bei εἰς τὸ
(s. oben §. 73. nr. 4.) mit ἵνα Statt, z. B. Phil.
3, 9. 10. daß ich Christum gewinne, ἵνα κερδήσω
— und ihn lebendig erkennen möchte, τοῦ γνῶναι
αὐτόν; Vgl. 1 Chron. 19, 3. ὅπως ἐξερευνήσωσι —
καὶ τοῦ κατασκοπῆσαι. — 2 Sam. 10, 3. 3 Esr. 8.
22. ὅπως γένηται — καὶ μηδένα ἔχειν ꝛc. — R.
4, 48. 50. — Auch Ebr. 2, 17. ἵνα — εἰς τὸ,
für: καὶ ἵνα ἱλάσκηται.

Anmerkungen zu §. 78.

Anm. 1. Vor אשר ist häufig, besonders wenn
eine Präposition davor steht, das Pronomen זה zu
subintelligiren, z. B. על־אשר, ὑπὲρ ὧν, 2 Sam. 6,
8. — 1 Cor. 10. 30. ἀντὶ ὧν, 2 Chron. 17, 19. Apostg.
26, 22. — ἐν οἷς 1 Kön. 11, 37. 2 Tim. 3. 14. — ἐν ᾧ,
für: ἐν ἐκείνῳ ᾧ Röm. 14, 22. — περὶ ὧν Weish. 12, 14.
1 Cor. 7, 1. — εἰς ὃν Joh. 6, 29. — ἀνθ᾽ ὧν Judith 7,
15. — ἐδὲν ὧν, für: τούτων ὧν Job 34, 21. Luk. 9, 36.
Joh. 17, 9. — Weish. 11, 24. Tob. 12, 6. ꝛc.

Anm. 2. ἐν heißt wegen Esr. 9, 7. vergl. διὰ
3 Esr. 8, 77. — 2 Mos. 16, 7. vgl. v. 8. — 5 Mos. 24,
16. — 3 Mos. 26, 39. — 5 Mos. 9, 4. 5. hebr. ב.
LXX. διὰ, so wie Jon. 1, 14. ἕνεκεν. — Tob. 13, 5.
Sir. 45, 4. 1 Makk. 2, 57. 60. — Röm. 3, 26. vgl. διὰ
v. 25. — Matth. 6, 7. 12, 5. Luk. 10, 20. Gal. 1, 24.
Eph. 4, 1. 6, 1. 1 Petr. 4, 14.

Anm. 3. Noch häufiger ist der Uebergang vom
Participium zum Verbo finito, s. Storr S. 343. ††,
wovon die Ursache unter §. 92. Anm. 1. vorkommen
wird, wohin auch die Storr'sche Anmerkung bei S.
334. erspart worden.

Storr
S. 322.*.
Welh.
S. 76. 80.

15

§. 79.

Storr
S.345.
Weth.
S.173.

II. Bei einem Eide, bei einer Betheurung negirt εἰ (אִם), und affirmirt ἐὰν μή, εἰ μή (אִם לֹא) [1]). Z. B. Pſ. 95, II. Ebr. 4, 5. 3. 3, II. εἰ εἰσελευσονται εἰς την καταπαυσιν μυ, אִם יְבֹאוּ, wahrlich ſie ſollen nicht zu meiner Ruhe gelangen! Vgl. Ebr. 3, 18. ὤμοσα MH εἰσελευσεσθαι. — Joſ. 5, 6. μη ἰδειν. — 1 Moſ. 42, 15. beym Leben Pharaons! ihr ſollt nicht von dannen kommen! אִם תֵּצְאוּ. LXX. ὁ μη [2]) ἐξελθητε ἐντευθεν. — 1 Kön. 2, 2. εἰ ἐγκαταλειψω σε, wahrlich, ich will dich nicht verlaſſen. — Ezech. 14, 16. ſo wahr ich lebe — ſie würden gewiß weder Söhne noch Töchter erretten, אִם יַצִּילוּ, εἰ σωθησονται. — 1 Sam. 3, 14. ich ſchwöre, ihre Sünde ſoll niemals durch Opfer zugedeckt werden. — Ezech. 17, 19. ἐὰν μη δωσω, אִם לֹא, wahrlich, ich will meinen Eid auf ſeinen Kopf bringen! K. 33, 27. εἰ μην πεσουνται, alle ſollen fallen! — 4 Moſ. 14, 28. ἠ μην [3]), אִם לֹא. — Job 1, II. wahrlich, er wird dich verlaſſen.

Mark. 8, 12. wahrlich, es wird dieſen Leuten kein Zeichen gegeben werden, εἰ δοθησεται, vgl. die Parallelſtelle Matth. 16, 4. σημειον ὁ δοθησεται. — Mark. 10, 30. wahrlich, ich ſage euch, er wirds gewiß wieder hundertfältig bekommen, ἐὰν μη λαβη. — 2 Theſſ. 2, 3. (hütet euch, ſ. unten zu Storr S. 418.), daß euch Niemand auf irgend eine Art überrede, zu glauben, die Zukunft des Herrn ſey ganz nahe; denn wahrlich, es muß zuvor der Abfall und jener Erzverruchte erſcheinen! ἐὰν μη ἐλθη, אִם לֹא יְבֹאוּ.

Anmerkungen zu §. 79.

Anm. 1. Es kommt nemlich diese Bedeutung von ἐὰν μή, wahrlich! und von εἰ, gewiß nicht! — nicht etwa von der ausgelaffenen Redensart: so wahr Gott lebt! so wahr ich lebe! her, sondern von dieser: Gott strafe mich! oder von einer ähnlichen, welche zuweilen ausgedrückt ist, z. B. 1 Sam. 3, 17. 20, 12. 13. f. 25, 22. 2 Sam. 3, 35. 19, 13. Pf. 7, 4. 5. 6. 137, 5. 6. Jof. 22, 23. Vgl. Storr S. 345. ***, und Weßherlin S. 172. f.

Anm. 2. LXX. übersetzen auch sonst diese hebräische Redensart negative; z. B. 1 Sam. 30, 15. μὴ θανατώσεις με καὶ μὴ κ. Ezech. 33, 11. εἰ βούλομαι, אם אחפץ. Ezech. 14, 18. ist selbst im Hebräischen אם יצילו, ἢ μὴ ῥύσονται, was v. 16. heißt. — Eben so auch die andere in ihrer affirmativen Bedeutung, z. B. Jof. 14, 9. אם לא תהיה, σοι ἔσαι; Ezech. 20, 33. βασιλεύσω.

Anm. 3. Dieses ἢ μήν kommt auch Ebr. 6, 14. vor: Gott schwur dem Abraham bei sich selbst (καθ᾽ ἑαυτᾶ, Jer. 22, 5. 1 Mof. 22, 16. בי; Esai. 62, 8. Judith 1, 12. sonst auch ἐν, 1 Sam. 1, 26. 24, 22. Matth. 5, 34. auch mit dem Akkusativ Jak. 5, 12. τὸν οὐρανόν, 1 Mof. 21, 23. τὸν θεόν, באלהים) und sprach: wahrlich (ἢ μήν), ich werde dir große Wohlthaten erzeigen. Paulus übersetzt nemlich das כי 1 Mof. 22, 17. mit den LXX. mit ἢ μήν, wahrlich, und diese Bedeutung ist auch wirklich nicht nur dem Inhalt der Stelle angemessen, sondern auch dem Sprachgebrauch nicht zuwider, f. Storr S. 348. f. ***, und Weßherlin S. 175. f.

§. 80.

III. Was nun die Art zu fragen betrifft, so ist Folgendes zu bemerken:

1) Gar oft bezeichnet der bloße Ton die Frage. Von der Menge der Beispiele nur Job. ^{Storr S. 349. f.}

15 ²

2, 10. Sir. 9, 13. 3 Esr. 3, 24. Mark. 3, 4. vgl.
mit Matth. 12, 10. — Jak. 2, 4. sprecht ihr denn
nicht offenbar euch selbst das Urtheil, daß (καὶ,
sovieb, als: ὅτι, vgl. וירא; 1 Mos. 4, 6. LXX.
ὅτι) ihr schlimmdenkende Richter seyd. Die Wor=
te: ὃ διεκρίθητε ἐν ἑαυτοῖς heissen eigentlich: seyd
ihr nicht von euch selbst (s. oben §. 62. Anm.
3. und §. 67. Anm. 2. †) beurtheilt, gerichtet
worden (διακρίνειν, 2 Mos. 18, 16. 1 Kön. 3, 9.)?

2) Das καὶ (Vau) giebt der Frage
meistens eine Emphasis, wie das griech=
ische γαρ (Matth. 27, 23. 1 Cor. 14, 22. Ebr. 3,
16. 1 Sam. 20, 36. Job 3, 20 ff. 5. 22. ꝛc. ꝛc.).
Z. B. 1 Sam. 15, 14. καὶ τίς (ומה) ἡ φωνή;
was ist denn aber dies für eine Stimme? 1 Sam.
22, 14. Sir. 2, 14. καὶ τί ꝛc. wie wird es euch
aber ergehen ꝛc. Judith 6, 2.

Mark. 10, 26. wer kann aber denn selig wer=
den? καὶ τίς, vgl. τις ἄρα Matth. 19, 25. 1 Mos.
37, 10. — Luk. 20, 29. wer ist denn mein Näch=
ster? — Luk. 19, 23. warum hast du denn mein
Geld nicht den Wechslern gegeben? καὶ διατί, vgl.
ולמה Ezech. 18, 31. 4 Mos. 20, 4. 5. 2 Sam.
3, 24. καὶ ἱνατί, und ומדוע 1 Kön. 1, 13. —
Luk. 20, 44. καὶ πως (Judith 8, 14. Sir. 25, 3.),
vgl. πως ἐν Matth. 22, 43.

Storr
S. 351.
Weth.
S. 168. 3) Die verneinende Frage des im
Affekt Redenden hat einen bejahen=
den, und umgekehrt, die bejahende ei=
nen verneinenden Sinn. Z. B. 2 Kön.
14, 15. 2 Chron. 25, 26. 2 Kön. 20, 20. ἐχὶ ταῦ=
τα γεγραμμενα, soviel, als: in der Parallelstelle
2 Chron. 32, 32. ἰδε γεγραπται *). — Jer. 2, 17.

— 1 Makk. 9, 32. — Sir. 14, 15. du mußt ja doch einem andern den Verdienst laſſen. — 1 Moſ. 18, 14. μη ἀδυνατησει παρα θεῳ ῥημα, ſoviel, als: Luk. 1, 37, ἐκ ἀδυνατησει παν ῥημα. — Jer. 32. 27. vergl. v. 17. — Mark. 12, 24. ὁ πλαναθε, ihr irret euch ſehr, vgl. v. 27. πολυ πλαναθε, und Matth. 22, 29. — Luk. 14, 5. er zieht ihn ſicher ſogleich am Sabbath heraus. — Apoſtg. 7, 52, 1 Cor. 9, 7. τις ϛρατευεται, kein Kriegsmann zieht ins Feld und muß ſich ſelbſt verköſtigen, vgl. Sir. 2, 10. wer hat je vergeblich auf Gott gehofft? — Eſai. 40, 13. f. — Gal. 4, 12. ihr thut mir offenbar Unrecht. — Jak. 2, 20. Abraham hat ſich ja doch, ſelbſt nach dem Urtheil Gottes (1 Moſ. 22, 12.) wirklich durch die That der bereitwilligen Aufopferung ſeines Sohnes als rechtſchaffen bewieſen.

*) Anmerkung zu §. 80.

LXX. überſetzen häufig affirmativ oder negativ, ohne Frage, z. B. 5 Moſ. 31, 17. הרא, εὑροσαν με τα κακα; 4 Moſ. 14, 3. βελτιον ἐϛι. — Spr. Sal. 26. 19. Jer. 5, 3. — Moſ. 29, 15. ſollteſt du mir umſonſt dienen? ἐ δελευσεις. — 1 Sam. 21, 15. ſoll dieſer in mein Haus kommen? d. h. ſolch einen Menſchen ſollt ihr mir durchaus nicht in das Haus bringen, ἐκ εἰσελευσεται. — 1 Sam. 11, 12. — 2 Sam. 17, 5. überſetzen LXX. die bejahende Frage gerade ſo negativ, wie es im hebräiſchen Text in der Parallelſtelle 1 Chron. 17, 4. ohne Frage ausgedrückt iſt.

§. 81.

VI. Wird auf eine Frage geantwortet, ſo werden Worte des Fragenden in der Antwort wiederholt, z. B. 1 Moſ. 29, 5. f. ken-

net ihr? יְדַעְתֶּם, Ja, γινωσκομεν, יָדָעְנוּ. —
1 Mof. 43, 27. 28. εἰ ὑγιαίνει, εἰ ἔτι ζῇ; Antwort:
ὑγιαίνει, ἔτι ζῇ, vgl. auch Tob. 7, 4. f. — 1 Mof.
44, 19. εἰ ἔχετε πατερα; Antwort: ἔστιν ἡμῖν πατηρ, wie im Hebräischen. — 1 Sam. 9, 11. εἰ
ἔστιν ἐνταυθα; Antwort: ἔστιν. — 2 Kön. 10, 15.
— 1 Sam. 12, 3. f. werden mehrere Worte des
Fragenden in der Antwort wiederholt; 2 Kön. 4,
26. — Hagg. 2, 14. — Matth. 20, 22. Mark.
10, 38. δυνασθε πιειν; Antwort: δυναμεθα. —
Mark. 5, 9. τι σοι ὀνομα; λεγεων ὀνομα μοι. —
Joh. 8, 11. Apoſtg. 5, 8.

*) Anmerkung zu §. 81.

Die Redensarten συ ειπας Matth. 26, 25. 64., oder
συ λεγεις K. 27, 11. Mark. 15, 2. Luk. 23, 3. oder ὑμεις
λεγετε Luk. 22, 70. ſind zwar ohne Zweifel affirmative
Antwortsformeln; denn Mark. 14, 62. ſteht geradehin
ἐγω ειμι (vgl. 1 Mof. 27, 24. Richt. 13, 11.), für: συ
ειπας Matth. 26, 64. und in den Stellen Luk. 22, 70.
Joh. 18, 37. wird die Bejahung durch den Zuſatz: ὁτι
ἐγω ειμι, noch deutlicher. Allein dieſe Phraſen können
nicht wohl aus dem Sprachgebrauch, den man aus der
ziemlich unähnlichen Stelle 2 Mof. 10, 29. (כֵּן דִּבַּרְתָּ,
εἰρηκας) anführt, erklärt werden; denn erſtlich iſt v.
28. gar keine Frage vorhanden, ſondern ein Befehl,
Verbot; und mit der Ueberſetzung der LXX. εἰρηκας,
wobei der Akkuſativ αὐτο zu ſubintelligiren iſt (ſ. unten bei der Ellipſis), ſollte blos das, was befohlen,
nicht gefragt wurde, unwiderſprochen — gehorſam
angenommen werden (wie 2 Mof. 8, 10. LXX. ὡς συ
εἰρηκας), um ſo mehr, da Moſes wirklich einige Worte des königlichen Verbots in ſeiner Aeußerung wiederholt. Wenn alſo auch συ ειπας oder συ λεγεις mit
Rückſicht auf jenes כֵּן דִּבַּרְתָּ geſagt worden wäre,
ſo würde es wohl nicht ΣΤ ειπας ausgedrückt worden
ſeyn, ſondern entweder ἐγω ειπας, oder (nach der an-

dern Bedeutung von מן, f. Storr S. 310. עכו, vgl.
mit 4 Mof. 27, 7. LXX.) ὁρθῶς εἶπας. Der Ursprung
dieser bejahenden Formel εὖ λεγεις, εἶπας muß also an=
derswoher abgeleitet werden, worüber Storr in sei=
ner dritten Differt. über einige historische Stellen des
N. T. S. 11. ff. nachzulesen.

Achtes Kapitel.

Von zusammengesetzten Wörtern. (Storr §. L—LII.)

§. 82.

Storr
S.351.f.
Weth.
S.168.

Ein Wort mit einer Negations=Par=
tikel verbunden, ist oft nur wie Ein
Wort, wie Ein Begriff anzusehen. Z.
B. 5 Mof. 22, 21. ἐπ᾽ ὀ — θεε, ἐπ᾽ ἐκ — ἐθ=
νει. — Pred. Sal. 7, 17. ἐν ὀ — καιρῳ σε. —
Efai. 45, 13. לֹא בִמְחִיר, ὀ — μετα λυτρων,
ohne Geld, ohne Geschenk. — Jer. 22, 13. ὀ
— μετα δικαιοσυνης, בְּלֹא צֶדֶק, vgl. Efai. 55, 1.
בְּלֹא־כֶסֶת, ἄνευ.

Col. 2, 23., welche (Menschenlehren) zwar
einen Schein von einer besondern Weisheit haben
wegen (ἐν) des selbstbeliebten Gottesdiensts, nem=
lich der Demuth und einer Härte gegen ihren Kör=
per, die (aber, f. unten bei der Ellipsis) ohne
irgend eine (ἐκ — ἐν τινι) Belohnung für ihre
Mühe und Anstrengung (1 Tim. 5, 17.) blos zur
Befriedigung ihres Fleisches, ihres fleischlichen
Sinnes (Col. 2, 18. dient (ἐσι, welches Verbum
aus dem Vorhergehenden zu wiederholen ist, und
mit προς oder εις construirt, die Bedeutung hat:
zu einer Sache dienen *).

*) Anmerkung zu §. 82.

εἶναι εἰς oder πρὸς πρᾶγμα, zu etwas dienen, z. B.
1 Mos. 11, 3. Ziegel dienten ihnen zu Steinen und Erd-
pech zu Kalk, ἐγένετο εἰς, היה לאבן. — Esai. 4, 6.
sie wird dienen zum Schatten und Schutz, ἔσται εἰς
σκιὰν καὶ ἐν (ל) σκέπη. — 1 Joh. 5, 8. diese drey, nemlich der Geist, die Taufe und der Tod Jesu, εἰς τὸ ἓν
εἰσι, dienen zu einer und ebenderselbigen Sache, zu
einerlei (b 1 Mos. 41, 25. f. אחד; 2 Mos. 26, 2. τὸ
αὐτό; Sir. 15, 10. Weish. 7, 6.) Sache.

§. 83.

Storr S. 352. f. Weth. S. 169. In allgemeinen Sätzen ist öfters
die Negation mit dem Verbo zu ver-
binden, und es entstehen daraus allgemein verneinende Sätze. Im Griechischen kommt es da so wenig als im Hebräischen darauf an, in welcher Ordnung in Absicht
auf das Verbum das ἐν und πᾶς steht. Z. B.
Pf. 143, 2. οὐ δικαιωθήσεται πᾶσα σάρξ, heißt nicht:
nicht alles Lebendige ist vor dir unschuldig, sondern: nicht-unschuldig, d. h. schuldig ist vor
dir alles Lebendige, לא־יצדק, d. h. Niemand
ist vor dir unschuldig. Eben so Röm. 3, 20. —
2 Mos. 22, 22. πᾶσαν χήραν οὐ — κακώσετε, ihr
sollt keine Wittwe beleidigen. — 1 Sam. 14, 24.
οὐκ — ἐγεύσατο πᾶς ὁ λαός. — Pf. 49, 18. οὐ
λήψεται τὰ πάντα, er wird Nichts mitnehmen,
für: οὐδέν (vgl. LXX. 5 Mos. 8, 9. Spr. Sal.
12, 21. Jer. 13, 7.). — Sir. 7, 13. μὴ θέλε
ψεύδεσθαι πᾶν ψεῦδος, erlaube dir durchaus keine
Lüge. K. 22, 18. er hält vor keiner Gefahr aus.
K. 26, 15. Enthaltsamkeit läßt sich mit keinem Gut
aufwiegen. K. 36, 20. 37, 11. 42, 12. παντὶ αν-

θραπω μη εμβλεπε, siehe auf keines Menschen
Schönheit. — v. 20. kein Gedanke entgeht ihm.
K. 46, 19. χρηματα — απο πασης σαρκος εκ ειληφα, ich habe von Niemand Geld genommen,
vgl. 1 Sam. 12, 3. εκ χειρος τινος ειληφα ꝛc., vgl.
§. 80. — Sir. 16, 28. εκαςος του πλησιον αυτε
εκ εθλιψε, keines hindert das andere. — Tob. 4,
7. 18. 19. 12, 11. 3 Esr. 3, 20. der Wein erin=
nert an keine Traurigkeit und an keine Schuld
mehr. K. 4, 11. ε δυναται εκαςος απελθειν, kei=
ner kann weggehen. 1 Makk. 5, 42. K. 10, 63.

Matth. 24, 22. εκ αν εσωθη πασα σαρξ, so
würde kein Mensch beim Leben erhalten werden.
— Luk. 1, 37. vgl. Jer. 32, 17. 27. — Apostg.
5, 42. keinen Tag hörten sie auf ꝛc. K. 10, 14.
ich habe kein Verbotenes jemals gegessen. — Röm.
3, 9. in keinem Betracht haben wir etwas voraus,
ε προεχομεθα παντως. — Gal. 2, 16. ε δικαιεται
ανθρωπος [1]), Niemand wird von Gott für gerecht
erklärt. — Eph. 4, 29. 5, 5. — 1 Joh. 2, 19. sie
mußten (s. unten zu Storr S. 423. f.) offenbar
werden, daß keiner von ihnen zu uns gehöre, οτι
εκ εισι παντες εξ ημων. — 2 Petr. 1, 20. πασα
προφητεια γραφης ιδιας ε γινεται, glaubet gewiß,
daß keine Weissagung der Schrift durch euch selbst
umgestoßen werden kann [2]). — Offenb. 7, 16.
18, 22.

Zuweilen ist jedoch die Negation Storr
S. 353. f.
mit dem Wort πας und nicht mit dem
Verbo zu verbinden. Z. B. 4 Mos. 23,
13. παντας δε ε μη ιδης, כלו לא תראה, wo
du nicht das ganze Volk übersehen kannst.
soviel, als: μερος τι αυτε οψει, welches die LXX.

unmittelbar vorher haben. — Sir. 8, 19. παντι ἀνθρωπῳ μη ἐκφαινε σην καρδιαν, nicht jedem eröffne dein Herz. K. 11, 29. 37, 28. — Matth. 7, 21. ὁ πας εἰσελευσεται 2c. Luk. 13, 11. sie konnten sich nicht ganz aufrichten.

Storr S. 354. Oefters bezieht sich die Negation, die mit dem Verbo verbunden zu seyn scheint, auf das Wörtlein εἱς, אחד. z. B. Jos. 23, 14. ἐκ ἐπεσεν εἱς λογος; Judith 7, 11. — Ps. 106, 11. εἱς ἐξ αὐτων ἐκ ὑπελειφθη. Ps. 105, 14. Sir. 46, 19. nicht ein einziger Mensch warf ihm etwas vor.

Matth. 5, 18. nicht das Mindeste wird vom Gesetz verloren gehen. Matth. 10, 29. (Luk. 12, 6.) ἐν ἐξ αὐτων ὁ πεσειται, nicht ein einziger derselben kann ohne Wissen und Willen (ἀνευ 1 Mos. 41, 44. Esai. 36, 10.) eures Vaters auf die Erde fallen. — Matth. 27, 14. er antwortete ihm nicht auf ein einziges Wort, ἐκ ἀπεκριθη προς ἀυ ἐν ῥημα, vgl. Sir. 42, 20. ἐκ ἐκρυβη ἀπ' αὐτε ἀυ εἱς λογος. — Luk. 11, 46. ihr rühret diese Lasten selbst mit keinem einzigen Finger an, ἑνι των δακτυλων ὁ 2c., vgl. die Parallelstelle Matth. 23, 4., wo εἱς weggelassen ist, wie auch Luk. 21, 18. und Matth. 22, 46. vgl. mit 1 Kön. 18, 21. ἐκ ἀπεκριθη ὁ λαος λογον, לא ענו דבר. Wegen des ausgelassenen εἱς, אחד sehe man noch die Stellen 2 Mos. 12, 46. ὀστεν μη συντριψεται, nicht Ein Bein 2c. und Jer. 40, 15. nicht ein Einziger soll es erfahren.

Anmerkungen zu §. 83.

Anm. 1. Ἀνθρωπος (1 Cor. 4, 1. 11, 23. Judith 11, 1.) ist nemlich soviel, als: πας, ἑκαςος, איש,

welches 2 Mof. 11, 2. 12, 22. 3 Mof. 19, 11. 1 Mof. 43,
21. 1 Sam. 9, 9. Pf. 62, 11. durch ἕκαστος überſetzt wird.
Vergl. auch ἕκαστος Spr. Sal. 24, 12. (אדם) und ἀνὴρ
Eſr. 2, 1. vergl. mit 3 Eſr. 5, 8. Auch 2 Mof. 16, 14.
Niemand laſſe was übrig, איש־אל und 2 Mof.
34, 3. איש לא יעלה, Niemand ſteige ꝛc. μηδεὶς.

Anm. 2. Es ſteht nemlich ἴδιος, für: ἴδιος ὑμῶν,
wie 2 Petr. 3, 17. 1 Petr. 3, 1. ſo wie für ἴδιος ἡμῶν,
1 Mof. 47, 18., wo die LXX. das zweimal vorkommen⸗
de Pronomen לנו das einemal mit ἴδιος und das ande⸗
remal mit ἡμῶν überſetzen. — Die Grundbedeutung
von ἐπιλύειν iſt eigentlich dissolutio (wie das Verbum
simplex λύειν Joh. 10, 35. vgl. Kypke), und die Be⸗
deutung explicatio (vgl. ἐπέλυεν Mark. 4, 34. mit φρά⸗
ζειν Matth. 13, 36. und 1 Mof. 40, 8., wo פתר von
den LXX. συγκρίνειν und von Aquila ἐπιλύεσθαι überſetzt
wird) iſt erſt aus jener abgeleitet.

§. 84.

So wie die Hebräer, welche beinahe gar kei⸗ Storr
S.356.f.
ne Verba compoſita haben (Storr S. 356.
§. LII.), ſtatt dieſer

1) ihre gewöhnlichen Verba mit ge⸗
wiſſen Partikeln oder Präpoſitionen
gebrauchen, welche ſie zu den Subſtan⸗
tivis ſetzen; eben ſo die hebraizirenden Grie⸗
chen, welches um ſo auffallender iſt, da die grie⸗
chiſche Sprache nicht nur einen Ueberfluß an Com⸗
poſitis hat, ſondern dieſe ſogar oft für die Sim⸗
plicia ohne allen Nachdruck gebrauchen ¹). —
Von ſo vielen Beiſpielen, wo das Verbum ſim⸗
plex ſamt einer Präpoſition, die vor das Subſtan⸗
tivum geſetzt wird, die Stelle eines Compoſiti ver⸗
tritt, nenne ich nur folgende: 4 Mof. 12, 1. λα⸗
λεῖν κατα, ſonſt: καταλαλεῖν v. 8. — 1 Sam. 12,

12. ἔρχεσθαι ἐπι τινα, auch Luk. 14, 31. — Matth. 12, 1. πορευεσθαι δια, ſonſt: διαπορευεσθαι Luk. 6, 1. — Matth. 26, 35. ἀποθανειν συν τινι, ſonſt: συναποθανειν τινι Mark. 14, 31. — Joh. 8, 31. μενειν ἐν τῳ λογῳ, 1 Tim. 2, 15. ἐν πιϛει, ſonſt auch: ἐμμενειν τῃ πιϛει, Apoſtg. 14, 22. und ἐμμενειν ἐν Gal. 3, 10. — Joh. 19, 19. τιθεναι ἐπι (נתן על 2 Moſ. 29, 12.), für: ἐπιτιθεναι Matth. 27, 37. 3 Moſ. 8, 15. ꝛc. ꝛc.

2) Das einfache Verbum wird ohne irgend einen Beiſatz oder Sylbenvermehrung geſetzt, wo ſonſt ein Compoſitum angemeſſener oder deutlicher wäre, und auch wirklich bei den Lateinern und Griechen gewöhnlich Statt hat, wie z. B. bei den Verbis, die ein Wiederſeyn, Wiedergeſchehen, Wiederthun bedeuten (wo nach hebräiſchem Sprachgebrauch auch überdies gern das Verbum ϛρεφειν, ἀναϛρεφειν, ἐπιϛρεφειν, ſ. oben §. 77. gebraucht wird). Z. B. 1 Sam. 1, 19. שוב, πορευεσθαι, wieder umkehren, Matth. 2, 20. — Eſai. 61, 4. Tob. 13, 16. vgl. v. 10. Matth. 26, 61. 23, 29. οἰκοδομειν, wieder aufbauen. — 2 Chron. 8, 2. die Städte (1 Kön. 9, 11—13.), die Hiram dem Salomo wieder zurückgegeben hatte, נתן, ἐδωκε, und Eſr. 6, 5. δοθητω, die heil. Geſäſſe ſollen wieder zurückgegeben werden, vergl. 3 Eſr. 6, 26. ἀποκαταϛαθηναι ²). — Ezech. 37, 3. 6. 9. 10. 14. ζησεται, wieder lebendig werden. — 2 Chron. 36, 5. ἀπεϛη, er fiel wieder von ihm ab, vgl. 2 Kön. 24, 1. ἀπεϛρεψε και ἠθελησεν, ſ. §. 77. — Tob. 11, 7. ἀνοιγειν, die Augen wieder öffnen; v. 15. 16. βλεπειν, wiederſehen, und

Joh. 9, 7. vergl. v. 15., wo es mit ἀναβλεπειν verwechſelt wird. — Matth. 7, 3. μετριϑησεται, für: ἀντιμετριϑησεται Luk. 6, 38. — Matth. 10, 19. μη μεριμνησητε, ſorget nicht voraus, für: προμεριμναν Mark. 13, 11. — Matth. 20, 8. καλειν, für: συγκαλειν (LXX. 2 Moſ. 7, 11.). — Matth. 24; 6. das muß vorher geſchehen, γενεϑαι, für: προγενεϑαι; denn Lukas hat K. 21, 9. γενεϑαι πρωτον. — Luk. 19; 13. bis ich wie= der komme. — Joh. 7, 45. die nach v. 32. ab= geſchickte Gerichtsdiener kamen wieder zurück, ηλϑον. — Ebr. 13, 23. kommt Timotheus bald zurück, ἐρχηται; vgl. auch 1 Theſſ. 3, 6. und Luk. 13, 25. ἐρχομενος, als er vom Feld nach Haus zurückkam, und 1 Makk. 12, 52. ſie kamen alle wieder ins Land zurück, heim, ηλϑον. — 1 Cor. 15, 24. wenn Chriſtus nach Beſiegung aller Fein= de das Reich Gottes dem Vater wieder über= geben wird, παραδῳ. — Phil. 2, 25. 28. πεμ= πειν, wieder zurückſchicken. — Offenb. 5, 3. f. Niemand konnte das Buch aufthun und hinein= ſehen, βλεπειν, d. h. darinnen leſen, ſehen, was darinn ſtand. So auch βλεπειν Matth. 5, 28. anſchauen. Offenb. 20, 13. (vgl. K. 5, 8.) δεναι, noch mehr dazu geben.

Anmerkungen zu §. 84.

Anm. 1. Sehr oft haben die Verba compoſitá keine andere Bedeutung, als die Simplicia, z. B. κα= τακαυχαϑαι Jer. 50, 11. 38. Jak. 3, 14. διαπιπτειν Joſ. 21, 45. vgl. K. 23, 14. Judith 6, 9. — συντελειν Ruth 2, 23. vergl. v. 21. Mark. 13, 4. Röm. 9, 28. — δια= κρινειν, Jak. 3, 17. Ezech. 20, 35. f. Jer. 15, 10. — κα= τακρινειν Matth. 12, 42. vgl. Röm. 2, 27. — ἀποπνιγειν

Luk. 8, 33. vgl. Mark. 5, 13. — ἐκτρέφειν 1 Makk. 6, 15. vgl. K. 3, 35. — διατρέφειν 1 Kön. 18, 4. vgl. v. 13. ἀναφέρειν ἁμαρτίας Ebr. 9, 28. Esai. 53, 12. נשא, vgl. φέρειν v. 4. — κατακρύπτειν 2 Chron. 22, 12. vgl. 2 Kön. 11, 3. — διασῴζειν Matth. 15, 36. vgl. Mark. 6, 56.

Auch doppelt zusammengeſetzte Verba, z. B. ἀποκαταλλάσσειν Eph. 2, 16. — συναντιλαμβάνω Röm. 8, 26. προκαταλαμβάνειν, ſoviel, als: καταλαμβαν. Richt. 1, 8. vgl. v. 12. — ἐξαποστέλλω 1 Moſ. 24, 7. vgl. v. 40.

Auch Subſtantiva von Verbis compoſitis bedeuten oft ſoviel als Simplicia, z. B. σύγκριμα, 1 Makk. 1, 57. ἀντίλυτρον 1 Tim. 2, 6. vgl. λύτρον Matth. 20, 28. ἀπόχρησις Col. 2, 22. — Man leſe noch *Fiſcher* Prolus. V. de vitiis &c. p. V. ſs.

Anm. 2. LXX. ſetzen ſehr oft die Compoſita, z. B. 2 Moſ. 7, 11. קרא, συγκαλεῖν; 1 Kön. 22, 27. בוא, εἰσφέρειν; Pſ. 37, 13. ראה, προβλέπειν.

Der hebräisch-griechischen Grammatik

Zweyter Theil.
Syntax.

Erster Abschnitt.

Von der Uebereinstimmung, Beziehung, Ordnung
und Stellung der Worte unter einander.
(Storr §. LIV—LXVI.)

Erstes Kapitel.

Wie sich das Adjektivum, Pronomen und Verbum
nach dem Subjekt in Absicht auf Genus, Numerus
und Casus richtet.
(Storr §. LIV—LX.)

§. 85.

I. Es bedarf hier keiner Beweise, daß sich
Adjektivum, Pronomen und Verbum gewöhnlich
nach der grammatischen Form der Subjekte
richten, auf die sie sich beziehen. Auch wenn mehrere durch eine Partikel verbundene Subjekte von
verschiedenem Genus und Numerus sind, so sind

die dabei beobachtete grammatische Regeln zu bekannt und mit andern Sprachen übereinstimmend, als daß besondere Beispiele nöthig wären.

Storr   Stehen die Substantive in Apposition, so
S.361. ist nur zu bemerken, daß die Präposition, die vor dem ersten Nennwort steht, oder auch eine gleichbedeutende, vor dem in Apposition stehenden Nennwort sehr oft [1]), wie im Hebräischen, wiederholt wird, z. B. 2 Sam. 7, 8. ἐπι τον λαον μυ ἐπι τον Ἰσραηλ, — עַל עַמִּי עַל יִשְׂרָאֵל. — 2 Sam. 3, 15. παρα. — Mark. 9, 43. εἰς. — Offenb. 12, 14. εἰς την ἐρημον εἰς τον τοπον αὐτης, vergl. I Kön. 20, 30. εἰς την ἀφεκ εἰς την πολιν, und Tob. 1, 3. — Joh. 2, 23. ἐν τῳ πασχα ἐν τῃ ἑορτῃ. — Joh. 1, 45. (11, 1.) ἀπο βηθσαιδα ἐκ (so viel, als: ἀπο Richt. 9, 20. Ps. 43, 1. Sir. 51, 3.ff. Matth. 7, 4. vgl. mit v. 5.; 1 Thess. 2, 6.) της πολεως ἀνδρες. Vergl. 1 Makk. 3, 37. ἀπο ἀντιοχειας ἀπο πολεως, und 2 Mos. 13, 3. — Luk. 1, 55. ἐλαλησε προς τυς πατερας τυ Ἀβρααμ, statt [2]) προς τον. —

Anmerkungen zu §. 85.

Anm. 1. LXX. übersetzen zuweilen diese Präposition nicht, z. B. בְּ 1 Mos. 32, 11. אֶל v. 7. und 2 Sam. 7, 5. ἐπι, עַל, das 2 Sam. 7, 8. wiederholt ist, wird in der Parallelstelle 1 Chron. 17, 7. weggelassen.

Anm. 2. Λαλειν und die Verba dicendi werden nemlich sowohl mit προς (אֶל), als mit dem Dativ (לְ) construirt, z. B. 2 Sam. 10, 3. und 1 Chron. 19, 3. 2 Chron. 1, 2. Ezech. 39, 17. εἰπον καβει — και προς. — Luk. 7, 24. vgl. mit Matth. 11, 7. — Eben so auch andere Verba theils in einerlei Satz, theils in verschiedenen Stellen, z. B. 1 Kön. 22, 26. ἀποστρεψατε προς

προς — και τω, im Hebräischen beidemal אֵל, vgl. die Parallelstelle 2 Chron. 18, 25., wo beidemal προς ist. — 2 Sam. 24, 9. διδοναι τι προς τινα, und 1 Chron. 21, 5. διδοναι τι τινι. — 2 Mos. 17, 2. λοιδορειν προς τινα und τινι. — Sir. 13, 2. 17. κοινωνειν. — Luk. 23, 7. ἀναπεμπειν προς τινα und v. 11. τινι. — Ueberhaupt ist es im Hebräischen und Hebräisch-Griechischen nicht ungewöhnlich, daß in einerlei Satz einerlei Verbum mit verschiedenen Casibus und Präpositionen construirt wird.

§. 86.

II. Das Adjektivum, Pronomen oder Verbum richtet sich in Absicht auf Genus und Numerus sehr oft mehr nach dem Sinn, als nach der grammatischen Form des Subjekts.

Wenn das Abstraktum für das Concretum gesetzt ist, so richtet sich das Adjektivum 2c. nicht selten nach dem Genus und Numerus des Concreti, wozu überhaupt alle Beispiele von tropischen Wörtern gehören, wo mehr auf die durch den Tropus bezeichnete Sache Rücksicht genommen wird, als auf die grammatische Form des tropischen Wortes selbst. Z. B. 1 Mos. 15, 13. f. το σπερμα — αὐτες, אֹתָם. — 2 Sam. 21, 17. ἐτοι τα προβατα, vgl. die Parallelstelle 1 Chron. 21, 17. ταυτα τα προβατα; Ezech. 34, 13. 12. 15. — Ps. 49, 6. wenn mich die Bosheit της πτερνης με umringt, οἱ πεποιϑοτες; nemlich πτερνη με heißt eigentlich meine Fersen, d. h. die feindlich mir auf meinem Fuße nachfolgen, meine Verfolger. — Joh. 1, 10. 11. 12. το Φως — αὐτον, wiewohl v. 5. auch αὐτα. — Röm. 2, 26. das erste ακροβυςια, der Unbeschnittene, daher αὐτε. — Röm. 4, 12., so daß er ein Vater wurde (v. 11.) der Beschnittenen (περιτο-

Storr S. 368. nr. I. und Anm. **. Weckh. S. 142.

16

μης), nicht nur der leiblich Beschnittenen, sondern auch derer, welche in die Fußstapfen des Glaubens treten, den Abraham hatte, da er noch unbeschnitten war (v. 10.). Da hier das Abstraktum sing. fem. περιτομη für das Concretum plur. masc. gesetzt wird, so konnten wohl die Masculina pluralia τοις (οσι) und τοις στοιχουσι, oder *) των (οντων) und των στοιχουντων für τη und τη στοιχουση oder für της und της στοιχουσης gesetzt werden. — Röm. 12, 14. αυτων geht auf σαρξ, welches (vgl. 1 Mos. 37, 27.) soviel als συγγενεις K. 9, 3. ist. S. auch Judith 2, 3. πασαν σαρκα οι ꝛc. — Eph. 5, 12. σκοτος (für εσκοτισμενοι) — υπ᾽ αυτων. — Col. 2, 19. κεφαλη (Christus) εξ ου ꝛc. — 1 Tim. 3, 16. (Col. 1, 27.) το μυστηριον, ὁς — d. h. dessen Gegenstand, nemlich die Person Christus, durch seinen verherrlichten Zustand für wahrhaftig und rechtschaffen erklärt wurde. — Offenb. Joh. 3, 4. ονοματα οι. — K. 4, 1. λεγων (ἡ) geht auf φωνη, das für den Urheber der Stimme gesetzt wird. — K. 4, 8. ζωα — λεγοντες. — K. 13, 8. weil unter dem θηριον ein gewisser Mensch bezeichnet wird (v. 18.), so steht v. 8. αυτον, eben so auch K. 17, 11. — K. 17, 16. τα κερατα — ουτοι, weil βασιλεις damit bezeichnet werden, vergl. v. 12.

*) Anmerkung zu §. 86.

Eigentlich sollte wegen περιτομης der Genitiv folgen. Da aber der Genitiv nach hebräischer Art durch ל ausgedrückt wird, welches auch die Anzeige des Dativs ist, so konnte wohl auch der Dativ (s. Ebr. 1, 5. αυτῳ und μοι, und Offenb. 21, 7. gesetzt werden, um so mehr, da eine solche Abwechslung im Casus nichts ungewöhnliches ist.

§. 87.

So wie Pluralia, deren Bedeutung Singularis ist, wie z. B. ἐρανοι, zuweilen auch mit einem Singulari construirt werden, wie Phil. 3, 20. ἐν ἐρανοις, ἐξ ἃ (s. Storr S. 99.); so werden auch Singularia, die entweder an und für sich eine Mehrheit von Individuen in sich begreifen, oder collektive gebraucht werden, mit Pluralibus construirt. Z. B. 2 Mos. 12, 6. σφαξϖσι το πληϑος. — Ps. 78, 1. προσεχετε λαος μϖ. — Esai. 7, 13. ἀκϖσατε οἰκος. — Bar. 4, 5. — 2 Mos. 34, 10. πας ὁ λαος ἐν οἰς. —

Matth. 1, 21. τον λαον — αὐτϖν; Mark. 6, 46. Sir. 45, 26. — Mark. 8, 1. ὀχλϖ — μη ἐχοντϖν. — Matth. 18, 35. αὐτϖν geht auf ἀδελφϖ, welches, so wie 1 Joh. 5, 16. collektive zu nehmen (§. 17.). — Luk. 12, 32. s. μη φοβϖ, ποιμνιον — ὑμϖν — πϖλησατε — δοτε. — Joh. 7, 49. ὁ ὀχλος — ἐπικαταρατοι εἰσι. — Apostg. 3, 11. λαος ἐκϑαμβοι, vgl. Bar. 1, 7. λαον τϖς εὑρεϑεντας, und Judith 6, 18. πεσοντες ὁ λαος. — Joh. 21, 12. weil ἀδεις ἐτολμα τϖν μαϑητϖν eben das bedeutet, was ἐκ ἐτολμϖν οἱ μαϑηται, so konnte wohl εἰδοτες darauf folgen, so gut als τϖς προκαταγγειλαντας Apostg. 7, 52. wegen τινα τϖν προφητϖν. — 1 Tim. 2, 15. das Weib (ἡ γυνη collektive, das aus v. 11. s. hieher zu ziehen ist, uxor quaecunque) wird selig ungeachtet (δια, vgl. 2 Petr. 3, 5. δἰ ὑδατος; 2 Cor. 6, 8. Röm. 2, 27. 4, 11. und ב 5 Mos. 1, 32. בדבר; Ps. 78, 32. בכל־זאת; 4 Mos. 14, 11.) des Kinderzeugens, so sie bleibt (μεινϖσι) im Glauben ꝛc. — 2 Petr. 3, 1. δευτεραν

Storr
S. 369.
Weth.
S. 145.

ἐπιςολην, ἐν αἱς, d. h. ſchon zwey Briefe, worin
ich euch in Erinnerung bringe ꝛc. — Offenb. 8, 9.
9, 18. το τριτον — διεφθαρησαν, hingegen K. 8, 7.
κατεκαη. Vgl. 2 Chron. 23, 4. το τριτον ὑμων εἰσ-
πορευεθωσαν, und in der Parallelſtelle 2 Kön. 11,
5. εἰσελθετω. S. auch Ezech. 5, 12. το τεταρτον
— αὐτᾳς, und Neh. 4, 21. ἡμισυ — κρατᾳντες. —
2 Makk. 5, 14. nicht weniger (ἡττον) als die Ge-
tödteten wurden verkauft, ἐπραθησαν. — Offenb.
14, 11. εἰ τις προσκυνει — αὐτων.

Singularia feminina, die eine Mehrheit von Menſchen (oder auch Engeln Luk.
2, 13.) in ſich begreifen, werden um der
Bedeutung *) willen mit Pluralibus
masculinis conſtruirt. Z. B. 4 Moſ. 16,
3. πασα ἡ συναγωγη παντες ἁγιοι — ἐν αὐτοις. —
2 Kön. 18, 11. σαμαρεια — αὐτοις. — Neh. 8,
17. ἐκκλησια — οἱ ἐπιςρεψαντες, — 1 Makk. 4, 7.
ἡ ἱππος. — Judith 15, 8. ἡ γερᾳσια (5 Moſ. 21,
6.) — Sir. 16, 8. παροικια λωτ, ἁς. —
Matth. 3, 5. f. ἱεροσολυμα — ἰᴈδαια — ἐβαπτι-
ζοντο — ἐξομολογᴈμενοι. — Gal. 2, 2. 2 Cor. 2,
13. vgl. v. 12. auch 1 Makk. 8, 17. — Apoſtg.
8, 5. — Phil. 2, 15. γενεα, ἐν οἱς, vgl. 4 Moſ.
32, 13. γᴈνεα οἱ ποιᴈντες. — 3 Joh. v. 9. ἡ ἐκκλησια — αὐτων. — Judä v. 7. σοδομα και γομορ-
ρα — τᴈτοις, ungeachtet das vorhergehende αὐτας
das grammatiſche Genus ausgedrückt. Vgl. Pſ.
87, 4. ρααβ και βαβυλων — οἱ γινωσκοντες. — Offenb. 3, 9. hängen die Participia maſc. λεγοντων
und ψευδοντες ἑαυτᴈς von συναγωγη ab, ſo wie ἐτα-
ξαν ἑαυτᴈς 1 Cor. 16, 15. auf die οἰκια, Familie
Stephana geht. — Offenb. 5, 13. Joh. 17, 2.

*) Anmerkung zu §. 87.

Ein Beispiel von einem Feminino singulari ohne kollektive masculine Bedeutung, und worauf sich das Adjektivum bezieht, ist Luk. 22, 58. wo ἑτερος in Beziehung auf παιδισκη (v. 56.) steht, statt: ἑτερα, wie ἀλλη in der Parallelstelle Matth. 26, 71. Allein weil es dem Erzähler nicht sowohl darum zu thun war, das Geschlecht der Person zu bestimmen, die sich an Petrus gewendet, als vielmehr um die Sache selbst: so war es ihm genug, das Adjektivum ins Masculinum zu setzen, indem er mehr ἀνθρωπον (s. ἀνθρωπος v. 58.), als παιδισκην darunter verstand. Eine ähnliche Stelle ist Sus. v. 62. „es gieng diesen falschen Zeugen eben so, wie sie τῃ πλησιον (nemlich der Susanna, Dan. 13, 61. κατα της ἀδελφης), ihrem Nächsten zu thun gedachten.‟ Es kam jetzt nur darauf an, zu sagen: die vom Gesetz verordnete Wiedervergeltung kam über sie. Auch 1 Mos. 23, 3. ff. sagt Abraham von seiner gestorbenen Frau: מֵתִי, mein Todter, ὁ νεκρος.

§. 88.

Auch dann wird auf den Sinn Rücksicht genommen, wenn sich, auf einen Pluralis, den man distributive zu nehmen hat, ein Singularis bezieht; denn in einer distributiven Rede wird nicht jedesmal ἑκαςος (אִישׁ) ausgedrückt [1]), sondern der Singularis, welcher vorkommt, läßt allein darauf schließen. Z. B. Jer. 2, 27. אֹמְרִים לָעֵץ אָבִי, die zum Holz sagen: du bist mein Vater. — K. 14, 13. die falschen Propheten sagen, d. h. jeglicher von ihnen sagt: δωσω. — Spr. Sal. 26, 19. LXX. παιζων ἐπραξα, sprechen sie. — 5 Mos. 31, 17. und K. 28. öfters. — Mark. 13, 6. Luk. 21, 8. es werden viele (jeglicher von ihnen wird) sagen: ich bin Christus. — Jak. 2, 3. ihr sprechet zu den Armen, setze dich unter meine (με, für: ἡμων [2]) Fußbank.

Storr
S. 371.
Meth.
S. 144.

Anmerkungen zu §. 88.

Anm. 1. Ausgedrückt ist ἕκαστος oder ἀνήρ (§. 83. Anm. 1.) in folgenden Stellen: 2 Mof. 16, 18. 32, 27. Richt. 9, 55. 1 Makk. 6, 54. Weish. 9, 17. Matth. 26, 22. ἤρξαντο ἕκαστος λέγειν· μήτι ἐγώ εἰμι.

Anm. 2. LXX. übersetzen manchmal eine solche hebräische Einzahl mit der Mehrzahl, z. B. Esai. 19, 11. υἱοὶ βασιλέων, hebr. אני בן מלכי. — Pf. 35, 8. αὐτοῖς, αὐταῖς. — 1 Sam. 5, 10. πρὸς ἡμᾶς — ἡμῶν. — 1 Mof. 47, 3. ποιμένες. 3 Mof. 21, 1—3. — 2 Sam. 15, 5. אדוני, ὁ κύριος ἡμῶν.

§. 89.

Storr S.372.ff.

III. Es ist der hebräischen Sprache vor allen andern eigen, in Einer Construktion und in Einem Zusammenhang im Genus, Numerus oder Casus abzuwechseln. Enallage. Eben so auch im Hebräisch-Griechischen.

1) Gehört das Prädikat zu mehreren Subjekten, wo es im Singul. oder Plur. stehen könnte, so geschieht zuweilen beiden Numeris Genüge. Z. B. 1 Kön. 1, 21., wo es eben so gut heiffen könnte: ἔσομαι ἐγὼ καὶ ὁ υἱός μου, als: ἐγὼ καὶ ὁ υἱός μου ἐσόμεθα ἁμαρτωλοί, daher heißt es in der Verbindung beider Construktionen: ἔσομαι ἐγὼ καὶ ὁ υἱός μου ἁμαρτωλοί. — Luk, 2, 33. ἦν Ἰωσὴφ καὶ ἡ μήτηρ αὐτοῦ θαυμάζοντες.

Storr S.373. nr.3. Welh. S.147.

2) Collektiva singularia werden in Einem Satz sowohl mit dem Singularis als Pluralis construirt. Z. B. 2 Chron. 6, 32. τὰς ἀλλότριος, ὅς — ἐὰν ἔλθωσι 2c. — 2 Sam. 19, 42. f. Sir. 17, 1. — Matth. 15, 8. (Esai. 29, 13.) ἐγγίζει ὁ λαός — αὐτῶν — τιμᾷ. —

Luk. 1, 21. ἦν ὁ λαος προσδοκων — και ἐθαυμαζον, vgl. Esr. 4, 4. und Sir. 48, 15. — Joh. 15, 6. wer nicht in Verbindung mit mir bleibt, der wird weggeworfen werden, wie Reben (το κλημα, collektive), welche verdorrt sind (και, für: ὁ ἐξηραν-θη), welche (και — αὐτα *) man sammelt (s. unten zu Storr S. 410. f.), ins Feuer wirft, und die dann verbrennen (καιεται).

Hieher gehören auch so viele Stellen, wo Gott das ganze Volk Israel anredet oder anreden läßt, und die zweite Person bald im Pluralis, bald im Singularis in einem Zusammenhang gebraucht, z. B. 5 Mos. 4, 19. 20. 23. 24. 25. 27. 29. ζητη-σετε τον θεον ὑμων, και εὑρησετε αὐτον, ὁταν ἐκζη-τησετε αὐτον ἐξ ὁλης καρδιας ΣΟΥ. — K. 6, 3. 16. ff. ἐκ ἐκπειρασεις τον θεον σκ (תנסו אלהיכם) ὁν τροπον ἐξεπειρασατε κ. — v. 17. Φυλαξη (תשמרו) τα δικαιωματα, ὁσα ἐνετειλατό σοι (צוך). — Esai. 58, 3. s. vgl. v. 5. 7. ff. — Eben so in den Reden Jesu an das Volk, z. B. Matth. 5, 23. ff. 20. 21. 23, 26. 25. ꝛc. ꝛc.

*) Anmerkung zu §. 89.

Και und και αὐτος (siehe και — αὐτα in der angeführten Stelle Joh. 15, 6.) wird oft für das Pronomen relat. gesetzt (s. oben Storr S. 293. **). Jer. 41, 8. και εἰπον, welche sagten. — Spr. Sal. 12, 9. ועבד, δουλευων, für: ὁς δουλευει. — 1 Mos. 24, 29. ושמו LXX. ᾧ ὁνομα (vergl. auch LXX. 1 Mos. 22, 24. 38, 1.). — Ps. 78, 45. Ungeziefer, welche (και) sie fraßen, und Frösche, welche (και) sie verderbten. — Mal. 3, 1. welcher den Weg bereiten wird; LXX. και, der Uebersetzer. Matthäi aber giebt es mit ὁς. — Ps. 88, 5. deren (ᾧ; אשר) du nicht mehr gedenkst, die (και — αὐτα) von deiner Hand abgesondert sind. — Sir. 19,

23. καὶ αὔτη, welche ꝛc. — Jer. 23, 4. Hirten, wel=
che sie weiden werden; LXX. übersetzen hier, wie auch
1 Mos. 38, 1. ꝛc. mit dem Relativo.

Mark. 2, 15. viele, die (καὶ) ihm nachfolgten,
vgl. auch καὶ 1 Makk. 1, 11, 34. 3 Esr. 2, 2. βασιλεως
καὶ ἱερευς. — Luk. 1, 49. f. deſſen Name heilig iſt,
καὶ — αὐτε, für: ᾧ, vergl. 1 Mos. 11, 4. ונעשה־
LXX. ἡ κεφαλη. — Luk. 1, 66. καὶ μετ᾽ αὐτε, für:
μεθ᾽ ᾧ, „mit welchem Gott ſo augenſcheinlich iſt.‟
— Joh. 7, 4. Niemand verrichtet ſeine Sachen im Ver=
borgenen, der (καὶ — αὐτος) einen Plan öffentlich aus
führen will. *Rosenmüller: nemo clam sua agit,
qui celebris esse cupiat.* — Joh. 15, 5. καγω ἐν αὐτῳ,
ſoviel, als: ἐν ᾧ ἐγω (μενω). — Judä v. 16. καὶ
αὐτων, für: ὡν. Vergl. die wegen der vorhergehenden
Participial=Conſtruktion ſehr ähnliche Stelle Sir. 38,
25. ὁ κρατων — καυχωμενος — καὶ ἡ διηγησις αὐτε, für:
ᾧ ἡ διηγησις, eben ſo v. 27. — Offenb. 13, 11. ἀλλο θηριον — καὶ ειχε. — Offenb. 17, 4. καὶ vor ἀκαθαρτα mit
der Ellipſis des Verbi ſubſtantivi, ſ. oben.

§. 90.

Storr
S. 374.
nr. 5.

3) Auch der **Pluralis diſtributivus**
wechſelt mit dem **Singularis** ab. Z. B.
3 Mos. 21, 1—3. 7. αὐτε am Ende, und v. 8.
vgl. mit v. 5—7. — Jer. 16, 7. ἐν πενθει αὐτων
— αὐτου — αὐτε. — Pſ. 45, 5. ff. οἱ ἐχθροι με
ειπαν — εισεπορευετο — ἡ καρδια αὐτε — παντες.
Vergl. beſonders auch Br. Jer. v. 27. auch v. 13
—15. — Gal. 6, 1. καταρτιζετε — σκοπων σεαυτον — πειραθῃς. — 1 Cor. 4, 7. τίς σε διακρινει —
τι ἐχεις — ἐλαβες iſt wegen v. 6., wo die Mehr=
zahl ſteht, ſoviel, als: τις μεταξυ ἑνος ὑμων καὶ
ἑτερε διακρινε, τι δε ἐχει τις ἐν ὑμιν, ὁ ἐκ ἐλαβεν. —
Man vgl. noch Bar. 4, 25. Meine Lieben (τεκνα), leidet geduldig; der Feind hat dich (σε) ver=

folgt, du wirst aber in Bälde seinen Untergang sehen; und dann im Folgenden wieder der Pluralis.

4) Zu den Beispielen, die **Storr** S. 374. nr. 8. angeführt hat, daß sich nemlich das Genus des Pronominis oder Adjektivi zuweilen nicht auf das Genus des Nominis im Satze, sondern auf das Genus eines Synonymi richte, rechne ich die Stelle im Br. Jerem., wo durchaus vom Mascul. Ϛεοις die Rede ist, das bald mit Neutris construirt wird, als: αὐτα v. 5. 8. 16. (vgl. αὐτὰς v. 16. v. 29. 65. 69.) — ἠγερασμενα v. 25. ὑπερχοντα v. 50. bald mit Masculinis, z. B. αὐτις v. 11. ἔτοι v. 12. αὐτον, ἑαυτον v. 14. f. v. 39. 54. 55. Von dieser Verschiedenheit und Abwechslung des Genus läßt sich wohl keine andere Ursache angeben, als: der Verfasser dachte sich eben so oft das Synonymon εἰδωλα als Ϛεος; daher schließt er auch seinen ganzen Vortrag also: κρεισσων ἐν ἀνθρωπος δικαιος ἐκ ἐχων εἰδωλα.

§. 91.

5) **Gleiche Veränderung und Abwechslung der Construktion** in Einer zusammenhängenden Rede findet auch im Casus Statt, welche sehr oft aus einer Ellipsis des Pronominis relativi [1]) und Verbi substantivi [2]) zu erklären ist. Z. B. 4 Mos. 24. 5. warum habt ihr uns an diesen bösen Ort (τοπου πονηρον) gebracht, τοπος, statt: ὁ ἐϛι τοπος, welches ein Ort ist, wo man nicht säen kann. — 1 Chron. 25, 7. αὐτων, δεδιδαγμενοι, für: δεδιδαγμενων: — K. 12, 23. των ἀρχοντων (οἱ ἠσαν) ἐλθοντες, hebr. אֵב mit der Ellipsis אֲשֶׁר.——

2 Chron. 13, 3. 34, 10. ποιουντων τα ἐργα (οἱ ἠσαν) οἱ καθεσαμενοι, für: των καθεσαμενων, wie es wirklich in der Parallelstelle 2 Kön. 22, 5. heißt. — Pf. 49, 5. της πτερνης, οἱ πεποιθοτες (vgl. §. 86.). — 1 Mof. 21, 33. κυριε, θεος αἰωνιος; Pf. 68, 6. — Sir. 26, 28.

Mark. 12, 40. οἱ κατεδιοντες, statt: κατεδιοντων, wegen γραμματεων v. 38. — Luk. 6, 25. ἐαι ὑμιν (οἱ ἐσε), οἱ ἐμπεπλησμενοι — οἱ γελωντες, vgl. Pf. 8, 1. κυριε ὁ κυριος ἡμων, und Dan. 2, 37. — Luk. 22, 20. τῳ αἱματι μυ (ὁ ἐσι) το ἐκχυνομενον. — 2 Cor. 11, 28. ohne das, was mir sonst von andern Orten her zustößt, χωρις των παρεκτος (γε-ιομενων), ἡ ἐπισυσασις, ἡ μεριμνα, statt: ἁ ἐσιν ἡ ꝛc. vgl. oben Sir. 26, 28. — 2 Cor. 8, 23. — Col. 1, 20. εἰρηνοποιησας (eben so der Nominativ des Participii ὁ καταλαμβανων Job 5, 13.), auch v. 10. καρποφορυντες und αὐξανομενοι für die Akkusativos; man verstehe nemlich darunter: οἱ ἐσεσθε. — Col. 3, 16. — Offenb. 1, 5. ἀπο Ἰησυ Χρισυ ὁ μαρτυς πισος. V. 4. ἀπο ὁ ὠν, für: ἀπο (τυτυ ὁς ἐσιν) ὁ ὠν, vgl. Storr S. 334. f. — Offenb. 2, 20. — K. 16, 13. ὡς βατραχοι.

Anmerkungen zu §. 91.

Anm. 5. Das Pronomen relativum bleibt nach hebräischem Sprachgebrauch häufig weg, besonders nach Participiis, von welchen die Rede zum Verbo finito übergeht. Z. B. 2 Sam. 12, 7. ἐγω εἰμι ὁ χρι-ας σε, ἐγω εἰμι ἐρρυσαμην σε, für: ὁς ἐρρ. — Jer. 23, 32. τυς προφητευοντας και διηγυντο. — Pf. 18, 32. — και ἰθετο. וַיָּ֫חַן. — v. 34. διδασκων και θης; hingegen in der Parallelstelle 2 Sam. 22, 35. καταξας, aber v. 33. ὁ κραταιων με και ἐξετιναξε. — Bar. 3, 32. ὁ κατασκευα-σας — ἐνεπλησε — ὁ ἀποσελλων. — 1 Makk. 4, 30. σωτηρ

(Randnotiz links:) Storr S. 334. und S. 344. not.

ˢ συντρίψας καὶ παρέδωκας, vgl. 2 Chron. 20, 7. συ ὁ ἐξολο-
θρεύσας καὶ ἔδωκας.

Uebrigens ergänzen die LXX. die hebräische Ellipsis אֲשֶׁר gar oft, z. B. 1 Mof. 35, 3. τῷ θεῷ τῷ ἐπα-
κουόντι μὲ καὶ ὃς ἦν (וַיְחִי) μετ' ἐμοῦ. — Job 3, 16. οἱ
ἐκ εἶδον φῶς. — Spr. Sal. 3, 13. ὃς εὗρε, ὃς εἶδε. —
2 Mof. 18, 20. 5 Mof. 32, 17. f. 1 Sam. 25, 13. oder
ſetzen ſie Participia, wie Pſ. 136, 11. 14. f. 18. 21. vgl.
mit v. 4. ff. 23. 16. f. — Spr. Sal. 2, 14. χαίροντες;
K. 30, 17.

Beiſpiele vom N. T. Col. 1, 6. das Evangelium,
das auch zu euch gekommen iſt (τὰ παρόντος), und (welches) fruchtbar iſt. Auch v. 26. bekommt ἐφανερώθη
nach ἀποκεκρυμμένον durch die Ellipſis des Pronom. relat. (das v. 13. nach dem Participio ἱκανώσαντι wirklich vor den Verbis finitis ἐρρύσατο und μετέστησεν. ſo
wie Sir. 25, 28. vor ἀλισθῇσι nach ὁ συνοικῶν, vgl. auch
v. 9. ausgedrückt iſt) die Bedeutung eines Participii.
— 2 Petr. 2, 16. ein ſprachloſes Thier, welches mit
menſchlicher Stimme ſprach (φθεγξάμενον), (welches)
der Gottloſigkeit dieſes Propheten wehrte. — Jat.
5, 6. ihr tödtet Rechtſchaffene, (welche) euch nicht wi-
derſtehen können. — Joh. 1, 32. καταβαῖνον καὶ ἔμεινον,
für: μένον, wie v. 33. — Joh. 20, 8. drauf, nemlich
nach dem Vorgang Petri v. 6. f. gieng auch der andere Jünger, nemlich Johannes (v. 2.) ins Grab hin-
ein, er, der früher als Petrus zum Grab gekommen
war (v. 4.), ὁ ἐλθὼν, καὶ εἶδε, welcher es aber (nur,
ſ. unten bei der Ellipſis) angeſehen (Matth. 28, 6.
1 Sam. 1, 11. וַתֵּרֶא), und der Nachricht, die ihn zu
ſo ſchleunigem (v. 4.) Gang zum Grabe veranlaßte,
ſchon geglaubt hatte. Hier iſt alſo εἶδε καὶ ἐπίστευσε
für ὃς εἶδε καὶ ꝛc. oder für die Participia ἰδὼν καὶ πι-
στεύσας anzunehmen, und nicht mit εἰσῆλθε, ſondern
mit ὁ ἐλθὼν in Verbindung zu ſetzen. — Apoſtg. 10,
3. εἶδεν. — 2 Joh. v. 2. muß bei καὶ μεθ' ὑμῶν ἔσται das
Pronomen ἥ ergänzt werden. — Offenb. 1, 6. ἀγαπῶν-
τι — λύσαντι καὶ (ὃς) ἐποίησε. — v. 16. φαίνει, für:
φαίνων. — K. 2, 9. 3. 9. ἐκ εἰσι, für: οἱ ἐκ εἰσι. K. 2,
20. διδάσκει. — K. 3, 7. καὶ κλείει, für: καὶ ὁ κλείων. —
K. 4, 8. 14, 8. 15, 3.

Anm. 2. Auch sonst wird das Pron. relativ. samt dem Verbo Substantivo weggelassen, z. B. Esai. 36, 2. des obern Teiches (der da ist, liegt, vergl. die Parallelstelle 2 Kön. 18, 17. ἥ ἐστιν) an der Straße des Walkerfeldes. — Phil. 1, 23. πολλῷ μᾶλλον κρεῖσσον, welches mir das beste zu seyn scheint. — 2 Theff. 1, 5. ἔνδειγμα, für: ὅ ἐστιν ἔνδειγμα, vergl. Phil. 1, 28. — 2 Tim. 2, 14., welches zu nichts nütze ist. — Ebr. 8, 1. κεφάλαιον, statt: ὅ δὲ κεφάλαιον ἐστι, was aber außer dem Gesagten eine Hauptsache ist. — Mark. 7, 19. alle Gattungen von Speisen, reinen und unreinen, gehen durch den Mund in den Magen und durch die natürlichen Wege weiter fort, καθαρίζον πάντα βρώματα, für: ὅ καθαρίζον ἐστι πάντα, welches (welche Sache, ὅ, wie ὅ 2 Theff. 2, 14.) dann alle Speisen durch Reinigung wegschafft. Καθαρίζον geht also nicht auf ἀφεδρῶν, sondern auf den ganzen vorhergehenden Satz. S. Storr erste Differt. über einige historische Stellen des N. T. S. 47. ff.

IV. Von der Person des Verbi und Pronominis insbesondere.
(Storr §. LX.)

§. 92.

Storr S. 388. nr. III. Meth. S. 139.
Bei Anreden steht oft das Verbum oder das Pronomen in der dritten Person für die zweyte, oder beide Personen wechseln auch mit einander ab. Z. B. Neh. 1, 5. f. κύριε ὁ θεὸς τοῦ οὐρανοῦ, ὁ φυλάσσων διαθήκην πρὸς ἀγαπῶσιν αὐτοῦ (לְאֹהֲבָיו) καὶ τοῖς φυλάσσουσι τὰς ἐντολὰς αὐτοῦ (מִצְוֹתָיו) ἔστω τὸ οὖς σου, καὶ οἱ ὀφθαλμοὶ σου (עֵינֶיךָ אָזְנֶךָ). — Esai. 47, 8. 9. ἄκουε — ἡ λέγουσα ἐν καρδίᾳ αὐτῆς (בִּלְבָבָהּ) — ἥξει ἐπὶ σε. — Pf. 144, 10. Gott, ich will dir singen, der du den Königen Sieg verleihest

(τῳ διδοντι) und erlöſeſt David deinen Knecht (τον δουλον αὐτε, סבדן), eigentlich: der du der biſt, der verleiht, der erlöſt ſeinen Knecht David. Daher überſetzen LXX. Pſ. 65, 7. בכחו ἐν τῃ ἰσχυι σε, vgl. v. 9. vor deinen Wundern, σημειων σε, und Eſai. 22, 16. was haſt du hier? und wen haſt du hier? daß du dir hier ein Grab aushauen läſſeſt, als der ſein Grab (קברו) in die Höhe bauen läßt, und als der ſeine Wohnung in die Felſen machen läßt (לו), hingegen LXX. ἐποιησας σεαυτῳ — και ἐγραψας σεαυτῳ —

Luk. 1, 45. glücklich biſt du, die du geglaubt haſt, ἡ πισευσασα, denn es wird gewiß eintreffen, was der Herr dir verheißen ließ, τοις λελαλημενοις αὐτῃ; eigentlich: die du diejenige biſt, welche geglaubt hat, es werde eintreffen, was der Herr ihr verheißen ließ. — Matth. 23, 37. Luk. 13, 34. Jeruſalem, die du diejenige biſt, welche tödtet (ἡ ἀποκτενεσα) und ſteiniget, die zu ihr (προς αὐτην) geſandt ſind; wie oft hab ich deine ꝛc. — Matth. 5, 3—10. zu μακαριοι iſt wie Luk. 6, 20. f. das Verbum ἐσε, das v. 22. und Matth. 5, 11. ſteht, zu ſuppliren, und die Anrede iſt an Chriſti Jünger gerichtet (v. 1. f.); die Pronomina αὐτων, αὐτοι, und die Verba der dritten Perſon haben dann die nemliche Bedeutung, wie die zweite Perſon in der Stelle Luk. 6., und bekommen ihre Erklärung dadurch, daß man genau alſo überſetzt: ſelig ſeyd ihr, diejenige, welche in Traurigkeit ſind, denn ſolche (Trauernde) werden erfreut werden. — Offenb. 18, 24. —

§. 93.

Verwechslung der Personen findet auch bei der bekannten Redefigur, *communicatio* (κοινωσις) Statt.

Storr
S. 389. f.
nr. IV. 1) Um einen Tadel, den die redende Person Andern geben muß, oder um einen verdienten Vorwurf zu mildern, und desto eher Eingang zu finden, oder aus sonst einer Ursache, bedient sich der Redende aus Schonung und Bescheidenheit, statt der zweiten Person vielmehr der ersten, indem er sich selbst mit einschließt. Z. B. Neh. 5, 9. ἐγκαταλείπωμεν δη (נַעֲזָבָה) laßt u n s doch diesen Wucher verlassen! da doch Nehemias zuvor den Wucherern (ὑμεις πωλειτε v. 8.) so strenge Verweise deswegen gegeben, und sich v. 10. ausdrücklich zum Muster der Uneigennützigkeit aufgestellt hat. Aber er redet communikative, um seiner Aufforderung an sie desto eher Eingang zu verschaffen. — Esai. 42, 24. schließt sich der Prophet aus einer Art von Gefälligkeit mit ein, wenn er sagt: חָטָאנוּ, und nachher אָבוּ und שָׁמְעוּ; LXX. übersetzen hier durchaus in der dritten Person, eben so wie K. 59, 9. ff.

Im N. T. ist diese κοινοποιια häufig; z. B. 1 Cor. 10, 6. 8. 9. μη εἰναι ἡμας — μηδε πορνευωμεν, μηδε — vgl. die zweite Person, die eigentlich gemeint ist, v. 7. 10. 14. — 1 Cor. 11, 31. f. vgl. v. 26. ff. 30. 33. 34. — 2 Cor. 9, 4. damit ich (ἡμεις) mich nicht schämen müsse; ich sage nicht, wie es eigentlich heißen sollte: i h r ὑμεις. — Tit. 3, 3. wir waren auch ehmals thörichte Abgötter. Paulus schließt sich aus Bescheidenheit und Schonung mit ein, meint aber die Kreter, sonderlich diejenige, welche vorher Heiden waren. — Jak. 3, 1. f. 6. 9. der Apostel wußte sich gewiß dies alles nicht selbst schuldig. — 1 Joh. 1, 6. 8. 10. — 2 Joh. v. 5. ἵνα ἀγαπῶμεν ἀλλήλους ist nicht von gegenseitiger Liebe des Johannes und der Kyria zu verstehen, sondern der Apostel empfielt der Kyria und ihren Bekannten Liebe zu den apostolischen Christen überhaupt. — Eben so auch 2 Joh. v. 8. βλέπετε ἑαυτοὺς, hütet euch, daß wir nicht verlieren, was wir gewonnen haben (ἐργάζεσθαι, soviel, als: κερδαίνειν, Matth. 25, 16. vgl. v. 17. und ἐργάζεσθαι samt dem Synonym ποιεῖν Luk. 19, 16. 18. und עשׂה 1 Mos. 12, 5.), d. h. daß ihr nicht verlieret 2c.

2) Nach dieser nemlichen Redefigur wird von dem, was die Vorfahren angeht, eben so gesprochen, wie wenn es die Nachkommen, an welche die Rede gerichtet ist, und die mit jenen in einer gewissen Verbindung stehen, selbst beträfe. Oder auch: Leute, welche zu verschiedenen Zeiten und in verschiedenen Gegenden lebten oder noch leben werden, zur nemlichen Nation oder Religionsgemeinde gehören, werden in Eines zusammengefaßt. Z. B. 5 Mos. 26, 6. ff. ἐκάκωσαν ἡμᾶς οἱ αἰγύπτιοι 2c. statt: unsere Vorfahren (v. 5.) 2c. — 4 Mos. 20, 15. — 5 Mos. 4, 25. ff. — K. 30. werden die damals lebenden Israeliten angeredet, und ist von solchen Dingen die Rede, welche die ganze jüdische Nation in allen Zeitaltern angiengen. — Esr. 5, 4. da sagten wir ihnen 2c. Esra redet hier in der ersten Person des Pluralis (LXX. εἴποσαν), nicht als wenn er damals schon unter den

Storr S. 390. nr. IV.

Juden in Palästina gewesen wäre (denn er kam erst achtzig Jahre später dahin), sondern weil er hier im Namen seiner Landsleute redet. 5 Mos. 28, 36. den König, den du über dich setzen wirst, d. h. deine Nachkommen. — Jer. 29, 10. 14. euch — ihr, d. h. nicht die nach Babel geführten Juden, sondern ihre Nachkommen und Enkel. — Matth. 19, 8. προς την σκληροκ. υμων, geht zunächst auf die Vorfahren der damaligen Juden; doch setzt Christus υμων, um damit auch die jenen alten Vorfahren ähnliche Eigenschaft der neuern Juden zu bemerken zu geben. — Matth. 23, 35. Zacharias, welchen ihr getödtet habt. — Joh. 6, 32. Moses hat euch nicht das Brod vom Himmel gegeben, vgl. v. 31. 49. 58. οἱ πατερες υμων εφαγον. — K. 7, 22. und Matth. 22, 31. το ρηθεν υμιν, jenes nemlich, was 2 Mos. 3, 6. gesagt worden. — Ebr. 3, 7. f. sind ja nicht widerspenstig, wie an dem Ort der Widersetzlichkeit *). —

*) Anmerkung zu §. 93.

Ὡς ἐν τω παραπικρασμω; eigentlich bei Meribah; denn so hieß der hebräische Name des Orts, wo die Israeliten ihre Widersetzlichkeit (2 Mos. 17, 7.) zeigten. Die LXX. haben sowohl 2 Mos. v. 17. als Ps. 95, 8. den hebräischen Namen griechisch gemacht, und er muß auch deutsch gemacht werden, weil sich auf denselbigen das παρεπικραναν v. 16. (sie widersetzten sich, vgl. Ezech. 2, 3. 5. ff. 5 Mos. 31, 27.) bezieht. Auch sonst übersetzen die LXX. die symbolischen Nomina propria, die sich auf eine Begebenheit oder Eigenschaft beziehen, wirklich griechisch. Z. B. 4 Mos. 20, 13. מי מריבה, Haderwasser, wo sie haderten (רבו) ὑδωρ ἀντιλογιας, eben so 5 Mos. 32, 51. Ps. 81, 8. —

1 Mos.

1 Mof. 26, 23. באר שבע, Φρεαρ τε ορκε. — 1 Mof.
26, 20. αδικια, ηδικησαν. — 1 Sam. 25, 3., wo von
Nabal gesagt wird, er sey einer von Caleb (כלב)
gewesen, d. h. ein hundartiger, toller Mann, ανθρωπος κυνικος. — 1 Sam. 13, 7. einige Ebräer giengen
über den Jordan, und führten also den Namen Ebräer
mit der That: Uebergänger, διαβαινοντες (K. 14, 21.)
παραπορευομενοι K. 29, 3. — 1 Sam. 23, 28. πετρα η μι-
ρισθεισα. — 1 Sam. 7, 12. setzen LXX. das Nomen ap-
pellativum der Erklärung wegen hinzu: αβενεζερ λιθος
τε βοηθε, eben so wie 1 Mof. 30, 18. ισσαχαρ, ὁ ἐςι μι-
θος. — 1 Mof. 11, 9. Richt. 1, 17. Hof. 1, 6. 8.

§. 94.

So wie die Rede zuweilen an diejenige selbst
(also in der zweiten Person) gerichtet wird (Apostrophe), von welchen zuvor in der dritten Person gesprochen wurde (1 Mof. 28, 20—22. 5 Mof.
32, 15. 17. 18. Mich. 2, 3.); eben so kann diese für die dritte Person gebrauchte
zweite in eben dem Zusammenhang wieder zu der dritten übergehen. Z. B.
Spr. Sal. K. 31. Nachdem Salomo v. 10—28.
die guten Eigenschaften und Vortheile einer rechtschaffenen Frau in der dritten Person beschrieben, so unterbricht sich Salomo v. 29. mit einer
Apostrophe, und endigt wieder mit der dritten. —
Jer. 17, 1. 3. f. — Jer. 22, 24. Jojakim, wenn
er auch ein Siegelring an meiner Hand wäre,
so wollte ich dich doch abreissen; v. 25. geht es in
der zweiten Person fort, sogar im Pluralis, wo
auch seine Mutter angeredet wird; eben so v. 26.
und dann v. 27. wieder in der dritten Person. —
Sir. K. 48. fängt der Verfasser die Erzählung vom

Storr
S. 390.
nr. V.

17

Propheten Elias mit der dritten Person v. 1—3. an, setzt sie in einer langen Apostrophe v. 4—11. fort, und endigt sie dann v. 12. 13. wieder mit der dritten. — Offenb. 18. wird von Babylon v. 11—13. in der dritten Person zu reden angefangen; v. 14. wird diese Stadt selbst angeredet; v. 15. wieder die dritte Person, welche auch v. 21. 24. wieder vorkommt, ungeachtet die zweite v. 22. 23. eingemischt wird.

§. 95.

In dem den Hebräern so gewöhnlichen *recitativo dicendi genere* werden ebenfalls die Personen verwechselt, und sehr oft die erste Person statt der zweiten oder dritten gesetzt. Z. B. 1 Mos. 26, 7. er sagte: sie ist meine Schwester; er fürchtete sich zu sagen: sie ist meine Schwester, statt: er sagte, sie sey seine Schwester. 1 Mos. 14, 23. damit du nicht sagest: ὅτι ἐγὼ ἐπλύτισα, statt: du habest den Abraham reich gemacht. — Esai. 47, 10. εἴκας· ἐγὼ εἰμι. 1 Mos. 26, 20. sie sagten: לָנוּ הַמַּיִם; daher LXX., Φασκοντες αὐτων εἰναι το ὑδωρ. — Hos. 2, 18. — Joh. 10, 36. dürfet ihr wohl von dem Ausgezeichneten des Vaters sagen: du lästerst Gott, ὅτι βλασφημεις, statt: er lästere Gott. — Col. 4, 17. dem Archippus melde in meinem Namen: suche deinem Amte auch fernerhin Genüge zu leisten, statt: βλεπετω ἱνα πληροι. Vgl. 2 Sam. 24, 18. εἰπεν αὐτω· ἀναβηθι, mit der Parallelstelle 1 Chron. 21, 18. εἰπεν ἱνα ἀναβη. — Jak. 1, 13. Keiner denke: ich werde von Gott versucht; vgl. Sir. 15, 11. sprich nicht: ὅτι διὰ κυριον ἀπεστην, — ὅτι αὐτος με ἐπλανησε. — Jak. 2, 18. — Mark. 13, 6. und Luk. 21, 8. viele — deren jeder (f. J. 89.) sagen wird: ich bin er (Christus, Matth. 24, 5., statt: er sey ich, αὐτον με ειναι. — Offenb. 18, 7. sie denkt bei sich: ich throne als Königin, und werde keine Wittwe werden.

Zweytes Kapitel.

Von der Setzordnung der Worte und Sätze.
(Storr §. LXIII—LXV.)

§. 96.

1) Das Prädikat geht, wenn ein besonderer Nachdruck darauf liegt, seinem Subjekt voran. Z. B. 1 Mof. 4, 13. Storr S. 393. Weth. S. 49. μειζων ἡ αἰτια μυ. — Pred. Sal. 7, 11. ἀγαθη σοφια. Pf. 119, 55. — 1 Kön. 20, 23. θεος ὁρεων θεος Ισραηλ, και ὁ 2c. — Job 8, 9. σκια ἐστιν ὁ βιος (Weish. 2, 5.). — Sir. 26, 7. steht das Simile als die Hauptidee voran. — Weish. 15, 10. Staub ist sein Herz, schlechter noch als Erde seine Hoffnung, verachtungswürdiger als Thon sein Leben. — Joh. 1, 1. θεος ἡν ὁ λογος, Gott selbst, wirklich und im eigentlichen Sinn war der Logos (nicht blos der Nächste nach Gott). Vgl. 1 Sam. 2, 3. ein θεος γνωσεων, ein alles wissender Gott ist der Herr; 1 Kön: 20, 23. 28. Ezech. 28, 2. der Fürst zu Tyrus sagte: θεος ειμι ἐγω, eine Gottheit bin ich, worauf ihm Gott antwortet: ein Mensch bist du, und nicht Gott. — Joh. 4, 24. πνευμα ὁ θεος, denn in dem Prädi-

17 *

lat πνευμα, liegt der Grund, warum Gott weder im Tempel noch auf Bergen allein zu verehren. Vgl. Job 7, 7. πνευμα ἡ ζωη μυ, ein Hauch, ein Wind ist mein Leben. — Ebr. 1, 5. mein Sohn bist du; denn auf dieser Benennung liegt der Vorzug vor den Engeln. — Jak. 4, 5. weil zuvor (v. 1. 2.) vom Haß und Neid hauptsächlich die Rede ist, so sagt der Apostel; προς Φθονον επιποθει πνευμα.

2) Sehr oft findet bei den Conjunktionen ἱνα, ὁτι ꝛc. eine Versetzung aus ihrer gewöhnlichen Stelle Statt, besonders nach den Verbis γινωσκειν, ειδεναι, ὁραω, ποιειν (ראה, ידע), wobei gewöhnlich der Nominativ mit gedachten Verbis construirt und in den Akkusativ gesetzt wird, und ὁτι, ἱνα nachfolgt. Z. B. 1 Mos. 31, 5. ראה אנכי את־פני אביכן כי, ὁραω το προσωπον τυ πατρος, ὁτι, statt: ὁραω ὁτι το προσωπον ꝛc. ich sehe, daß eures Vaters Angesicht nicht gegen mich ist, wie ꝛc. — 2 Sam. 17, 8. du weißt, daß dein Vater und seine Leute tapfer sind, ידעת את אביך ואת אכשיו כי, συ οιδας τον πατερα συ και τυς ανδρας αὐτυ, ὁτι. — 1 Kön. 5, 3. (hebr. v. 17.) du weißt, daß mein Vater nicht bauen konnte ꝛc. K. 11, 28. ειδε σαλωμων το παιδαριον ὁτι. — Tob. 6, 12. επισαμαι ραγυηλ, ὁτι ꝛc. ich weiß, daß Raguel ꝛc. Sir. 18, 12. er weiß, daß ihr Ende elend seyn wird, επεγνω την καταςροφην (s. *Schleusner* Spicil. I. p. 67. auch Job 15, 21.) ὁτι. — 1 Makk. 13, 53. Simon sahe, daß Johannes, sein Sohn, ein tüchtiger Mann war ꝛc. 2 Makk. 2, 1. man findet in den Schriften unserer Vorfahren, daß Jeremias befohlen

hat, εὑρίσκεται ἐν ταῖς ἀπογραφαῖς Ἰερεμίαν, ὅτι ꝛc. vgl. v. 2. —

Matth. 25, 24. ich wußte, daß du ein harter Mann bist, ἔγνων σε ὅτι ꝛc. für: ἔγνων, ὅτι σὺ ꝛc. — Mark. 12, 34. ἰδὼν αὐτὸν ὅτι — Joh. 7, 21. — Apostg. 26, 5. προγινώσκοντές με ὅτι ꝛc. — 1 Cor. 14, 37. er sehe ein, daß das, was ich euch schreibe (ἐπιγινωσκέτω ἃ γραφω ὅτι ꝛc.) Vorschriften des Herrn sind. — Gal. 1, 11. — 1 Thess. 2, 1. — Offenb. 17, 8. βλεπόντων τὸ Ͽηρίον ὅτι ꝛc. K. 13, 12. Es machte, daß die Erde und die darauf wohnen (ἐποίει τὴν γῆν καὶ τὰς ꝛc. ἵνα) das erste Thier anbeten, vgl. auch v. 16. und K. 3, 9.

3) Anderer Versetzungen nicht zu gedenken, z. B. Amos 1, 1. πρὸ δύο ἐτῶν τᾶ σεισμᾶ, vergl. Joh. 12, 1. πρὸ ἓξ ἡμερῶν τᾶ πασχα. — Apostg. 7, 48. der Höchste ist nicht in Tempeln blos gegenwärtig, ἐχ ὁ ὑψιςος, statt: ὁ ὑψιςος ἐχ ἐν ꝛc. vgl. 4 Mos. 20, 5. ‏זרע מקום לא‎, statt: ‏מקום‎ ‏לא זרע‎, ein Ort, wo nicht gesäet wird; daher LXX. τοπος ᾧ ᾧ σπειρεται. — 2 Sam. 10, 3. ὅπως! ἐχὶ ἐξερευνησωσι τὴν πολιν, statt: ἐχὶ ὅπως, wie es in der Parallelstelle 1 Chron. 19, 3. heißt.

Von der Parenthese.

§. 97.

Die Setzordnung, so wie der Zusammenhang der Rede, wird sehr oft durch Parenthesen unterbrochen, welche man aber manchmal daran erkennt, weil Theile des abgebrochenen Satzes mit dem nemlichen, oder mit veränderten und synonymen Worten nach geendigter Parenthese wie-

Storr S. 397. ff.

berholt, und so die Rede fortgesetzt wird. Z. B. Jer. 37, 19. denn also spricht der Herr Zebaoth von den Säulen, von dem Meer und von den kupfernen Gestellen und von den übrigen heiligen Gefässen (und nun folgt der etwas lange Zwischensatz) denn so spricht der Herr Zebaoth von den Gefässen, die noch übrig sind, sie sollen nach Babel ꝛc. — 2 Sam. 19, 6. ὅτι (εἰ ἀββεσσκλωμ — νεκροι) ὅτι το εὐθες ἦν. — 2 Sam. 21, 2. — 1 Sam. 7, 14. wiederholen LXX. nach geendigtem Zwischensatz das: και ἀπεδοθησαν αἱ πολεις mit dem synonymen Ausdruck: και ἀπεδωκαν αὐτας, ohne daß sie durch das Hebräische dazu veranlaßt worden wären. — 2 Sam. 15, 21. ὅτι εἰς τον τοπον (Zwischensatz) ὅτι ἐκει ἐςαι ὁ δηλος σε. — 1 Kön. 12, 10. wird ταδε λαλησεις wiederholt. — 2 Chron. 22, 11. Job 32, 21.

Joh. 6, 24. ὅτε ἀν εἰδεν ὁ ὀχλος nimmt den nach ὁ ὀχλος ἰδων v. 22. durch eine Parenthese abgebrochenen Faden wieder auf. — 1 Cor. 8, 4. περι της βρωσεως των εἰδωλοθυτων οἰδαμεν wiederholt mit einer kleinen Abänderung den ersten Theil des ersten Verses, der von ὅτι παντες bis ὑπ' αὐτε Parenthese ist, und ἐν ist blos Uebergangs=Partikel (vgl. Schleusn. Lex. unter ἐν nr. 3. 4.). — Röm. 5, 18. ist erst der Nachsatz zu v. 12, S. Storr Zweck des Todes Jesu S. 636. ff. — 1 Cor. 7, 37. wer den reiflich überlegten Entschluß gefaßt hat — (weil er nicht durch Umstände seiner Tochter genöthigt ist, sie zu verheirathen, sondern in Absicht auf seinen Entschluß, sie nemlich ledig zu lassen, völlige Freiheit hat) — wer nun bei diesen Umständen beschlossen hat, seine Tochter le-

dig zu behalten (f. unten zu Storr S. 405. f.),
der thut wohl. Das κεκριχε ἐν τῃ καρδιᾳ αὑτȣ ſagt
im Grund das nemliche, was ἑστηχεν ἑδραιος ἐν τῃ
καρδιᾳ vor der Parentheſe. — 1 Cor. 12, 3. die
Parentheſe iſt v. 2. und mit διο (wie ἐν K. 8, 4.)
γνωριζω ὑμιν, das ſoviel iſt, als: ὑμας ȣ θελω
ἀγνοειν v. 1. kommt der Apoſtel wieder auf die
angefangene Materie zurück. — 2 Cor. 10, 2.
ſteht δεομαι für παρακαλω. — 2 Cor. 13, 2. (ſ.
oben §. 31. Anm. 3.) — Gal. 2, 6. οἱ δοκȣντες
wiederholt das gleichgeltende ἀπο των δοκȣντων (ſ.
oben §. 56. nr. 1.) und lenkt vermittelſt γαρ wieder in die angefangene Rede ein. — Eph. 2, 4.
5. vgl. m. 1. die Benennung von Gott, welche v.
4. vorkömmt, θεος πλȣσιος ὡν ἐν ἐλεει, knüpft
die v. 1. abgebrochene Rede wieder an, und iſt ſynonym mit der umſchreibenden Benennung von
Gott v. 1. το πληρωμα ꝛc. und die Partikel δε v.
4. iſt gerade wie *) ἐν, διο, γαρ in den vorigen
Stellen, blos zur Verbindung da. — Eph. 2, 12.
Hier wird nach geendigter Parentheſe nicht nur
das erſte ὁτι (v. 11.), ſondern auch τοτε durch den
gleichgeltenden Ausdruck ἐν τῳ καιρῳ ἐκεινῳ wiederholt; ſo wie im Gegentheil Eſai. 20, 2. die
w e i t l ä u f t i g e r e Zeitbeſtimmung τȣ ἐτȣς ὁτε ꝛc.
(v. 1.) nach geſchloſſener Parentheſe mit der kürzern
τοτε (בָעֵת הַהִיא) verwechſelt wird; vgl. auch Ezech.
40, 1., wo für alle Theile der angegebenen Zeit
ebenfalls das kürzere ἐν τῃ ἡμερα ἐκεινῃ geſetzt wird.
— Eph. 3, 14. iſt τȣτȣ χαριν mit v. 1., wo dieſelbe Worte vorkommen, in Verbindung zu ſetzen,
und v. 2—13. ſind Parentheſe. Der Inhalt der
Bitte v. 14. ſtimmt auch ganz mit dem Schluß

des zweiten Kap. überein: „eben deswegen, weil
ihr Heiden samt den Juden Ein κατοικητηριον εν
πνευματι oder πνευματικον seyd, bitte ich Gott, daß
er euch immer mehr einsehen lassen wolle, wie
groß der Umfang dieses Gebäudes ꝛc. — Jak.
5, 1. hängt αγε νυν οι πλεσιοι mit K. 4, 13. zusammen, nachdem bis v. 17. mehrere Parenthesen
eingeschalten worden. — 1 Joh. 1, 3. vgl. v. 1.
ο εωρακαμεν, και ακηκοαμεν, und die Parenthese
bestimmt den eigentlichen Gegenstand der Erfah-
rungen (v. 1. 3.) des Apostels. — Offenb. 3, 9.
das synonyme Verbum ποιησω wird statt des vorangegangenen διδωμι wiederholt. — K. 12, 9.
εβληθη, das gleich anfangs steht, wird nach den
mehreren synonymen Benennungen des Subjekts
wiederholt, um die Verbindung mit εις την γην
wieder herzustellen. — K. 13, 18. ein Epiphone-
ma ωδε — ανθρωπε εςι, hat aus Gelegenheit der
Zahl des Namens des Thiers die Rede unterbrochen, die erst dann mit Wiederholung des Wortes ο αριθμος αυτε geendigt wird. — K. 16, 13—
16. der v. 14. ιδε — ακχυμος. αυτε enthält ein
ähnliches Epiphonem, wie K. 13, 18. Damit
aber die Theile des Prädikats, nemlich: εις τον
τοπον — αρμαγεδων (v. 16.), welche noch zu der
abgebrochenen Rede v. 14. fehlten, wieder in Zusammenhang kämen, so wurde das Verbum συνα-
γειν wiederholt, und statt ειδον τα πνευματα συνα-
γαγειν αυτες der Faden kürzer wieder also aufgenommen: και συνηγαγεν (τα πνευματα) αυτες.

*) Anmerkung zu §. 97.

Δε hat überhaupt auch sonst die Bedeutung von η,
z. B. Matth. 22, 25. vgl. mit Luk. 20, 29. — Joh. 8,

16. wenn ich also auch gleich richte. — Röm. 2, 3.
13, 1. αἱ δε ἐραι ꝛc. — 1 Cor. 4, 7. wenn also auch
einer von euch einen wahren Vorzug erhalten hat, εἰ
δε και ἐλαβες. — 1 Cor. 8, 9. Gal. 2, 20. ὃ δε νυν ζω,
insofern ich also jetzt noch in einem niedrigen Zustand
lebe. — 1 Petr. 3, 14. 1 Tim. 6, 8. Jak. 1, 13. Gott
wird nicht zum Bösen gereizt, er reizt also auch
Niemand zum Bösen. — K, 2, 11. und Kypke bei
1 Joh. 4, 18.

§. 98.

Allein es giebt auch kürzere oder längere Parenthesen, die den Zusammenhang und die Ordnung der Worte unterbrechen, und schwerer zu
erkennen sind, weil man gar keine Wiederholung irgend eines Theils des abgebrochenen Satzes
in der fortlaufenden Rede findet. — In den
Storr'schen Beispielen 5 Mos. K. 2., wo eine
der Erklärung wegen gegebene Erzählung v. 10—
12. und v. 10—23. den neunten Vers vom 24sten
trennt, kommen LXX. ganz mit dem hebräischen
Text überein, eben so auch in den Stellen 2 Mos.
12, 15. und Ps. 45, 5.

1 Chron. 18, 10. hängen die lezten Worte des
Verses, και παντα τα σκευη, gerade, wie im Hebräischen, von dem durch einige Zwischensätze un-
terbrochenen Satze: και απεσειλε τον αδραμ υἱον
αὐτε προς δαυιδ ab, und können nicht anders deutlich übersetzt werden, als man wiederhole am Ende nochmals: er sandte, wie LXX. in einer andern Stelle 2 Chron. 32, 9. es mit απεσειλε gemacht haben, um den hebräischen Text zusammen-
hängender zu übersetzen. — 5 Mos. 5, 6. bezieht
sich das λεγων auf das ἐλαλησε v. 4., und der gan-

Storr
S. 397. f.

ze v. 5. ist Zwischensatz. — 5 Mos. 21, 5. der durch ὁτι — ἀφη abgebrochene Satz wird v. 6. mit και πασα fortgesetzt.

Joh. 19, 31. οἱ ἐν Ἰεδαιοι ist von dem dazu gehörigen ἡρωτησαν τον πιλατον, durch zwei Zwischensätze getrennt worden, welche die Veranlassung zu dieser Bitte an den Pilatus enthalten. — Röm. 1, 7. ist πασι τοις ὁσι mit παυλος v. I. zu verbinden. — K. 4, 17. steht κατεναντι ὁ ἐπιςευσε Θεε (für: κατεναντι Θεε ὦ ἐπιςευσε) in genauester Verbindung auf ὁς ἐςι πατηρ παντων ἡμων v. 16. — Gal. 2, 4. ist δια τες παρεισακτες ꝛc. von ανεβην εἰς ιεροσ. κατα ἀποκ. v. 1. 2. durch Parenthesen abgerissen, und es wäre mehr in die Augen fallend, daß es mit dem ersten Vers und dem Anfang des zweiten (vermöge Apostg. 15.) in Verbindung zu setzen, wenn ανεβην v. 4. eben so wiederholt worden wäre, wie v. 2. (wo aber auch εἰς ιεροσολ., auf welches αὐτοις deutlich hinzielt, weggelassen ist) und wie es in der deutschen Uebersetzung wiederholt werden muß, gerade wie LXX. in der oben angeführten Stelle 2 Chron. 32, 9. — Apostg. 5, 15. hängt ὡςε mit ἐγενετο σημεια v. 12. eben so zusammen, als ὁπως ἐξεληται 1 Mos. 37, 22. mit εἰπε zu Anfang des Verses, und Ebr. 10, 7. τε ποιησαι mit ἡκω, und Gal. 3, 14. ἱνα mit χριςος ἐξηγορασεν ἡμας v. 13., und Röm. 1, 13., wo και ἐκωλυθην Parenthese ist, ἱνα mit προσθεμην ἐλθειν, auch Suf. v. 32. ὁπως mit ἐκελευσαν. — Röm. 16, 3—5. ἀσπασασθε v. 3. hat seine Beziehung auf και την κατ᾽ οικον αὐτων ἐκκλησιαν, das nach der Parenthese οἱτινες — ἐθνων v. 4. vorkommt. — Ebr. 7, 20—22. da also je=

ne beſſere Hoffnung, vermöge welcher wir zu Gott
nahen dürfen, beſchworen wird — (jene ſind nem=
lich ohne Schwur Prieſter worden, dieſer aber
mit einem Schwur dafür erklärt von dem, der
zu ihm ſagte ꝛc. ꝛc.) — ſo verbürgt (ἔγγυος Sir.
29,15. ſ. Bürge, und jede andere Verſicherung
2 Makk. 10, 28.) uns Jeſus einen deſto vorzügli=
cheren Bund. Soll die Ueberſetzung deutlich wer=
den, ſo muß der Vorderſatz noch einmal wieder=
holt werden: „da alſo jene Hoffnung beſchworen
wird ꝛc.“ —

Von den Pronominibus und Verbis der dritten Per= ſon, welche ſich nicht auf das nächſte, ſondern entferntere Nomen beziehen.

§. 99.

Das Pronomen und Verbum der dritten Per= ſon bezieht ſich zwar in der Ordnung und gewöhn=
lich auf das nächſte Nomen, doch giebt es auch,
ſo wie im Hebräiſchen, Beiſpiele, wo es auf ein
entferuteres Nomen deſſelben Zuſam=
menhangs geht.
I. Das Pronomen.
Pſ. 105, 37. unter αὐτὸς (◻) ſiud nicht die,
unmittelbar zuvor v. 29. ff. genannten Aegypter,
ſondern die Iſraeliten verſtanden, die der Haupt=
gegenſtand des Pſalmen ſind, v. 16. ff. — 1 Moſ.
20, 12. αὐτη (הוא) geht ohne Zweifel auf das,
entferutere Ninive v. 11., wo Moſes dieſe Stadt
als die vorzüglichſte aſſriſche Stadt unter den an=
dern auch zuerſt nannte. — Eſai. 45, 13. αὐτου
— ἔτος geht auf das Haupt=Subjekt der Weiſſa=

Storr
S. 399. ff.

gung, mit welchem gleich v. 11 angefangen worden. — Sir. 23, 21. hängt ὅτος mit dem entfern-
tern ἀνθρώπος v. 18. zusammen.

Luk. 1, 56. geht αὐτῇ auf ἐλισαβετ v. 40. —
Matth. 24, 33. 34. ταυτα παντα bezieht sich nicht
auf das nächst Gesagte von der Ankunft des Richters v. 30. f., der vielmehr eben das, wenn ταυτα παντα vorbei seyn werde, zum Zeichen seiner
nahen (v. 33. ἐγγυς ἐστιν ἐπι θυραις, vgl. Jak. 5, 9.)
Ankunft macht, sondern es geht auf der dem Herrn
in den Gedanken liegenden (v. 33.) jüdischen Nation (γενεα v. 34. vergl. Storrs neue Apologie
der Offenb. Joh. S. 324. f.) großes und lang
dauerndes Elend, das zuvor v. 15—29. beschrieben wurde. — Apostg. 3, 16. so wie sich αὐτῃ
nicht auf dasselbe Subjekt bezieht, das unter dem
nächsten αὐτε gemeint ist, sondern auf τετον ὁν θεωρειτε; eben so geht auch το ὀνομα αὐτε nicht nothwendig auf Christus, wohin sich τε ὀνοματος αὐτε
und ἡ δι᾽ αὐτε bezieht, sondern auf θεος, dem v.
13. (so wie auch K. 4, 30.) das Wunderwerk
(v. 12.) zugeschrieben wird, und wodurch er seinen Sohn verherrlichen wollte, unter der Beding-
gung (ἐπι πιστει v. 16.) des Glaubens der Apostel
an diesen. — Col. 2, 15. geht αὐτῳ, wie v. 12.
f. auf das entferntere χριστος v. 11. an welchen
der ganze Zusammenhang leicht denken läßt. —
Ebr. 12, 25. gehört ἐκεινοι zu jenen Israeliten,
von welchen v. 19. f. die Rede war. — Matth.
15, 13. ist unter αὐτη παραβολη nicht der nächste
Satz (v. 13. f.) gemeint, sondern jenes im v. 11.
vgl. v. 17—20. und Mark. 7, 17. vgl. mit v. 15.
18—23. — 2 Joh. v. 6. ἐν αὐτῃ bezieht sich nicht

auf ἐντολη, sondern auf das entferntere ἀγαπη, wie die Vergleichung von v. 5. und 1. Br. 3, 11. zeigt, und wie αὐτης Spr. Sal. 7, 8. auf das entferntere γυναικος v. 5. — Apostg. 18, 2. 3. αὐτοις gehört nicht zu ἰουδαιος, sondern zu ἀκυλα und πρισκ. — Eph. 3, 6. gehört αὐτ8 (eben so, wie das in v. 5.) zu θεος, v. 2. zu welchem auch ἐγνωρισθ gehört, und kann wegen des folgenden ἐν τῳ χριϛῳ nicht auf χριϛῳ v. 4. bezogen werden. — Mark. 6, 14. ὀνομα αὐτ8 geht auf Jesum, von welchem zwar nicht im nächst Vorhergehenden die Rede war, der aber doch das Haupt-Subjekt v. 7—13. war. — Apostg. 4, 11. ὖτος, nemlich Jesus v. 10. eben so wie K. 9, 22. — 2 Tim. 2, 21. ist τ8των mit dem Subjekt v. 16. f. in Verbindung zu setzen.

Auch das Pronomen ὃς bezieht sich nicht immer auf das nächste, sondern auch auf das entferntere Nomen. Z. B. Weish. 15, 5. geht ὃς auf den Töpfer v. 7., nicht auf den falschen Gott als das nächste Subjekt: „boshaft genug macht er aus diesem Leim auch einen falschen Gott, er, der (ὃς) vor kurzem selbst aus Erde ward, und bald zur Erde wird, woher er ist, wenn man ihm seines Geistes Schuld abfordert." — Tob. 1, 2. ὃς ist mit dem entfernten τωβιτ zu verbinden. — 2 Thess. 2, 9. ὖ nicht auf das lezte αὐτ8, sondern auf den ἀνομος v. 8. wie ὃν ebendaselbst. — 1 Cor. 1, 8. ὃς, vergl. v. 4. θεος. — Ebr. 9, 2. ἡτις auf σκηνη πρωτη, Vorderzelt, das eben so das Heilige genannt wird, wie der Theil der σκηνη hinter dem Vorhang das Allerheiligste heißt v. 3. — Ebr. 5, 7. steht ὃς

in der genauesten Verbindung mit χριςος v. 5. —
Eph. 3, 5. ὁ bezieht sich auf μυςηριον des v. 3.,
der durch die Parenthesis v. 4. unterbrochen wur=
de. — Apoftg. 17, 11. οιτινες geht auf die Be=
roenser v. 10., worauf sich auch ἕτοι zu Anfang
des v. 11. bezieht. — Tit. 1, 2. (s. §. 72.) Es
geht nemlich ἣν auf das entferntere αληθεια v. 1.
Es könnte sich zwar auf das nächste ζωη αιωνιος be=
ziehen; weil aber λογον αὐτ̄υ nachfolgt, so muß ἣν
auf ein Subjekt gehen, das gleiche Bedeutung mit
λογος hat, und dies ist kein anders, als αληθεια;
denn der Apostel will offenbar sagen: das, was
nun in κηρυγματι bekannt gemacht worden, das
sey zuvor verheißen worden.

Anmerkung.

Storr
S. 399.
und
S. 400.
Anm.**
Weth.
S. 69. f. Das Bisherige von der Beziehung des Pro=
nomens der dritten Person auf ein entferneres
Nomen kann um so weniger auffallend seyn, da
es gewiß ist, daß dies Pronomen, wie das Ver=
bum der dritten Person, sehr oft sogar auf e i n
g a r n i c h t a u s g e d r ü c k t e s, aber leicht zu er=
gänzendes Nomen geht, und das manchmal gleich=
sam als Erklärung e r st n a c h f o l g t. Z. B.

Klagl. Jer. 3, 1. ff. und Job 23, 3. ff. kann das
oft wiederholte αὐτος und die Verba der dritten
Person auf Niemand sich beziehen, als auf G o t t,
der erst in der Folge Klagl. 3, 18. ff. und Job v.
16. namentlich vorkommt, bis dahin aber blos in
der mit diesem Gedanken an ihn ganz erfüllten See=
le der Redenden lag. — Esth. 9, 25. εισηλθε,
nemlich E s t h e r (vgl. Luther), die aus v. 13.

und dem ganzen Buch wohl bekannt war. — Zach.
1, 3. αὐτες deutet auf die Juden zu des Propheten Zeiten, ungeachtet wohl ihrer Väter, aber
nicht ihrer selbst vorher Erwähnung geschah. —
Jer. 8, 16. sind die ἱπποι αὐτε (סוסיו) Nebu-
kadnezars Pferde, der zwar nicht genannt ist,
aber die ganze Rede bezieht sich auf ein Gericht,
das von Norden her durch die Chaldäer kommen
wird. — 3 Mos. 10, 17. ἐδωκεν, nemlich der Herr,
der erst am Ende des Verses genannt wird. —
Pred. Sal. 7, 1. הולדו, seiner (nemlich des Menschen) Geburt. — Weish. 19, 17. ἐκεινοι geht auf
ein Subjekt, das leicht aus Lots Geschichte zu ergänzen ist. Sir. 49, 8. zu ὑπεδειξεν ist Gott zu
ergänzen, aus dem Gemälde, das Ezech. 1, 1. ff.
zu lesen (εἰδον — ὁρασις — Ѳεε v. 1. f.). — Sir.
6, 5. eine sanfte Rede vermehrt φιλες αὐτε, nemlich desjenigen, der eine solche sanfte Rede führt.
— K. 17, 23. kann zu αὐτοις kaum ein anders
Subjekt gedacht werden, als: die Urheber der
Noth der Nothleidenden, auf deren Wohlthäter
Gott so gütig achtet v. 22., oder vielleicht auch die
Sünder v. 20., der durch die Erwähnung der
Wohlthätigen unterbrochen wurde. — K. 16, 8
— 14. kommt die dritte Person ettlichemal vor,
und geht auf Gott, der vorher nicht genannt ist.
— Matth. 11, 1. αὐτων, nemlich die Juden, wie
K. 12, 9. 13, 10. αὐτοις. — K. 19, 13. αὐτοις,
nemlich denjenigen, von welchen ihre Kinder ge-
bracht worden. — Luk. 5, 17. αὐτες, nemlich die
Kranke, die herbeigebracht worden. — K. 23,
51. αὐτων, nemlich der Mitglieder des hohen
Raths. — Mark. 9, 44. σκωλυξ και το πυρ (s.

Sir. 7, 17. und *Schleusn.* Spicil. II. p. 159.)
αὐτῶν, nemlich der Gestraften. — Ebr. 8, 8. αὐτοις, die Juden, weil im ganzen Zusammenhang
von jenem alten Bunde, der dem neuen weichen
sollte, die Rede ist. — K. 4, 8. wenn Josua die
Israeliten (αὐτὰς) zur Ruhe gebracht hätte, vergl.
Sir. 48, 2. ἐπ᾽ αὐτὰς, welches nur die Juden seyn
können, die zu Eliä (v. 1.) Zeiten lebten. —
Apostg. 2, 36. Gott hat i h n, der erst nachher genannt wird, nemlich τ8τον τον Ἰησὺν, zum Herrn
und Messias gemacht; verordnet (ποιειν 1 Kön.
12, 31. 1 Sam. 12, 6. Mark. 3, 14.). — Matth.
17, 18. αὐτῳ geht nicht auf den kranken Menschen,
sondern (vgl. Mark. 9, 25. Luk. 9, 42.) auf das
erst nachfolgende δαιμονιον. — Offenb. 20, 4. hat
ἐκαθισαν und αὐτοις kein Subjekt, als das, welches erst im Folgenden genannt wird; „ich sahe
Stühle, und s i e saßen darauf, die Gericht halten
durften (αὐτοις ἐδοθη, vgl. διδοναι Joh. 5, 22. mit
v. 27.; Offenb. 1, 1. 1 Mos. 31, 7,), nemlich)
(και) die um der Lehre Jesu willen E r t ö d t e t e,
und die das Thier 2c. — Vgl. Spr. Sal. 5, 22.
s e i n e (αὐτ8) Missethaten werden i h n fangen; im
Folgenden wird das Subjekt zum Pronomen erst
genannt, אֶת הָרָשָׁע, nemlich, den Gottlosen.
S. auch Spr. Sal. 27, 13. בְּגָדוֹ, ἱματιον αὐτ8,
dessen nemlich, der erst nachher vorkommt, nemlich der für einen andern Bürge wird, und Sir.
7, 9. ist zu ἐκκοψεται das Subjekt θεος ὑψισος zu
ergänzen, das im Folgenden erst vorkommt. —
Col. 1, 19. αὐτ8 bezieht sich auf θεος, dessen entweder v. 6. gedacht worden, oder das sich wegen
des vorhergehenden προσευχομενοι um so leichter er-
ganzen

gänzen läßt, da αὐτος schon an und für sich selbst
Gott *) bedeuten kann, wie auch Ebr. 4, 13.
ἐνωπιον αὐτ8, K. 13, 5. αὐτος ειρηκε, und K. 3, 7.
(Φωνης αὐτ8, vgl. Pf. 95, 7.), wo zunächst vor=
her vom Sohne die Rede war. — Matth. 11,
25. ταυτα könnte sich zwar auf das beziehen, was
Jesus zuvor v. 3. ff. von sich selbst gesagt, und
auf das leider von seinen Zeitgenossen nicht geachtet
wurde; allein da die Parallelstelle Luk. 10, 21.
zwar dasselbe ταυτα hat, aber das vorhergehende
von ganz anderm Inhalt ist, als das im Matthäus,
so geht ταυτα in beiden Stellen auf das, was Je=
sus nun erst zu sagen im Sinne hatte, und was
Luk. 10, 22. und Matth. 11, 27. folgt. — —
Apostg. 27, 14. κατ' αὐτης bezieht sich auf das
Substantiv ναυν, das man sich zu ἀραντες v. 13.
denken muß (vgl. Kypke bei dieser Stelle S. 135.
f. und Weish. 14, 4. ἐπιβη, vgl. I. πλ8ν), gera=
de wie Hagg. 1, 6. ihr kleidet euch (περιεβαλεσθε)
und sie (die Kleider, ἐνδυματα, die man sich zu
περιεβαλεσθε denken muß, vgl. 1 Kön. 1, 1. 11,
29.) machen euch nicht warm, ἐκ ἐθερμανθητε ἐν
αὐτοις. Eben so das letzte αὐτ8 1 Mos. 5, 3. auf
den ausgelassenen Akkusativ υιον.

*) Anmerkung zu §. 99.

'Αυτος ist nemlich schon an und für sich ein Name
Gottes, wie das hebräische הוא, 5 Mos. 32, 39.
אני הוא, das vermöge des Parallelismus heissen
muß: ich, ich, (kein Anderer) bin Gott. Eben so
αὐτος 1 Makk. 3, 21. vgl. *Schleusner* Spicil. I. p. 21.
und 1 Makk. 2, 61. ἐπ' αὐτον; Sir. 21, 5. αιτιον αὐτ8;
1 Joh. 2, 29. ἐξ αὐτ8, vgl. τεκνα θε8, K. 3, 1.

§. 100.

Storr
S.401.f. II. Auch die Verba der dritten Per=
son beziehen sich in einer zusammenhängenden Re=
de nicht selten auf ein entferneres Nomen
(auch auf ein im Context gar nicht ausgedrüktes,
§. 99. Anm.) das sich aus dem Context und aus
der Beschaffenheit des Prädikats so leicht errathen
läßt, daß man es um so eher weglassen könnte,
da die Wiederholung *) desselben dem Leser un=
angenehm gewesen wäre. Z. B. 2 Mos. 34, 28.
ἔγραψε bezieht sich nicht auf ἰμαυόης, sondern auf
das entferntere κυριος wegen v. 1. und 5 Mos. 10,
2. — 1 Kön. 1, 6. geht ἔτεκεν auf die Hagith,
um damit zu sagen, daß Adönia der Geburtsord=
nung nach gleich nach Absalom gekommen, obgleich
nicht von Einer Mutter, und also auch aus diesem
Grunde ein Recht zur Krone gehabt. — 2 Sam.
11, 13. bei den LXX., wie im Hebräischen: „es
lud ihn (den Urias) David ein, und (Urias, nicht
David) aß bei ihm (dem David), und (Urias)
trank, und (David) machte ihn (den Urias) be=
trunken, und (Urias) gieng hinaus. — 1 Mos.
14, 11. ἔλαβον (ויקחו) geht nicht auf die Köni=
ge v. 10., sondern auf die entferntere Nomina v.
5. 9. — 1 Mos. 34, 32—34. der Mann, Abra=
hams Knecht, gieng ins Haus, und er (Laban
v. 29.) zäumete die Kameele ab, und reichte ihm
(dem Knecht) — Wasser. Er (der Knecht) sag=
te aber: ich esse nicht, ehe ich meines Auftrags
mich entledigt habe, und (Laban) sagte: rede,
und er (der Knecht) sagte: ich bin 2c. — 2 Kön.
9, 30. f. — Ps. 34, 1. — 1 Sam. 2, 11. haben
die LXX. diese Redensart, wo sie im Hebräischen

nicht ift; ἀπηλθε geht nemlich auf Elkana, von welchem seit K. 1, 23—25. nicht mehr die Rede war. Im Hebräischen steht das Subjekt אלקנה ausdrücklich, bei den LXX. nicht. — 1 Makk. 4, 20. ειδε geht nicht auf das unmittelbar vorhergehende ιεδας, sondern auf das entferntere γοργιας, weil die ιδοντες in Schrecken gesetzt wurden, welches wohl nicht der Erfolg bei Judas und seinen Leuten gewesen wäre. — 1 Makk. 6, 31. sie (die Feinde) belagerten Bethsura, und schlugen sich mehrere Tage, aber sie (die Juden) machten einen Ausfall ꝛc. — K. 9, 48. sie (Bachides mit seinen Leuten v. 42.) mochten ihnen nicht nachsetzen.

Luk. 2, 39. das Subjekt zu ετελεσαν ist Jesu Vater und Mutter, v. 22. 33. — Matth. 3, 16. ist das Subjekt zu ειδε Johannes v. 14., und Joh. 19, 5. ist mit και λεγει das Nomen πιλατος v. 4. zu verbinden. — Col. 1, 19. ευδοκησε, nemlich πατηρ v. 12., worauf es der Entfernung ungeachtet bezogen werden kann, weil v. 14—18. als Parenthese zu υιε v. 13. zu betrachten ist. Nimmt man nun diese Parenthese weg, so ist πατρι als das Hauptnomen anzusehen, von welchem ευδοκησα so gut abhängt, als ικανωσαντι und ὁς ἐρρυσατο v. 13. — Mark. 9, 18., wo er (der Dämon) ihn (den Kranken) ergreift, so reißt er (der Dämon) ihn, und er (der Kranke) schäumt und ꝛc. — Apostg. 12, 8. er (Petrus) that es, und er (der Engel) sprach zu ihm (dem Petrus) ꝛc. — Luk. 2, 48. ιδοντες nemlich die γονεις v. 41. ff. — Ebr. 10, 5. λεγει bezieht sich auf das entferntere Subjekt χριςος K. 9, 28., welches ohnedieß der Hauptgegenstand der ganzen Abhandlung von K. 9, II. an ist. — 1 Tim. 2, 15. σωθησεται auf γυνη v. 11.

*) Anmerkung zu §. 100.

Diese Wiederholung erlaubten sich übrigens manchmal die LXX. in ihrer Uebersetzung, z. B. 1 Mos. 37, 13. f. Israel sprach zu Joseph — er (Joseph) antwortete ihm, und nun v. 14. ειπε δε αυτω Ισραηλ, im Hebräischen blos: ויאמר לו.—— 1 Mos. 14, 20. ויתן לו LXX. και εδωκεν αυτω αβρααμ. — 1 Sam. 25, 27. ויחזק worunter Saul zu verstehen, και εκρατησε σαυλ. — 1 Sam. 4, 16. ויאמר και ειπεν ηλι. — 1 Kön. 22, 19. ויאמר nemlich das entferntere Subjekt Micha, v. 14. ειπε μιχαιας. — 1 Sam. 9, 6. παιδαριον.

Zweiter Abschnitt.
Von der Ellipsi.
(Storr §. LXVI—LXXIII.)

§. 101.

Von den Ellipsen einzelner Worte, welche aus dem Zusammenhang zu ergänzen sind, und deren Ursache hauptsächlich die Vermeidung der unangenehmen Wiederholung ist, mögen hier besonders folgende anzuführen seyn:

Storr
S. 404. f.
Weth.
S. 24. 191.

1) Vor dem Genitiv bleibe häufig, besonders bei Vergleichungen, dasjenige Nomen weg, das in dem nemlichen Context wiederholt *) werden müßte, z. B. Ps. 48, 6. ωδινες ως (ωδινες) τικτουσης, חיל כיולדה.— Ps. 18, 34. (2 Sam. 22, 34.) τους

προδας με ωσει (ποδες) ελαφε, רגלי ואילות. —
Pf. 55, 7. 103, 5. ως (νεοτης), αστυ ἡ νεοτης σε
ττε Esai. 56, 5. τοπον ονομαξον κρειττω των υιων
και θυγατερων, שם טוב מבנים. Denkmal und
Namen, der besser als von Söhnen und Töchtern. — Mich. 1, 8. Dan. 4, 30. Theod.
1 Cor. 1, 25. die anscheinende Thorheit und
Schwachheit Gottes ist weiser und wirksamer, als
(die Weisheit und Kraft) der Menschen. Vgl.
3 Esr. 3, 5. ὁ εαν το ρημα αυτε σοφωτερον (τε ρη-
ματος) τε ετερε. — Joh. 5, 36. μαρτυριαν μειζω
(της μαρτυριας) τε Ιωαννε. — Matth. 5, 20. πλεον
των γραμματεων, für: πλ. της δικαιοσυνης των κ.
— Luk. 2, 2. dieser Census geschah noch eher, als der
unter Quirinus dem Statthalter in Syrien geschah,
πρωτη εγενετο (της απογραφης της γενομενης) ἡγεμο-
νευοντος. — Luk. 13, 1. τε αιματος ist nach μετα
weggeblieben. — Joh. 10, 21. εμπαιν nach ὁι εςι
zu wiederholen. — Offenb. 9, 8. nach ὡς ist ϊδων
της zu ergänzen (vgl. Cap. 21, 2.). — 2 Petr. 2,
11. Engel maßen sich nicht einmal an, übermäch-
tige Wesen (δοξας v. 10.) ein hartes, lästerndes,
auch sogar verdientes, strafendes (vgl. Jud. v. 9.
επιτιμιαν Weish. 3, 10. 2 Makk. 6, 13.) Urtheil,
auszusprechen, außer dem, das nur allein) dem
Herrn zukommt, ὁ φερεσι κατ᾽ αυτων παρα κυριω
βλασφημον κρισιν, für: ὁ φερετ βλασφημον κρισιν
παρα τω κυριω (für κυριε) εσαν κρισιν. — Apostg.
7, 15. 16. Jakob und die Patriarchen wurden nach
ihrem Tod nach Sichem gebracht (wie z. B. Joseph, Jos. 24, 32.), oder (wie z. B. Jakob
1 Mos. 49, 29. ff. und K. 50, 13.) wurden begraben in dem Begräbniß, das Abraham früher

noch um Geld gekauft hatte, noch außer dem
sichemitischen, wohin Joseph gelegt wurde, das
den Kindern Emors des Vaters des Sichem von
Jakob (späterhin) gekauft war (Jos. 24, 32. 1 Mos.
33, 18. f.). Nemlich παρα των υιων εμμωρ steht
für παρα το μνημα το γενομενον των υιων εμμωρ, oder
παρα το μνημα των υιων εμμωρ, wo der Genitiv der
Genitiv des (ehmaligen) Besitzers des Stück
Ackers ist. Daß nach Präpositionen dergleichen Ellipses Statt finden, sieht man aus Dan.
1, 10. und aus folgenden Stellen: Psf. 110, 3.
מרחם, statt: מטל רחם, mehr als (der Thau)
des dämmernden Morgens ist der Thau (Menge,
2 Sam. 17, 11. 12. Mich. 5, 6.) deiner Kinder,
die dir geboren werden werden. Psf. 4, 8. מעת
ist statt משמחה העת; Esai. 10, 10. Job 35, 2,
מצדק אל für מאל.

Gewöhnlich folgt zwar der Genitivus auf
das weggelassene Nomen, das ihn regiert; doch
giebt es auch Beispiele, wo statt des Genitivi ein
solcher Casus steht, den ein vorhergehendes Wort
erfordert, und in welchem das weggelassene Nomen dann selbst auch stehen müßte, wenn es ausgedrückt würde. Z. B. Psf. 103, 15. ωσει χορτΟΣ (כחציר) αι ημεραι αυτε, statt: ωσει ημεραι
χορτε — Hohel. Sal. 1, 15. οφθαλμοι σε περι-
σεράΙ, עיניך יונים, statt: σε περισεραι, und dieß
statt: ως οφθαλμοι περισεραν. — Dan. 1, 10.
Theod. παρα ΤΑ παιδαρια, weil παρα einen Akkusativ erfordert,) statt: παρα τα προσωπα των παιδα-
ριων. Bei den LXX ist, wenn gleich das übrige von Theodotions besserer Uebersetzung verschie-
den ist, wenigstens dieselbe Construktion: παρα

τ*ς συντρεφομεν*ς ὑμιν νεανιας, statt: παρα τα πρωσ-
ωπα των 2c. — Sir. 43, 17. das Herabfallen des
Schnees ist ὡς ἀκρις καταλυ*σα, soviel als: ὡς κα-
ταβασις ἀκριδος. — Offenb. 9, 10. der Dativ σκορ-
πιοις hängt vom Wort ὁμοιος ab, und steht statt:
οὐραις σκορπιων. Eben so Offenb. 9, 19. ὁμοιαι ὀφε-
σι, und K. 13, 11. ὁμοιαι ἀρνιω.

*) Anmerkung zu §. 101.

Diese Wiederholung findet zuweilen Statt, z. B.
4 Mos. 11, 7. εἰδος αὐτ* εἰδος κρυσαλλ*. — 2 Sam. 17,
10. Job 6, 12. 1 Mos. 27, 27. Ps. 45, 6. (Ebr. 1, 8.)
Sir. 21, 2. 28, 21. — Offenb. Joh. 14, 2, 13, 2. 9, 2.
5. 7. 8.

§. 102.

2) Ein Participium, das im Prädikat als Verbum Präsens (s. oben §. 32.)
wiederholt werden müßte, wird weggelassen. Z. B. Esai. 18, 2. ist zum Subjekt ὁ
ἀποσελλων, השלח das שלח (היה) als Prädikat zu ergänzen: ein Sendender (sendet) Boten,
Boten, d. h. es werden Boten abgesendet. —
Spr. Sal. 17, 21. Mich. 7, 3. (S. Storr). —
Gal. 3, 5. 6. ὁ ἐπιχορηγων (in der Bedeutung der
vergangenen Zeit, vergl. ἐλαβετε v. 2. und oben
§. 31.) ὑμιν το πνευμα, soviel, als: ὁ ἐπιχορηγη-
σας ἐσι. Eben so ist ἐνεργων ἐσι (für ἐνεργει) zum
Nominativ ὁ ἐνεργων zu suppliren. — 2 Thess. 2,
7. das ὁ κατεχων ἀρτι (nach welchem ein Comma
zu setzen ist) ist durch κατεχων ἐσι (für κατεχει,
nemlich αὐτο) zu ergänzen, „nur hält es noch jemand auf." — Röm. 12, 7. 8. sind die Prädi-

Storr
S. 406.
nr. III.
Weth.
S. 191.

kate διδασκων ἐϛι, παρακαλων ἐϛι hinzuzudenken, für: διδασκει, παρακαλει: ist einer ein Lehrer, ist einer zum Ermahnen aufgestellt. — Hieher ist auch Röm. 2, 28. f. zu rechnen, wo das Prädikat ιϋδαιος nach ἐϛιν, und περιτομη nach περιτομη, so wie auch ιϋδαιος ἐϛι v. 9. stehen sollte.

§. 103.

Storr S.406.ff. nt.IV. Meth. S.192.

3) Bei angeführten Unterredungen zwischen zwey Personen, oder wenn abwechselnde Handlungen zweyer Personen erzählt werden, wird nicht nur das Nomen der redenden Person, sondern auch das Verbum: sagte, sagten, weggelassen. Hierauf beruht auch die Erklärung des häufigen Uebergangs ab oratione obliqua ad rectam. Z. B. 1 Kön. 20, 34. Ahab sprach zu Benhadad: die Städte, die mein Vater deinem Vater genommen hat, will ich dir wieder geben (man supplire nun: και ειπεν ἀ,αβ, אמר אחאב), ich will dich mit einem Bunde entlassen, und so entließ er ihn nach gemachtem Bund. — Pf. 2, 3. (λεγοντες) διαρρηξωμεν. — 1 Chron. 16, 2. und Pf. 105, 13. wird Gott redend eingeführt, μη ἁψησθε, mit der Ellipsis λεγων *). — Richt. 5, 28. λεγεσα vor διοτι; Pf. 41, 6. 9. Jer. 20, 10. — Hohel. Sal. 1, 2. ff. — K. 2, 1. ff. wird das Gespräch zwischen Sulamith und Salomo fortgesetzt, ohne irgend ein Zeichen zu geben, welches die redende Person sey. — K. 3, 3. stoßen mir die Wächter auf (so will ich fragen:) habt ihr meinen Liebling nicht gesehen? — Esai. 8, 19. wenn sie zu euch sagen: befraget die Wahrsager ꝛc. (so

antwortet:) follte ein Volk nicht lieber feinen Gott
fragen? Eben fo Mal. 3, 8. ihr fraget: worin
betrügen wir dich? (ich antworte euch:) an Zehn=
ten und Gaben. — Efai. 38, 3. ff. ift ein folcher
elliptifcher Dialog merkwürdig; fo wie auch Mich.
6, 6—8. — 1 Mof. 41, 51. 52. er hieß den er=
ften Sohn Mqnaffe; denn (fprach er, welches
in ähnlichen Fällen z. B. 1 Mof. 4, 25. 1 Sam.
1, 20. 2 Mof. 18, 3. die LXX. ausdrücken) Gott
hat mich alles meines Unglücks vergeffen laffen.
— 1 Chron. 7, 23. er hieß feinen Sohn Beria,
ὅτι (λέγων) ἐν κακοῖς ἐγένετο ἐν οἴκῳ μȣ. — Sir.
2, 17. fie demüthigten fich vor Gott, (und fpra=
chen) wir wollen lieber in die Hände Gottes fallen.
— K. 29, 26. du mußt bittere Vorwürfe hören
(von denen, die zu dir fagen:) Gaft, mache dich
aus dem Haufe. — Tob. 8, 20. ff. καὶ τὰ λοιπὰ
(ἔφη) ὅταν ἀποθάνω. — 3 Efr. 1, 4. — 3 Efr.
6, 28. ff. wird der König, von welchem vorher die
Rede in der dritten Perfon war, auf einmal redend
eingeführt: καὶ ἐγω δὲ — — — —
    Luk. 19, 26. λέγω γὰρ ὑμῖν — gehört nicht
zur Antwort der Diener des Königes v. 25., auch
find es nicht Worte Jefu, vgl. v. 27. mit v. 14.,
fondern es ift Fortfetzung der Rede des Königes
felbft (v. 24.), ohne daß „er fagte“ oder: „er ant=
wortete“ — dazwifchen gefetzt worden wäre; γὰρ
beftätiget vielmehr das, was er v. 24. gefagt hatte;
vgl. die Parallelftelle Matth. 25, 29. Man den=
ke fich alfo nach ὑμῖν den Zwifchenfatz: ἔφη ὁ εὐ=
γενης. — Luk. 7, 41. muß ὁ δὲ ιηϲȣϲ εἶπε vor δύο
χρεωφειλέται ἦσαν fupplirt werden. — Röm. 3,
1. ff. ein elliptifcher Dialog zwifchen zweifelnden

Gegnern und dem antwortenden Apostel. — 1 Cor. 7, 1. was aber die mir in eurem Brief vorgelegte Fragen betrifft (so antworte ich, s. oben die Stellen Esai. 8, 19. Mal. 3, 8.). — Ebr. 3, 9. in der Wüste, wo mich (spricht der Herr) eure Vorfahren herausforderten. — Ebr. 10, 38. nur derjenige, welcher durch Glauben Gott gefällig ist, wird glückselig seyn; hingegen (φησιν ὁ θεος Hab. 2, 4.), wenn jemand mißtrauisch ist, so gefällt er mir nicht. — Röm. 9, 7. nach ἀλλα, wo die Worte Gottes 1 Mos. 21, 12. angeführt werden, ist ἐρρεθη oder λεγει ὁ θεος hinzuzusetzen; eben so Eph. 5, 31. εἰπεν ὁ θεος nach ἀντι τετε, vergl. Mark. 10, 7. mit Matth. 19, 5., wo Matthäus και εἰπεν hat. — Eph. 6, 2. λεγει ὁ θεος bei der Allegation aus 2 Mos. 20, 12. Aehnlich mit ebengenannten Stellen ist Sir. 45, 22. „sie essen von den Opfern des Herrn, die er Aaron und seinen Nachkommen angewiesen hat; aber am Lande des Volks soll er nicht Antheil haben; denn (λεγει ὁ θεος 4 Mos. 18, 20. ἐγω μερις σε και κληρονομια, s. auch Jos. 13, 14.) ich will selbst dein Erbtheil und Eigenthum seyn, αὐτος μερις σε, κληρονομια. — Luk. 5, 14. er gebot ihm, daß er Niemand sagen sollte, ἀλλα (εἰπε) ἀπελθων δειξον σεαυτον. — Apostg. 23, 22. er verbot es ihm, daß er es sagte, daß du mir (sprach er) solches eröffnet hättest. Eben so Mark. 6, 9. και μη ἐνδυσησθε, vgl. v. 8. und Apostg. 1, 4. f. er befahl ihnen, nicht von Jerusalem zu weichen, sondern abzuwarten die Verheißung, die ihr von mir gehört habt, ἡν (ἐφη Apostg. 25, 5.) ἠκεσατε με. Man vergl. auch noch Apostg. 14, 22. und Gal. 1, 23.

(ἡμᾶς). — Matth. 25, 28. vor ἄρατε ἐν ist die Ellipſis, die Lukas ergänzt hat K. 19, 24. καὶ τοῖς παρεϛῶσιν εἶπε. — Matth. 13, 9. vor ὁ ἔχων ſetzt Markus K. 4, 9. καὶ ἔλεγεν αὐτοῖς, und Lukas K. 8, 8. ταῦτα λέγων ἐφώνει.

*) Anmerkung zu §. 103.

Die LXX. ergänzen nicht ſelten dieſe hebräiſche Ellipſis, theils daß ſie das ausgelaſſene Subjekt ſamt dem verbo dicendi, theils auch letzteres allein in ihrer Ueberſetzung ausdrücken, z. B. 4 Moſ. 20, 14. λέγων — 2 Kbn. 19, 15. haben ſie vor καὶ εἶ εϛιν das im Hebräiſchen weggelaſſene וַיֹּאמֶר יְהוָֹא mit καὶ εἶπεν in der Deutlichkeit wegen ſupplirt. — 2 Sam. 18, 23. καὶ εἶπε nemlich ἀχιμάας. — I Sam. 20, 21. wenn ich den Knaben abſchicke (und ſage, λέγων) geh, und hole die Pfeile. — Eſai. 22, 13. λέγοντες. K. 14, 16. Hoſ. 6, 1—3. Eſai. 3. 6. Spr. Sal. 23, 35. ἐρεῖς δὲ. — Pſ. 52, 6. Jer. 49, 4.

§. 104.

4) Bei mehreren auf einander folgenden negativen Sätzen wird die Negations-Partikel, die in dem erſten ausgedrückt iſt, in dem folgenden weggelaſſen. In ſolchen Sätzen hat alſo das Vav, καὶ die Bedeutung noch, neque. Z. B. 2 Moſ. 19, 21. μήποτε ἐγγίσωσι (פֶּן יֶהֶרְסוּ) — und (nicht) ihrer viels getödtet werden, וְנָפַל, καὶ πέσωσι (Pſ. 13, 4.) — Pſ. 44, 19. unſer Herz iſt nicht abgefallen, ἐκ ἀπέϛη, und (nicht) gewichen unſer Tritt von deinem Wege, וַתֵּט, LXX. ἐξέκλιναν, für καὶ ἐκ *) ἐξέκλιναν. — Job. 28, 17. Gold und Diamant mag ihr nicht gleichen, gegen goldene Gefäſſe tauſcht man ſie (nicht) καὶ für ἐδέ. — Spr. Sal. 30,

Storr S. 409. nr. V. Weth. S. 191.

3. אֶרֶץ für: לֹא אֶרֶץ. — Esai. 6, 10. am Ende ist μη aus dem Vorhergehenden zu suppliren. — Sir. 4, 30. sey nicht (μη ἴσθι) ein Löwe in deinem Hause, und (noch) argwöhnisch gegen deine Hausgenossen. — K. 18, 15. beim Wohlthun gieb nicht (μη δῷς) Vorwürfe, und (καὶ statt: καὶ μη, vgl. K. 23, 2. 34, 12. 1, 27.) bei Gaben bittere Reden. — K. 22, 27. 32, 14. Baruch 4, 3.

Matth. 13, 15. Mark. 4, 12. Joh. 12, 40. (Esai. 6, 10.). Die wiederholte Partikeln καὶ nach μήποτε und nach ἵνα μη haben negative Bedeutung, wie LXX. die mehrere Vau 3 Mos. 26, 1. mit οὐδὲ übersetzt haben. — Luk. 8, 12. ἵνα μὴ πιστευσαντες σωθωσι, statt: ἵνα μη πιστευσωσι καὶ (μη) σωθωσι. — Eph. 5, 4. καὶ vor αἰσχροτης und μωρολογια, so wie auch ἢ für μηδε.

*) Anmerkung zu §. 104.

Die LXX. ergänzen in ihrer Uebersetzung oft diese Ellipsis, z. B. 1 Sam. 2, 3. Pf. 9, 19. 4 Mos. 23, 19. Esai. 38, 18. 22. Am. Pf. 1, 5. Pf. 75, 6. 3 Mos. 19, 12. Spr. Sal. 24, 28.

§. 105.

Manche Ellipses entstehen, nicht um die Wiederholung zu vermeiden (§. 101—104.), sondern blos um der Kürze willen, oder weil man dieses ausgelassene Wort sonst auch mehr oder weniger häufig in dieser Verbindung wirklich ausgedrückt findet. Hieher gehören folgende Fälle:

1) Ein Participium wird öfters ausgelassen, wenn es zu einem Verbo com-

jugato, das impersonaliter zu nehmen ist, entweder im Pluralis oder im Singularis gesetzt werden müßte [1]).

α) Der Nominativus des Participii fehlt, wenn die verba tertiæ personæ pluralis impersonaliter gebraucht werden. Z. B. 2 Chron. 33,20. וַיִּקְבְּרֻהוּ, ἔθαψαν αὐτον, soviel, als: הַקְּבָרִים, ἔθαψαν αὐτον οἱ θάψαντες, man begrub ihn, vgl. die Parallelstelle 2 Kön. 21, 18. וַיִּקָּבֵר, ἐτάφη. — 1 Sam. 19, 24. יֹאמְרוּ, λέγουσι, man spricht. — 1 Mos. 18,4. רֻחֲצוּ man soll waschen; vorher das Passivum יֻקַּח, ληφθήτω, man soll nehmen. — Pred. Sal. 3, 14. יִרְאוּ, φοβηθῶσι, daß man ihn verehren soll. — Esai. 29, 11. δώσιν. Pf. 69, 35.

Die LXX. übersetzen daher nicht selten das wirkliche hebräische Passivum auf diese elliptische Art, z. B. 1 Mos. 10, 9. 22, 14. יֵאָמֵר, man sagt, ἐροῦσι, εἴπωσι. — K. 25, 10. קֻבַּר, er wurde begraben, ἔθαψαν αὐτον. 4 Mos. 15, 34. 5 Mos. 25, 9. ποιήσωσι. — Spr. Sal. 16, 21. καλοῦσι. Esai. 16, 10. so wie sie im Gegentheil auch manchmal die 3. pers. plur. impersonal. mit dem wirklichen Passivo übersetzen, z. B. 1 Sam. 23, 1. 1 Kön. 1, 23. Richt. 4, 12. ἀπηγγέλη; 2 Sam. 5, 17. Esth. 2, 2.

Sir. 8, 14. κρινοῦσι, man spricht das Urtheil. — K. 35, 1. κατέστησαν; K. 38, 32. 51, 7. man umringte mich. Judith 8, 3. 16, 23. ἔθαψαν; 1 Makk. 12, 23.

Joh. 15, 6. wird weggeworfen wie Reben, welche (καὶ für: ὅ, weil κλῆμα collective zu nehmen, vgl. αὐτά, und oben S. 89. Anm.) sie, wenn

Storr
S. 410.
nr. 1.
Weth.
S. 130. ff

sie verdorrt sind, sammeln und ins Feuer werfen, συναγεσι καί βαλεσι (οί συναγοντες και βαλλοντες); d. h. welche man sammelt und 2c. — Apostg. 13, 42. έξιοντων δε (αύτων, nemlich: τε παυλε και βαρναβα v. 13—15. 46.) παρεκαλεν (οί παρακαλεντες), εἰς το 2c. man hat sie 2c. — Mark. 10, 13. (K. 1, 32.) προσεφερον, vgl. προσηνεχθη Matth. 19, 13. — Matth. 5, 11. f. — 7, 16. συλλεγεσι — Luk. 6, 38. δωσεσι, das zwischen Passivis δο-θησεται und άντιμετρ. steht. — K. 12, 48. παρεθεντο, αίτησεσι, vgl. έδοθη, ζητηθησεται. — Joh. 20, 2. ήραν, έθηκαν. — Apostg. 3, 2. έτιθεν, vor-her: έβασαζετο. — Röm. 10, 14. — 1 Thess. 5, 3. λεγωσι. — Offenb. 16, 15. βλεπωσι. — 11, 15. έγενοντο — Φωναι, λεγοντες, και λεγεσιν (οί λεγοντες) und man sagte ²). Vgl. die sehr ähn-liche Stelle 1 Mos. 45, 16. διεβοηθη ή Φωνη, λε-γοντες, statt: και λεγεσιν οί λεγοντες S. auch 1 Mos. 22, 20. 38, 13. 24. Jos. 10, 17. 1 Sam. 15, 12.

Storr
S.411
Weth.
S.131 Dieser *pluralis impersonalis* wird auch gebraucht, wenn die Handlung nur Ei-nem Subjekt beizulegen ist. Z. B. 1 Mos. 34, 27. sie haben die Schwester geschändet, וטמאו, έμιαναν, d. h. sie ist geschändet worden, nemlich von Einem, vergl. v. 3—5., wo LXX. das Passivum וטמא mit dem Zusatz übersetzen: έμιανεν ό υἱος εμμωρ δειναν. — Dan. 4, 23. ואמרין, Theod. είπαν, es wurde gesagt, nemlich vom Engel (v. 10.). — Job 7, 3. kummervolle Nächte hat man mir zugetheilt (מנו לי), sind mir zugetheilt wor-den (LXX. δεδομεναι εἰσι), nemlich von Gott.

Mark. 3, 32. f. είπον und αὐτοις (Luk. 8, 20.

ἀπηγγελη — λεγοντων und αὐτοι) man ſagte zu ihm, ungeachtet es nur Eine Perſon war, die die Nachricht brachte; vgl. die Parallelſtelle Matth. 12, 47. εἶπε ΤΙΣ αὐτῷ und v. 48. τῷ εἰπόντι αὐτῷ. — Luk. 12, 20. dieſe Nacht werden ſie dein Leben abfordern, oder: dein Leben wird dir abgefordert werden, nemlich von Gott. — Der Pluralis wird überhaupt in einer unbeſtimmten Rede, wo es mehr um die Sache ſelbſt, als um ihre Anzahl zu thun iſt, gebraucht, wenn gleich nur ein einziges Subjekt zu nennen wäre, wenn die Sache beſtimmt ausgedrückt und ihre Zahl angegeben werden müßte. S. oben §. 19. und noch die Stelle Mark. 5, 35. ἔρχονται λεγοντες, man kam und ſagte, d. h. es kam jemand, und zwar (Luk. 8, 49.) eine einzelne Perſon.

Anmerkungen zu §. 105.

Storr
S. 409.

Anm. 1. Nicht nur im Pluralis, ſondern auch im Singularis ſteht das Participium manchmal bei ſeinem verbo conjugato im unbeſtimmten Sinn wirklich ausgedrückt. Z. B. im Singularis, 5 Moſ. 22, 8. כִּי יִפֹּל הַנֹּפֵל, ἐὰν πέσῃ ὁ πεσὼν ἀπ᾽ αὐτῆς, wenn irgend jemand herabfiele, wer es auch immer ſeyn mag. — 2 Sam. 17, 9. וְשָׁמַע הַשֹּׁמֵעַ, ἀκοῇ ὁ ἀκούσ᾽, wenn man hörte, wenn gehört würde, wenn ein Geſchrei käme. — Ezech. 33, 4. ἀκοῇ ὁ ἀκούσας, man wird hören. Auch in den Stellen Jer. 51, 3. τεινέτω ὁ τεινῶν; Amos 9, 1. ἐ μὴ διαφύγῃ φεύγων; 3 Moſ. 7, 18. ἐὰν φαγὼν φαγῇ; Eſai. 16, 10. לֹא יִדְרֹךְ הַדֹּרֵךְ, der Kelterer tritt keinen Wein mehr in den Keltern, LXX. ἐ μὴ πατησωσιν οἶνον, man keltert keinen Wein mehr, weil das Paſſivum לֹא יְרֻבָּן, man jauchzt nicht mehr, vorhergeht. — 4 Moſ. 6, 9. כִּי יָמוּת מֵת, wenn jemand ſtirbt, ἐὰν ἀποθάνῃ τις. — Im Pluraliſt: 1 Kön. 8, 46. αἰχμαλωτισιν οἱ αἰχμαλωτιζοντες, man führt, ſie gefangen weg, und die von Storr angeführten Stellen Jer. 31, 5. Eſai. 24, 16. Nah. 2, 3. im Hebräiſchen.

Anm. 2. Es kann hemlich hier λεγοντες wegen ἐγενοντο, das ſich eher zu φωνη, die entſteht, als zu einer Perſon, die die φωνη von ſich giebt, ſchickt, nicht erklärt werden, wie z. B. K. 4, 1., wo das Abſtraktum φωνη für das Concretum, oder für den Urheber der Stimme geſetzt wird, und alſo wohl λεγων ſtatt λεγεσα folgen könnte.

§. 106.

Storr
S. 412. f. β) Der Nominativus des Participii Singularis iſt zu ſubintelligiren, wenn das *verbum tertiae personae singularis impersonaliter gebraucht wird*. Z. B. 1 Moſ. 50, 11. קָרָא, ἐκαλεσε, man nennt (vergl. ἐκληθη 2 Sam. 5, 20. und 1 Moſ. 11, 9.). — 1 Sam. 3, 9. ἐαν καλεσῃ σε, wenn man dir ruft. — Spr. Sal. 24, 29. ὁν τροπον ἐχρησατο μοι, χρησομαι αὐτῳ, wie man mir that, ſo ꝛc. Hier bezieht ſich αὐτῳ auf die Ellipſis. — Eſai. 24, 10. hebr. Paſſiv. סֻגַּר, man wird verſchließen, hingegen LXX. κλεισει οἰκιαν (ὁ κλειων) *). — Sir. 29, 24. ὁ παροικησει (ὁ παροικων) ἐκ ἀνοιξει στομα, wo man fremd iſt, darf man ſeinen Mund nicht aufthun. — K. 47, 6. man prieß ihn, ἐδοξασεν.

Röm. 7, 1. ἐφ ᾗ, ſo lang als man lebt. Vgl. Storr zweite Diſſ. über den Br. an die Col. S. 9. Anm. 6. — Ebr. 7, 17. μαρτυρει (ὁ μαρτυρων) „es heißt irgendwo." Die andere Lesart μαρτυρειται iſt eine gute Erklärung von dieſem Hebraismus; ſo wie 2 Cor. 8, 12. die Lesart ἐχῃ τις das impersonelle ἐχῃ für ἐχῃ ὁ ἐχων erklärt. — Ebr.

I, 7.

1, 7. von (προς, ל, soviel, als εἰς §. 64.) den
Engeln heißt es, λεγει für: λεγεται, vgl. 1 Macc.
7, 16. κατα τον λογον, ὁν ἐγραψε (ὁ γραψας), nach
dem Wort, das irgend einer (David Pf. 79, 2.
f.) schrieb. — Ebr. 8, 5. φησι, heißt es. — K.
4, 3. f. εἰρηκεν. — Röm. 15, 10. — Ebr. 10,
38. ἐαν ὑποςειληται, wenn man sich fürchtet. —
Joh. 7, 51. ἐαν μη ἀκουσῃ — γνω (ὁ ἀκουων — ὁ
γινωσκων), außer es habe ihn irgend einer zuvor
verhört, oder: man habe ihn verhört, und seine
Sache untersucht, vgl. ἀκουσῃ ἀκουων, 2 Sam. 17,
9. — Jak. 5, 20. γινωσκετω (ὁ γινωσκων), man
soll wissen. — 1 Joh. 5, 16. δωσει, für: δοθησεται. — Offenb. 11, 1. λεγων, für: και λεγει (ὁ λεγων) und es sprach jemand — man sprach, vergl.
Offenb. 11, 15. §. 105. S. auch 3 Mof. 8, 31.
λεγων, indem einer sprach, indem mir gesagt wurde; 3 Mof. 18, 3. 1 Mof. 15, 1. — 2 Cor. 10,
10. φησι, spricht man. Der Singularis des weggelassenen Participii conjugati, worauf sich auch
ὁ τοιουτος, wie oben Spr. Sal. 24, 29. αὐτω, bezieht, geht dennoch auf mehrere (vgl. v. 2. 12.
11, 13. 15.), wie 1 Sam. 24, 11. אמר, vergl.
v. 5. (auch K. 23, 22. Mich. 2, 4.), und ישטף
(תשטף) 2 Kön. 22, 38. man wusch den Wagen,
wer oder wie viele es auch gewesen seyen; bestimmt aber würde gesagt werden: sie, (die Huren) wuschen den Wagen. — Mark. 15, 36. es
reichte ihm einer Essig und tränkte ihn, λεγων,
für: και λεγει (ὁ λεγων) ἀφετε (αὐτον) ἰδωμεν. —
und es wurde gesagt, nemlich nicht von dem,
der ihm den Trank gereicht, sondern (vgl. Matth.
27, 49. οἱ λοιποι) von den andern, spottweise:

19

laßt ihn dann gehen, wir wollen dann also sehen, ob Elias komme.

Storr γ) Durch die Ellipsis des hebr. Genitivi
S.413. Participii conjugati bekommt der Infinitivus
nr. II. conjugatus activus eine impersonelle oder
Weth. passive Bedeutung. Und weil jener hebr. Geni-
S.100. tivus, der im Regimine mit dem Infinitivo als
hebr. Nomen stehen würde, wie gewöhnlich, mit
dem Accusativo überseßt würde: so kann also die
Regel in der Anwendung auf das Griechische so
ausgedrückt werden: durch die Ellipsis des griechischen Accusativi participii bekommt ꝛc.

Die meisten von Storr angeführten Beispiele
haben die LXX. wirklich passive überseßt; z. B.
1 Mos. 4, 13. נְשֹׂא, ἀφεθῆναι; Ps. 51, 6. ἐν
τῳ κρίνεσθαι σε; Ps. 42, 4. ἐν τῳ λεγεσθαι; Spr.
Sal. 25, 7. τὸ ῥηθῆναι; 4 Mos. 9, 15. ἐγαθη;
2 Mos. 9, 16. διαγγελη. Da sie also diesen Hebraismus wohl zu beurtheilen wußten, so ist kein
Wunder, wenn man ihn wirklich bei ihnen 3 Mos.
14, 43. findet, wo sich die Hebräer anders ausgedrückt haben, μετα το ἐξελειν (τας ἐξελουτας) τας
λιθας, nachdem man die Steine hinausgeworfen
(hebr. יָחֵלְץ, welches die dritte Person ist, und
nachdem Buchstaben ß zu erklären ist); hingegen
im Folgenden haben die LXX. den hebr. ellipti-
schen Infinitivum actioum הקצות mit dem Paß-
so überseßt: μετα το ἀποξυθῆναι. — Tob. 3, 6.
ἐπιταξον ἀναλαβειν (τον ἀναλαμβανοντα) το πνευμα μυ,
für: ἀναλαμβανεσθαι, wie im nemlichen Vers: ἐπιταξον ἀπολυθῆναι με. — 3 Esr. 6, 17. οἰκοδομησαι,
für: οἰκοδομηθῆναι, wie es Esr. 5, 13. ausgedrückt
ist.

Ebr. 5, 12. χρειαν ἐχετε το διδασκειν (τον δι-
δασκοντα) ὑμας, für: διδασκεδαι. — Ebr. 6, 6.
ἀδυνατον ἀνακαινιζειν, für: τον ἀνακαινιζοντα ἀνακαινιζειν, oder für: ἀνακαινιζεδαι (v. 18.), „den
kann man unmöglich wieder beſſern.“
— Röm. 2, 21. ὁ κηρυσσων μη κλεπτειν — μη
μοιχευειν; Luk. 2, 21. τε περιτεμειν αὐτον; 1 Theſſ.
4, 9. nach der gewöhnlichen und ſchwerern Lesart:
χρειαν ἐχετε γραφειν ὑμιν, für: γραφεδαι (K. 5, 1.).

*) Anmerkung zu §. 106.

Sonſt überſetzen die LXX. dieſen Hebraismus bald
nach α), z. B. Job 3, 3. אמר, εἰπαν; Eſai. 65, 8.
ἐρεσι; Spr. Sal. 22, 27. ληψονται, — bald mit dem
wirklichen Paſſiv, 1 Moſ. 48, 1. ἀπηγγελη; Pred. Sal.
9, 9. נתן, δεδωσαι, nemlich von Gott (K. 8, 15.); —
bald mit τις, 2 Sam. 16, 23. Pſ. 88, 12. διηγησεται τις,
היספר, wird man erzählen?

§. 107.

2) Bei Verbis werden gewiſſe No- _{Storr}
mina weggelaſſen, welche eigentlich zur voll- _{S. 416.}
ſtändigen Redensart gehören, und ſonſt öfters aus- _{Weth.}
gedrückt ſind. Z. B. 1 Moſ. 16, 1. 30, 1. לא _{S. 189.}
ילדה, ἐκ ἐτικτε, ἡ τετοκε, nemlich: בנים, υἱας
(Richt. 11, 2. Ezech. 47, 22.). — 1 Moſ. 5, 3.
iſt zu וילדה, ἐγεννησε, das Subſt. בן, υἱον zu
ſuppliren, worauf ſich αὐτε, שמו bezieht. —
Richt. 9, 33. 2 Sam. 6, 6. iſt zu ἐκτευεις der ſonſt
gewöhnliche (1 Moſ. 3, 22. 1 Chron. 13, 9. Richt.
15, 15.) Akkuſativ χειρα, יד zu ergänzen. S.
auch Sir. 14, 13. vgl. 7, 32. — Neh. 6, 2. zu
ἀπεσειλε das ſo oft (z. E. gleich v. 3.) vorkommen-

be ἄγγελοι. — 1 Sam. 14, 42. βαλεῖν, nemlich: κλῆρον, גּוֹרָל (Spr. Sal. 1, 14. Esai. 34, 17. Jon. 1, 7.). — Hagg. 1, 6. LXX. περιβάλλεσθε, nemlich: ἱμάτια (1 Kön. 1, 1. 11, 29.), auf welches sich ἐν αὐτοῖς bezieht. — Richt. 2, 21. lassen LXX. den sonst (1 Mos. 35, 18.) ausgedrückten Akkusativ ψυχήν beim Verbo ἀφῆκε weg, wo im Hebr. וַיְמֵת steht. — Ps. 40, 2. וַיֵּט אֵלַי, er neigte (sein Ohr) zu mir, προσέχε μοι; die vollständige Redensart ist Ps. 17, 5. κλῖνον τὸ οὖς σου ἐμοί, und Neh. 1, 6. πρόσχες τὸ οὖς σου τῇ δεήσει. — Esai. 41, 20. וִישִׂימוּ (לֵב) v. 22. 2 Mos. 9, 22. LXX. τῇ διανοίᾳ, auch bei שִׁית Job 7, 17. LXX. προσέχειν τὸν νοῦν). Sonst wird dies προσέχειν von den LXX. mit der Ellipsis νοῦς, καρδία oder οὖς gebraucht. S. Job 2, 3., wo im Hebr. לֵב ausgedrückt ist. Sir. 35, 1. — In den Stellen 2 Kön. 21, 6. 23, 19., wo nach לְהַכְעִיס das sonst gewöhnliche (1 Kön. 15, 30. 5 Mos. 32, 21.) אֶת־יְהֹוָה zu ergänzen ist, haben die 70. wirklich in der ersten Stelle αὐτόν um des vorhergehenden θεοῦ willen, und in der andern τὸν κύριον ergänzt. — 2 Kön. 20, 2. haben LXX., ungeachtet אֶת פָּנָיו ausgedrückt ist, doch ἀπέστρεψε mit der Ellipsis des Akkusativi τὸ πρόσωπον αὐτοῦ, welches vollständig Esai. 38, 2. steht. — 2 Makk. 6, 31. 14, 46. 7, 7. 13. μεταλλάσσειν, und 2 Makk. 7, 37. 5, 5. ὁ μετηλλαχώς, nemlich: τὸν βίον, welches in den Stellen 2 Makk. 4, 7. 7, 40. 6, 27. dabei steht.

Ebr. 11, 12. ἐγεννήθησαν, nemlich: τέκνα, so wie zu γεννῶσα Gal. 4, 24. vgl. v. 25., und τῶν υἱῶν zu γεννηθέντων Röm. 9, 11. zu ergänzen. —

Ebr. 9, 9. 10, 2. 12, 28. λατρευειν, nemlich: θεω (Ebr. 9, 14.). Eben so προσκυνειν (θεω oder θεον) Ebr. 11, 21. Joh. 12, 20. (Tob. 5, 13.) Joh. 4, 20. vgl. v. 21. 23. f. und 1 Kön. 1, 47. vgl. v. 48. — Ebr. 9, 13. zu ραντιζεσα, das auf αιμα und σποδος geht, muß man den Akkusativ (v. 19. 21.) der besprengten Sachen, des Dekels und der Bundeslade (3 Mos. 16, 14. f.) und des über einem Todten verunreinigten Menschen oder Geräths (4 Mos. 19, 13. 18. ff.) hinzudenken; sonst müßte es heißen ραντιζομενη (2 Kön. 9, 33.). — Col. 2, 21, μη αψη (γυναικος 1 Cor. 7, 1. Spr. Sal. 6, 29. 1 Mos. 20, 4. 6.) μη γευση (βρωσιν oder ποσιν, vgl. Col. 2, 16.). Die vollständige Redensart ist 1 Sam. 4, 24. Apostg. 20, 11. Eben diese Ellipsis mit αρτος ist Apostg. 10, 10. und bei den LXX. Jon. 3, 7. — Jak. 5, 13. 1 Cor. 14, 15. ff. ψαλλειν (κυριω Eph. 5, 19. Pf. 9, 11. oder: ονοματι θεα Röm. 15, 9. Pf. 7, 18. 50.). — Apostg. 7, 23. ανεβη, nemlich: διαλογισμος Luk. 24, 38. — 1 Tim. 6, 19. αποθησαυριζοντες (θησαυρον) wie Sir. 1, 15. ενοσσευσε, nemlich: νοσσιαν, f. oben S. 47. — Apostg. 27, 14. von dem weggelassenen Akkus. ναυν, worauf sich κατ αυτης bezieht, f. oben S. 99. Anm.

Bei Ueberschriften der apostol. Briefe und dem Gruße der Verfasser ist häufig der Akkusativ χαιρειν, Glück, Wohlergehen weggelassen. Z. B. Gal. 1, 1. Col. 1, 1. 3 Joh. v. 1. Phil. 1, 1. *) Παυλος και Τιμοθεος - τοις ουσιν εν Φιλιπποις (χαιρειν). Die vollstä.. Redensart ist Apostg. 15, 23. 23, 26. Ja.. .. Eben diese Ellipsis findet man auch in i... Apokryphen, z.

B. 3 Esr. 2, 17. auch Esr. 7, 12. hingegen den vollständigen Ausdruck 1 Makk. 10, 18. 25. 11, 30. 32. 2 Makk. 9, 19. 3 Esr. 6, 7. 8, 9.

*) Anmerkung zu §. 107.

In den angeführten und andern ähnlichen Stellen können die Anfangsworte, z. B. Phil. v. 1. Παυλος και Τιμ. — τοις ουσιν ꝛc. nicht wohl mit dem folgenden Wunsche verbunden werden, weil sonst der Akkusativ χαριN και ειρηνηN (ευχονται) stehen müßte. Letztere Worte des Wunsches machen also einen besondern Satz aus, bei welchem das Verbum ἐστι (2 Joh. 3.) oder ἔστω (Esr. 5, 7.) oder ein anderes (Jud. v. 2. und 1. und 2 Petr. 1, 2.) zu suppliren ist.

§. 108.

3) Die Ellipses der Nominum υιος und anderer Namen der Verwandtschaft. Zu bemerken ist, daß der Artikel des ausgelassenen Nomens vor dem Genitiv bald steht, bald weggelassen ist. Z. B. υιος, mit dem Artikel, 2 Chron. 11, 3. vgl. 1 Kön. 12, 23. — Esai. 36, 3. 22. vgl. mit 2 Kön. 18, 18. 37. — Judith 6, 15. 3 Esr. 8, 63. vgl. Esr. 8, 33. — 1 Makk. 6, 11, 15. — Matth. 10, 2. 3. Apostg. 13, 22. — ohne Artikel, 3 Esr. 8, 1. vgl. Esr. 7, 1. Tob. 1, 1. 1 Makk. 12, 16. Sir. 46, 1. 2 Petr. 2, 15. τε βοσορ, und in der Genealogie der Maria Luk. 3, 23. ff.

Auch πατηρ ist ausgelassen Apostg. 7, 16. vgl. 1 Mos. 33, 19. — μητηρ Luk. 24, 20. Mark. 16, 1. 15, 47. vgl. v. 40. — αδελφος Luk. 6, 16. Apostg. 1, 13. vgl. Jud. v. 1. — γυνη Matth. 1, 6. — θυγατηρ Tob. 3, 17. σαρραν την τε ραγουηλ, vgl. v. 7.

4) Nach Zahlen sind die sonst häu- Storr
fig ausgedrückte Namen des Maaßes, S.417.
Gewichts, der Zeit nicht selten wegge- Weth.
laſſen. S.46.189.

Zach. 11, 12. iſt vor קסף, das z. B. 1Moſ.
23, 15. f. 3Moſ. 27, 3. 6. vorkommende שקל,
διδραχμα weggelaſſen. — 2Sam. 18, 11. δεκα
αργυριε, zehen (Seckel) Silber, eben ſo im Hebräiſchen; vgl. v. 12., wo LXX. das v. 11. fehlende σκλες ergänzt haben. — 5Moſ. 1, 3. באחד
לחרש; μια (ἡμερα, יום 4Moſ. 9, 5.) τε μηνος.
— Ezech. 45, 21. ἐν τῳ πρωτῳ (μηνι, החדש) τεσ-
σαρεσκαιδεκατη (ἡμερα) τε μηνος. Die zweite Ellipſis iſt blos bei den LXX., der hebräiſche Text
hat יום. (Beides, ſowohl ἡμερα als μην iſt, wie
im Hebräiſchen, vollſtändig 1Moſ. 8, 4). —
Bar. 1, 2. — 3Eſr. 7, 5. vgl. Eſr. 6, 15. —
1Makk. 14, 27. — Matth. 26, 17. vgl. Mark. 4,
12. — Ebr. 4, 4. περι της εβδομης (ἡμερας). — Apſtg.
19, 19. man ergänze δραχμων aus Luk. 15, 8. f.
Ἡμερα wird häufig weggelaſſen, auch wo
kein Zahlwort iſt, z. B. ἡ σημερον Judith
8, 29. vgl. v. 18. — 1Makk. 10, 30. — Matth.
11, 23. für ἡ σημερον ἡμερα (Eſai. 37, 3. היום).
— ἡ ἐπιεσα Spr. Sal. 17, 1. Apſtg. 16, 11.
20, 15. — τη ἑξης Apſtg. 21, 1. 27, 18. vgl.
Luk. 9, 37. — τη ἐχομενη Luk. 13, 33. 1Chron.
10, 8. ſoviel, als τη ἐπαυριον, vgl. die Parallelſtelle 1Sam. 31, 8.
5) Statt eines Subſtantivs, das man Storr
häufig in Verbindung mit einem gewiſſen Adjektiv S.417.
findet, wird das Adjektiv allein mit Hin-
weglaſſung jenes Subſtantivs geſetzt.
z. B. יחיד und בכור Zach. 12, 10. Amos 8,

10. Spr. Sal. 4, 3. Jer. 31, 9. ἀγαπητος, πρωτοτοκος, für: בן יחיד und בן בכות, υἱος πρωτοτοκος, υἱος ἀγαπητος (2 Mos. 4, 22. 1 Mos. 22,
2. 12. 16.) gesetzt.

Luk. 9, 38. Joh. 1, 14. μονογενης (υἱος Joh.
1, 18. 1 Joh. 4, 9.) s. auch Tob. 3, 15. 8, 17.
— Röm. 8, 29. Col. 1, 15. Ebr. 12, 23. πρωτοτοκος (υἱος Matth. 1, 25. Luk. 2, 7.). — Eph.
1, 6. ὁ ἠγαπημενος, vgl. Spr. Sal. 4, 3. ἀγαπωμενος יחיה.

Storr
S. 418.
Welb.
S. 176.
6) Die Verba, welche ein „Sichhüten,
eine Furcht oder Besorgniß" bedeuten, sind
öfters vor der Partikel פ (ἱνα μη, μηποτε, μηπως,
weggelassen, da sie sonst häufig davor angetroffen
werden (z. B. 5 Mos. 6, 12. 4, 9. 23. 2 Chron.
25, 16. LXX. — Sir. 13, 8. Luk. 21, 34. 1 Cor.
16, 10. Matth. 24, 4. 6. Gal. 4, 11.), als:

4 Mos. 16, 34. sie sagten: (wir wollen uns
hüten,) daß uns die Erde nicht verschlinge, μηποτε καταπιη. — Jer. 38, 24. ἀνθρωπος μη γνωτω
(hüte dich, welches LXX. 3 Mos. 34, 15. suppliren), daß es Niemand erfahre. — 1 Mos. 31,
31. — 2 Kön. 2, 16. (wir besorgen) es möchte
ihn der Geist des Herrn weggenommen haben. —
2 Mos. 13, 17. (es ist zu besorgen,) es möchte das
Volk gereuen. — 1 Mos. 3, 22. — Tob. 10, 2.
μηποτε ἀπεθανε.

Matth. 25, 9. (wir fürchten) es möchte euch
nicht hinreichen. — Röm. 11, 21. (φοβε) μηπως
καὶ σου φεισηται. — 1 Thess. 3, 5. ist φοβουμενος
(Gal. 4, 11.) vor μηπως zu suppliren. — 2 Thess.
2, 3. (hütet euch), daß euch Niemand verführe.
— Gal. 5, 13. μονον (βλεπετε v. 15.) μη την ἐλευ-
θεριαν ἐχητε εἰς ἀφορμην.

§. 109.

Storr
S. 419.

7) In hypothetischen Sätzen wird oft die Apodosis weggelassen (ἀνανταπόδοτον), welche zuweilen aus dem entgegengesetzten Satz, dessen Apodosis ausgedruckt ist, sich leicht ergänzen läßt. Z. B.

1 Sam. 12, 14. bei den LXX., wie im Hebräischen: „werdet ihr den Herrn fürchten, und ihm dienen — (so wirds euch wohl gehen [1]), vgl. den entgegengesetzten Satz, welcher seine Apodosis bei sich hat: wofern ihr nicht gehorchet, so wird die Hand des Herrn wider euch und eure Väter seyn). Eine ähnliche Stelle ist Dan. 3, 15. wenn ihr auf den Trompetenschall vor dem Bild niederfallen werdet (so werdet ihr eures Lebens schonen, oder: so ists recht, טוב, ἀγαθόν ἐστι, vgl. Ruth 3, 13.). — 2 Mos. 32, 32. nach dem Hebräischen willt du ihnen ihre Sünde vergeben (gut! oder: so hab ich erlangt, was ich wollte, LXX. suppliren ἄφες). —

Luk. 22, 42. (εἰ βούλει παρενεγκεῖν [2]), willst du diesen Kelch von mir gehen lassen (so nehme ichs dankbar an). — Apostg. 23, 9. wenn aber ein Geist oder Engel mit ihm geredet (wer wills wehren?) — Mark. 7, 11. wenn einer, sagt ihr, zu seinem Vater spricht: das soll Gott geweihet seyn, wodurch du von mir (§. 58. nr. 3.) unterstützt werden könntest (der thut wohl daran). Eben so in der Parallelstelle Matth. 15, 5. [3], wo der sechste Vers, καὶ οὐ μή, nicht wohl die Apodosis [4] seyn kann, weil der zwölfte Vers beym Markus, der dem sechsten des Matthäus entspricht, nicht

mit ἐὰν εἴη ἄνθρωπος v. II., sondern (vgl. ἀφιετε
v. 12.) mit ὑμεις λεγετε in Verbindung zu setzen
ist; folglich kann auch καὶ ὃ μὴ τιμήση nicht die
Apodosis zu ὃς ἂν εἴη seyn, sondern scheint übersetzt werden zu müssen: und, oder: aber auf diese
Art wird er weder seinem Vater noch seiner Mutter Gutes thun, wie der zwölfte Vers in Markus:
und so lasset ihr weder dem Vater noch der Mutter Gutes thun. — Mark. 9, 23. εἰ δύνασαι πιστευ-
σαι (βοήθησω ὑμιν, oder: καλως ποιεις, wie Jak.
2, 6.). — Luk. 13, 9. wenn er alsdann Frucht
bringen will (gut! so bleibt er doch stehen, oder:
so wird er doch noch nützlich). — Luk. 19, 42.
wenn du wüßtest, was dir heilsam sey (wohl dir
dann, so würdest du dem schrecklichen Schicksal
entgehen).

8) Die Ellipsis des Pron. demonstr. vor dem
Relativo, s. oben §. 78. Anm. 1.

9) Die Ellipsis des Pron. relativi und öfters
auch samt dem Verbo substantivo, s. §. 91.

Anmerkungen zu §. 109.

Anm. 1. S. Fischer de linguæ græcæ interio-
ris scientia interpretationis librorum N. T. adju-
mento maxime necessario, 1772. Lipf. p. XI., wo
es auch heißt, daß einige Abschreiber die Apodosis
supplirt und an den Rand gesetzt haben, von wo aus
sie in einigen Exemplaren nach dem Wort παριστανετ
in den Text aufgenommen worden, nemlich also: και
ἐξειλειται ὑμας, oder: ἐκ ἰσας χειρ κυριε ἐφ᾽ ὑμας,

Anm. 2. Manche geben dem Infinitiv παρενεγ-
κειν die Bedeutung des Imperativs (§. 40.), vergl.
παρελθετω Matth. 26, 39. und παρενεγκε Mark. 14, 36.
aus welcher Stelle in einigen Codicibus der Imperativus in die Stelle Luk. 22, 42. zuerst an den Rand
und von da in den Text selbst gekommen seyn mag.

Anm. 3. Ὃς ἄν ift ſoviel, als: ἐάν ἄνθρωπος, Mark. 7, 11. vgl. Matth. 23, 16. 18. und 3 Moſ. 4, 22. אשר נשיא יחטא LXX. ἐάν ὁ ἄρχων ἁμάρτη, ſoviel, als: אם הנשיא יחטא, vgl. p. 3. 27.

Anm. 4. Die Worte ſelbſt hindern es zwar nicht, denn καὶ verbindet auch ſonſt gar oft die Apodoſis mit der Protaſis (ſ. unten beim Vav-apodoticon §. 123.). und alſo auch hier, wo alsdenn ὃς ἄν εἴπη abſolute zu überſetzen wäre: was den betrifft, der zu ſeinem Vater ſagt ꝛc., ſo darf er in dieſem Fall ſeinem Vater oder Mutter nicht Gutes thun.

§. 110.

10) Das Pronomen demonſtrativum als Subjekt wird ſamt dem Verbo ſubſtantivo weggelaſſen, und die übrige Theile des Prädikats werden allein geſetzt. Z. B. Spr. Sal. 1, 1. wie im Hebräiſchen: παροιμίαι σαλωμῶντος (dies ſind) die Sprüche ꝛc. — Jer. 1, 1. (Neh. 1, 1. 2 Kön. 22, 18.) דברי ירמיהו, το ῥῆμα τοῦ Θεοῦ, ὃ ἐγένετο ἐπί — die Ellipſis iſt ausgedrückt Jer. 29, 1. ואלה, καὶ οὗτοι οἱ λόγοι. — 3 Moſ. 24, 3. (dies ſey, vgl. 3 Moſ. 16, 29. 17, 7.) ein beſtändiges Geſetz. — Eſr. 5, 6. διασάφησις ἐπιστολῆς, ſtatt: αὕτη ἐστι διασ., welches Eſr. 7, 11. vollſtändig, wie im Hebräiſchen, ſteht. — Br. Jer. v. 1. und 3 Eſr. 6, 7. ἀντίγραφον τῆς ἐπιστολῆς, für: τοῦτο ἐστι τὸ ꝛc. vergl. 1 Makk. 12, 5. 19. 14, 27., wo die Ellipſis ſupplirt iſt.

Mark. 1, 1. ἀρχὴ εὐαγγελίου. — K. 15, 26. ὁ βασιλεὺς τῶν ꝛc., für: οὗτος ἐστιν (vgl. die Parallelſtellen Matth. 27, 35. und Luk. 23, 28.) ὁ βασιλεύς.

11) Das Pronomen αὐτος wird in allen Casibus weggelassen.

α) Wenn es der Prädikats-Nominativ seyn sollte, wo wir im Deutschen sagen: „es," z. B. ich bin es; d. h. das oder der, wovon im Vorhergehenden die Rede war. Zwar ist diese Ellipsis fast in allen Stellen blos bei den LXX., die das ausgedrückte הוא, welches auf das vorhergehende Subjekt hinweist, in ihrer Uebersetzung weglassen. Z. B. Esai. 43, 10. ὁτι ἐγω εἰμι, daß ihr einsehet, daß ich es bin, nemlich der, der allein in die Zukunft hinüberschaut, und die Schicksale der Völker entscheidet (v. 9.); daher im Hebräischen הוא. — Ezech. 37, 11. was diese Gebeine betrifft, so sind es die Israeliten, τα ὀσα ταυτα, πας οἰκος Ἰσραηλ ἐςι (ταυτα, המה). — der vollständige Ausdruck ist 1 Sam. 9, 18. 19., welches ist das Haus des Sehers? Samuel antwortete: ἐγω εἰμι αὐτος, nemlich: ὁ βλεπων, הראה, welches im Hebräischen ist. Auch Pf. 44, 4. συ εἰ αὐτος, du bist es, nemlich der, der das v. 2. 3, gethan hat, hingegen elliptisch Dan. 4, 17. 19. was jenen Baum betrifft, so bist du er, συ εἰ. — Esai. 47, 8. 10. ist die Ellipsis auch im Hebräischen: ἐγω εἰμι (אנכי), και ἐχ ἑτερα, ich bin es, nemlich: eine Königin ewiglich, die größte Stadt des Erdbodens.

Joh. 9, 9. ἐγω εἰμι, nemlich: ὁ καθημενος v. 8. — K. 6, 20. ἐγω εἰμι, ich bin es, nemlich Jesus v. 19. — K. 8, 16. μονος ἐκ εἰμι, ich bin es nicht allein, nemlich der ein Urtheil fällt, ὁ κρινων, sondern mein Vater und ich in Verbindung. — K. 13, 13. εἰμι γαρ, nemlich: ὁ διδασκαλος, ὁ κυριος. — K. 18, 5. K. 9, 36. ἐκεινος ἐςιν (αὐτος, nemlich: ὁ υἱος τε Θεε, an den er glauben sollte, v. 35.). — K. 4, 26. ich bin es, nemlich der, den du so eben genannt hast, der Messias *). — Matth. 26, 23. μητ᾽ ἐγω εἰμι (αὐτος), bin ich es? nemlich: ὃς παραδωσει σε, oder: ὁ παραδωσων. — Apostg. 13, 25. ἐκ εἰμι ἐγω, nemlich der, den ihr erwartet.

β) Auch die übrigen Casus von die-sem Pronomen. Z. B. 2 Sam. 7, 5. לשבתי, τε κατοικησαι με, nemlich: ἐν αὐτω, welches in der Parallelstelle 1 Chron. 17, 4. steht. — Jer. 32, 14. ἵνα διαμεινη, daß sie (darinn, im Gefäß,) bleiben. — 5 Mos. 32, 4. ἐκ ἐςιν ἀδικια (ἐν αὐ-τω). — Job 36, 11. אם ישמעו ועבדו, ἐαν ἀκεσωσι και δελευσωσι, gehorchen sie, und dienen sie (ihm). — Sir. 4, 16. ἐν κατασχεσει (αὐτης, nemlich: σοφιας), und ἐμπιςευσης (αὐτη). — K. 6, 33. ἐαν ἀγαπησης ἀκεειν (αὐτην), ἐκδεξη (αὐ-την); — K. 11, 1. αὐτε nach κεφαλην, v. 10. αὐτας, nemlich: πραξεις, nach πληθυνης. — K. 16, 22. αὐτε nach δικαιοσυνης; K. 51, 56. αὐτης nach ζυγον; K. 19, 13. αὐτο nach μηποτε; K. 30, 5. αὐτον nach εἰδε zu ergänzen. — Weish. 6, 14. 16, 7. Bar. 1, 7. αὐτο, nemlich: ἀργυριον v. 6. nach ἀπεςειλαν.

Eben so häufig im N. T. Mark. 15, 32. πι-ςευσωμεν, nemlich: ἐπ᾽ αὐτω, vgl. Matth. 27, 42. — Luk. 6, 29. μη κωλυσης (αὐτα), wehre es nicht, vgl. Luk. 9, 50. mit Mark. 9, 39. — Mark. 14, 3. nach κατεχεεν ist αὐτο zu suppliren, das auf ἀλα-βαςρον sich bezieht. — Eph. 5, 11. αὐτες nach ἐλεγ-χετε. — Joh. 20, 8. αὐτο, nemlich: μνημειον, nach εἰδε. — Joh. 4, 48. wenn ihr die Wunder nicht

wirklich mit Augen gesehen habt, so glaubt ihr
(sie) nicht. — Luk. 19, 31. vgl. mit Mark. 11,
5. — 2 Theff. 2, 7. siehe §. 102. — 2 Theff.
3, 15. αὐτον nach ἡγεισθε. — 1 Tim. 5, 24. daß
προαγεσαι εἰς κρισιν für προαγεσαι αὐτες stehe, welches sich auf die τινας ἀνθρωπες bezieht, erhellt aus
dem Disjuncto: τισι δε και ἐπακολεθεσι. — Col.
1, 19. nach πληρωμα ist αὐτε zu ergänzen, welches
auf πατηρ v. 12. eben so, wie εὐδοκησε, zu beziehen
ist; so wie v. 18. nach σωματος, vergl. v. 24. —
auch Col. 1, 10. nach ἀρεσκειαν und K. 2, 14. nach
χειρογραφον. — Joh. 16, 8. 11. περικρισεως, statt:
περικρισεως αὐτε, nemlich: κοσμε, vgl. K. 12, 31.
Eben so K. 6, 52. την σαρκα, für: (v. 51, 53.)
την σαρκα αὐτε. — Röm. 2, 18. αὐτε nach θελημα, in Beziehung auf θεος v. 17. (vgl. auch Sir.
43, 16.). — 1 Tim. 6, 2. αὐτων nach καταφρονει-
τωσαν. — Röm. 2, 15. αὐτων (Heiden) nach κα-
τηγορεντων, „dadurch, daß ihre Gefühle sie selbst
anklagen." Eben so αὐτω (nemlich: ἐργω τε νομε)
nach συμμαρτυρεσης, „das Gewissen der Heiden
stimmt (damit, nemlich mit der Wirksamkeit eines äußern Gesetzes) völlig zusammen." — Röm.
6, 5. bei συμφυτοι muß man, wie bei συνεσταυρω-
ται v. 6., αὐτω (v. 4. Gal. 2, 19.) verstehen.
Vgl. auch Röm. 8, 17. 2 Tim. 2, 11. f. mit Phil.
3, 10. und 1 Theff. 5, 10. — 1 Cor. 16, 12. ἐκ
ἠν θελημα (αὐτω). — 1 Tim. 1, 4. ζητησεις (αὐτοις) παρεχεσι.

*) Anmerkung zu §. 110.

Aus allen angeführten Stellen erhellt, daß das
ausgelassene αὐτε immer auf was unmittelbar vorher

Erwähntes seine Beziehung hat; deswegen kann weder das ἐγω εἰμι Joh. 8, 58. zu diesen Beispielen ge-
rechnet werden (s. oben §. 35. β), noch Joh. 8, 28.
13, 19. weil sich in dem nächsten Zusammenhang nichts
findet, worauf sich das „es" beziehen könnte, sondern es ist zwar hier auch die Ellipsis αὐτος, das aber
in diesen Stellen so wie הוא bei den Hebräern (5 Mos.
32, 39. LXX. ἐγω εἰμι, nemlich: αὐτος) und in den
Apokryphen (s. oben §. 99. Anm.) sich auf nichts im
Vorhergehenden bezieht, sondern geradehin „Gott"
bedeutet: ich bin (Er, nemlich Gott).

§. III.

12) Zu der Ellipsis des Verbi substantivi,
wovon schon §. 32. 40. 65. 91. Anmerk. 2. die
Rede war, gehört auch noch, wenn es vor den
Wörtern ὡς, ἱνα, ὅτι ιc. weggelassen wird. Z.
B. 1 Mos. 41, 32: (τϙτο γεγονεν) ὅτι ἀληθες ἐςαι
το ῥημα θεϙ. — Klagl. Jer. 5, 21. ἀνακαινισον ἡ-
μερας ἡμων καθως ἐμπροθεν, statt: εἰς το γενεθαι
(להיות) αὐτας καθως ιc. — 1 Sam. 10, 9. אחר,
statt: להיות אחר. — 1 Kön. 2, 27. (τϙτο γεγονε) τϙ πληρωθηναι το. — 1 Cor. 1, 31. ἱνα (γενηται) καθως γεγραπται. — Joh. 15, 25. 18, 9.
32. ἱνα πληρωθη, für: ταυτα ἐγενετο (vgl. Joh.
19, 36. Matth. 26, 56.) ἱνα πληρ. — 2 Cor. 8,
11. nach ὁπως und v. 13. vor ἱνα ist γενηται zu
suppliren. — 2 Cor. 8, 5. ϙ für ϙκ ἐγενετο. —
Matth. 26, 39. γενεθω nach πλην ϙχ, vgl. Luk.
22, 42. — Col. 3, 10. εἰς το γενεθαι vor κατ᾽ εἰ-
κονα. —

13) Der Infinitiv mit ל, εἰς, wenn
er mit dem Verbo substantivo verbunden wird, das auch sehr oft wegbleibt,
hat mit einer Ellipsis des Wortes

Storr
S. 420. ff.
Weth.
S. 102.

עָתִיר; ἕτοιμος, bereit, tauglich, be
stimmt zu was [1]), oder eines andern
ähnlichen Adjektivs, mannigfaltige auch
tropische Bedeutung des Futuri im Ak
tivo und Passivo. Z. B.

Hos. 9, 13. Ἐφραιμ (ἔσεται ἕτοιμος) τᴁ ἐξαγαγειν, לְהוֹצִיא, Ephraim wird seine Kinder zum
Würgen vorführen, statt: ἐξαξει [2]). — 4 Mos.
8, 11. וְהָיוּ לַעֲבוֹד, ἔσονται (ἕτοιμοι) ᴣᴁε ἐργαζε-
θαι ἐργα κυριᴁ, sie werden dem Jehova dienen. —
Mich. 5, 1. ἐξελευσεται (ὃς ἔσεται) τᴁ εἰναι 2c. es
wird einer hervorkommen, welcher (bestimmt seyn
wird) Herr zu seyn, d. h. welcher Herr seyn wird.
— Pf. 119, 76. יְהִי לְנַחֲמֵנִי, γενηθήτω το ἔλεος
σᴁ τᴁ παρακαλεσαι με, deine Gnade tröste mich!
— Spr. Sal. 2. 8. לִנְצוֹר ist wegen des Parallelismus mit יִשְׁמֹר, soviel, als: הִין לִנְצוֹר,
LXX. τᴁ Φυλαξαι, für: Φυλαξει, wie im andern
Theil des Verses: διαΦυλαξει, er beschützt, pflegt
zu beschützen (futur. consuetudinis, s. oben). —
Ruth 4, 4. אֵין לִגְאֹל, ᴁκ ἔςι παρεξ σᴁ τᴁ ἀγχι-
ςευσαι, es ist Niemand ausser dir einzulösen (tauglich), für: ἀγχιςευσει, es hat Niemand das Recht
einzulösen. — 1 Chron. 15, 2. לֹא לָשֵׂאת, ᴁκ
ἔςιν ἀραι, es wird sie Niemand als die Leviten,
d. h. Niemand darf sie tragen. — Pf. 68, 19.
wenn gleich LXX. die wahre Bedeutung von שׁכן
(Storr S. 47. aufhören), welche hier Statt
hat, in לִשְׁכֹּן nicht ausgedrückt haben, „der
Zorn der Rebellen wird aufhören müssen,“ so ist
doch ihre Uebersetzung hieher zu gebrauchen. —
Tob. 14, 3. προς το ἀποτρεχειν ἐκ τᴁ ζην (ἕτοιμος)
εἰμι. — Sir. 27, 21. ἔςι καταδησαι, eine Wunde
wird,

wird, d. h. kann verbunden werden. K. 39, 19.
kann nicht verborgen werden, ἐκ ἔςι κρυβῆναι; v.
21. man kann nicht sagen; Judith 7, 19. man
konnte nicht entfliehen.

Luk. 5, 17. ἦν εἰς τὸ ἰᾶσαι αὐτὲς, pflegte
gesund zu machen, vgl. Esai. 44, 14. לִכְרֹת, er
pflegt Holz zu fällen, daher LXX. ἔκοψε ξύλον,
und Esai. 21, 1. ein Wetter, das alles umzukehren pflegt. — Matth. 5, 13. die Worte εἰ μὴ
βληθῆναι ἔξω müssen besonders übersetzt werden,
ohne sie mit εἰς ὀδὲν ἰσχύει ἔτι in Verbindung zu
setzen (vgl. Luk. 14, 35.), „ein solches Salz ist
zu nichts mehr nütze, sondern (εἰ μὴ)³) ist tauglich, ist bestimmt auf die Gasse geschüttet zu werden, d. h. muß auf die Gasse geschüttet und von
den Vorübergehenden mit Füßen getreten werden.
Vgl. Esth. 9, 1. am dreizehnten Tag, an welchem
der Befehl des Königes (K. 3, 13.) ausgeführt,
und sein Urtheil (bestimmt war, vollstreckt zu werden) vollführt werden sollte, לְהֵעָשׂוֹת.
— Offenb. 12, 7. τὰ πολεμῆσαι (ἦσαν) μετὰ τὰ
δράκοντος, waren (bereit, bestimmt) zu streiten,
oder sollten streiten, vgl. Pf. 120, 7. הֵמָּה
לַמִּלְחָמָה. — Offenb. 14, 13. ἵνα ἀναπαύσωνται,
für: ἀναπαύσονται, K. 22, 14. ἵνα ἔςαι. Eben so
Röm. 9, 23. ἵνα γνωρίσῃ, für: γνωρίσει, er wird
zeigen; Ebr. 13, 17. ἵνα ποιῶσι, soviel, als: ποιησάτωσαν, sie sollen mit Freuden für eure Seelen sorgen, oder (§. 14. nr. 4.) laßt sie es mit
Freuden thun, verhaltet euch so, daß ꝛc. — —
Eph. 4, 29. ἵνα δῷ χάριν, es soll Anmuth und
Lieblichkeit (Sir. 21, 16. Spr. Sal. 7, 5. Luk. 4,
22.) denen, die ihn hören, gewähren. — Eph.

20

5, 33, ἵνα Φοβηται, soviel, als: Φοβηθησεται, oder:
Φοβειθα. — Mark. 12, 19. ἵνα λαβη, für: ληψεται, oder: λαβετω. — Mark. 9, 12. ἵνα παθη ꝛc.
für: μελλει πασχειν (Matth. 17, 12.). — Joh.
1, 8. (ἦν) ἵνα μαρτυρηση, er sollte zeugen. —
Philem. v. 19. ἵνα μη λεγω. — 1 Joh. 2, 19.
(ἦσαν) ἵνα Φανερωθωσι, sie mußten offenbar werden (Jos. 2, 5. ויהי לסגר, das Thor sollte ge-
schlossen werden. — Mark. 14, 49. (εἰσιν) ἵνα
πληρωθωσιν, die Schriften müssen erfüllt werden. —
Joh. 12, 7. nach der Lesart: ἵνα τηρηση, soviel,
als: ἦν ἵνα τηρηση, sie wollte diese Salbe aufbehalten, vgl. Dan. 1, 5. ולגדלם, sie (impersonaliter) wollten sie noch erziehen, d. h. man
wollte sie noch drei Jahre erziehen und bilden.

Anmerkungen zu §. III.

Anm. 1. עתיר wird auch sonst weggelassen, z.
B. 3 Mos. 16, 5. zwei Ziegenböcke zu einem Sündopfer
(tauglich) לחטאה. Uebrigens sind wegen der Bedeutung von ἑτοιμος die Stellen nachzusehen: Esth. 3.
14. bereit seyn auf diesen Tag. Ezech. 21, 11. 1 Sam.
13, 21. ἦν ὁ τρυγητος ἑτοιμος τε θεριζειν. Sir. 51, 3.
Gebrüll, das mich verschlingen wollte. 1 Petr. 1, 5.
σωτηρια ἑτοιμη (soviel, als: μελλουσα) ἀποκαλυφθηναι.

Anm. 2. 2 Chron. 19, 2. übersetzen LXX. לעזר
βονθεις. — Richt. 1. 19. לא היה, לא להוריש, für:
להוריש, er war nicht tüchtig zu vertreiben, für: er
konnte nicht vertreiben, daher LXX. ἐκ ἠδυνηθησαν
ἐξολοθρευσαι (Jos. 17, 12.). — 5 Mos. 4, 2. לשמור,
ihr werdet bereit seyn zu halten, oder: ihr sollet halten, haltet; daher LXX. im Imperativ: Φυλασσεσθε.
2 Kön. 4, 13. מה לעשות לך, was werde (soll)
ich dir thun? τι δει ποιησαι. — 1 Mos. 15, 12. ויהי

השמש (עתית) לבוא, die Sonne war bereit, oder: an dem, unterzugehen, wollte eben untergehen. LXX. ganz frei: περὶ ἥλιε δυσμὰς.

Anm. 3. Diese Bedeutung hat εἰ μὴ (אם לא 1 Moſ. 24, 38. LXX. ἀλλὰ) in folgenden Stellen: Joh. 3, 13. ich finde keinen Glauben, und doch iſt keiner meiner Zuhörer in Himmel gefahren, ſondern der vom Himmel gekommen iſt, der Sohn ꝛc. — Joh. 6, 46. nicht als wenn jemand den Vater geſehen hätte, ſondern der von Gott iſt, der hat ihn geſehen. — Luk. 4, 27. zu Eliſä Zeiten ſind unter den Iſraeliten viele Ausſätzige geweſen, und keiner von ihnen, ſondern (εἰ μὴ) ein Fremdling, Naeman iſt rein worden. Matth. 12, 4. Offenb. 9, 4. 21, 27. Gal. 2, 16.

§. 112.

14) Es werden auſſer dem Verbo ſubſtantivo auch andere Verba weggelaſſen, welche aus der Präpoſiton im Saß leicht zu ſuppliren ſind. Z. B. 1 Kön. 22, 36. איש אל עירו, jeglicher (gehe wieder zurück) in ſeine Stadt, ἕκαςος εἰς τὴν ἑαυτε πόλιν (ἀναςραφθτω, ישובו, vgl. v. 17.). Vgl. auch 2 Sam. 20, 1. ἀνὴρ εἰς τὰ σκηνώματα. — Pſ. 25, 15. 33, 18. 34, 16. f. 1 Petr. 3, 12. 2 Chron. 20, 12. Neh. 8, 3. Sir. 15, 19. ὀφθαλμοι ἐπι τινα, ἐπι τινι, προς τινα, nemlich: ἐπιβλεπεσι, welches in ſo vielen Stellen ausgedrückt iſt, z. B. Pſ. 25, 17. 69, 20. Ezech. 36, 9. Luk. 1, 48. — 2 Sam. 20, 11. ὀπισω Ιωαβ, nemlich: πορευεσθω, oder: ἐλθετω, vgl. v. 13. 14. — Pſ. 3, 9. (Spr. Sal. 10, 6.) ἐπι τον λαον σε ἡ εὐλογια (γενηται, wie Gal. 3, 14. und Amos 9, 10.). — Spr. Sal. 29, 26. von Jova (kommt) das Recht ꝛc. LXX. ſuppliren γιγεται. — K. 12, 28.

Storr S. 424. f. Weth. S. 189.

suppl. ἀνάγεσι. — K. 5, 10. suppliren LXX. ἐλ-
Θωσι. — 2 Kön. 18, 26. vergl. v. 27. — Spr.
Sal. 10, 26. wie Essig den Zähnen, und Rauch
den Augen, nemlich: schadet, daher LXX.
βλαβερον.

In folgenden Stellen haben die LXX. diese
Ellipsis, wo im Hebräischen keine ist: Richt. 16,
26. τας κιονας ἐφ' ἃς ἡ οἰκια, hebr. נכון, welches
sie v. 29. εισηκει übersetzen. — 1 Sam. 1, 9. ὁ
ἱερευς ἐπι τε διφρε, hebr. ישב. — Jer. 32, 19.
οἱ ὀφθαλμοι σε εἰς τας ὁδες, hebr. פקחות. — Pred.
Sal. 3, 20. τα παντα εἰς τον ἑνα, hebr. הולך.

Man vergl. noch Sir. 3, 11. 38, 26. 36, 7.
30, 24. Futter und Stock und Last (gehört) für
den Esel, vgl. den Dativ לחמור Spr. Sal. 26,
3. — Weish. 9, 6. της ἀπο σε (ἐρχομενης) σοφιας.
K. 13, 10. 6, 9. 3 Esr. 8, 95. 7, 6. Br. Jer. v.
19. πλειες ἢ αὐτοις (Dativ להם), nemlich: καθ-
ηκει; vergl. Esr. 4, 3. ἐχ ὑμιν και ἡμιν (πρεπει)
τε οἰκοδομησαι. Baruch 4, 1. εἰς ζωην (εἰσελευσονται, oder: φθανεσι)

Ebr. 9, 9. dieses Bild (sollte dauern) bis auf ꝛc.
Das Zeitwort ἐπικειται v. 10. oder ein ähnliches
muß aus dem εἰς, wie Luk. 16, 16. aus dem ἑως
verstanden werden. — Gal. 2, 9. ἱνα ἡμεις εἰς τα
ἐθνη (πορευωμεθα), αὐτοι δε εἰς ꝛc. — Röm. 7, 10.
εἰς ζωην, nemlich: δοθεισα. — Gal. 4, 5. τες ὑπο
νομον (γενομενες v. 4.) — Matth. 11, 21. ἐν
σακκω και σποδω, nemlich: καθημεναι, vgl. die Parallelstelle Luk. 10, 13. — Matth. 27, 15. ἐφ'
ἡμας (ἐρχεσθω K. 23, 35.). — Vergl. noch Apostg.
18, 6. und Jer. 51, 35. — Jak. 3, 17. vgl. v.
15. — Luk. 24, 27. vgl. mit v. 44. — Apostg.

26, 12. ἐπιτροπης της παρα των ἀρχιερεων, nemlich:
λειφθησης, vgl. v. 10. λαβων. — K. 10, 15. Φωνη
προς αὐτον, suppl. ἐγενετο v. 13. — 1 Cor. 16, 13.
τα βρωματα τη κοιλια (ἀνηκει), και ἡ κοιλια τοις βρω-
μασι, לאכלה; die Speiſen (ſind beſtimmt) für
den Magen, und der Magen für die Speiſen;
der Körper iſt aber nicht (beſtimmt) für die πορνεια, לזנות. Eben ſo iſt zu dem Dativ τοις ἐθνε-
σι Röm. 11, 1. das Verbum ἐγενετο zu überſetzen,
ſo wie Dan. 4, 16. יהיה zu לשנאיך, wo die
LXX. richtig suppliren ἐπελθαι, Theod. ἐσω,
2 Cor. 8, 18. deſſen Lob bei allen Gemeinen (ἐγενετο, percrebuit, vgl. Eſai. 66, 8.).

§. 113.

15) Manchmal iſt ein Verbum aus- **Storr**
gedrückt, und mit einer Präpoſition **S. 425,**
conſtruirt, welche aber nicht zunächſt **nr. II.**
zu dieſem Verbo gehört, ſondern zu
einem andern, das zu ſuppliren iſt.
Oder: ein Verbum iſt mit einer Präpoſition durch eine ſogenannte *consru-
ctionem praegnantem* verbunden. Z. B.
4 Moſ. 19, 2. λαβετωσαν προς σε (1 Moſ. 15, 9.
μοι) für: λαβετωσαν και ἀγαγετωσαν προς σε, vgl.
1 Sam. 30, 11. und 2 Kön. 2, 20., wo die LXX.
wirklich ἀγεσιν und ἠνεγκαν suppliren, ſo wie ſie
4 Moſ. 11, 16., wo dieſelbe Redensart im Hebräiſchen iſt, den Pleonasmus des Verbi (יקח
weglaſſen und geradehin überſetzen: ἀξεις αὐτος
προς. — Esr. 6, 21. ὁ χωριζομενος προς αὐτος, von
den Götzendienern abgeſondert und ſich zu den Juden (gehalten). — Jer. 41, 7. ἐσφαξεν αὐτος

(και ερριψεν v. 9.) εἰς το Φρεαρ. — Pf. 89, 40.
ἐβεβηλωσας εἰς την γην, entweihst und wirffſt, oder:
wirffſt ſein Diadem entweiht zur Erde. — Pf.
118, 5. er erhörte mich (und ſtellte mich) in einen
weiten Platz, d. h. in Sicherheit. — 2 Moſ. 34,
15. auch hier, wie im Hebräiſchen, ἐκπορευσασιν
(και πορευσονται Hoſ. 2, 5. Jer. 2, 5. Sir. 46, 13.)
ὀπισω των θεων. Eben ſo κοπιωντες ὀπισω σε 5 Moſ.
25, 18. die ermüdet dir nachzogen, und Pf. 63, 7.
ἐκολληθη ἡ ψυχη με ὀπισω σε, ich hänge mich an
dich, um dir überall zu folgen. — Pf. 73, 27.
παντα τον πορνευοντα ἀπο σε, alle die von dir (abgefallen und) huren, d. h. alle Abgötter (vgl. auch
Hoſ. 1, 2. 4, 12. Ezech. 6, 9.). — 2 Sam. 22,
22. und Pf. 18, 22. ἐκ ἠσεβησα ἀπο θεε με, לא
רשעתי מאלהי, ich bin nicht gottlos (weiche alſo nicht) von meinem Gott. — 2 Sam. 18, 19.
31. ἐκρινε κυριος ἐκ χειρος, Recht verſchafft (und
errettet) von ꝛc. — 1 Moſ. 48, 17. ἀφελειν την
χειρα ἀπο της κεφαλης Εφραιμ (και ἐπιβαλειν, vgl.
den Anfang des Verſes) ἐπι την κεφ. μου. —
2 Kön. 5, 3. 6. 7. אסף מצרעה ἀποσυναγειν ἀπο
της λεπρας, einen der menſchlichen Geſellſchaft wieder zuſtellen (befreit) vom Ausſatz. — Pred. Sal.
4, 1. ἀπο χειρος συκοφαντεντων αὐτοις ἰσχυς (σωζειν), מיד עשקיהם כח, wenn ſie auch Kraft
hätten, ſie von der Hand ihrer Bedrücker zu befreien. — Job 14, 18. veraltert (und wird verſetzt) aus ſeiner Stelle. — K. 11, 5. ἀνοιξει ὁ
κυριος χειλη αὐτε μετα σε, ach daß doch der Herr
ſeine Lippen öffnete (und redete, vgl. λαλησαι προς
σε in der erſten Hälfte des Verſes) mit dir. —
2 Sam. 22, 48. παιδευων λαες (ὑποταξας Pf. 18,

47.) ὑποκατω μȣ. — 1 Chron. 21, 10. τρια εγω αιρω επι σε, eine dreifache Last hebe ich auf (und lege sie) auf dich. Wie hier αιρειν επ᾽ αλλον, so auch αιρειν εφ᾽ εαυτον, z. E. Matth. 11, 29. — 2 Sam. 13, 19. וַתִּקַּח אֵפֶר עַל־רֹאשָׁהּ, sie nahm Asche (und streute sie) auf ihr Haupt, LXX. suppliren hier das Verbum: ἐλαβε σποδον και ἐπεθηκεν ἐπι. — Bar. 4, 34. ich will ihr Rühmen hinwegnehmen (und verwandeln) in Klage. — Tob. 1, 10. Sir. 10, 17. er hat ihr Andenken aufhören gemacht (und weggenommen) von der Erde. — 1 Makk. 9, 73. das Schwerdt hat aufgehört (und ward entfernt) aus Israel.

Joh. 12, 32. ὑψωθηναι ἐκ της γης (das die Art des Todes Jesu bestimmt v. 33. K. 8, 28.) heißt soviel, als: ὑψωθηναι και ἀπελθειν ἐκ της γης. — Offenb. 18, 4. ἀπωλετο ἀπο σȣ, für: ἀπωλετο και ἀπηλθεν ἀπο σȣ. — Röm. 6, 7. δεδικαιωται ἀπο της ἁμαρτιας, wer gestorben ist mit Christo, der ist gestraft (s. Storr de voce δικαιος p. 39. f.) und von der Sünde entfernt, d. h. er wird justificirt, um von der Sünde wegzukommen, und in Zukunft nimmer durch die Sünde schaden zu können. — Joh. 17, 15. ἱνα τηρησης αὐτȣς ἐκ τȣ πονηρȣ, daß du sie erhalten (v. 11. f.) und also von dem Argen befreien wollest. S. die oben angef. Stelle 2 Sam. 18, 19. 31. auch 1 Sam. 24, 16. und Spr. Sal. 21, 23. „wer seinen Mund bewahrt, erhält sein Leben (und errettet es) aus der Noth, διατηρει ἐκ θλιψεως. — 2 Tim. 2, 26. ἀνανηφειν ἐκ της διαβολȣ παγιδος, sich wieder besinnen (und los werden von) der Schlinge des Teufels. — Ebr. 5, 7. da er auf sein Gebet von

dieſer Furcht befreit war, εισαχϑεις απο της ευ-
λαβειας, vgl. Pſ. 22, 22. מקרני רמים עניתני,
erhöre (und befreie) mich von den Hörnern ꝛc. —
Ebr. 10, 22. von dem böſen Gewiſſen durch Be-
ſprengung am Herzen befreit. — Ebr. 11, 34.
geſtärkt (und frei) worden von der Schwachheit,
d. h. die ſich von ihrer Schwachheit erholt haben.
Col. 2, 20. geſtorben (und frei) ſeyd von jenen irrdiſchen Anfangsgründen, απεϑανετε απο. — Ebr.
12, 15. υστερειν απο της χαριτος, zu ſpät kommen
(K. 4, 1.) und von der Gnade Gottes entfernt
oder ausgeſchloſſen werden, εκκλειεϑαι. — Röm.
9, 3. Auſſer der oben §. 56. nr. 3. angegebenen
Erklärung läßt ſich αναϑεμα ειναι απο χριςυ auch
durch die Ellipſis des Verbi, εκκλειεϑαι überſetzen,
ſ. Koppe. — 2 Cor. 5, 6. wir wallen (entfernt)
vom Herrn. — 2 Theſſ. 2, 2. σαλευϑηναι (das mit
dem folgenden ϑροειϑαι einerlei Bedeutung hat)
υμας απο τυ νοος ꝛc., laſſet euch nicht, abgeſchreckt
durch Propheten, oder durch ſonſt was, von eurer Meinung abbringen. S. auch 2 Cor. 11,
3. verſchlimmert (und abgelenkt) von ꝛc. — Gal.
1, 6. μετατιϑεσϑε απο ꝛc. — daß ihr euch geändert
habt (μετατιϑεναι τινα, eines ſeine Geſinnung ändern 1 Köm. 21, 25.) und abgetreten ſeyd, von
dem ꝛc., vergl. auch 2 Makk. 7, 24. μεταϑεμενον
απο των πατριων νομων. — Apoſtg. 8, 22. μετανο-
ειν απο, ſeinen Sinn ändern und ablaſſen von ꝛc.,
eben ſo μετανοια απο Ebr. 6, 1. — Mark. 7, 4.
απο αγορας (ελϑοντες, wie einige Handſchriften haben) εαν μη βαπτισωνται, wenn ſie ſich nicht von
draußen (kommend) gewaſchen haben; vgl. Sir.
31 (34), 25. βαπτιζομενος (ελϑαν) απο νεκρυ. —

1 Tim. 5, 15. — Mark. 1, 20. ἀπηλθον (και ἠκολυθυν Matth. 10, 38. oder ἐπορευθησαν) ὁπισω αὐτυ, vgl. die Parallelstelle Matth. 4, 21. — Offenb. 14, 4. ὑκ ἐμολυνθησαν (πορνευσαντες K. 17, 2. 18, 3.) μετα γυναικων, nemlich: πορνων K. 17, 5. — 1 Petr. 2, 24. ἀνηνεγκεν ἐπι το ξυλον, soviel, als: ἀνηνεγκεν κρεμαμενος ἐπι το ξυλον, vgl. Gal. 3, 13., wo dieß in der Präposition ἐπι enthaltene Verbum zwar den Genitiv bei sich hat, wie 5 Mos. 21, 23. Apostg. 5, 31. doch kommt auch der Akkusativ Hohel. Sal. 4, 4. vor. — Phil. 3, 14. in der Präposition ἐπι ist das Verbum τρεχω (1 Mos. 24, 20.) enthalten: unum persequor (contendens) ad præmium. — Apostg. 27, 44. daß sie alle erhalten am Land (ankamen), διεσωθησαν ἐπι την γην, vgl. 1 Sam. 22, 1. וימלט אל מערה, LXX. suppliren zu אל das fehlende Verbum, διεσωθη και ἐρχεται εἰς το σπηλαιον; s. auch Jos. 10, 20. LXX. — 1 Petr. 3, 20. in welches sich nur acht Menschen begaben, und des Wassers ungeachtet errettet wurden (wegen διεσωθησαν, s. Weish. 10, 4. 14, 5.). — Apostg. 8, 39. εὑρεθη εἰς ἀζωτον. Will man εἰς nicht in der Bedeutung von ἐν annehmen, wie LXX. Esth. 1, 5. und das zweite εἰς 1 Makk. 3, 46. Judith 16, 23. Apostg. 7, 4. vgl. v. 3. und 2 Chron. 19, 4.; so kann wohl das Verbum „gehen“ darunter verstanden werden: er gieng (ἠλθε 1 Makk. 3, 46.) nach Asdod, und hielt sich da eine Zeit lang auf (εὑρεθηται, 1 Chron. 29, 17. 2 Chron. 29, 29. 30, 21. 25. 31, 1.) — Apostg. 12, 19. er reiste nach Cäsarien und hielt sich daselbst auf. — Luk. 21, 24. suppl. ἀχθησονται, vgl. Tob. 1,

10. — Mark. 3, 3. ἐγειραι (και 5η9ι Luk. 6, 7.)
εἰς το μεσον. — Matth. 4, 5. 8. 27, 27. παραλαμβ.
εἰς, statt: και ἀγειν, ἀναγειν εἰς; daher Lukas K.
4, 9. geradehin sagt: ἠγαγεν αὐτον εἰς ꝛc. vergl.
1 Mos. 12, 15. וַתֻּקַּח בֵּית (statt: בַּבַּיִת, oder:
אֶל בֵּית), sie wurde genommen und gebracht in
das Haus, LXX. εἰσηγαγεν αὐτην εἰς — und
Esth. 2, 16. — Luk. 21, 38. ὠρθριζε προς αὐτον,
wörtlich: stand früh auf (und kam, s. 1 Mos. 19.
2. ορθρισαντες ἀπελευσεσθε εἰς) zu ihm, d. h. kam
früh zu ihm, statt: ὠρθριζε και ἠλθε (§. 77. α).
Vgl. noch 1 Mos. 19, 27. 1 Makk. 11, 67. Weish.
6, 14. ὁ ορθρισας ἐπ᾽ αὐτην.

§. 114.

Storr
S. 127.
nr. I. 16) Ein und dasselbige Wort, das
nur Einmal ausgedrückt ist, muß manchmal bei einigen sich ebenfalls darauf
beziehenden Theilen des Prädikats in
Gedanken wiederholt *) werden, aber
in einer andern, etwas veränderten,
oft tropischen Bedeutung. Z. B.

Ps. 119, 36. im Griechischen, wie im Hebr.
lenke (κλινον) mein Herz zu deinen Geboten, aber
(κλινον, laß es nicht zu, daß es sich lenke §. 14.
nr. 4.) zur Gewinnsucht. — Job 1, 21. שָׁמָּה,
ἐκει bezieht sich zwar auf אִמִּי מִבֶּטֶן, ἐκ κοιλιας
μητρος μȣ, aber nur insofern diese Worte, wenn
sie das zweitemal ausgedrückt worden wären, metaphorisch (1 Mos. 3, 19. Job 17, 14. Sir. 40,
1.) zu nehmen sind. — Luk. 19, 44. von der gedoppelten Bedeutung des Verbi ἐδαφιȥȣ, dem
Boden gleich machen, und: auf den Boden wer-

fen, zerſchmettern, hat man die erſte bei σε zu neh=
men, und die andere bei τεκνα σε zu suppliren. —
Ebr. 5, 11. bei δυσερμηνευτος muß ὁ λογος wieder=
holt werden, aber nicht mehr in der Bedeutung:
Vortrag, Rede, ſondern inſofern es Sache
bedeutet, wovon die Rede iſt: „hievon wer=
de ich weitläuftig handeln, und doch wird die Sa=
che wegen eurer Schwachheit ſchwer vorzutragen
ſeyn.“ — Ebr. 9, 4. ἐχεσα hat bei θυμιατηριον die
Bedeutung: mußte haben, und ſollte bei κιβω=
τον in ſeiner gewöhnlichen Bedeutung: „hatte“
„enthielt“ „faßte in ſich“ wiederholt wer=
den. — 1 Tim. 5, 24. hat ἁμαρτιαι bei προδηλοι
den gemeinen Sinn: Sünden, Verbrechen;
bei προαγυσαι, (vgl. ἐξηλθε φωνη, ἀκοη, λογος περι
τινος Matth. 9, 26. Mark. 1, 28. Luk. 5, 15.)
und ἐπακολυθεσι aber den tropiſchen „das Ge=
rücht von Verbrechen,“ wie 1 Theſſ. 1, 8.
πισις, der Ruf vom Glauben. Wegen der Ellipſis
αὐτας bei προαγυσαι, ſ. oben §. 110. β) — 2 Petr.
3, 5. γη ἐξ ὑδατος και δι ὑδατος συνεςωσα (ἠν) τῳ
τε θεε λογῳ, die Erde wurde durch den göttlichen
Willen aus dem Waſſer hervorgebracht, und
des Waſſers der Sündfluth ungeachtet erhal=
ten. Der Ausdruck συνεςωσα hat nemlich hier ei=
ne doppelte Bedeutung, und bezeichnet in Ver=
bindung mit ἐξ das Hervorbringen und Entſtehen
der Erde, in Verbindung mit δια die Erhaltung,
ſ. Schleusner bei dieſem Wort nr. 4. 5. Röm.
16, 13. vor ἐμε iſt μητηρ im tropiſchen Sinn zu
ſubintelligiren, „die ſich als Mutter gegen mich
bewieſen hat“ (Joh. 19, 26. f.). — Ebr. 6, 19.
das Pronomen ἠν bezieht ſich zwar auf das vor=

hergehende ἐλπίδος, aber so, daß man sich ἐλπίς noch einmal denken muß, und zwar in einer andern Bedeutung, die nicht mehr den Gegenstand der Hoffnung, wie v. 18. (versprochene Seligkeit) anzeigt, sondern die Hoffnung selbst, s. unten Anm. *). Es bedeutet also das ἐλπις, insofern es auch in dem Particip. εἰσερχομενην, das sich auf ἥν bezieht, enthalten ist, „denjenigen, der die Hoffnung hat.“ — Matth. 10, 12, αὐτην auf οἰκιαν, das vorhin ein Gebäude bezeichnete, jetzt aber noch einmal und zwar in einer andern Bedeutung gedacht werden muß: „Einwohner des Hauses.“ — Gal. 1, 23. bedeutet πισις die Lehre des Evangelii (1 Tim. 4, 6. Apostg. 6, 7.) insofern sich aber ἥν ἐπορθει darauf bezieht, die Bekenner des Evangelii, τες πισευοντας (Gal. 1, 13. Apostg. 9, 21.).

*) Anmerkung zu §. 114.

Ein und dasselbige Wort wird wirklich häufig in einerlei Context in gedoppelter Bedeutung wiederholt. Z. B. Ps. 69, 28. עָוֹן, ἀνομια, das einemal Sündenstrafe, das anderemal Sünde; 2 Cor. 5, 21. ἁμαρτια, Sünde und Sündopfer (3 Mos. 4, 3.). — 2 Chron. 20, 31. מלך, βασιλευειν, zuerst: regieren, Dauer der Regierung, und dann: die Regierung antreten, durch eine Synekdoche. — 1 Kön. 12, 7. δουλος, δουλευειν, einem einen Dienst erzeigen, gnädig Eines Bitte anhören, wie ein Regent seiner Unterthanen; dann aber: einem unterthänig seyn, wie ein Volk seinem Regenten. — Spr. Sal. 25, 27. (s. Storr S. 443.) כבוד bedeutet zuerst schwere Dinge (כבודם mit dem pleonastischen Mem paragogicum, um des Wohllautes willen), und dann: Ruhm, Ehre. „Viel Honig essen, d. h. nichts als

nur Angenehmes und Süßes genießen wollen, ist
schädlich; aber die Untersuchung schwerer, wichtiger
Dinge ist rühmlich.

Röm. 8, 12. f. ζην, leben, handeln, und: selig leben. — Joh. 11, 25. f. αποθνησκειν, sterben, d. h. das
Leben und die Welt verlassen, dann aber auch: unglücklich seyn. — Jak. 3, 18. ειρηνη, Friede und Glück.
— Röm. 8, 24. ελπις, zuerst: die Hoffnung (ελπιδι),
hernach: die gehoffte Sache, Gegenstand der Hoffnung. — Röm. 8, 10. πνευμα, Geist des Menschen im
Gegensatz zu seinem Leib (wie Jak. 2, 26.), und:
Geist Gottes v. 2. ff. 13. — Jak. 4, 8. εγγιζειν τινι,
Gott verehren, und: einem gnädig zugethan seyn
(f. oben §. 41.). — Luk. 9, 60. νεκρος, zuerst: ein
Sterblicher, der sterben wird (Röm. 8, 10. und oben
§. 30.) und dann: ein wirklich Todter. — Gal. 4, 21.
νομος, mosaische Gesetze, aber auch: Schriften, wor-
inn diese Gesetze enthalten sind.

§. 115.

17) Manchmal wird ein und eben Storr
dasselbe Verbum mit mehreren Nomi- S. 427.
nibhs verbunden, auf deren einige nur nr. II.
der gewöhnliche Begriff des Verbi an-
wendbar ist; auf die übrige Nomina
aber bezieht es sich nur, insofern es einen gewissen allgemeinen Begriff enthält, den man auch ihnen anpassen
kann. Dieser allgemeine Begriff ist
es also, den man in Gedanken zu suppliren hat. Z. B.

2 Mos. 20, 18. das Volk sahe (εωρα, ראה)
den Donner und die Flammen und den Ton der
Posaune und den rauchenden Berg, für: es sahe
die Flammen und den rauchenden Berg, und
nahm wahr (der allgemeine Begriff) den Don-

ner und den Posaunenschall (mit einem Empfin-
dungswerkzeug, das sich für diese Dinge schickt,
oder: es hörte.) — Esth. 4, 1. וילבש שק
ואפר, er legte ein Trauerkleid an (ἐνεδύσατο)
und Asche, d. h. er bedeckte sich mit Trauerkleid und Asche. Man denke sich zu σποδον das
Gattungswort ἐπιβάλλειν, welches z. B. Jos. 7, 6.
mit χεν ἐπι τας κεφαλας verbunden ist, aber auch
mit ἱματιον, z. B. 3 Mos. 19, 19. LXX. haben
in der angef. Stelle Esth. 4, 1. das Verbum κατα-
πασσειν (Job 1, 20.) supplirt. Vergl. auch die
sehr ähnliche Stelle 1 Makk. 3, 47. περιεβαλοντο
σακκας και σποδον ἐπι τας κεφαλας. — Esai. 30,
5. im Griechischen, wie im Hebräischen, „das ihn
nichts nützen kann" (ὠφελησει), weder zur Hülfe, noch sonst zu einem Vortheil, sondern (es wird
ihnen gereichen, soviel, als das allgemeine
Wort ἐσαι) zur Schande. — Jer. 19, 1. kaufe
dir einen irrdenen Krug vom Töpfer (nimm zu
dir einen durch Kauf bekommenen Topf) und
(nimm zu dir, LXX. ἀξεις) einige von den Vornehmsten des Volks. — 1 Makk. 7, 17. σαρκας
ὁσιων σε και αἱματα αὐτων ἐξεχεαν. Das Verbum
ἐκχεειν, das sich seinem wahren Begriff nach nur
zu αἱματα schickt, muß in seiner allgemeinen
Bedeutung „in Menge geben" (Sir. 16, 11.
1, 10. 24, 23. Röm. 5, 5. Tit. 3, 6. vgl. auch
נתן 2 Mos. 30, 18. 4 Mos. 19, 17. LXX. ἐκχεειν), zur σαρκας gedacht werden; daher in der
Stelle Ps. 79, 2., auf welche 1 Makk. 7, 17. Rücksicht nimmt, das Verbum נתן noch auffer שפך
steht. — Br. Jer. v. 34. sie mögen Schaden von
jemand leiden (παθωσιν), oder Gutes (empfangen,

empfinden, welches der allgemeine Begriff ist, dem der des Leidens untergeordnet ist.

Jak. 1, 9. 10. Ein armer Bruder freue sich der Größe seiner Seligkeit; der reiche (unwürdige Christ, wie er v. 9. K. 2, 2—7. 4, 13. 5, 1. ff. beschrieben wird) aber seiner Erniedrigung. Da nun Erniedrigung und Verlust seiner irrdischen Vorzüge (v. 10.) kein Gegenstand der Freude ist, so muß das Gattungswort: im Innern bewegt und erschüttert werden, supplirt und dem Inhalt der übrigen Worte gemäß übersetzt werden: „beim Armen sey es Affekt der Freude, eines freudigen Rühmens, beim Reichen Affekt der Traurigkeit." Hier würde also das ausgelassene Verbum, als eine andere Species des Genus und Disjunctum von καυχασθω seyn: κλαυσατω. — 1 Cor. 14, 34. es ist den Weibern nicht erlaubt zu lehren, sondern (es ist ihnen vorgeschrieben) zu gehorchen. — 1 Tim. 4, 3. schickt sich die Bedeutung von κωλυειν verbieten, wohl zu γαμειν, aber nicht zu απεχεσθαι βρωματων, welches auch mit κωλυειν verbunden ist. Da nun aber der Genus-Begriff lehren, vorschreiben ist, und gebieten, verbieten Species davon, so ist aus κωλυειν das zu απεχεχ. βρωμ. eher schickliche coordinirte Zeitwort κελευειν zu ergänzen. — 1 Tim. 2, 12. επιτρεπω, insofern es sich auf ειναι εν ἡσυχια bezieht, hat hier die Bedeutung vom allgemeinen Wort λεγω, βαλομαι, γνωμην διδωμι, ohne weitere Rücksicht auf die besondere Art, die man Erlaubniß (επιτρεπω) nennt. — 1 Cor. 3, 2. Milch hab ich euch zu trinken gereicht, nicht (zu essen gereicht) starke Speise; vgl. 5 Mos. 32, 13. ff.

— Phil. 1, 27. ακεειν, das eigentlich nur von
απων gesagt werden kann, kann doch auch mit ελθων και ιδων verbunden werden, wenn man das
Verbum, das den allgemeinen Begriff: erfah=
ren, Nachricht bekommen, bezeichnet, in
der Anwendung auf sichtbare Gegenstände dazu
denkt. — Matth. 21, 15. vergl. die obige Stelle
2 Mos. 20, 18. — Eben so Luk. 12, 55. — Ebr.
2, 3. der Ausdruck αρχην λαβεσα λαλεισθαι kann
sich sowohl auf δια τε κυριε, als auf (και) υπο των
ακεσαντων εις ημας beziehen, doch so, daß er das
zweitemal in einer etwas veränderten Bedeutung
ohne weitere Rücksicht auf das Anfangen (als
Species von λεγειν, bekannt machen) genommen
werde.

§. 116.

Storr
S. 428.   18) Die Partikel και, sie mag copula=
tiva, oder adversativa, oder disjunctiva seyn, wird
nicht selten im Affekt, oder um der Kürze willen,
oder um eine öftere Wiederholung zu vermeiden,
weggelassen (asyndeton). Z. B. 2 Mos. 15, 9.
im Affekt der Rede, so wie Richt. 5, 27. und Ps.
3, 5. — Ps. 119, 96. ich habe alles Dinges ein
Ende gesehen (aber) dein Wort bleibt. — 1 Mos.
50, 20. — (aber) Gott hat es gut gemacht, LXX.
suppliren hier δε, wie Spr. Sal. 22, 15. und sonst
oft *). — Ezech. 18, 17. wird nach dem vernei=
nenden Satz ε τελευτησει die Partikel αλλα, כִּי
weggelassen. — 3 Mos. 25, 40. — (sondern) wie
ein Gast soll er bei dir seyn. — 1 Chron. 14, 2.
οτι für και οτι, vgl. die Parallelstelle 2 Sam. 5,
12. — Esai. 10, 6. 12. fehlt μεν zwar, und και
aber.

aber. — Br. Jer. v. 14. er hat (zwar) ein Scep=
ter, wie ein Richter, der (aber, vgl. δε v. 15.)
keinem schaden kann. — Sir. 45, 22. μερις δε
(και, vgl. 4 Mof. 18, 20.) κληρονομια. — 2 Makk.
4, 5. το συμφερον κοινη (και) κατ᾽ ιδιαν τῳ πληθει
σκοπων, aus Fürsorge für das öffentliche (und)
Privatwohl des Volks. — 2 Makk. 13, 19. 22.
23. ist im Affekt και mehrmals weggelassen; auch
2 Makk. 14, 25. 3 Makk. 1, 11. εξειναι, εισιεναι,
auszugehen, (oder) hineinzugehen.

I Petr. 5, 20. läßt der Wünschende και im Af=
fekt mehrmals weg. — Offenb. 13, 6. και vor τας
εν ερανω. — Apostg. 26, 23. ist και vor dem zwei=
ten ει, welches daß heißt (wie Mark. 15, 44.
Apostg. 26, 8.), zu suppliren. — Col. 2, 8. fehlt
και vor dem zweiten κατα, so wie Eph. 4, 2. vor
μετα, und v. 18. vor δια, um die Wiederholung
zu vermeiden. — 2 Tim. 2, 10. eben deswegen
(δια τατε, im Andenken an Christum) dulde ich
alles, (und auch) wegen der Christen, damit
auch sie ꝛc. — I Cor. 11, 10., wo και ebenfalls
vor δια τας αγγελας (welches, wie Jak. 2, 25. zu
nehmen) in Verbindung mit dem ersten Grund
(δια τατο), der aus dem vorhergehenden v. 7. ff.
genommen wird, zu ergänzen ist. — Röm. 3,
26. προς, welches für εις v. 25. steht, für και
προς, Gott hat Christum Jesum als Versöhnopfer
dargestellt, um in Rücksicht auf die Vergebung
der Sünden, welche Gott den Sündern in vori=
gen Zeiten aus Langmuth angedeihen ließ, seine
Gerechtigkeit zu beweisen, um ferner (και προς) sei=
ne Gerechtigkeit in Hinsicht auf die gegenwärtige
Zeit zu beweisen, damit er nemlich ꝛc. — Phil.

3, 10. vor τε γνωναι suppl. και, weil es mit ἱνα
κερδησω und και εὑρεθω v. 9. zusammenhängt. —
Ebr. 2, 3. uns (aber) von seinen Schülern bekannt gemacht. — Ebr. 3, 5. Moses ist also zwar
in dem ganzen Hause Gottes am meisten geachtet
gewesen, (aber) als ein Diener, der bestimmt
war ꝛc. — Col. 3, 4. vor ὁταν suppl. das και
adversat., so wie K. 2, 23. vor ἐκ ἐν τιμῃ τινι,
wo es dem vorhergehenden μεν zu entsprechen hat.
— 2 Tim. 4, 2. vor ἀκαιρως ist και zu suppliren,
welches hier die Bedeutung von ἠ hat, wie Phil.
4, 16. Sir. 38, 17. 29, 23. Jak. 4, 13, ꝛc.

*) Anmerkung zu §. 116.

Jak. 42, 9. fehlt Vav vor צפר, das sich leicht
ergänzen läßt, weil es vor בלרדי schon ausgedrückt
ist; LXX. suppliren es, und aus gleichem Grunde
auch Ps. 18, 3. vor משנבי. — Ps. 88, 11. και ἐξομο-
λογησονται. — Spr. Sal. 22, 5. Esai. 32, 13. 37, 34.
ἀλλα τῃ ὁδῳ, vgl. die Parallelstelle 2 Kön. 19, 33., wo
כי und ἀλλα fehlt, auch Spr. Sal. 3, 7. ירא יהוה,
φοβε δε τον θεον. — 1 Sam. 6, 9. und Spr. Sal. 20, 22.
ἀλλα. — Hingegen haben LXX. ein Asyndeton, wo
im Hebräischen keines ist, z. B. 1 Kön. 22, 22. ועשה.
— 1 Kön. 11, 6. und 2 Kön. 22, 2. ולא.

§. 117.

19) Auch γαρ, ὁτι כי fehlt. Z. B. 3 Mos.
7, 6. 2, 3. im Griechischen und Hebräischen ἁγια ἁ-
γιων ἐστι (denn, vgl. כי K. 10, 12., wo es LXX.
weglassen), es ist sehr heilig. — 3 Mos. 21, 21.
und 2 Sam. 13, 20. ergänzen sie das fehlende כי
mit ὁτι, so wie Esai. 1, 15. und 3 Mos. 18, 21.

mit γαρ. — Matth. 18, 15. ift ὅτι vor ἀποκλυμ. zu suppliren.

20) μονον, רַק, 5 Moſ. 3, 28. אֲשֶׁר תִּרְאֶה, das du (nur vgl. v. 27.) ſehen wirſt. — Jer. 37, 10. im Griechiſchen und Hebräiſchen, und blieben ihrer (nur) wenige übrig. — Matth. 5, 46. wenn ihr (nur) die liebt ꝛc., vgl. μονον v. 47. — Luk. 6, 34. 32. f. — Röm. 4, 9. geht dieſe Glücklich= preiſung nur die Beſchnittenen an? — 1 Cor. 9, 9. ſorgt Gott in dieſem Geſetz der Billigkeit nur für die Ochſen? — Ebr. 7, 8. μαρτυρεμενος, von welchem nur gemeldet wird, daß er lebe; v. 27.

21) Die Hebräer pflegen einer Sache gerade= zu den Namen desjenigen zu geben, womit ſie ſie vergleichen wollen; es geſchieht dies aber nicht an= ders, als mit der Ellipſis der vergleichenden Partikeln ὡς, καθως, ſelbſt auch ἑτω. Z. B. 5 Moſ. 28, 23. der Himmel wird ſeyn (wie) har= tes Kupfer, (wie) Eiſen. — 2 Kön. 19, 26. ſie ſind worden (wie, vergl. ὡς in der Parallelſtelle Eſai. 37, 27. *), das Gras auf dem Felde. — Eſai. 40, 6. πασα σαρξ χορτος, vgl. Pſ. 103, 15. כְחָצִיר, ὡσει χορτος. — Obad. v. 18. — Weish. 2, 2. καπνος. — Sir. 9, 10. οἰνος νεος φιλος νεος. K. 21, 2. 19. Zucht iſt dem Unverſtändigen (wie, vgl. ὡς im andern Theil des Verſes) ein Fußband. — Sir. 22, 6. 26, 7. 36, 5. — Sir. 3, 4. ὡς ὁ ἀποθησαυριζων (ἑτω) ὁ δοξαζων μητερα. — K. 11, 30.

Matth. 5, 13. f. το ἁλας, το φως. — Matth. 7, 15. λυκοι. — Jak. 3, 6. ἡ γλωσσα πυρ. — Br. Jud. v. 12. 13. — 2 Petr. 2, 17. — Col. 3, 5. der Geiz iſt εἰδωλολατρεια, d. h. gleichwie

Storr S. 288.

21 ²

Gößendienst (Weish. 14, 27.) aller Laster (v. 23. ff.) und alles Unglücks Anfang, Ursach und Ende ist, eben so auch der Geiß. — Ebr. 12, 29. — 1 Cor. 13, 1. Offenb. 16, 4. 19, 12. vgl. K. 1, 14. — Matth. 6, 24. ist ὥσπερ und ἕτω zu ergänzen, ὥσπερ ἀδεις — ἕτως ὁ δυναϑε ꝛc. Man vgl. Spr. Sal. 25, 25. f., wo die LXX. die im Hebräischen weggelassene Partikeln zweimal setzen. — 1 Cor. 15, 49. vor Φορισομεν denke man ἕτω. — Apostg. 7, 51. ὡς οἱ πατερες ὑμων (ἕτω) και ὑμεις, vgl. Matth. 6, 10.

*) Anmerkung zu §. 117.

Eben so auch Hohel. Sal. 7, 5. ὡς λιμνοι; 1 Sam. 25, 16. Zeph. 3, 3. — Spr. Sal. 21, 1. nach dem Hebräischen: das Herz des Königes ist (wie) ein Strom, LXX. ὥσπερ ὁρμη ὑδατος, ἕτως καρδια βασιλεως (K. 11, 2). Esai. 62, 5. Spr. Sal. 25, 25. f. 14. Jer. 3, 20.). — 2 Mos. 19, 4. ὡσει ἐπι πτερυγων ꝛc. — Ps. 110, 4. מלכי צדק, statt: כמלכי צדק, du bist Melchisedek, Priester nach Art des Melchisedek, LXX. κατα την ταξιν Ebr. 7, 11. vgl. mit κατα την ὁμοιοτητα v. 15. und Caph Spr. Sal. 19, 12. LXX. ὁμοιοι.

Dritter Abschnitt.

Vom Pleonasmus.

(Storr §. LXXV—LXXVIII.)

§. 118.

Wenn gleich öfters Worte eines Satzes ohne Nachtheil des Sinnes entbehrt werden könnten: so folgt deswegen noch nicht, daß sie ganz überflüßig und ohne Absicht da seyen. Denn

1) Die Wiederholung eines und eben dessel=
bigen Wortes ist dem Affekt so ganz natürlich,
z. B. Pf. 94, 3. ἑως ποτε, ἑως ποτε, wie lange
doch! — 2 Sam. 18, 33. im Affekt des Schmer=
zens υιε μυ, etlichemal. — 1 Chron. 12, 18. Ama=
sai rief in der Begeisterung: ειρηνη, ειρηνη. —
Joel 1, 15. LXX. Angstausruf. — 2 Kön. 11,
14. die Königin im heftigsten Affekt: συνδεσμος,
συνδεσμος. Ezech. 28, 23. (Offenb. 21, 8.) ἁγιος
dreimal; völlig unvergleichbar ist Jova. — Ju=
dith 13, 20. — Matth. 23, 37. Ἰερυσαλημ, um
das Bedeutende und Nachdrückliche in der Anre=
de zu bezeichnen. K. 7, 21. Luk. 22, 31. 2 Kön.
13, 14. Jer. 22, 29. — Matth. 25, 11. kläglich
und ängstlich bittend. — Joh. 19, 6. im Affekt des
Unwillens und der Wuth, so wie Offenb. 14, 8.
im Affekt der Freude. — Auch die Wiederholung
des Pronomens geschieht zuweilen mit einiger
Emphasis: Pred. Sal. 2, 15. כמקרה הכסיל
גם אני יקרני, ὡς συναντημα τυ ἀφρονος και γε
ἐμοι συναντησεται μοι, wenn das Schicksal des Tho=
ren auch mir begegnen kann. — 2 Sam. 17, 5.
τι ἐν τῳ στοματι αὐτυ, και γε αὐτυ, was Er — was
auch Er dazu sagt. — 2 Mos. 6, 7. LXX. ληψο=
μαι ἐμαυτῳ ὑμας λαον ἐμοι. — Röm. 7, 21. weil
sich bei mir, der ich das Gute thun will (τῳ
θελοντι ἐμοι ποιειν το καλον), weil sich eben bei
mir (ὁτι ἐμοι) das Böse findet. Das Prono=
men ἐμοι wird hier wiederholt, damit der Nach=
druck, der auf dem mit ἐμοι verbundenen Prädi=
kat liegt, desto eher sichtbar werde.

2) Von dem hebr. דבר (Ding, s. oben §.
11, nr. 6.), das pleonastisch vor ein Nomen oder

Right margin: Storr S. 431. ff.

Right margin bottom: Storr S. 435. ***.

Pronomen gesetzt wird, giebt es auch im Griechi=
schen Nachahmungen. Z. B. Jer. 44, 4. דבר
תועבה, für [1]): תועבה (Jer. 32, 35.), wel=
ches die LXX. πραγμα (5 Mos. 24, 5. 3 Mos. 5,
2. 1 Mos. 19, 22.) της μολυνσεως ταυτης überset=
zen. — 2 Sam. 19, 12. דבר כל ישראל das
ganze Israel, λογος παντος Ισραηλ. — Job 41,
4. דבר נבורות, für: נבורות. — 2 Makk. 3,
6. προς των θυσιων λογον, statt: προς τας θυσιας.
— Matth. 5, 32. παρεκτος λογε πορνειας, statt:
παρεκτος πορνειας, vgl. K. 19, 9., wo es nur ει
μη επι πορνεια heißt. — Phil. 4, 17. nicht als
wenn ich eure Geschenke verlangte, sondern es ist
mir eigentlich um den Nutzen (καρπος Röm. 15,
28.) zu thun, der reichlich davon auf euch (εις
λογον υμων, statt: εις υμας) fließen wird. — S.
auch Koppe bei 1 Thess. 2, 5. λογος κολακειας,
wo jedoch in den angeführten Stellen Esr. 3, 4.
und Neh. 12, 47. λογος, דבר nicht pleonastisch zu
stehen scheint, sondern wie דבר־יום 2 Mos. 16,
4. το της ημερας, die Sache jeglichen Tages, oder:
das, was für jeglichen Tag bestimmt ist, zu über=
setzen. Aber λογος σοφιας und λογος γνωσεως 1 Cor.
12, 8. scheint nicht für σοφια und γνωσις zu stehen,
sondern übersetzt werden zu müssen: der von Got=
tes Geist geleitete Vortrag gewisser Geheimnisse
(vgl. K. 13, 2. ειδεναι μυστηρια), und ein kluger
(γνωσις 1 Petr. 3, 7. 2 Petr. 1, 5. Röm. 15, 14.),
den Umständen angemessener Vortrag.

3) Gleichbedeutende Nomina, Ver=
ba, Partikeln und ganze Sätze werden
oft mit einander verbunden, um den
Ausdruck zu verstärken [2]). S. auch oben

§. 56. Z. B. Jer. 48, 29. ὕβρις καὶ ὑπερηφανία, um Moabs übertriebenen Stolz anzuzeigen. — 2 Mof. 15, 16. Φοβος καὶ τρομος. — Pf. 59, 4. ἔτε ἀνομια, ἔτε ἁμαρτια με, ohne daß ich irgend etwas verbrochen habe. 2 Mof. 34, 7. ἀφαιρων ἀνομιας καὶ ἀδικιας καὶ ἁμαρτιας, es ist keine Missethat, was sie auch für Namen habe, die er nicht verzeiht. — 2 Kön. 17, 37. haltet seine Sitten, Rechte, Gesetze und Gebote, statt: durchaus alle seine Vorschriften, ohne Ausnahme. — Tob. 13, 6. ἐν ὅλη τῃ καρδιᾳ καὶ ἐν ὅλη τῃ ψυχῃ (2 Kön. 23, 25. 5 Mof. 6, 5. Mark. 12, 30. 33. Matth. 22, 37.). — Sir. 1, 11. δοξα καὶ καυχημα καὶ ꝛc. Verehrung Gottes bringt nichts als Ehre und Wonne. — Weish. 10, 6. die großen Wunder Mosis. — 5 Mof. 20, 3. μη ἐκλυεσθω ἡ καρδια ὑμων, μη φοβεισθε, μηδε θροεισθε, fürchtet euch keineswegs! — 5 Mof. 4, 9. nimm dich sorgfältig in Acht. — Esai. 41, 20. daß man recht deutlich einsehen wird, Jehova hab es gethan. Hier sind vier synonyme Zeitwörter. — Amos 9, 11. die gleichbedeutende Sätze sagen mit Nachdruck: ich will die Hütte Davids vollkommen wieder herstellen. — Bar. 2, 12. schwer haben wir gesündigt. Vgl. K. 4, 12. 13.

1 Tim. 5, 5. προσευχαις καὶ δεησεσι προσμενειν, fleißig beten. Tit. 1, 4. χαρις καὶ εἰρηνη καὶ ἐλεος, alles mögliche Heil. Col. 1, 9. vollkommene Weisheit, so daß die Colosser gar wohl die gerühmte Weisheit der neuen Lehrer (K. 2, 5. 23.) entbehren können. — Röm. 2, 4. Größe der Langmuth Gottes (vgl. 2 Mof. 34, 6.). —

1 Cor. 15, 52. ἐν ἀτόμῳ, ἐν ῥιπῇ ὀφθαλμῦ, um
es aufs ſtärkſte zu verſichern, alles werde im Au=
genblick verwandelt werden. — Ebr. 13, 5. ich
will dich gewiß nicht verlaſſen. — v. 17. die
gleichbedeutende Ausdrücke πειθεσθαι (vgl. Jak. 3,
3. Apoſtg. 21, 14. 5, 40.) und ὑπεικειν empfeh=
len den Gehorſam deſto dringender. — Jak. 4,
9. — Gal. 1, 12. ἁ παρελαβον ἀδε ἐδιδαχθην, ich
bins durchaus nirgends anderswoher gelehrt wor=
den. — 2 Cor. 7, 2. ich habe Niemand auf ir=
gend eine Art Unrecht gethan. — Apoſtg. 4, 18.
durchaus nichts von Jeſu zu reden. — Luk. 15, 32.
— 18, 34. ſie verſtanden nicht das Mindeſte da=
von, ſo wie Mark. 14, 68. ich verſtehe durchaus
nicht, was du ſageſt; und Matth. 7, 7. zweifelt
nur nicht, ganz gewiß wird euer Gebet erhört
werden. — 1 Joh. 1, 10. Gott zum Lügner ma=
chen, und: ſein Wort nicht in ſich haben, ſeinen
Ausſprüchen kein Gehör geben, ſoviel, als: Gott
geradezu widerſprechen, vgl. auch K. 2,
4. — Offenb. 1, 7. ναι ἀμην, ganz unfehlbar
wird es geſchehen.

Anmerkungen zu §. 118.

Anm. 1. Häufig übergehen die LXX. dieſen Pleo=
nasmus in ihrer Ueberſetzung, z. B. 1 Moſ. 12, 17.
עַל־דְּבַר שָׂרַי, περι σαρας. — 1 Moſ. 43, 18. δια τα
ἀργυριον. 1 Moſ. 20, 11. 18. עַל דְּבַר אֶשְׁתִּי, ἕνεκεν
της γυναικος μη, eben ſo 4 Moſ. 31, 16. und Pſ. 79, 9.
— 2 Sam. 19, 5. ὑπερ ἀβεσσαλωμ. 1 Kön. 18, 36. δια σε.

Anm. 2. So machte bei jenem gedoppelten und
gleichbedeutenden Traum, den Pharao hatte
(1 Moſ. 41, 17. ff. 22. ff.) Joſeph die Bemerkung:
beide Träume bedeuten einerlei (v. 25.), daß es aber

dem Pharao zum andernmal geträumt hat, be=
deutet, daß Gott solches gewiß und eilend thun
wird (v. 32.).

§. 119.

Gleicher Pleonasmus ist auch in dem den He= Storr
bräern so beliebten synonymischen *parallelismus* S. 437.
membrorum, den man am häufigsten in den poe=
tischen, aber doch auch nicht selten in den übrigen
Schriften des A. T., desgleichen auch in den Apo=
kryphen und im N. T. antrifft. Auch diese Art
von Pleonasmus ist oft emphatisch. Z. B. 2 Sam.
1, 20. daß sich nicht freuen die Töchter der Phili=
ster, daß nicht frohlocken die Töchter der Unbe=
schnittenen, für: daß sich nicht die Töchter der un=
beschnittenen Philister freuen. — 2 Sam. 20, 1.
ἐκ ἔστιν ἡμιν μερις ἐν δαυιδ, ἐδε κληρονομια ἐν υἱῳ
ἰεσσαι, David geht uns gar nichts an. —
Spr. Sal. 3, 1. vergiß meine Vorschriften ja nicht!
(Sir. 6, 23.). — Spr. Sal. 3, 14. die Weis=
heit erhandeln, ist besser als Silber erhandeln;
sie zum Eigenthum bekommen, ist kostbarer als
Gold. LXX, drücken hier den Sinn in Einem
Satz aus: κρεισσον αὐτην ἐμπορειϑαι ἢ χρυσιυ και
ἀργυριυ ϑησαυρυς. — Spr. Sal. 6, 4. laß dir's
äußerst angelegen seyn, und ruhe nicht, bis c. —
4 Mos. 23, 7. verfluche mir Jakob, und verwün=
sche Israel; — Esai. 46, 11. zuerst tropisch: ich
rufe einem Raubvogel (Cyrus) von Morgen her;
hernach eigentlich: ich rufe einem Mann aus fer=
nem Lande. — K. 26, 19. 38, 18. zuerst ἁδης,
שאול, meton. contin., und dann das conten=
tum: οἱ ἀποϑανοντες, verbunden mit zwei syno=

nymen Verbis αἰνειν und εὐλογειν. — 4 Moſ. 21,
28. es iſt ein Kriegsfeuer ausgegangen aus Hes=
bon, und eine Flamme aus der Stadt Sihons
(Hesbon). — Pſ. 69, 8. im erſten Satz: οἱ ἀδελ-
φοι μɛ, im andern: οἱ υἱοι της μητρος μɛ. — Ho=
hel. Sal. 8, 5. (vgl. K. 3, 4.). — Sir. 17, 15.
iſt ἐναντιον αὐτɛ ſynonym mit ὁ κρυβησεται ἀπο των
ὀφθαλμων αὐτɛ: ſeiner Aufmerkſamkeit entgeht kei=
nes ſeiner Werke. — Sir. 4, 24. ἐν λογω — ἐν
ῥηματι γλωσσης. — K. 16, 25. kurz: mein Unter=
richt iſt ganz richtig; denn ἐν ἀκριβεια erklärt das
tropiſche ἐν σαθμω. — K. 46, 17. — Bar. 3,
28. 4, 33. 3 Eſr. 4, 14. — 1 Makk. 2, 44. ſtatt:
ἐπαταξαν αὐτɛς ἐν ὀργη αὐτων. — Im Buch der
Weisheit findet man viele ſolcher Parallelismen,
vgl. Haſſe Vorrede, und K. 9, 13. 11, 4.

Oefters ſagen auch die zwei parallelen Membra
nicht einerlei, ſondern Ein Membrum giebt der
Idee im andern Membro noch einen Zuſatz, oder:
die zwei Membra vertheilen gleichſam die Idee,
und trennen die Subjekte, die Ein Prädikat ha=
ben, und machen mit einander Ein Ganzes aus.
Auch in dieſem Fall iſt es Pleonasmus, da es
dennoch kürzer ausgedrückt werden könnte. Z. B.
Job 21, 28. ihr fragt: „wo iſt des Mächtigen
Wohnung? wo ſind die Gezelte der Frevler?“
Offenbar, da im ganzen Zuſammenhang vom
Glück oder Unglück der Gottloſen die Rede iſt,
iſt der Sinn des ganzen Verſes: wo iſt das Haus
des mächtigen Gottloſen? — Spr. Sal.
3, 19. Gott hat den Himmel mit Weisheit ge=
macht, und die Erde mit Verſtand erſchaffen,
ſtatt: Gott hat Himmel und Erde mit Weisheit

erſchaffen. — 1 Chron. 16, 31. Pſ. 14, 8. 53, 8.
Pſ. 96, 11. ſtatt: εὐφρανθήτω ὁ ὄρανος καὶ ἡ γῆ.
— Eſai. 5, 13. die Vornehmen werden Hunger
leiden, und die Geringen Durſt, d. h. Vorneh‐
me und Geringe werden Hunger und Durſt leiden.
— Sir. 24, 11. In Jeruſalem gab er mir mei‐
nen Ruheplatz und meine Herrſchaft, wird alſo
ausgedrückt: in ſeiner geliebten Stadt wies er
mir einen Ruheplatz, und in Jeruſalem meine
Herrſchaft an. — K. 28, 15. da er lebte, that
er Zeichen; da er todt war, Wunder, ſtatt: le‐
bend und todt that er Wunder. — 1 Makk. 2,
9. ergänzt der zweite Satz die Art des Todes,
wovon im erſten Glied nur allgemein die Rede
iſt, und das Ganze könnte kurz heißen: ἀπεκταν‐
θη τὰ νήπια αὐτῆς καὶ οἱ νεανίσκοι ἐν ταῖς πλατεί‐
αις ἐν ῥομφαίᾳ ἐχθρε.
   Stellen aus dem N. T.
   Ebr. 10, 5. f. die zwei gleichbedeutende Sätze:
Opfer verlangſt du nicht; Brandopfer und Sünd‐
opfer gefallen dir nicht, werden v. 8. in Einen
verbunden: Opfer und Brand‐ und Sündopfer
verlangſt du nicht, und ſie gefallen dir nicht. —
2 Petr. 2, 3. beide Sätze ſagen einerlei, und be‐
ſchreiben die ταχινὴν ἀπωλείαν. — Apoſtg. 2, 14.
Vernimmts, und laſſet meine Worte zu euren
Ohren eingehen. — Jak. 4, 9. euer Lachen wird
ſich in Weinen, und eure Freude in Traurigkeit
verwandeln. — Röm. 9, 2. da der Apoſtel die‐
ſes Kapitel ohnehin im Affekt anfängt, ſo ſollten
die beide parallele Sätze: λύπη μοι ἐςι μεγάλη,
und: ἀδιάλειπτος ὀδύνη τῇ καρδίᾳ μυ, die Größe
des Schmerzes des Apoſtels ausdrücken. — Matth.

10, 26. Mark. 4, 22. — Luk. 23, 30. ihr Berge fallet über uns, und ihr Hügel decket uns! — Mark. 4, 30. kurz: womit wollen wir das Reich Gottes vergleichen? — Offenb. 9, 6. beide Sätze sollten die Heftigkeit des Verlangens zu sterben bezeichnen. — Joh. 6, 35. wer zu mir kommt, den wird nicht mehr hungern, und wer an mich glaubt, den wird nicht mehr dürsten. Beide Sätze sagen einerlei; denn ὁ ἐρχομενος προς αὐτον und ὁ πιϛευων εἰς αὐτον sind synonym, und beide Ausdrücke werden auch sonst verwechselt, v. 65. vgl. mit v. 64. und K. 5, 40. vgl v. 43. f. — K. 6, 47. 40. mit v. 44. Eben so ist in dem Versprechen des tropischen Ausdrucks: ὁ μη πεινασῃ, kein anderer Genuß enthalten, als in dem: ὁ μη διψᾳ, so wenig als Sir. 15, 3. ψωμιει ἀρτον συνεσεως was anderes ist, als: ὑδωρ σοφιας ποτισει im andern parallelen Glied (s. auch K. 24, 21.). — Röm. 9, 29. (Esai. 1, 9.) wir wären Sodom und Gomorra gleich. — Röm. 3, 30. ὁς δικαιωσει περιτομην ἐκ πιϛεως, και ἀκροβυϛιαν δια πιϛεως, steht für das kürzere: δικαιωσει περιτομην και ἀκροβυϛιαν ἐκ (oder δια) πιϛεως; denn δικαιοσυνη ἐκ πιϛεως (Röm. 10, 6. 9, 30. 1, 17. Gal. 2, 16.) heißt sonst auch (Röm. 3, 22. Phil. 3, 9.) δικαιοσυνη δια πιϛεως. Es ist auf diese Art um so nachdrücklicher gesagt, daß blos Glaube und sonst nichts, die Ursache oder Bedingung der δικαιωσεως sey.

§. 120.

4) Pleonasmen der Partikel και.
α) Και ¹) verbindet, wie Vav, die Apodosis mit der Protasis, welche entweder eine Bedin-

gung, oder Urſache, oder Zeitanzeige enthält, und gehört zu den Pleonasmen, weil die
Apodoſis auch ſehr oft ohne dies καὶ ἀποδοτικον
folgt.

Beiſpiele von dieſem καὶ ſind: Jer. 5, 1. ἐὰν
εὕρητε — καὶ ἔσομαι. — K. 14, 18. 3 Moſ. 12,
8. 5 Moſ. 7, 12. ἡνίκα — καὶ. — K. 7, 37. διὰ
το ἀγαπησαι — καὶ ἐξελεξατο. — 1 Sam. 15, 23.
ὅτι — καὶ. — Pſ. 25, 11. ἕνεκα τε ὀνοματος σε
— καὶ ἱλασῃ. — 1 Kön. 13, 31. μετα το — καὶ.
— Jer. 7, 25. ἀφ᾽ ἧς ἡμερας — καὶ. 1 Kön. 1,
14. ἔτι λαλεσης σε — καὶ ἐγω. — Judith 1, 1.
2. ἔτες δωδεκατε — καὶ. — 1 Makk. 7, 25. Suſ.
v. 19. — Jak. 4, 15. καὶ vor ποιησωμεν; v. 7.
καὶ nach dem hypothetiſchen Imperativ. — Luk.
2, 21. ὅτε — καὶ. — Offenb. 10, 7. wann der
Hall des ſiebenten Engels ertönen wird, ſo (καὶ)
wird vollends erfüllt werden. — Joh. 16, 16. 17.
19. ἔτι μικρον, καὶ ꝛc. K. 4, 34. ἔτι τετραμηνος
ἐσι, καὶ ꝛc. vgl. Jer. 28, 3. ἔτι δυο ἔτη ἡμερων,
καὶ ἀποσρεψω ꝛc. — Luk. 7, 12. Apoſtg. 1, 10.
10, 17. — Luk. 2, 27. ἐν τῳ εἰσαγαγειν, καὶ. —
2 Petr. 1, 5—8. iſt die Apodoſis zu v. 3. 4. und
fangt mit καὶ an. — Offenb. 14, 10. καὶ nach
εἰ τις.

β) Καὶ wird, wie Vav, in unzähligen Stellen pleonaſtiſch gebraucht, wenn der Schriftſteller von einer Materie zur andern
übergeht. Ganze Kapitel und Bücher fangen
damit an, wo an keinen Zuſammenhang mit der
vorhergehenden Rede zu denken iſt. So iſts auch
oft mitten in den Kapiteln, z. B. das καὶ in καὶ
ἰδε Matth. 19, 16. beweiſt nicht, daß ſich dieſe

Geschichte gerade an dem Ort und zu der Zeit zu-
getragen habe, worauf die vorhergehende Begebenheit (v. 13. ff.) geht; denn Mark. 10, 17. heißt
an einem andern Ort und an eine andere Zeit
denken. — Luk. 19, 29. ist καὶ vor ἐγένετο bloß Ue-
bergangs=Partikel; denn Matthäus K. 21, 1. und
Markus K. 11, 1. verbinden diese Geschichte mit
dem Wunder am Blinden, dessen Lukas zuvor
nicht gedacht. Vgl. auch καὶ ἐγένετο Luk. 9, 18.
mit Matth. 16, 13. — Joh. 17, 25. πατερ δικαιε,
gütigster (Pf. 145, 7. צדקה und טוב; Spr. Sal.
21, 21. צדקה und חסד, und δικαιοσυνη, hebr.
חסד 1 Mof. 19, 19. 2 Mof. 15, 13.) Vater! gehört noch zum vorhergehenden Satz; denn wenn
καὶ die wahre Verbindungs=Partikel wäre, die
πατερ δικαιε zum v. 25. zöge, so müßte sie entweder vor πατερ gesetzt werden, oder ganz weggeblieben seyn; es ist also hier die pleonastische Ueber-
gangs=Partikel. S. auch Joh. 17, 10 f.

5) Auch ὅτι wird pleonastisch [3]) gesetzt, wie
כי, wenn die eigenen Worte eines andern angeführt werden, z. B. 2 Sam. 11, 23. εἶπεν ὁ ἄγ-
γελος, ὅτι ἐκραταίωσαν ἐφ' ιc. 1 Kön. 1, 17. —
1 Mof. 12, 12. 19. haben es bloß die LXX., vgl.
auch K. 14, 23. 2 Sam. 7, 27. — Pf. 33, 4.
und Spr. Sal. 26, 19. ὅτι παίζων ἔπραξα. — Sir.
15, 11. μη εἴπης, ὅτι. — Matth. 13, 11. vergl.
mit Mark. 4, 11. und Luk. 8, 10. — Matth. 2,
23. 7, 23. — Mark. 1, 15. 31. 40. — Luk. 19,
7. 9. — In Johannes sehr oft. — Apostg. 5,
25. Gal. 1, 23. Jak. 1, 13.

Anmerkungen zu §. 120.

Anm. 1. Auch τοτε, אז, steht eben so pleonastisch, wie das και apodoticon. Z. B. Pf. 119, 92. 19, 13. Spr. Sal. 2, 5. Matth. 21, 1. vergl. Mark. 11, 1. Apostg. 27, 21. 28, 1. 1 Cor. 15, 28. „weil (ὅταν Röm. 2, 14. so wie εἰ Apostg. 4, 9. 11, 17. 1 Petr. 1, 17. Esth. 6, 13.) dem Sohn alles vom Vater unterworfen worden ist, so folgt nothwendig, daß (τοτε soviel als δηλον ὅτι v. 27.) also auch der Sohn dem unterworfen sey (ὑποταγησεται, das Futurum der Schlußfolge, wie Röm. 6, 5. 8. vgl. mit v. 11. — Röm. 2, 26. λογισθησεται, 1 Theff. 4, 14. ἄξει), der ihm alles unterworfen hat."

Anm. 2. LXX. laſſen es zuweilen in ihrer Ueberſetzung weg, z. B. 2 Mof. 12, 4. ולקח, συλλαμβανει; 4 Mof. 4, 8: והלכתי; πορευσομαι; 1 Mof. 29, 15. δουλευσεις μοι; 2 Mof. 12, 3. λαβετωσαν; Pf. 78, 34. ἐζητουν. Auch im Hebräiſchen fehlt es 2 Mof. 3, 12., wo es die LXX. ſetzen. Auch im N. T. fehlt και oft in der Apodoſis, z. B. Luk. 1, 23. 41. 11, 27. 37. Joh. 8, 16. 19, 8.

Anm. 3. LXX. übergehen ὅτι in ihrer Ueberſetzung 2 Mof. 30, 11. 12. — Jer. 2, 35. Auch iſt es in lezterer Stelle, ſelbſt im Hebräiſchen, nur einmal geſetzt, ungeachtet zweimal die Worte eines Redenden angeführt werden; auch fehlt es Eſai. 47, 10. Pf. 13, 4. Joh. 10, 36. Luk. 8, 10. vgl. mit Matth. 13, 11.

§. 121.

6) Auch der Dativus der Pronominum personalium ſteht nicht ſelten überflüßig, z. B. 2 Sam. 18, 5. ſchonet mir (לי) den Knaben. 3 Mof. 23, 15. 25, 8. ihr ſollt euch vom andern Sabbathtag an ſieben volle Wochen zählen. — 2 Sam. 15, 34. — Ezech. 37, 16. λαβε σεαυτῳ. — Tob. 9, 2. trag mir das Geld, und lade ihn

Storr
S. 448.
nr. III.
Weth.
S. 72.

mir zur Hochzeit. — 4 Mos. 22, 34. haben LXX.
das לִי und K. 14, 25. לכם, und 1 Mos. 12, 1.
Jer. 30, 2. לְךָ weggelaffen, so wie sie hingegen
das pleonastische σοι 1 Mos. 48, 8. und μοι 1 Mos.
31, 38. (vgl. v. 41.) und ἐμαυτῷ 2 Sam. 17, 1.
haben, wo es im Hebräischen nicht steht.

Matth. 21, 2. λυσαντες ἀγαγετε μοι, vgl. Luk.
19, 30. — Ebr. 10, 34. weil ihr wußtet, daß
ihr einen beffern Reichthum im Himmel e u ch habt.
— Matth. 13, 21. (Mark. 4, 17.) da ῥιζαν ἐκ
ἐχειν ἐν ἑαυτῳ nicht wohl weder vom Zuhörer, noch
vom aufgehenden Saamen gesagt werden kann,
so scheint wohl die schicklichste Erklärung die zu
seyn, die ἐν ἑαυτῳ (welches die Stelle des Dativs
vertritt, s. oben §. 67.) für einen pleonastischen
Dativ annimmt.

Storr
S.449.ff. 7) Der Nominativ wird zuweilen
durch eine pleonastische Umschreibung,
nemlich durch die Präposition ἐκ oder
ἐν und ein Substantiv ausgedrückt, nach
Art des hebr. מ, מן oder בּ, welches vor ein
Concretum oder Abstraktum gesetzt wird, wo das
Concretum oder Abstraktum wohl auch allein ste=
hen könnte. Z. B. Ps. 62, 10. המה מהבל.
αὐ οι ἐκ ματαιοτητος (εἰσι), weil nun das eben so
gut heißen könnte, המה הבל (§. 46.): so ist also
Mem und ἐκ pleonastisch, und der Ausdruck be=
deutet soviel als ματαιοτης, oder (Abstrakt. für das
Concr.) ματαιοι. — Matth. 5, 37. ἐκ τε πονηρε
ἐστι, ist von Bösen, von den bösen Dingen, also
soviel als: πονηρον ἐστι, vergl. Dan. 2, 47., wo
man קשט מן, ἐκ τε ἀληθες ἐστι übersetzen könn=
te, welches dann soviel wäre, als: ἀληθες ἐστι.

Eben

Eben so auch mit ἐν, בְ, Pf. 99, 6. Mose und
Aaron waren ἐν ἱερευσιν αὐτε, בְּכֹהֲנָיו, und Samuel בְּקֹרְאֵי שְׁמוֹ, ἐν τοῖς ἐπικαλυμενοις, für:
ἱερεις und ἐπικαλ. — Richt, 11, 35. du biſt בְּעֹכְרָי,
LXX. ἐν τῳ ταραχῳ μου, für: ταραχος μου, oder
(Abſtrakt. für das Conkret.): ἡ ταρασσυσα με. —
1 Chron. 7, 23. בְּרָעָה war über ſeiſ Haus ergangen, ἐν κακοις ἐγενετο ἐν οικῳ, ſtatt: κακα ἐγενετο,
ein großes Unglück. — Spr. Sal. 23, 20. ſey
nicht בְּסֹבְאֵי יַיִן, LXX. ohne Pleonaſmus: οἰ-
νοποτης. — Pf. 77, 14. ἡ ὁδος σου ἐν τῳ ἁγιῳ,
(בַּקֹּדֶשׁ) *), dein Weg iſt im Heiligen, in den
heiligen Dingen, oder: heilig, ἁγια. — Pf. 33,
4. all ſein Thun iſt בָּאֱמוּנָה, ἐν πιστει, für: πι-
στη, denn es entſpricht dem kürzern εὐθυς, יָשָׁר im
erſten Glied. — Pf. 55, 19. ἐν πολλοις, בְּרַבִּים,
es waren ihrer viele, für: πολλοι ἦσαν. — Spr.
Sal. 3, 17. πασαι τριβοι αὐτοις ἐν εἰρηνῃ, hebr.
שָׁלוֹם ohne Pleonaſmus, alſo für: εἰρηνικαι. —
Sir. 1, 22. ἐν μισθῳ, für: ὁ μισθος. — K. 16, 21.
die meiſten ſeiner Werke ſind ἐν ἀποκρυφοις, ſtatt:
ἀποκρυφαι — K. 45, 1. ἐν εὐλογιαις, geſegnet. —
K. 26, 16. ſo iſt die Schönheit eines tugendhaften
Weibes ἐν κοσμῳ, für: κοσμος, die Zierde ihres
Hauſes. Vielleicht auch K. 37, 25. die Lebens-
zeit des Menſchen iſt ἐν ἀριθμῳ ἡμερων, für: ἀριθ-
μος, und dies für: ἀριθμητος, zählbar; hingegen
Iſraels Tage ſind ἀναριθμητοι. —

Eph. 5, 9. ὁ καρπος τυ φωτος ἐν ἀγαθωσυνῃ,
für den Nominativ. — 1 Theſſ. 2, 6. δυναμενοι
(für: δυναμενοι ἐγενηθημεν, oder: ἐδυναμεθα) ἐν
βαρει εἰναι, für: βαρος, und dieſes für das Con-
kretum βαρυς: „wir konnten euch einigermaßen b e-

22

schwerlich seyn." — 1 Tim. 2, 14. ἐν παραβα-
σει γεγονε, für: παραβατης. — 2 Cor. 3, 8. 11. ἐν
δοξη soviel, als: δεδοξασμενον v. 10. — Ebr. 4,
11. ἵνα μὴ ἐν τῳ αὐτῳ τις ὑποδειγματι πεσῃ της
ἀπειθειας, damit Niemand als ein ähnliches (ὁ
αὐτος Luk. 23, 40. 2 Cor. 1, 6. 1 Petr. 5, 9. Job
31, 15.) Beispiel (ὑποδειγμα soviel, als: παρα-
δειγμα Sir. 44, 16. 2 Makk. 6, 28—31.) der ab-
scheulichen Folgen des Unglaubens ins Verderben
gerathe, für: τὸ αὐτὸ ὑποδειγμα. Vergl. 5 Mos.
28, 37. ἔσῃ ἐν αἰνιγματι, statt: αἰνιγμα, למשל,
und Jer. 29, 23. ihre Angst ist כים, wie das
Meer (statt: הים), das nicht ruhig bleiben kann.

*) Anmerkung zu §. 121.

Storr
S. 452. †
Bisweilen hat das ב vor solchen Substantivis die
Bedeutung: „mit," z. B. Pf. 51, 7. בחטא, ἐν ἁ-
μαρτιαις, sündhaft; Spr. Sal. 8, 8. alle Reden meines
Mundes sind בצדק, LXX. μετα δικαιοσυνης, gerecht.
— Luk. 4, 32. ἐν ἐξουσια, für: ἐξουσιαστικος. — Röm. 1, 4.
υἱος ἐν δυναμει, Sohn mit Herrschaft. — Auch sonst
hat ἐν diese Bedeutung, wie ב, z. B. Mark. 1, 23.
Luk. 14, 31. 21, 25. und ב 1 Mos. 15, 14. Spr. Sal.
24, 3. Esai. 40, 10. 1 Mos. 34, 13. 2 Mos. 10, 9., wo
LXX. μετα und συν haben. Auch in der Redensart:
kommen mit etwas, soviel, als: etwas bringen, mitbringen, z. B. Hof. 5, 6. sie werden mit Rin-
dern und Schaafen kommen, μετα (ב) προβατων πορευσονται, d. h. sie werden sie hinzubringen. — Röm. 15,
29. ἐλευσομαι ἐν πληρωματι, ich werde euch viele (πληρωμα, wie πληθος, מלא Esai. 31, 4. 1 Mos. 48, 19.)
Wohlthaten des Evangelii bringen. — Matth. 21, 32.
Johannes kam mit der wahren Religion, d. h.
brachte sie euch, soviel, als: ἐφερε ὑμιν (2 Joh. v. 10.).
— 2 Petr. 3, 3. Spötter, ἐλευσονται ἐν ἐμπαιγμονῃ, soviel, als (K. 2, 1.): παρεισαξειν ἐμπαιγμονῃ, sie wer-

den ein Spotten über Religion einführen. — 1 Joh.
4, 3. mit einer Menschheit kommen, d. h. sie mitbringen. — 2 Cor. 2, 1. vgl. mit v. 2. soviel, als: λυπειν
ὑμας.

§. 122.

8) Der Pleonasmus gewisser Nomi- Storr
num, als: χειρ, προσωπον ꝛc. nach Prä- S. 455.*
positionen läßt sich zwar öfters durch eine Synekdoche erklären, ist aber doch auch in vielen Stellen zu finden, wo keine Synekdoche Statt hat.
Z. B. 1 Kön. 2, 15. το ρημα ὁ ἐλαλησεν ἐν χειρι
(ביד) ἀχια, durch Achia. — 1 Mos. 4, 11. —
2 Sam. 10, 2. er ließ ihn trösten, ἐν χειρι δελων.
— Esr. 7, 25. 4 Mos. 15, 30. ἐν χειρι ὑπερηφα-
νιας. — Spr. Sal. 3, 21. ἐν χειρι γλωσσης. —
2 Sam. 15, 2. ἀνα χειρα της ὁδε, am Wege, vgl.
2 Mos. 2, 5. על־יד היאר, wo LXX. übersetzen *): παρα τον ποταμον. Sir. 14, 25. κατα
χειρας αὑτης στησει την σκηνην αὑτε, neben sie ꝛc.
Sir. 4, 19. εἰς χειρας πτωσεως, ins Unglück. —
K. 15, 14. der Herr überließ den Menschen seinem Verstand, ἐν χειρι διαβελιε. — Weish. 7,
11. ἐν χερσι σοφιας, durch die Weisheit.

So auch προσωπον. 1 Mos. 16, 8. ἀπο προσωπε σαρρας; Ps. 38, 3. 5. ἀπο προσωπε της ὀργης —
των ἁμαρτιων ꝛc. 1 Makk. 1, 18.

Eben so קרב, תוך, לב ꝛc. nach Präpositionen, Jer. 52, 25. ἐν μεσω της πολεως, für:
ἐν τη πολει, vgl. 2 Kön. 25, 19. — Jon. 2, 4.
בלבב ימים, ἐν καρδια θαλασσης (Ezech. 27, 4.),
— 2 Kön. 19, 23. ἐν χειρι ἀγγελων, vgl. δια ἀγγελων in der Parallelstelle Esai. 37, 24.

22²

Apoſtg. 11, 30. διὰ χειρος βαρναβα ꝛc. — Of⸗
fenb. 12, 14. ἀπο προσωπη τυ ὀφεως, vgl. Richt.
9, 21. — Apoſtg. 13, 24. ἀπο προσωπυ της εἰσο⸗
δυ αὐτυ. Matth. 12, 40. ἐν τῃ καρδιᾳ της γης,
ſtatt: ἐν τῃ γῃ. — Luk. 8, 7. ἐν μεσῳ των ἀκαν⸗
θων, vgl. Matth. 13, 7. ἐπεσεν ἐπι τας ἀκανθας.
— Matth. 10, 16. ἐν μεσῳ λυκων, ſoviel, als:
εἰς λυκυς, vergl. die Ueberſetzung von בתוככם
3 Moſ. 26, 25. εἰς ὑμας; oder für: ἐν λυκοις, wie
ἐν ὑμιν בתוכבם 3 Moſ. 20, 14. So auch ἐν με⸗
σῳ ὑμων 1 Theſſ. 2, 7. — Matth. 18, 20. ἐν με⸗
σῳ αὐτων, unter ihnen, oder: mit ihnen, wie
μετα, בתוך Joſ. 22, 31. Job 1, 6.

*) Anmerkung zu §. 122.

Der Pleonaſmus wird oft rein griechiſch überſetzt,
Eſai. 50, 11. מידי, δι᾽ ἐμε. — 1 Sam. 26, 18. בידי,
ἐν ἐμοι. — 1 Moſ. 32, 17. 33, 19. παρα ἐμμυρ. — Eben
ſo auch פנים, Eſai. 20, 6. ἀπο βασιλεως. — 2 Moſ.
36, 3. παρα Μωυση. 1 Kön. 2, 20. פניך, σε. — Job
I, 12. παρα κυριυ. — 2 Moſ. 33, 14. פני und פניך,
αὐτος. — Auch לב, תוך, קבר, 2 Moſ. 23, 21.
מקרב עמו, ἐν αὐτῳ. — 3 Moſ. 17, 4. בקרבו, ἐκ
τυ λαυ. — Spr. Sal. 23, 13. ἐν ταις πλατειαις, בתוך.
— Pſ. 10, 11. ἐν καρδιᾳ μυ, vgl. v. 8. ἐν μεσῳ της καρ⸗
διας μυ. — 5 Moſ. 4, 11. עד לב שמים, ἑως τυ υρανυ.

§. 123.

Storr
S. 456.
Noch giebt es mehrere Pleonasmen, in wel⸗
chen die Nachahmung des Hebräiſchen, beſonders
in der Art etwas zu erzählen, nicht zu verkennen
iſt. Da dieſe unter die ganz gewöhnlichen gehö⸗
ren, ſo ſollen nur wenige Beiſpiele angeführt
werden.

1) Das Verbum εἰπεῖν, λεγειν, ἐρειν steht eben so gut bei ἀποκρινεσθαι überflüßig, 1 Mos. 18, 27. Matth. 17, 11. ꝛc. vgl. *Schleusn.* Lex. unter ἀποκριν. nr. 2., als: ἀποκρινεσθαι bei εἰπεῖν, in solchen Fällen, wo die Rede keine wirkliche Antwort auf eine Frage enthält, wie Esai. 14, 10. 5 Mos. 26, 5. Luk. 9, 3. Matth. 17, 4. (vgl. das einfache εἰπε Luk. 9, 33.), 1 Makk. 2, 17. 8, 19. *Schleusn.* nr. 3.

2) Was der Leser aus dem Vorhergehenden leicht selbst hinzudenken könnte, an das wird nicht jedesmal nur kürzlich [1]) erinnert, sondern alle und jede Worte und ganze Sätze werden wiederholt, welches jedoch zuweilen nicht ohne Bedeutung und Nachdruck geschieht. Z. E. 2 Kön. 22, 14. werden alle Namen aus v. 12. wiederholt, da es kürzer gesagt werden konnte, wie in der Parallelstelle 2 Chron. 34, 22. — 1 Mos. 14, 8. vgl. v. 1, f. — 1 Mos. 24, 37. ff. vgl. v. 2. ff. — Jos. 3, 6. zu den Priestern sprach er: traget die Lade des Bundes, und gehet vor dem Volk her, da trugen sie die Lade des Bundes, und giengen vor ꝛc. statt: sie thatens, wie Richt. 6, 20. vgl. unten die Anm. 1. — 4 Mos. 5, 14. hätte das zweite ἐπελθη — γυναικα αυτε wohl, ohne Nachtheil des Sinnes, wegbleiben und aus dem Vorhergehenden hinzugedacht werden können, daher Luther: der Eifergeist entzündet ihn, daß er um sein Weib eifert, sie sey unrein oder nicht unrein, oder *Dathe:* et zelotypia maritum invaserit ex suspicione vel vera vel falsa.

Offenb. 10, 10. vgl. v. 9. — Luk. 19, 32.

34. wird, um die Genauigkeit, mit welcher Jesu Jünger seinen Auftrag ausgerichtet, anzuzeigen, alles umständlich erzählt, da es hingegen Matth. 21, 6. nur kurz heißt: die Jünger giengen hin, und thaten, wie ihnen Jesus befohlen hatte. — Eben so Mark. 2, 11. 12. — Matth. 2, 14. anstatt zu sagen: Joseph that also. — Auch v. 21. vgl. v. 20. — Mark. 10, 30. vgl. v. 29. — Matth. 26, 42. wiederholt Matthäus die nemlichen Worte aus v. 39. was Markus K. 14, 39. nur kurz sagt: τον αυτον λογον (v. 36.) ειπων. — Luk. 7, 20. vgl. Matth. 11, 3. f.

3) Ein und dasselbe Verbum wird wiederholt, da es ohne Nachtheil der Deutlichkeit wohl nur einmal gesetzt werden konnte, z. B. 5 Mos. 22, 3. wird ποιησεις, wie תעשׂה, drei mal wiederholt; 3 Mos. 26, 29. Φαγεσθε; Spr. Sal. 21, 30. εκ εστι, dreimal, d. h. durchaus keine. — 1 Kön. 7, 25. das Partic. επιβλεποντες, פנים, viermal, da es hingegen in der Parallelstelle 2 Chron. 4, 4. von den LXX. nur ein mal gesetzt wird, ungeachtet der hebr. Pleonasmus in beiden Stellen der nemliche ist. — 2 Sam. 1, 11. wiederholen LXX. das Verbum διαρρησσειν bei beiden Subjekten, da es im Hebräischen nur einmal steht. — Judith K. 1, 6. 7. κατοικεντες. — Joh. 19, 10. εξουσιαν εχω. — 1 Cor. 14, 26. εχει, fünfmal; Phil. 3, 2. βλεπετε; Offenb. 8, 7. κατεκαη dreimal; K. 18, 22. 23.

4) Wenn mehrere Genitivi nur Ein *nomen regens* haben, so wird dieses vor jedem der Genitive wiederholt, z. B. 5 Mos. 23, 19. τοκον αργυριυ, και τοκον βρωματων,

και τοκον ιc. — 5 Mof. 19, 15. επι ςοματος δυο μαρτυρων, και επι ςοματος τριων μαρτυρων, ſtatt: επι ςοματος δυο η τριων μαρτυρων, wie es Matth. 18, 16. heißt. — Jer. 25, 10. 5 Mof. 21, 18. Φωνην viermal. — Jer. 8, 1. τα οςα fünfmal. — Offenb. 8, 12. το τριτον. — K. 16, 3. εκ ςοματος. — K. 19, 18. σαρκας.

5) Ein und ebenderſelbige Genitivus der *pronominum personalium*, der zu verſchiedenen *nominibus* gehört, wird bei jedem Nomen beſonders wiederholt. z. B. 3 Mof. 8, 17. τον μοσχον και την βυρσαν αυτ8 (ערו) και τα κρεα αυτ8 (בשרו), και την κοπρον αυτ8 (פרשו), ſtatt: τ8 μοσχ8 βυρσαν και τα κρεα και την κοπρον, wie der Pleonaſm 2 Mof. 29, 14. überſetzt iſt. — Neh. 5, 3. ημων. — Joſ. 23, 2. αυτων viermal. — Jer. 2, 26. — 1 Makk. 2, 26. Judith 2, 2. αυτ8. Pſ. 26, 2. μ8. — Tob. 8, 15. σ8 viermal. —

Luk. 8, 21. Mark. 3, 35. ο αδελφος μ8 και η αδελφη μ8, ſtatt: μ8 αδελφος και αδελφη και μητηρ, wie Matth. 12, 50. — Ebr. 8, 12. αυτων. — Joh. 2, 12. αυτ8. — Offenb. 9, 21.

6) Einerlei Adjektivum, das zu mehreren Subſtantivis von gleichem [2]) Genus gehört, wird dennoch bei jedem Subſtantivo wiederholt. Z. B. Tob. 5, 10. εκ ποιας Φυλης και εκ ποιας πατριας. — Mark. 12, 30. ολης. — Matth. 9, 35. πασαν, vergl. 3 Eſr. 3, 1.

7) Eine Präpoſition, von welcher mehrere Nomina Eines Satzes regiert werden, wird bei jedem Nomen wiederholt, z. B. 3 Mof. 14,

52. 1 Tim. 4, 12. ἐν ן כ; so wie ἔτι, ל, Ezech. 44, 25. 8, 21. und κατα K. 42, 11. διὰ 1 Makk. 8, 32. ἀπο 2 Sam. 19, 9. Mark. 2, 7. f. ἕνεκεν Mark. 10, 29.

8) Ein allgemeiner Satz wird in mehrere besondere Sätze eingetheilt, und von jedem insbesondere gesagt, was im Allgemeinen und auf einmal gesagt werden konnte. Z. B. 4 Mos. 7, 12. ff. 18. ff. 24. ff. wird der Satz: die zwölf Stammfürsten brachten ihre Geschenke dar — durch eilf Sätze mit Benennungen aller Stammfürsten und jedesmaliger Wiederholung derselben Theile des Prädikats ausgeführt. — Auch Offenb. 7, 4—8. wird Ein Hauptsatz in zwölf besondere abgetheilt. — Vergl. auch 4 Mos. 1, 20. ff. 9, 17. ff. — Mark. 12, 20. ff. Luk. 20, 29. ff. (Matth. 22,25.) sieben Brüder nach einander hatten die Frau geheirathet, und sind kinderlos gestorben. Dieser allgemeine Satz wird in mehrere besondere Sätze eingetheilt: der erste Bruder — der zweite Bruder — der dritte ꝛc. — Mark. 14, 19. ἤρξαντο λεγειν αὐτῷ εἰς καθ᾽ εἰς, μητι ἐγω; και ἀλλος· μητι ἐγω; statt des kürzern: ἤρξαντο λεγειν αὐτῷ ἑκαςος αὐτων· μητι ἐγω; Matth. 26, 22.

Meth. C. 75.

9) Bei Beschreibung gewisser Handlungen der Menschen werden auch noch diejenigen Glieder und Werkzeuge genannt, womit diese Handlungen gewöhnlich verrichtet werden, oder auch die ersten Anfänge und Vorbereitungen zu einer Handlung. Z. B. 1 Mos. 29, 1. Jakob hub seine Füße auf, ἐξαρας τος

πόδας, und gieng in das Land. — 1 Mos. 13, 10. ἐπαρας τες ὀΦθαλμες ꝛc. K. 22, 4. ἀναβλεψας τες ὀΦθ. ειδε, vergl. LXX. 1 Mos. 33, 5. blos ἀναβλεψας. — Matth. 17, 8. Joh. 4, 35. — 1 Mos. 8, 9. 2 Kön. 6, 7. ἐξετεινε την χειρα και ἐλαβε, Matth. 26, 51. vgl. mit Joh. 18, 10. — Jos. 18, 14. ἀναςαντες — Luk. 1, 39. 23, 1. vgl. Joh. 18, 28. — Ruth 1, 9. 14. ἐκηραν την Φωνην. Apostg. 2, 14. — Asar. v. 1. ἀνοιξας το ςομα εἰπε; Matth. 5, 2. vergl. Luk. 6, 20. — Eben so kann auch ἀνοιγειν θυραν τε λογε Col. 4, 3. als ein pleonastischer Ausdruck für ςομα ἀνοιγειν angenommen werden, weil der Mund gleichsam die Thür (פתח פה Mich. 7, 5. und θυρα χειλεων Pf. 141, 3.) ist, aus welcher die Worte hervorkommen; wenn gleich θυραν ἀνοιγειν auch metaphorisch genommen werden kann für: einem Gelegenheit zu etwas machen (1 Cor. 16, 9.). — Matth. 4, 4. (5 Mos. 8, 3.) ῥημα ἐκπορευομενον δια ςοματος θεε. vgl. Luk. 4, 4. παντι ῥηματι τε θεε und Weish. 16, 26., wo auf eben die Stelle 5 Mos. 8. gezielt ist, und für ἀρτος im Allgemeinen γενεσεις των καρπων, und für den pleonastischen Ausdruck ebenfalls ῥημα θεε gesetzt ist. — Col. 3, 8. αἰσχρολογια ἐκ τε ςοματός ὑμων, für: αἰσχρολογια allein. —

Ferner: Jer. 25, 9. ich will die Völker von Norden nehmen und sie über euch schicken. Matth. 27, 30. ἐλαβον τον καλαμον και ἐτυπτον, für: ἐτυπτον καλαμῳ Mark. 15, 19. — Eben so λαβων σπογγον πλησας Matth. 27, 48. vergl. mit Mark. 15, 36. — 1 Kön. 17, 23. ויקח־ויורדהו, LXX. ohne Pleonasmus: και κατηγαγεν αὐτο; so wie Jer. 38, 6. και ἐρριψαν αὐτου. Hingegen setz

zen sie Jer. 52, 17. λαμβανειν, wo es im Hebräischen nicht ist. — 2 Sam. 7, 3. παντα — βαδιζε
και ποιει, לֵךְ עֲשֵׂה, für: עֲשֵׂה allein, wie in der
Parallelstelle 1 Chron. 17, 2. παν το εν τη ψυχη
σε ποιει. — Esai. 37, 37. וַיֵּלֶךְ וַיָּשׇׁב, απηλθεν
αποσραφεις und in der Parallelstelle 2 Kön. 19,
36. απηρε και επορευθη και απεσρεψε. — 1 Makk.
7, 7. πορευθεις (ungeachtet dies schon im vorhergehenden αποσειλον enthalten ist) ιδετω, für: και
ιδετω. — Matth. 9, 13. πορευθεντες μαθετε. —
Matth. 13, 4. ηλθε και κατεφαγε, vgl. Luk. 8, 5.
— Mark. 14, 45. ελθων. — Eph. 2, 7. ελθων
ευηγγελισατο, wie wir im Deutschen zu sagen pflegen: er kommt her und thut das, so hier: er kam
und verkündigte: für: er verkündigte, oder durch
eine Metonymie: er ließ verkündigen. — 1 Petr.
3, 18. τοις πνευμασι πορευθεις εκηρυξε, er predigte
sogar den geretteten (s. §. 50. am Ende) Seelen.

10) Des allergewöhnlichsten Pleonasmus mit
και εγενετο, και εσαι, וַיְהִי וְהָיָה kaum zu gedenken.

1 Mos. 39, 13. da sie sahe — so rief sie, και
εγενετο ως ειδεν, και (απαδοτικον §. 120.) εκαλεσε.
— 2 Mos. 12, 29. εγενηθη — και επαταξε, v.
51. — Sus. v. 7. 15. 19. 28. — 1 Makk. 5, 1.
— 2 Mos. 4, 9. και εσαι εαν μη — ληψη. —
2 Sam. 15, 34.) ³). — Judith 14, 2.

Im N. T. sind unter andern zahllosen Beispielen, besonders im Evangelio Luca, zu merken:
von και εγενετο, Luk. 1, 23. 41. 59. 8, 1. 14, 1.
21, 29. και εγενετο ως ηγγισεν ꝛc. vgl. mit Matth.
21, 1. και οτε ηγγισαν. — Mark. 4, 3. vgl. mit
Matth. 13, 4. — Von και εσαι Apostg. 2, 21.
Röm. 9, 26. u. s. w.

Anmerkungen zu §. 123.

Anm. 1. Diese Abkürzung geschieht jedoch öfters, z. B. 1 Kön. 2, 30. so hat Joab geredet, und so hat er geantwortet. — 2 Sam. 17, 15. ἔτως καὶ ἔτως, vgl. auch v. 6. κατὰ τὸ ῥῆμα τῦτο. — 1 Mof. 24, 30. ἔτω λελάληκε μοι ὁ ἄνθρωπος. — 1 Kön. 17, 21. 22. kommen im Hebräischen die zwei Sätze vor: laß die Seele des Kindes zurückkommen! und: die Seele des Kindes kam zurück; LXX. statt des leztern ganz kurz: καὶ ἐγένετο ἔτως. — Tob. 7, 17. ἐποίησαν ὡς εἶπε. — Joh. 20, 18. ταῦτα (v. 17.) εἶπεν αὐτῇ.

Anm 2. Wenn die Wiederholung des Adjektivs bei Substantivis von verschiedenem Genus geschieht, so gehört es freilich nicht zu den Pleonasmen, wie: 3 Esr. 3, 20. πᾶσαν λύπην καὶ πᾶν ὀφείλημα. — Apostg. 4, 7. Mark. 13, 1. Jak. 1, 17.

Anm. 3. In den Stellen 1 Mof. 39, 10. 2 Mof. 16, 10. 3, 21. 1 Chron. 10, 8. (vgl. die Parallelstelle 1 Sam. 31, 8.) und andern lassen die LXX. den Pleonasmus ויהי, und 1 Mof. 46, 33. 2 Mof. 13, 14. והיה in ihrer Uebersetzung ganz weg; so wie sie hingegen ἔτως Spr. Sal. 1, 28. setzen, wo im Hebräischen der kürzere Ausdruck ist.

Register

der vorzüglichsten erläuterten Stellen N. Test.

Matth.	25,	9.	S.	296.
—		34.		176.
	26,	2.		102.
—		39.		303.
	27,	44.		57.
	28,	1.		102. 181.
Marc.	3,	32. f.		286. f.
	4,	30.		188.
	6,	9.		107.
	7,	4.		312.
—		11.		153. 297.
—		19.		252.
	9,	12.		306.
—		18.		275.
—		23.		298.
—		44.		271. f.
	13,	6.		259.
	14,	3.		34. 301.
—		19.		344.
—		49.		306.
	15,	26.		299.
—		36.		289. f.
Luc.	2,	2.		277.
—		6.		193.
—		27.		333.
	4,	27.		307.
	5,	17.		305.
	7,	41.		281.
	8,	12.		284.
	9,	60.		317.
	10,	36.		21.
	12,	20.		287.
—		45.		81.
	13,	1.		277.
—		9.		298.
	14,	26.		147.
	16,	8.		139.
—		9.		46.
—		15.		21.
—		16.		181.
—		19.		123.

Luc,	18,	14.		S,	150.	
	19,	26.			281.	
	—	38.			191.	
	—	42.			298.	
	—	44.			314.	
	20,	46.			218.	
	21,	2.			134.	
	—	8.			259.	
	—	24.			313.	f.
	—	25.			172.	
	—	38.			219.	314.
	22,	10.			35.	
	—	42.			297.	
	—	58.			245.	
Joh.	1,	1.			259.	
	—	8.			306.	
	—	20.			165.	
	—	29.			175.	
	2,	19.			109.	
	—	17.			172.	
	4,	3.			339.	
	—	48.			301.	f.
	6,	35.			332.	
	7,	35.			172.	
	—	51.			289.	
	8,	16.			300.	
	—	26.			182.	
	—	28.			303.	
	—	58.			303.	
	10,	33.			134.	
	—	36.			222.	258.
	11,	10.			189.	
	12,	7.			95.	306.
	—	31.			176.	
	13,	13.			300.	f.
	—	19.			303.	
	15,	6.			247.	285. f.
	16,	4.			142.	f.
	—	8. II.			302.	
	17,	2.			172.	
	—	8.			208.	

* 2

Joh.	17,	15.	S.	311.
—		17.		115.
—		22.		104.
—		24.		104.
—		25.		334.
	18,	37.		72.
	19,	31.		266.
	20,	6.		301.
—		8.		251.
Apostg.	1,	4. f.		282.
—		21.		200.
	2,	36.		272.
	3,	16.		268.
	5,	15.		266.
	7,	15. 16.		277.
—		20.		161.
—		34.		213.
—		42.		220.
—		48.		261.
	8,	2. 3.		296.
—		39.		313.
	13,	10.		138.
—		15.		189.
—		42.		286.
	23,	9.		297.
—		22.		282.
	26,	23.		321.
	27,	14.		273. 293.
—		44.		313.
Röm.	1,	7.		266.
—		15.		131.
	2,	5.		132.
—		15.		302.
—		18.		302.
	3,	1.		281. f.
—		22.		159.
—		22. 26.		173. 321.
—		30.		332.
	4,	5.		185.
—		12.		241.
—		17.		266.

Röm.	4,	18.		S.	38.	
	5,	18.			184.	262.
	6,	7.			311.	
	6,	17.			117.	
	7,	1.			288.	
	—	2.			173.	
	—	7.			24.	
	—	6.			63.	66.
	—	10.			12.	
	—	21.			325.	
	—	23.			68.	
	9,	1.			162.	
	—	3.			312.	
	—	11.			292.	
	—	23.			305.	
	12,	7. 8.			279. f.	
	—	15.			107.	
	—	19.			22.	
	13,	2.			186. f.	
	15,	29.			338.	
1 Cor.	1,	18. 21. 25.			21.	
	3,	2.			319. f.	
	4,	3.			183.	
	—	7.			265.	
	6,	13.			143.	309.
	7,	1.			282.	
	—	15.			108.	
	—	37.			262. f.	
	8,	4.			262.	
	—	5.			21.	
	—	7.			189.	
	9,	9.			147.	323.
	10,	10.			80.	
	11,	10.			321.	
	—	25.			35.	
	12,	3.			263.	
	—	8.			326.	
	13,	12.			114.	
	14,	10.			208. f.	
	—	11.			182.	
	—	19.			149.	

1 Cor.	14,	34.		S.	319.
—		37.			261.
	15,	28.		21.	335.
—		29.			57.
	16,	1.			193.
2 Cor.	1,	12.			162.
	4,	4.			202.
	5,	14.			188.
	7,	10.			191.
	8,	7.			156.
—		12.			288.
—		13. f.			188.
—		18.			309.
	9,	9.			221.
—		13.			126.
	10,	10.			289.
—		13.			202.
	11,	6.			180.
	13,	2.			88.
Gal.	1,	6.			312.
—		23.			316.
	2,	4.			266.
—		6.			152. 263.
—		20.			265.
	3,	5. 6.			279.
—		15.			68.
—		16.			18.
—		20.			80.
	4,	21.			317.
	5,	13.			204.
Eph.	1,	10.			128.
	2,	1. 5.			90.
—		2, 14.			63.
—		4.			265.
—		7.			346.
—		10.			196.
—		12.			263.
	3,	6.			269.
—		14.			263.
—		19.			181.
	4,	9.			64.

2 Theff.	2,	6.	S.	197.	
—		7.		279.	
—		8.		18. 22.	
—		9.		269.	
1 Tim.	1,	18.		201.	
	2,	12.		319.	
—		14.		338.	
—		15.		243. 276.	
	4.	3.		319.	
	5,	24.		302. 315.	
	6,	19.		121. 293.	
2 Tim.	2,	10.		321.	
—		21.		269.	
—		26.		311.	
	3,	14. f.		224. f.	
	4,	2.		322.	
Tit.	1,	2.		270.	
—		2. 3.		203.	
Philem.	v.	7.		38.	
	v.	11.		53.	
Hebr.	1,	7.		288. f.	
	2,	3.		320.	
	3,	3.		72.	
—		7.		256.	
	4,	8.		272.	
—		4.		338.	
	5,	7.		269. f. 311. f.	
—		11.		315.	
—		12.		291.	
	6,	6.		291.	
—		8.		144.	
—		19.		315. f.	
	7,	8.		44.	
—		17.		288.	
—		20—22.		266. ff.	
	9,	2.		269.	
—		4.		315.	
—		8.		171. f.	
—		13.		293.	
—		17.		58.	
	10,	5.		275.	

Hebr.	10, 38.	S.	282.
	11, 7.		45.
—	12.		292.
—	28.		80.
—	40.		151.
	12, 15.		124. 312.
	13, 4.		188.
—	17.		305.
Jak.	1, 9. 10.		319.
—	13.		265.
—	18.		160.
	2, 20.		229.
	3, 6.		88.
	4, 7.		154. f.
—	7. 8. 10.		110.
—	8.		317.
	5, 1.		264.
—	3.		180.
—	11.		162.
—	16. 17.		214.
1 Petr.	1, 11.		181.
	2, 9.		60.
—	24.		313.
	3, 14. f.		115.
—	18.		346.
—	19.		136.
—	20.		313.
2 Petr.	1, 5—8.		333.
—	12—15.		99.
—	17.		91.
—	20.		233.
—	21.		15.
	2, 3.		331.
—	4.		89.
—	11.		277.
—	19.		178.
	3, 3.		338.
—	5.		315.
1 Joh.	1, 2.		209.
—	3.		264.
—	10.		328.

1 Joh.	2,	19.	S. 233. 306.
—		27.	165.
	3,	4.	209.
—		22.	80.
	5,	6.	120.
—		8.	232.
2 Joh.	v.	6.	268 f.
Jud.	v.	11.	217.
	v.	16.	248.
Offenb.	2,	11.	12.
	3,	7.	37.
—		9.	264.
—		12.	195.
	7,	2. 9.	196.
—		4—8.	344.
	9,	8.	277.
—		10.	279.
	11,	1.	289.
—		2.	44.
—		15.	286.
	12,	7.	305.
—		9.	264.
	13,	12.	261.
—		18.	264.
	14,	4.	313.
—		13.	305.
—		20.	34.
	15,	1.	88.
—		2.	154 f.
	16,	13—16.	264.
	18,	11. ff.	258.
—		20.	156. 176.
	20,	4.	272.

Erklärte einzelne Wörter.

— 360 —

κατα					S. 107. 132. f. 180. f.
κεφαλη					S. 3.
κοινωνειν					S. 113.
κρινειν, κριμα					S. 176. f.
λαμβανειν					S. 3.
μετατιθεναι					S. 312.
οτι					S. 334.
πικραδναι					S. 13.
περισσευειν					S. 113.
πλεοναζειν					S. 113.
πληρωμα					S. 128. 170.
ποιειν					S. 13. f.
πορνεια					S. 131.
πρε					S. 289.
προσεχειν					S. 292.
προσκυνειν					S. 293.
πρωτοτοκος					S. 160.
σπερμα					S. 18.
σπευδειν					S. 112.
συμβιβαζειν					S. 112.
τιθεναι					S. 103.
τοκον διδοναι					S. 23.
τοτε					S. 114.
υιος					S. 137. f.
υπερ					S. 57. 194.
υποδειγμα					S. 338.
υποστασις					S. 129.
φυλακη					S. 136.
χαρις					S. 305.
ως					S. 88.

Verbesserungen.

S. 3. Lin. 2. lies: ἔςι, für: ἔτι.

— 7. — 27. lies: ἐπαν. für: ἐπαν

— 8. — 15. lies: Joſ. für: Joh.

— 9. — 6. lies: öfters; anders, für: öfters
(anders

—/ 9. — 7. lies: zu ſeyn: nicht nur, für: zu
ſeyn:) nicht nur.

— 15. — 20. lies: Synecd. für: Syned.

— 31. — 12. von unten, lies: ὀφθηναι, für: ὀφ-
θηνκι.

— 42. — 4. von unten, lies: ἔςησι, für: ἔτησι.

— 52. — 9. lies: Herzeleid, für: Herzenleid.

— 55. — 8. von unten, lies: ἀνα μεσον, für: ἀναμεσον.

— 62. — 22. lies: בְּהַר, für: בחר.

— 78. — 12. und Lin. 1. von unten, lies: §. 25.
für: §. 26.

— 84. — 6. zwiſchen wer und derjenige ſetze
ein Zeichen der Parentheſis.

— 93. — 10. lies: וַיְהִי בֹא, für: בֹא־וַיְהִי.

—170. — 25. lies: wider, für: wieder.

—189. — 22. lies: Bedeutung, für: Bedeutg.

—197. — 9. lies: eben ſo, für: eben.

—202. — 7. von unten, lies: αὐτα, für: αὐυτα.

—207. — 5. lies: Mark. 14, 21. für: Mark. 4, 21.
und: ἐγεννηθη, für: ἐγεννθη.

—214. — 7. von unt. lies: ἐνεργεμενη, für: ἐνεργ-

—215. — 9. von unten, lies: σωζων, für: σωζον.

—218. — 12. lies: ἔςι, für: ἔτι.

—219. — 17. u. 18. lies: ἐκδημησαι, für: ἐκδιμησαι.

—288. — 17. lies: ἐκαλεσε, für: ἐκαλεσε.

—309. — 3. iſt 1 Cor. 6. zu leſen.

—322. — 14. lies: Job, für: Jak.

—327. — 4. lies: ἁμαρτια, für: ἁμαρτια.

NB. Bei den griechiſchen Wörtern, die ſich mit
einem Diphthong anfangen, iſt der Spiritus
immer auf den zweiten Vokal des Diphthongs
zu ſetzen.

Lightning Source UK Ltd.
Milton Keynes UK
UKHW031815230619
344911UK00004B/10/P